古代歷史文化研究輯刊

六　編

王　明　蓀　主編

第24冊

金門宗祠祭禮探究
——以陳、蔡、許三姓家族爲例（下）

楊　天　厚　著

國家圖書館出版品預行編目資料

金門宗祠祭禮探究——以陳、蔡、許三姓家族為例（下）／
楊天厚 著 — 初版 — 新北市：花木蘭文化出版社，2011〔民
100〕
目 6+316 面；19×26 公分
（古代歷史文化研究輯刊 六編：第 24 冊）
ISBN：978-986-254-618-5（精裝）
1. 宗祠　2. 祭禮　3. 福建省金門縣
618　　　　　　　　　　　　　　　　100015471

ISBN-978-986-254-618-5

9 789862 546185

古代歷史文化研究輯刊
六　編　第二四冊　　　　　ISBN：978-986-254-618-5

金門宗祠祭禮探究——以陳、蔡、許三姓家族爲例（下）

作　　者　楊天厚
主　　編　王明蓀
總 編 輯　杜潔祥
出　　版　花木蘭文化出版社
發 行 所　花木蘭文化出版社
發 行 人　高小娟
聯絡地址　新北市永和區中正路五九五號七樓
　　　　　電話：02-2923-1455／傳眞：02-2923-1452
網　　址　http://www.huamulan.tw 信箱 sut81518@gmail.com
印　　刷　普羅文化出版廣告事業
初　　版　2011 年 9 月
定　　價　六編 25 冊（精裝）新台幣 40,000 元　　　版權所有·請勿翻印

金門宗祠祭禮探究
——以陳、蔡、許三姓家族爲例（下）

楊天厚　著

目次

書影

照　片

第四章　金門陳、蔡、許三姓
宗祠祭典特質

　　陳、蔡、許三姓是金門地區望族，且都以科舉名業。〔註1〕就因為有科舉業的寵錫與加持，這三個家族在宋、明、清三代人才輩出。〔註2〕明代的文治，清代的武功。或為股肱名臣，或為封疆大吏，或為中流砥柱，或為濟世顯宦（詳見表1-1至表1-14）。這三個家族的宗祠，也因為有著桂冠的加持，而成為金門地區宗祠建築界的代表作；其祭祖儀典也都各具自己獨特的風格。一般姓氏祠祭率皆由宗子或族長主祭，陳氏祠堂就是此一類型的代表。而蔡姓與許姓的祭祖儀典，則如同「新竹鄭姓宗祠」〔註3〕般，仿照滿清時代官祭祠

〔註1〕金門地區科舉業成就最高者為金沙鎮陽翟村陳姓和青嶼村張姓，金城鎮後浦許姓，和金湖鎮瓊林村蔡姓。

〔註2〕金門縣政府發行，《金門縣志‧人物志》卷十二，1999年初版二刷，頁1461：「金門歷代不特以科名顯，而尤以人品著。」以科舉功名著稱的金門士子，尤重氣節，故而不仕元成為宋代以還讀書人有志一同的堅持，其中最具代表性的是金門鄉賢（原籍小嶝）邱葵的〈御史馬伯庸與達魯花赤徵幣不出〉（卻聘詩）：「皇帝書徵老秀才，秀才嬾下讀書臺。張良本為韓仇出，黃石特因漢祚來。太守枉勞階下拜，使臣空向日邊回。牀頭一卷春秋筆，斧鉞胸中獨自裁。」宋‧丘葵，民國‧楊天厚、林麗寬譯注，《釣磯詩譯注》，金門：金門縣文化局，2007年3月，頁230。

〔註3〕曾石南，〈新竹鄭氏家廟冬至祭祖記〉載述，浯江鄭氏源於漢末河南開封，之後輾轉遷徙至漳州府（案，應為泉州府之誤）同安縣。明代時其一世祖鄭懷仁移居金門：乾隆三十九年（1774年）其三世祖鄭崇和時年十九歲，率同族人渡海入台，初居苗栗後龍鎮，後徙居新竹，以耕讀起家。鄭崇和次子用錫為「開台進士」，有臺省進士第一人之稱殊榮。《民俗曲藝》第四十六期，1987年3月，頁4～8。

廟儀式，推舉族中長輩及有功名者一人爲主祭，其次推舉輩份相當者，或有功名者六人爲陪祭。主、陪祭等七位主事者，皆身著長袍馬褂，頭戴碗狀帽等傳統禮服主持隆重祭祖儀典。另由熟悉禮儀的族人出任通、贊、引、讀祝官、禮生等司禮人員，典禮莊嚴隆重。禮畢，族中長幼均整肅衣冠，如儀拜跪，以昭尊祖敬宗誠意。〔註4〕至於拜儀部分，許氏家族一如其他姓氏般，仍用「跪」、「拜」等俗禮；蔡氏家族則仍堅持沿用官家禮典的「稽首」，成爲金門地區祭祖禮中特殊禮文樣貌。

第一節　常例性祭典

常例性祀典的稱呼，始見於《左傳・僖公三十一年》：「禮不卜常祀。」〔註5〕此後即被歷代學者所沿用，用來稱呼定期舉行的祭典。周代貴族對祖先的常例性祀典，寓有向祖先祈福的強烈動機，如祈求家族綿延，世代發達，個人平安壽考等。〔註6〕時至二千多年後的今日，祀典的動機與目的，似乎沒有太大的改變。而變化最明顯的，則在於原本隸屬貴族專利的享祀先祖儀典，而今已普及於庶民百姓；原本只有貴族始能建蓋的宗廟，時下已成爲平民祭祀先祖的「家廟」或「宗祠」。此一變化，或與明代以降禮制下移有相當程度的關聯性。

一、四時祭與俗祭

四時祭又名時享。宗廟之所以要以時享祭先祖，蓋因睹新物而懷親祖，嘗美味而思先人。〔註7〕《禮記・少儀》有云：「未嘗，不食新。」鄭玄《注》：「嘗，謂嘗新物於寢廟。」〔註8〕《毛詩・天保》亦云：「禴祠烝嘗于公先王。」〔註9〕文獻載錄的時享名稱（詳見表 4-1）雖有不同，然季節更替之際，以時

〔註4〕 金門縣金沙鎮東溪村《浯江鄭氏族譜，新竹鄭氏宗祠祭典》，頁 23 之 6。

〔註5〕《春秋左傳・僖公三十一年・傳》卷十七（阮元重刊宋本），晉・杜預注；唐・孔穎達等正義，臺北：藝文印書館，1976 年 5 月六版，頁 287。

〔註6〕 劉源，《商周祭祖禮研究》，北京：商務印書館出版，2004 年 10 月，頁 47。

〔註7〕 林素英，《古代祭禮中之政教觀──以《禮記》成書前爲論》，臺北：文津出版社，1997 年 9 月，頁 189。

〔註8〕《禮記・少儀》卷三十五（阮元重刊宋本），漢・鄭玄注；唐・孔穎達等正義，臺北：藝文印書館，1976 年 5 月六版，頁 632～633。

〔註9〕《毛詩・小雅・天保》卷九之三（阮元重刊宋本），漢・毛公傳，鄭玄箋；唐・孔穎達等正義，臺北：藝文印書館，1976 年 5 月六版，頁 330。

新之物享祭先祖卻是古今孝子賢孫思先追遠，弘揚孝道的普世觀。朱子《家禮》雖然也有「四時祭」與依俗節舉行享祀先祖儀典，如冬至祭始祖，立春祭先祖，季秋祭禰的「俗祭」。而民間無論人力、物力皆無法與位高權重的貴族相提並論，若漫無節制，則將造成財力過度的負荷。本研究重心，就以普及於金門庶民社會的春秋（或春冬）二祭爲研究主軸，特別是陳、蔡、許三個家族的祭祖儀典爲取樣對象。

（一）四時祭

　　《家禮會通・祭祀考疑・利卷》引《尚書・大傳》曰：「祭者，察也。察者，至也，言人事至於鬼神也。祭祀者，報本追遠也，追思其不及之養，而繼以未盡之孝也。」〔註10〕程顥（明道先生，1032～1085）亦曰：「祭者，所以盡誠。」〔註11〕宋儒呂大臨（1044～1091）《禮記解・曲禮上第一》即言：「故言禮者，必以祭祀爲先；營宮室者，必以宗廟爲先；造器者，必以祭器爲先；有田祿者，先爲祭服，示有尊也。」〔註12〕是此可見古人已將「飲食必祭，以示不忘本」〔註13〕予以常規化。《穀梁傳・成公十七年》有云：「宮室不設，不可以祭；衣服不脩，不可以祭；車馬器械不備，不可以祭；有司一人不備其職，不可以祭。祭者，薦其時也，薦其敬也，薦其美也，非享味也。」〔註14〕禮經所強調的正是此義。

　　《春秋繁露・祭義》刊云：「祭者，察也，以善逮鬼神之謂也，善乃逮不可聞見者，故謂之察。」〔註15〕祭祀時，用美好的事物對待鬼神，進而與不可聞見的鬼神產生良性互動，這就是察，也就是祭祀的眞正意涵。〔註16〕《禮

〔註10〕清・戴翊清，張汝誠輯，《家禮會通・祭祀考疑》利卷，雍正甲寅（1734年）序刊本，臺北：大立出版社，1985年7月，頁196。
〔註11〕宋・程顥、程頤，民國・潘富恩導讀，《二程遺書・明道先生語一》卷十一，上海：古籍出版社，2000年12月，頁174。
〔註12〕宋・呂大臨，陳俊民輯校，《藍田呂氏遺著輯校・禮記解・曲禮上第一》，北京：中華書局，1993年11月第一次印刷，頁231。
〔註13〕明・張四維輯，《名公書判清明集・勉寓公舉行鄉飲酒禮爲鄉閭倡》，中國社會科學院歷史研究所宋遼金元史研究室點校，北京：中華書局，2002年6月第二次印刷，頁395。
〔註14〕清・阮元，《穀梁傳・成公十七年》（阮元重刊宋本），臺北：藝文印書館，1976年5月，頁142。
〔註15〕漢・董仲舒，《春秋繁露》卷十六（據宋嘉定四年江右計臺刻本影印），《北京圖書館古籍珍本叢刊》，北京：書目文獻出版社，頁594。
〔註16〕漢・董仲舒，民國・賴炎元註譯，《春秋繁露今註今譯・祭義》卷十六，臺北：

記纂言・祭統》言道：「夫祭者，非物自外至者也，自中出生於心也。心怵而奉之以禮，是故唯賢者能盡祭之義。」〔註17〕據此乃見祭典，是指通過一定的儀式，將供品完美呈獻給特定的祭拜對象。《漢書・郊祀志》曰：「祀者，所以昭孝事祖，通神明也。」〔註18〕祀，原指對祖先的崇祀，其後也泛指一切的祭典而言。〔註19〕祖先的崇拜，在中國已源遠流長。祭祀祖先的儀式，是活著的家族成員對亡故祖先表示敬畏、懷念之情的最重要禮儀。〔註20〕據考古學家在遼寧西部山區挖掘出一座墓地，從而推測初民在五千年前已進入對祖先偶像崇拜階段。〔註21〕《莊子・盜跖》即載：「罷兵休卒，收養昆弟，共祭先祖。」〔註22〕此爲文獻對周代祭祖禮具體的描記。

祝禱是祭祀過程重要媒介。《禮記・曲禮》云：「禱祠、祭祀，供給鬼神，非禮不誠不莊。」鄭《注》曰：「求福曰禱，求得曰祠。」〔註23〕元人吳澄《禮記纂言》亦曰：「禱祠者，因事之祭；祭祀者，常事之祭。皆有牲幣之屬以供給鬼神，必依於禮，然後其心誠實，其容莊肅。」〔註24〕《禮記・祭統》則言：「賢者之祭也，致其誠信與其忠敬，奉之以物，道之以禮，安之以樂，參之以時，明薦之而已矣，不求其爲。此孝子之心也。」〔註25〕《中庸》更有

臺灣商務印書館，2003年6月初版第五刷，頁413。

〔註17〕元・吳澄，《禮記纂言・祭統》卷二十四，冊五，《四庫全書珍本》五集，臺北：臺灣商務印書館，1935年，頁1。

〔註18〕漢・班固，清・王先謙補注，《漢書補注・郊祀志》，臺北：藝文印書館，1996年8月初版四刷，頁536。

〔註19〕葛晨虹，《中國古代的風俗禮儀》，臺北市：文津出版社，2001年，頁54。

〔註20〕林素英《從古代的生命禮儀透視其生死觀：以《禮記》爲主的現代詮釋》，林慶彰主編，《中國學術思想研究輯刊》（四編），臺北：花木蘭文化出版社，2009年3月，頁137。

〔註21〕韓養民、張來斌，《秦漢風俗》，陝西：人民出版社，1987年10月第一次印刷，頁194。

〔註22〕周・莊子，黃錦鋐註譯，《新譯莊子讀本》，臺北：三民書局，1999年4月，頁409。

〔註23〕《禮記・曲禮上》卷一（阮元重刊宋本），漢・鄭玄注：唐・孔穎達等正義，臺北：藝文印書館，1976年5月六版，頁14～15。另漢・賈誼，《新書・禮》卷六，《文淵閣四庫全書本・子部》六九五冊，臺北：臺灣商務印書館，1986年7月，頁425。

〔註24〕元・吳澄，《禮記纂言》卷一上，《四庫全書珍本》五集，臺北：臺灣商務印書館，1935年，頁8b。

〔註25〕《禮記・祭統》卷四十九（阮元重刊宋本），漢・鄭玄注：唐・孔穎達等正義，臺北：藝文印書館，1976年5月六版，頁830。

「齊（音齋）明盛服，以承祭祀，洋洋乎如在其上，如在其左右」〔註 26〕，以及「春秋，脩其祖廟，陳其宗器，設其裳衣，薦其時食」〔註 27〕等全相式論述。

　　程顥有云：「祭者所以盡誠。」〔註 28〕鄭太和《鄭氏規範》亦言：「祭祀務在孝敬，以盡報本之誠。」〔註 29〕袁采《袁氏世範》也說：「凡與物接，皆不可不誠。」〔註 30〕《祭統》則云：「身致其誠信，誠信之謂盡，盡之謂敬，敬盡然後可以事神明。此祭之道也。」〔註 31〕職是之故，則祭祀當務之急，就是緬懷著虔誠篤敬的心情，將最好的時令鮮物進獻給萬能的神明，以討神祇歡心，然後藉由「祈」、「報」的對價平台，獲得神明的庇佑與呵護。〔註 32〕朱熹《延平答問》更言：「以至誠之意與鬼神交，庶幾享之。若誠心不至，於禮有失焉，則神不享矣，雖祭何為？」〔註 33〕誠敬實為祭祀的利基。

　　《禮記・王制》言道：「有田則祭，無田則薦。」〔註 34〕鄭《注》云：「有田者，既祭又薦新。祭以首時，薦以仲月。士薦牲用特豚。大夫以上用羔。所謂羔豚而祭，百官皆足。」〔註 35〕孫希旦《禮記集解・王制》則說：「無田，

〔註 26〕同註 25。《禮記・中庸》卷五十二，頁 884。

〔註 27〕同註 26，頁 886。

〔註 28〕宋・程頤，民國・潘富恩導讀，《二程遺書・明道先生語一》卷十一，上海：古籍出版社，2000 年 12 月，頁 174。

〔註 29〕元・鄭太和，《鄭氏規範》，《叢書集成新編》三十三冊，臺北：新文豐出版社，1985 年元月初版，頁 170～171。

〔註 30〕宋・袁采，《袁氏世範》卷上，《文淵閣四庫全書本・子部》六九八冊，臺北：臺灣商務印書館，1986 年 7 月，頁 599。

〔註 31〕《禮記・祭統》卷四十九（阮元重刊宋本），漢・鄭玄注：唐・孔穎達等正義，臺北：藝文印書館，1976 年 5 月六版，頁 831。

〔註 32〕李師豐楙，〈節慶祭典的供物與中國飲食文化──一個「常與非常」觀的節慶飲食〉，《第四屆中國飲食文化學術研討會論文集》，林慶弧編（臺北市：中國飲食文化基金會，1996 年），頁 227。

〔註 33〕宋・朱熹，《延平答問》，《文淵閣四庫全書本・子部》六九八冊，臺北：臺灣商務印書館，1986 年 7 月，頁 651。

〔註 34〕《左傳・昭十五年》卷四十七（阮元重刊宋本），晉・杜預注：唐・孔穎達等正義，臺北：藝文印書館，1976 年 5 月六版，頁 823：「薦彝器於王。」杜《注》：「薦，獻也。」；《禮記・祭義》卷四十八（阮元重刊宋本），漢・鄭玄注：唐・孔穎達等正義，臺北：藝文印書館，1976 年 5 月六版，頁 825：「卿大夫有善，薦於諸侯。」鄭玄注：「薦，進也。」

〔註 35〕《禮記・王制》卷十二（阮元重刊宋本），漢・鄭玄注：唐・孔穎達等正義，臺北：藝文印書館，1976 年 5 月六版，頁 245。

謂失位而無田祿也。」〔註36〕明人馮善《家禮集說・四時祭》也云：「司馬溫公曰：《王制》大夫有田則祭，無田則薦」。何休亦云：「有牲曰祭，無牲曰薦。大夫牲用羔，士牲特豚（豬也），庶人無常牲，春薦韭以卵，夏薦麥以魚，秋薦黍以豚，冬薦稻以鴈，取其物之相宜。凡庶羞不踰牲。若祭以羊，則不以牛爲羞也。今人鮮用牲，唯設庶羞而已。」〔註37〕清儒李光地（1642～1718）〈家廟祭享禮略〉中亦有此說詞：「古者無祿則不祭，故庶人薦而已，所謂禮不下庶人是也。」〔註38〕正與《孔子家語》明載之：「所謂禮不下於庶人者，以庶人遽其事而不能充禮，故不責之以備禮也」〔註39〕彼此間相互輝映。

清儒毛奇齡（1623～1713）《家禮辨說・祭禮》云：四時薦新日行獻禮。古有薦新之禮，與薦禮又別。薦不可兼祭，而祭則可以兼薦，故但舉薦禮，則不問有田無田皆可薦。薦新尤屬薦中之最薄者。如庶人春薦韭，夏薦麥，秋薦黍，冬薦稻類。而《月令》仲夏之月則又有「薦鮪、薦含桃」〔註40〕之說。《國語》載錄：「庶人有魚炙之薦。」〔註41〕《詩經・潛・詩序》：「季冬薦魚、春獻鮪」〔註42〕的禮儀實踐，據此可見凡物新出皆可薦。故《禮記・少儀》云：「未嘗不薦新」〔註43〕，所薦則汎指凡物言之。且其輔薦之物不過數品，如薦韭以卵，薦麻以犬類，是薦新最薄，時時可行者。〔註44〕《獨斷》也說：「薦考妣於適寢之所祭：春薦韭卵，夏薦麥魚，秋薦黍豚，冬薦稻鴈。制無常牲，

〔註36〕清・孫希旦，《禮記集解・王制》卷五之二，臺北：文史哲出版社，1990 年 8 月，頁 353。

〔註37〕明・馮善編集，《家禮集說》，明成化己亥（十五年，公元 1479 年）刊本，臺北：國家圖書館善本書室珍藏微卷，頁 157a～157b。

〔註38〕清・李光地，〈家廟祭享禮略〉，清・賀長齡、魏源等編，《清經世文編》卷六十六，北京：中華書局，1992 年 4 月第一次印刷，頁 1651～1652。

〔註39〕魏・王肅註，《孔子家語》卷七（明覆宋刊本），《中國子學名著集成——宋元明清善本叢刊》，1978 年 12 月，頁 291。

〔註40〕《禮記・月令》（阮元重刊宋本）卷十六，漢・鄭玄注；唐・孔穎達等正義，臺北：藝文印書館，1976 年 5 月六版，頁 317。

〔註41〕周・左丘明，《國語・楚語上》卷十七，臺北：臺灣古籍出版社，2002 年 5 月初版二刷，頁 751。

〔註42〕王師靜芝，《詩經通釋・周頌・潛》，新莊：輔仁大學文學院，1976 年 7 月五版，頁 624。

〔註43〕《禮記・少儀》卷三十五（阮元重刊宋本），漢・鄭玄注；唐・孔穎達等正義，臺北：藝文印書館，1976 年 5 月六版，頁 632～633。

〔註44〕清・毛奇齡，《家禮辨說・祭禮》卷十二，《叢書集成續編》六十六冊，臺北：新文豐出版社，1989 年 7 月臺一版，頁 401～402。

取與新物相宜而已。」〔註45〕但有新物問世，則先取之以薦諸考妣、祖宗。

清人錢維城（1720～1772）〈論鬼〉曾云：「祖宗者，吾形氣之所自來也。」〔註46〕清人陳宏謀有言：「報本追遠，人道所先。收族敬宗，事理共貫。」〔註47〕至於收族指涉爲何？程頤曰：「收族之義，止爲相與爲服，祭祀相及。」〔註48〕明人溫璜《溫氏母訓》云：「祭祀絕是與祖宗不相往來，慶弔絕是與親友不相往來，名曰獨夫，天人不祐。」〔註49〕依周代「敬宗」禮制，祭祀祖先在春、夏、秋、冬各舉辦一次。周人祭祖禮的最大特點是設尸和祝，尸是神像，選用孫輩中人充當，祭禮進行時，穿上被祭祖先的遺服，代替祖神接受祭享。祝是祭祖禮中的主持人，王對先祖的祝辭由他來禱告，祖神對後嗣的嘏辭也由他來宣讀。當人間祭奠祖先時，悠揚的樂舞之聲，燎牲繚繞之煙氣，上達於天聽，祖神們就紛紛由天而降，到人間歆享供祭的犧牲醴酒。接受了人間的祭享後，就降賜給子孫福佑平安。」〔註50〕

《禮記・祭義》對祭者祭祀時的心理狀態，有如是深入而具體的描述：

> 致齊於內，散齊於外。齊之日，思其居處，思其笑語，思其志意，思其所樂，思其所嗜，齊三日，乃見其所爲齊者。祭之日，入室僾然必有見乎其位。周還出戶，肅然必有聞乎其容聲。出戶而聽，愾然必有聞乎其嘆息之聲。……惟聖人爲能饗帝，孝子爲能饗親。饗者，鄉也。鄉之，然後能饗焉。……齊齊乎其敬也，愉愉乎其忠也，勿勿諸其欲，其饗之也。……洞洞乎，屬屬乎，如弗勝，如將失之，其孝敬之心至也與！……於是諭其志意，以其慌惚〔註51〕，以與神

〔註45〕 漢・蔡邕，《獨斷》卷上（上海涵芬樓影印常熟瞿氏鐵琴銅劍樓藏明弘治癸亥刊本），《四部叢刊・三編》，臺北：商務印書館，1966年，頁5～6。

〔註46〕 清・錢維城，〈論鬼〉，載清・賀長齡、魏源等編，《清經世文編》卷六十六，北京：中華書局，1992年4月第一次印刷，頁1645。

〔註47〕 清・陳宏謀，《培遠堂偶存稿・禁宗祠惡習示》卷十三，乾隆七年（1742年壬戌）二月，頁25a～27b。

〔註48〕 宋・程頤，民國・潘富恩導讀，《二程遺書・伊川先生語三》卷十三，上海：古籍出版社，2000年12月，頁228。

〔註49〕 明・溫璜，《溫氏母訓》（據清曹溶輯，陶越增訂《學海類編》本影印），《百部叢書集成》，臺北：藝文印書館，1967年，頁1a。

〔註50〕 劉雨，〈西周金文中的「周禮」〉，《燕京學報》第三期，北京大學出版社，1997年8月，頁56～64。

〔註51〕 「慌惚」亦作「恍惚」、「恍忽」，有迷離，難以捉摸之意。《韓非子・忠孝》卷二十，頁1109：「世之所爲烈士者，雖眾獨行，取異於人，爲恬淡之學而理恍惚之言。臣以爲恬淡，無用之教也；恍惚，無法之言也。」周・韓非，民

明交，庶或饗之。庶或饗之，孝子之志也。〔註52〕

學者馮友蘭（1895～1990）認爲《祭義》此說立論有據。祭者就是利用此等心理作用「鄉」，面對不得見的先祖而能透過想像，庶幾得「慌惚」而見其祖靈焉。「以其慌惚，以與神明交」，而冀其「庶或饗之」，無非是希望藉由自己的「志意思慕之情」，而獲得精神慰藉而已。〔註53〕《朱子語類》則有不同的解讀：「蓋子孫既是祖宗相傳一氣下來，氣類固已感格，而其語言、飲食，若祖考之在焉，則有以慰其孝子順孫之思，而非恍惚無形想象不及之可比矣。古人用尸之意，所以深遠而盡誠，蓋惟是耳。今人祭祀，但能盡誠，其祖考猶來格，況既是他親子孫，則其來格也益速矣。」〔註54〕祭祀祖宗，據《荀子‧禮論》所言，係因吾人本有「志意思慕之情」，另一方面則是基於反始報恩之義。〔註55〕荀子在其〈禮論〉篇就有如是的描記：

> 禮有三本：天地者，生之本也；先祖者，類之本也；君師者，治之本也。無天地，惡生？無先祖，惡出？無君師，惡治？三者偏亡，焉無安人。故禮，上事天，下事地，尊先祖而隆君師，是禮之三本也。〔註56〕

董仲舒《春秋繁露‧四祭》卷十五記載：「古者歲四祭，四祭者，因四時之生熟而祭其先祖父母也。故春曰祠，夏曰礿，秋曰嘗，冬曰烝，此言不失其時以奉祭先祖也，過時不祭，則失爲人子之道也。祠者，以正月始食韭也。礿者，以四月食麥也。嘗者，以七月嘗黍稷也。烝者，以十月進初稻也。此天之經也，地之義也。孝子孝婦緣天之時，因地之利。地之荣茹瓜果，藝之稻麥黍稷。荣生穀熟，永思吉日，供具祭物，齋戒沐浴，潔清致敬，祀其先祖父母，孝子孝婦不使時過已，處之以愛敬，行之以恭讓，亦殆免於罪矣。」〔註57〕由文中即可見出董仲舒已將「四祭」的名稱、內容和意義作了詳盡的

國‧陳奇猷校註，《韓非子集釋》，臺北：平平出版社，1974 年 9 月。

〔註52〕 同註43，《禮記‧祭義》卷四十七，頁 807～810。

〔註53〕 馮友蘭，〈儒家對于婚喪祭禮之理論〉，《燕京學報》第三期，北京：北京大學出版社，1997 年 8 月第一次印刷，頁 353。

〔註54〕 宋‧黎靖德編，《朱子語類》卷九十，《文淵閣四庫全書本‧子部》七〇一冊，臺北：臺灣商務印書館，1986 年 7 月，頁 883。

〔註55〕 同註53。

〔註56〕 戰國‧荀況；清‧王先謙《荀子集解》，臺北：藝文印書館，2007 年 3 月初版八刷，頁 587～588。

〔註57〕 漢‧董仲舒；民國‧賴炎元註譯，《春秋繁露今註今譯‧四祭》卷十五，臺北：

考辨。《禮記・王制》亦言：「庶人春薦韭，夏薦麥，秋薦黍，冬薦稻。韭以卵，麥以魚，黍以豚，稻以雁。」鄭《注》即云：「庶人無常牲，取與新物相宜而已。」〔註58〕

　　清儒毛奇齡（1623～1713）《家禮辨說・祭禮》又言：「四時之祭，諸禮所載，名稱有異，如《王制》、《祭統》皆曰：春礿、夏禘、秋嘗、冬烝，而其他禮文，有稱春禘、春礿者，有稱夏祠、夏礿者，然要之皆四時之祭而已（詳見下表 4-1）。但四祭之全與缺，純以貴賤之等為隆殺。天子四祭，諸侯三祭，聽其自缺一時。如云：礿則不禘，禘則不嘗，嘗則不烝，則大夫而下，其必又缺可知矣。」〔註59〕此外，《國語・楚語下》有云：「日祭、月享、時類、歲祀。諸侯舍日，卿、大夫舍月，士、庶人舍時（士庶人祇一祭二祭，無四時曰舍時）。」〔註60〕此蓋尊卑不同，禮數各有降殺故也。「天子遍祀群神品物，諸侯祀天地、三辰（日月星），及其土之山川。卿、大夫祀其禮。士、庶人不過其祖。」〔註61〕受到隆殺各有等第的體制規範，士、庶人祭典僅能祭祀祖先而已，絕不可逾越謹嚴的禮制。

表4-1：時享名稱一覽表（「◎」代表該文獻時祭名稱未作說明）

文　獻　出　處	春祭	夏祭	秋祭	冬祭	備　註
董仲舒《春秋繁露・祭義》	春祠	夏礿	秋嘗	冬烝	
許慎《說文解字》	春祠	◎	◎	◎	
班固《白虎通義・宗廟》	春祠	夏礿	秋嘗	冬烝	
《春秋公羊傳・桓公八年》	春祠	夏礿	秋嘗	冬烝	
《春秋穀梁傳》	◎	◎	◎	冬烝	
《毛詩・小雅・天保》	春祠	夏礿	秋嘗	冬烝	
《爾雅・釋天》	春祠	夏礿	秋嘗	冬烝	

　　臺灣商務印書館，2003 年 6 月第一次印刷，頁 378。

〔註58〕《禮記・王制》卷十二（阮元重刊宋本），漢・鄭玄注：唐・孔穎達等正義，臺北：藝文印書館，1976 年 5 月六版，頁 245。

〔註59〕清・毛奇齡，《家禮辨說・祭禮》卷十二，《叢書集成續編》六十六冊，臺北：新文豐出版社，1989 年 7 月臺一版，頁 400。

〔註60〕周・左丘明著，《國語・楚語下》卷十八，臺北：臺灣古籍出版社，2002 年 5 月初版二刷，頁 799。

〔註61〕同註 60。

	春	夏	秋	冬	
《周易・既濟・九五》	春禴	◎	◎	◎	
《禮記・祭統》	春祠	夏禘	秋嘗	冬烝	
《儀禮經傳通解續・祭統上》	春祠	夏禴	秋嘗	冬烝	
《禮記・王制》	春礿	夏禘	秋嘗	冬烝	
《禮記・明堂位》	春社	夏礿	秋嘗	冬烝	
《禮記・祭義》	春禘	◎	秋嘗	◎	
《儀禮經傳通解續・祭義》	春礿	夏禘	秋嘗	冬烝	
《禮記・郊特牲》	春禘	◎	秋嘗	◎	
《周禮・春官・大宗伯》	春祠	夏禴	秋嘗	冬烝	
《周禮・春官・司尊彝》	春祠	夏禴	秋嘗	冬烝	
孫詒讓《周禮正義》	◎	◎	◎	◎	禴與礿同
《儀禮・士饋食之禮》	春祠	夏禴	秋嘗	冬烝	
《詩・小雅・信南山》	◎	◎	◎	冬烝	
《家禮會通・祭祀禮儀》	春祠	夏禴	秋嘗	冬烝	

資料來源：相關文獻。

　　漢魏時期飲食已經大致確定了中國節日飲食習慣，春季節日飲食以助生爲主，如春韭以雞蛋相配，韭是易於生長的植物，正月最先萌芽生長的時刻，卵亦生命的源頭，因此在一歲之始，當春滋生之際，人們食用韭卵表達了一種順應時氣的飲食觀念。夏季節日飲食側重長養，食新麥，鮮瓜與乾魚，以應節氣所需。秋嘗是上古秋季節俗活動重心，秋成時節以成熟的黍米與小豬配合祭祀祖先是先秦以來的禮俗，東漢的秋社亦用此物以供祭祀。黍生長季節長，四月播種，七、八月收穫，黍是五穀中的珍品，具有黏性的黍米更是祭祀的佳餚，也是秋季節日的美食。冬季節日飲食以滋養爲主，東漢在冬至日以黍米與羊羔祭祀，祭神的食品自然是人們平常食用養生的聖品，冬令食品在於補助人體體內的陽氣，黍與羊羔正具有這樣的食性。〔註62〕

　　在四季節日飲食中，酒是漢魏時期重要飲品。《詩經・周頌・豐年》紹述：「豐年多黍（黍米）多稌（稻子），亦有高廩（穀倉），萬億（一萬萬）及

〔註62〕鍾敬文等主編，《中國民俗史》（漢魏卷），北京：人民出版社，2008年3月，頁211～212。

秭（一萬億）；爲酒爲醴，烝畀祖妣，以洽（齊備）百禮，降福孔（十分）皆（普遍）。」〔註63〕清儒王先謙（1842～1917）《漢書補注》亦言：「酒者，天之美祿，帝王所以頤養天下，享祀祈福，扶衰養疾。百禮之會，非酒不行。」〔註64〕故《詩經‧小雅‧鹿鳴之什‧伐木》又言：「有酒湑我，無酒酤我。」〔註65〕程頤（1033～1107）曰：「酒者，古人養老祭祀之所用。」〔註66〕酒既是滋補養顏聖品，則孝子順孫祭祀祖先，豈可無酒？故金門俗諺有云：「無酒卜無杯（珓）」之說。職是之故，「三牲酒醴」遂成民間祭禮中與佳餚相輔相成，缺一不可的「天之美祿」。

　　奉先祀祖乃孝子、孝婦責無旁貸的神聖任務，故《禮記‧祭統》云：「夫祭也者，必夫婦親之，所以備外內之官也。」〔註67〕爲此，「百姓夫婦擇其令辰，奉其犧牲，敬其粢盛，潔其糞除，慎其采服，禋其酒醴，帥其子姓，從其時享，虔其宗祝，道其順辭，以昭祀其先祖，肅肅濟濟，如或臨之。」〔註68〕足見夫婦共同主持享祀祖先的禮制起源甚早。宋儒呂大鈞（約1029～約1080）《呂氏鄉約‧祭先》也強調說：「祭先之禮，自天子至於庶人，節文名物，差等雖繁，然以禮事親，其義則一。寢廟雖不崇，而修除不可不嚴。牲物雖不腆，而亨（烹）饎不可不親。器皿雖不備，而濯溉不可不潔。禮雖不得爲，而誠意不可不盡。故齊（齋）宿薦徹，致愛與恭，豈可徇流俗燕褻之常？」〔註69〕朱熹對四時祭的態度則是強調「凡祭主於盡愛敬之誠而已，貧則稱家之有無，疾則量筋力而行之，財力可及者，自當如儀。」〔註70〕祭祀貴在「盡愛敬之誠」，與祭器的良窳無關，與供物的多寡亦無涉。《朱子語

〔註63〕《毛詩‧周頌‧豐年》卷十九之三（阮元重刊宋本），漢‧毛公傳；鄭玄箋；唐‧孔穎達等正義，臺北：藝文印書館，1976年5月六版，頁731。

〔註64〕漢‧班固；清‧王先謙補注，《漢書補注‧食貨志下》卷二十四（下），臺北：藝文印書館，1996年8月初版四刷，頁534。

〔註65〕同註63，《毛詩‧小雅‧鹿鳴之什‧伐木》卷九之三，頁329。

〔註66〕宋‧程顥、程頤，民國‧潘富恩導讀，《二程遺書‧伊川先生語三》卷十七，上海：古籍出版社，2000年12月，頁223。

〔註67〕《禮記‧祭統》卷四十九（阮元重刊宋本），漢‧鄭玄注；唐‧孔穎達等正義，臺北：藝文印書館，1976年5月六版，頁831。

〔註68〕周‧左丘明，《國語‧楚語下》卷十八，臺北：臺灣古籍出版社，2002年5月初版二刷，頁799。

〔註69〕宋‧呂大鈞，《呂氏鄉約‧祭先》，《叢書集成續編》五十九冊，臺北：新文豐出版社，1989年7月，頁20。

〔註70〕宋‧朱熹，《家禮‧四時祭》卷五，《文淵閣四庫全書本‧經部》一四二冊，臺北：臺灣商務印書館，1986年7月，頁574。

類》即言：祭禮但以誠敬爲主，其他儀節則可隨家豐約，如一羹一飯皆可自盡其誠心。〔註71〕而夫婦親自主持祭祖儀典，則是禮經一貫的堅持，更是孝子、孝婦樂於接受的甜美負荷。

明洪武年間（1368～1398），太祖親降御製民間祭先「祝文」，不特增人霜露之感，其痛切沉至，直通幽冥，眞聖人之言，非文字工拙所可量，乃民間鮮知而用之者，清人張爾岐（1612～1678）因錄之。其文曰：「維某年某月某朔某日，孝孫某闔門眷屬，告於高曾祖考妣靈曰，昔者祖宗相繼，鞠育子孫，懷抱提攜，劬勞萬狀。每逢四時交代，隨其寒煖，增減衣服，撙節飲食。或憂近於水火，或恐傷於蚊蟲，或懼罹於疾病，百計調護，惟恐不安。此心懸懸，未嘗暫息，使子孫成立，至有今日者，皆祖宗劬勞之恩也。雖欲報之，莫知所以爲報。茲者節屆春夏秋冬，天氣將溫熱涼寒。追感昔時，不勝永慕。謹備酒殽羹飯，率闔門眷屬以獻。尚饗！」〔註72〕明皇家親頒的祝文，並未眞正普及於庶民社會。在田野調查當中，就從不曾見過這類的祝文。

對於祭祀，程頤（伊川先生）曰：「時祭之外，更有三祭：冬至祭始祖（厥初生民之祖）。立春祭先祖，季秋祭禰，他則不祭。冬至，陽之始也。立春者，生物之始（一作初）也。季秋者，成物之始（一作時）也。」〔註73〕祭祀的方法，程頤且有具體的鋪陳：「祭始祖，無主用祝，以妣配於廟中，正位享之。祭只一位者，夫婦同享也。祭先祖亦無主；先祖者，自始祖而下，高祖而上，非一人也，故設二位。祖妣異坐，一云二位異所者，舅婦不同享也。」〔註74〕程頤又曰：「常祭止於高祖而下。自父而推，至於三而止者，緣人情也。旁親有後者自爲祭，無後者祭之別位。爲伯叔父之後也。如殤，亦各祭。凡配，止以正妻一人。」〔註75〕祭自高祖而下是程頤「緣人情」而設

〔註71〕宋・黎靖德編，《朱子語類》，《文淵閣四庫全書本》，臺北：商務印書館，1986年7月，頁885。

〔註72〕清・張爾岐，《蒿庵閒話》，《筆記小說大觀續編》，臺北：新興書局，頁4901。案，明太祖親頒的「祝文式」，亦見於《教民榜文》，頁642。兩者間略有出入。見本文五章二節，頁295引文。

〔註73〕宋・程顥、程頤，民國・潘富恩導讀，《二程遺書・伊川先生語四》卷十八，上海：古籍出版社，2000年12月，頁292。

〔註74〕同註73。伊川先生此說，亦載錄於宋・朱熹編，《河南程氏遺書第十八・伊川先生語四》，載《叢書集成三編》第十四冊，臺北：新文豐出版社，1989年7月臺一版，頁265。

〔註75〕同註73。

計的禮制，也是朱熹《家禮》祭儀理論基礎的根源。《朱子語類》即云：「祭祖自高祖而下，如伊川所論。」〔註76〕

　　據今人粟品孝在〈文本與行爲：朱熹《家禮》與其家禮活動〉的考證，朱熹在祭典方面採時祭與俗祭並行的方式。〔註77〕四時祭的時節，一般都採用唐代周元陽《祀錄》中的說法，以元日、寒食、春分、秋分、冬至、夏至，爲四時祭之節。〔註78〕俗祭則在一般世俗節日，如清明、端午、重陽等進行祭祀。〔註79〕朱熹（1130～1200）在《家禮》均有著錄，在現實中也是「兩存」並用。〔註80〕宋人石介（1005～1045）在仁宗慶曆元年（1041年）以「庶人」的身份，「緣古禮而出新意，推神道而本人情，自爲之制，于宅東北位作堂三楹，以烈考及郭夫人、馬夫人、劉夫人、楊夫人居焉。」〔註81〕朱熹《家禮》問世前的北宋時期，石介就已經以庶人的身份，採緣古禮而創新意，推神道而本諸人情的變通方式，於自宅首開祭祖的先例。

　　所謂四時，是指唐代周元陽《祀錄》中的說法，「以元日、寒食、秋分、冬至、夏至，爲四時祭之節。」〔註82〕有關各種祠堂祭祀的具體繁文縟節，北宋大臣韓琦（1008～1075）晚年曾「得祕閣所有御史鄭正則《祠享儀》，孟詵《家祭禮》，殿中御史范傳正《寢堂時饗儀》，汝南周元陽《祭錄》，京兆武功尉賈氏〔註83〕（犯廟諱）《家薦儀》，金吾衛倉曹參軍徐閏《家祭儀》，檢校散騎常侍孫日用《仲享儀》凡七家，研詳累月，靁究大方。於是採前說之可

〔註76〕 宋‧黎靖德編，《朱子語類》卷九十，《文淵閣四庫全書本‧子部》七〇一冊，臺北：臺灣商務印書館，1986年7月，頁889。

〔註77〕 同註76，頁892：「問行時祭，則俗節如何？曰，某家且兩存之。」

〔註78〕 粟品孝，〈文本與行爲：朱熹《家禮》與其家禮活動〉，載《安徽師範大學學報》（人文社會科學版）第三十二卷第一期，2004年1月，頁103。

〔註79〕 宋‧朱熹，《家禮》卷一（南宋淳祐五年（1245年）五卷本），《孔子文化大全》，山東：友誼書社，1992年11月，頁601：「（俗）節如清明、寒食、重午、中元、重陽之類，凡鄉俗所尚者。」

〔註80〕 粟品孝，〈文本與行爲：朱熹《家禮》與其家禮活動〉，載《安徽師範大學學報》（人文社會科學版）第三十二卷第一期，2004年1月，頁103。

〔註81〕 宋‧石介，《徂徠集‧祭堂記》卷十九，《文淵閣四庫全書‧集部》一〇九〇冊，臺北：臺灣商務印書館，1986年7月，頁325。

〔註82〕 宋‧葉夢得（1077～1148），《石林燕語》卷一，載《宋元筆記小說大觀》，上海：古籍出版社，2007年3月第一次印刷，頁2476。

〔註83〕 賈頊，原作「賈王貞」，據《新唐書》卷五十八《藝文志》、《書錄解題》卷六改。元‧脫脫等，《宋史‧藝文志》卷二〇四，臺北：鼎文書局，1980年5月再版，頁5168。

行，酌今俗之難廢者，以人情斷之，成十三篇，名曰《韓氏參用古今家祭式》。」〔註84〕（詳見表4-2、4-3）宋人葉夢得（1077～1148）《避暑錄話》亦云：「士大夫家祭多不同，蓋五方風俗沿習與其家法所從來各異，不能盡出于禮。古者修其教，不易其俗，故《周官》教民，禮與俗不可偏廢，要不遠人情而已。韓魏公晚年裒取古今祭祀書，參合損益，爲《祭儀》一卷，最爲得中，識者多用之。」〔註85〕

表4-2：《新唐書·藝文志》與《宋史·藝文志》載錄「吉禮類」著作一
　　　　覽表

《新唐書·藝文志》		《宋史·藝文志》	
禮 書 名 稱	撰述者	禮 書 名 稱	撰述者
《晉尚書儀曹吉禮儀注》三卷	不著撰人	《吉凶五服儀》一卷	李隨
《梁吉禮》十八卷	明山賓等	《紅亭紀吉儀》一卷	獨孤儀、陸贄
《梁吉禮儀注》四卷	不著撰人	《家祭禮》一卷	孟詵
《陳吉禮儀注》五十卷	不著撰人	《家祭儀》一卷	徐閏
《陳雜吉儀注》三十卷	不著撰人	《祠享儀》、《家祭儀》各一卷	鄭正則
《北齊吉禮》七十二卷	趙彥深	《家薦儀》一卷	賈頊
《隋吉禮》五十四卷	高熲	《寢堂時饗儀》一卷	范傳式

〔註84〕 宋·韓琦，《韓魏公集·韓氏參用古今家祭式序》卷一（據清康熙張伯行輯編
　　　　同治左宗棠增刊正誼堂全書本影印），《百部叢書集成·集部》，臺北：藝文印
　　　　書館，1969 年，頁 17b～18a。又宋·韓琦，《安陽集·韓氏參用古今家祭式
　　　　序》卷一：「某自主祭以來，恪謹時薦，罄極誠愨，而常患夏秋之祭闕而不備。
　　　　從俗之事，未有折中。因得祕閣所有御史鄭正則《祠享儀》，孟詵《家祭禮》，
　　　　殿中御史范傳正《寢堂時享儀》，汝南周元陽《祭錄》京兆武功尉賈氏頊《家
　　　　薦儀》，金吾衛倉曹參軍徐閏《家祭儀》，檢校散騎常侍孫日用《仲享儀》凡
　　　　七家，研詳累月，粗究大方。于是採前說之可行，酌今俗之難廢者，以人情
　　　　斷之，成十三篇，名曰《韓氏參用古今家祭式》。」宋·韓琦，李之亮、徐正
　　　　英校箋，《安陽集編年箋注·韓氏參用古今家祭式序》卷二十二，四川：巴蜀
　　　　書社，2000 年 10 月第一次印刷，頁 745～746。另本文亦見於韓琦，《安陽集·
　　　　韓氏參用古今家祭式序》卷一，《文淵閣四庫全書本·集部》一〇八九冊，臺
　　　　北：臺灣商務印書館，1986 年 7 月初版，頁 338。
〔註85〕 宋·葉夢得，《避暑錄話》卷二，上海：古籍出版社，2007 年，頁 2618～
　　　　2619。

《婚儀祭儀》二卷	崔皓	《仲享儀》一卷	孫日用
《雜祭注》六卷	盧諶	《書儀》三卷	裴茝
《祀典》五卷	盧辨	《吉凶書儀》二卷	劉岳
《家儀》一卷	徐爰	《二十家古今祭禮》二卷	朱熹
《吉儀》二卷、《弔答書儀》十卷、《皇室書儀》七卷	王儉	《政和五禮新儀》二百四十卷	鄭居中、白時中、慕容彥逢、強淵明等
《書儀》二卷	謝允	《四時祭享儀》一卷	杜衍
《婦人書儀》八卷	唐瑾	《開寶通禮》二百卷	劉溫叟
《家禮》十卷	楊炯	《開寶通禮儀纂》一百卷	盧多遜
《大唐儀禮》一百卷	長孫无忌等	《太常新禮》四十卷	賈昌朝
《開元禮》一百五十卷	蕭嵩等	《參用古今家祭式》（無卷）	韓琦
《家祭禮》一卷	孟詵	《書儀》八卷、《涑水祭儀》一卷、《居家雜儀》一卷	司馬光
《家祭儀》一卷	徐閏	《祭儀》一卷	范祖禹
《寢堂時饗儀》一卷	范傳式	《家祭儀》一卷	呂大防、呂大臨
《祠享儀》一卷	鄭正則	《橫渠張氏祭儀》一卷	張載
《祭錄》一卷	周元陽	《釋奠祭器圖》及《諸州軍釋奠儀注》一卷	崇寧中頒行
《家薦儀》一卷	賈頊	《藍田呂氏祭說》一卷	呂大均
《家祭儀》（卷亡）	盧弘宣	《伊川程氏祭儀》一卷	程頤
孫氏《仲享儀》一卷	孫日用	《祀祭儀式》一卷	不著作者
《內外親族五服儀》二卷《書儀》三卷	裴茝	《淳熙編類祭祀儀式》一卷	齊慶冑
《鄭氏書儀》二卷	鄭餘慶	《趙氏祭錄》二卷	趙希蒼
《書儀》二卷	裴度	《釋奠儀式》一卷、《四家禮範》五卷、《家禮》一卷	朱熹
《書儀》二卷	杜有晉	《送終禮》一卷	高閌
		《冠婚喪祭禮》二卷（集司馬氏、程氏、呂氏禮）	周端朝

資料來源：《新唐書‧藝文志》與《宋史‧藝文志》。

表 4-3：《直齋書錄解題》〔註86〕載錄「祭禮類」著作一覽表

書　　名	著作者暨內容簡要	備註
《政和五禮撮要》十五卷	紹興中（1131～1162），有范其姓者爲湖北漕，取品官士庶冠昏喪祭爲一編，刻板學宮，不著名，以《武昌志》考之，爲漕者有范正國、范寅秩，不知其爲誰也。	
《政和冠昏喪祭禮》十五卷	紹熙中（1190～1194），南康黃灝商伯爲禮官，請於《政和五禮》內撮取品官庶人禮，摹印頒之郡縣，從之，其實即前十五卷書也。	
《訓俗書》一卷	許洞洞夫撰述，廟祭冠笄之禮，而拜掃附於末，謝絳、希深、王舉正皆有序跋，洞淳化三年（992年）進士，希深之舅也。	
《孟氏家祭禮》一卷	唐侍御史平昌孟銑撰，曰《正祭節詞薦新義例》，凡四篇。	
《徐氏家祭禮》一卷	唐左金吾衛倉曹參軍徐潤撰。	
《鄭氏祠享禮》一卷	唐侍御史鄭正則撰。	
《范氏寢堂時饗禮》一卷	唐涇縣尉南陽范傳氏殿中侍御史傅正修定。	
《賈氏家祭禮》一卷	唐武功縣尉賈頊撰。	
《新定寢祀禮》一卷	不知作者。中興館閣書目有此書云，前後有序，題太常博士陳致雍撰集。今此本亦前後有序，意其是也。致雍晉江人，及仕本朝。	
《孫氏仲享儀》一卷	檢校左散騎常侍孫日用撰，周顯德中博士後仕本朝，開寶時（968～976）作此書。	
《杜氏四時祭享禮》一卷	丞相山陰杜衍世昌撰。	
《韓氏古今家祭式》一卷	司徒兼侍中相臺韓琦稚圭撰。	
《橫渠張氏祭禮》一卷	張載字子厚撰，末有呂大鈞和叔說數條附焉。	
《伊川程氏祭禮》一卷	程頤正叔撰，首載作主式。	
《呂氏家祭禮》一卷	丞相京兆呂大防微仲正字大臨與叔撰。	
《范氏家祭禮》一卷	范祖禹淳甫撰。	
《溫公書儀》一卷	司馬光撰，前一卷爲表章書啓式，餘則冠昏喪祭之禮詳焉。	
《居家雜禮》一卷	司馬光撰。	

〔註86〕宋・陳振孫，《直齋書錄解題・禮注類》卷六，清光緒九年（1883年）江蘇書局刊本，載李學勤主編，《中華漢語工具書書庫》八十三冊，安徽：教育出版社，2002年1月第一次印刷，頁78～80。

《呂氏鄉約》一卷 《鄉儀》一卷	呂大鈞和叔撰。	
《高氏送終禮》一卷	禮部侍郎高閌抑崇撰。	
《四家禮範》五卷	張栻、朱熹所集司馬程張呂氏諸家，而建安劉珙刻於金陵。	
《古今家祭禮》二十卷	朱熹集《通典》、《會要》所載，以及唐、本朝諸家祭禮在焉。	
《朱氏家禮》一卷	朱熹撰。	
《十書類編》三卷	不知何人所集。十書者，《管子弟子職》、《曹昭女誡》、《韓氏家祭式》、《司馬溫公居家雜禮》、《呂氏鄉禮》、《范氏義莊規》、《高氏送終禮》、《高登修學門庭》、《朱氏重定鄉約、社倉約束》也，雖不專爲禮，而禮居多，故附之於此。	

資料來源：宋・陳振孫撰，《直齋書錄解題・禮注類》卷六。

　　《家禮》四時祭用仲月，前旬卜日。孟春下旬之首，擇仲月三旬各一日，或丁或亥。〔註87〕《朱子成書・四時祭》：云「司馬公曰，孟詵《家祭儀》用二至、二分，然今仕宦者職業既繁，但時至事暇可以祭，則卜筮亦不必亥日及分、至也。若不暇卜日，則止依孟儀用分、至，於事亦便也。」〔註88〕宋儒呂祖謙（1137～1181）《東萊別集・祭日》則曰：「古者祭必卜日，今以未習卜筮之法，止依范氏、孟氏《家祭儀》，橫渠《祭說》用二分二至。」〔註89〕

　　《家禮》規定的時祭採用卜筮定祭日的方法，是朱熹早先沿襲二程之說，此說後爲朱熹所拋棄，轉而信從司馬溫公之說，採用春、秋二分，冬、夏二至的時間祭。〔註90〕採用分至的理由，呂祖謙《東萊別集》有詳盡的論述：「橫渠說祭用分至，取其陰陽往來，又取其氣之中，又貴其時之均。」〔註91〕明儒宋濂（1310～1381）則採行折衷方式：「然而世遠屬疏，祭不敢用

〔註87〕宋・朱熹，《家禮》卷五，《文淵閣四庫全書本・經部》一四二冊，臺北：臺灣商務印書館，1986年7月，頁571。

〔註88〕南宋・朱子，《朱子成書・四時祭》（微片）明・景泰元年（1450年）善敬書堂刊本，故宮博物院善本室館藏，2排左2。

〔註89〕宋・呂祖謙，《東萊別集・祭禮》卷四，《文淵閣四庫全書本・集部》一一五〇冊，臺北：臺灣商務印書館，1986年7月，頁200。

〔註90〕陳飛龍，〈孔子之禮論〉，《孔孟學報》第四十五期，1983年4月20日，頁234。

〔註91〕宋・呂祖謙，《東萊別集・祭禮》卷四，《文淵閣四庫全書本・集部》一一五〇冊，臺北：臺灣商務印書館，1986年7月，頁200。

四仲，惟據朱徽公所定祀先祖之儀，以立春生物之始，陳器具饌而行三獻。」
〔註92〕以《家禮》為指導方針的祭儀，仍會隨著不同時空而作機動調整。宋
濂的折衷方式就是明顯的例證。

《爾雅・釋詁》明言：「祖，始也。」〔註93〕《說文》則曰：「祖，始廟
也。」〔註94〕另有陳俊民校編《朱子文集・跋古今家祭禮》則曰：「人之生無
不本乎祖者，故報本反始之心，凡有血氣者之所不能無也。」〔註95〕春秋時
候的人習用「鬼」指稱先祖。〔註96〕祭祖禮是春秋戰國時期人們相當重視的
祭禮，人們崇拜自己祖先的靈魂，是因為他們認為祖先是最親近可靠的保護
神。〔註97〕宗族祭祀的祖先，是有選擇的祖先，而不是所有的祖先。宋儒關
於宗族祭祀世代的議論很多，也各有不同的主張。〔註98〕二程主張「凡祭
祀，須是及祖。知母而不知父，狗彘是也。知父而不知祖，飛鳥是也。」
〔註99〕程頤則曰：「祭先之禮，不可得而推者，無可奈何；其可知者，無遠近
多少，須當盡祭之。」〔註100〕因此程頤強烈主張「時祭之外，更有三祭。」
〔註101〕《朱熹集》卷四十二〈與吳晦叔〉言：「今儀多至祭始祖并及祧廟之
主。夫多至祭始祖，立春祭先祖，季秋祭禰廟，此伊川之所義起也。蓋取諸
天時，參以物象，其義精矣。」〔註102〕祭祀祖先的儀式，是活著的家族成員

〔註92〕明・宋濂，《文憲集・金華張氏先祠記》卷二，《文淵閣四庫全書本・集部》一
　　　　二二三冊，臺北：臺灣商務印書館發行，1986 年 7 月初版，頁 282～283。
〔註93〕《爾雅・釋詁》卷一（阮元重刊宋本），晉・郭璞注；宋・邢昺疏，臺北：藝
　　　　文印書館，1976 年 5 月六版，頁 6。
〔註94〕東漢・許慎；清・段玉裁注，《說文解字注》，臺北：天工書局，1998 年 8 月，
　　　　頁 4。
〔註95〕陳俊民校編，《朱子文集・跋古今家祭禮》卷八十一，臺北：財團法人德富文
　　　　教基金會，2000 年 2 月，頁 3993。
〔註96〕鄺濬智，《西漢以前家宅五祀及其相關信仰研究——以楚地簡帛文獻資料為討
　　　　論焦點》，林慶彰主編，《中國學術思想研究輯刊》（二編），臺北：花木蘭文
　　　　化出版社，2008 年 9 月，頁 73。
〔註97〕同註 96，頁 321。
〔註98〕王善軍，〈宋代的宗族祭祀和祖先崇拜〉，載《世界宗教研究》，1999 年第三期，
　　　　頁 114～115。
〔註99〕宋・程顥、程頤，民國・潘富恩導讀，《二程遺書・二先生語二下》卷二下，
　　　　上海：古籍出版社，2000 年 12 月，頁 102。
〔註100〕同註 99，《二程遺書・伊川先生語三》卷十七，頁 228。
〔註101〕同註 99，《二程遺書・伊川先生語四》卷十八，頁 292。
〔註102〕郭齊、尹波點校，《朱熹集》卷四十二〈與吳晦叔〉，四川：教育出版社，1997
　　　　年 5 月第二次印刷，頁 1960～1961。

對亡故祖先表示敬畏、懷念之情的最重要禮儀。〔註103〕

　　祭祀的世代，有的學者主張祭三代祖先，如「杜祁公、韓魏公、司馬溫公、橫渠張先生《祭儀》祀曾祖、祖、考三世。」〔註104〕宋儒李覯（1009～1059）採行「族人五世之外，皆合之宗子之家，序以昭穆，則是始祖常祀，而同姓常親」〔註105〕的模式。朱熹則主張，祠祭只能祭及四代，即高祖、曾祖、祖、禰。朱熹對這份堅持也有所解說：「而今士庶亦有始基之祖，只祭四代，四代以上則可不祭否？」他回答說：「若是始基之祖，想亦只存得墓祭。」〔註106〕朱熹對始祖的祭祀，採行的是墓祭的方式。《鄭氏家儀・祭禮》亦說：「祭以明宗。古者大宗統族百世不遷，非宗子不祭，或請於宗子而祭。今大宗之嫡子廢。凡繼高祖、繼曾祖、繼祖、繼禰皆曰小宗。伊川、文公既以服未盡，定祭四世。四世之外則當祧。」〔註107〕

　　南宋寧宗嘉泰三年（1203年），邵武軍光澤縣的李呂宗族，曾聚族千指，爲會宗法，「歲時設遠祖位，合族薦獻飲福。」〔註108〕這個宗族合族祭祀的對象是指遠祖。俞氏宗族即「每歲寒食，主祭者率子弟各執事，自始祖而下合祀焉。」〔註109〕南宋人陳藻（約公元1609年前後在世）曾有過如是的描記：「今人烝嘗未始有田者，古墳一丘，而十數代之子孫歲釀以祭」〔註110〕。十數代子孫聚集在一起共同祭祀，其對象必定以十數代以上的祖先爲主。宋元

〔註103〕林素英，《從古代的生命禮儀透視其生死觀：以《禮記》爲主的現代詮釋》，林慶彰主編，《中國學術思想研究輯刊》（四編），臺北：花木蘭文化出版社，2009年3月，頁137。

〔註104〕宋・呂祖謙，《東萊別集・祭禮》卷四，《文淵閣四庫全書本・集部》一一五〇冊，臺北：臺灣商務印書館，1986年7月，頁199。

〔註105〕宋・李覯，《旴江集・教導第四》卷十三，《文淵閣四庫全書本・集部》一〇九五冊，臺北：臺灣商務印書館，1986年7月初版，頁102。

〔註106〕南宋・朱子，《家禮・附錄》，南宋淳祐五年（1245年）五卷本加附錄一卷，收入《孔子文化大全》，山東：友誼書社，1992年11月第一次印刷，頁847～848。

〔註107〕元・鄭泳，《鄭氏家儀・祭禮》（上海圖書館藏清刻本），《四庫全書存目叢書・經部》一一四冊，臺北：莊嚴文化事業有限公司，1997年10月，頁411。

〔註108〕宋・周必大，《文忠集・澹軒李君呂墓志銘》卷七十五，《文淵閣四庫全書本・集部》一一四七冊，臺北：臺灣商務印書館，1986年7月初版，頁790。

〔註109〕宋・徐元杰，《楳埜集・洪慶庵記》卷十，載舒大剛主編，《宋集珍本叢刊》，北京：線裝書局，2004年6月，頁4。

〔註110〕宋・陳藻，《樂軒集・大宗小宗》卷八，《文淵閣四庫全書本・集部》一一五二冊，臺北：臺灣商務印書館，1986年7月，頁113。

之際遷居剡源的戴氏宗族，其新建祠堂「初祖以下在北室，高祖六四府君在中室，五祀諸神附南室，惟土地之神在下室。」〔註111〕足見宋代宗族祭祀對象一般都是始遷祖以下的歷代祖先。〔註112〕這種以始遷祖以下祖先爲祭祀對象的禮文，其影響直至今日，金門地區各宗族的祠祭，仍沿襲此風。

程頤認爲祭祖的方式，時祭之外，更有冬至祭始祖，立春祭先祖，季秋祭禰等三祭。〔註113〕冬至祭始祖、季秋祭禰的理由，二程強調說：「萬物本乎天，人本乎祖，故冬至祭天而祖配之。以冬至者，氣至之始故也。萬物成形於地，而人成形於父，故以季秋享帝而父配之。以季秋者，物成之時故也。」〔註114〕此三祭，朱熹早年也加以沿用，「某家舊時常祭：立春、冬至、季秋祭禰三祭，後以立春、冬至二祭近禘、祫之祭，覺得不安，遂去之。季秋依舊祭禰，而用某生日祭之。適値某生日在季秋，逐用此日（九月十五日）。」〔註115〕明人汪禔《檗菴集・胡氏祠堂記》對此亦有所說明：「始祖之祭，程子以義起之者也，朱子廢焉，以疑於禘也。」〔註116〕禘、祫大祭的屬性，二程以爲：「禘，王者之大祭；祫，諸侯之大祭。」〔註117〕此即朱子之所以廢棄立春、冬至二祭的理由。

關於朱熹祭用分至，以及冬至、立春二祭的問題，其高徒陳淳（1159～1223）撰述〈代陳憲跋《家禮》〉時，曾有如是的載述：「慶元（五年）己未（1199 年）到考亭精舍，聞先生家時祭，今只定用二分二至，不復卜日。校臨漳所傳卜日丁亥，雖本《儀禮》之文，實不若此，乃求鬼神於陰陽魂魄屈伸之際，其義又爲益精矣。於是又叩先生以多至、立春二祭，則愀然爲言後來有疑乎。冬至之祭似禘，立春之祭似祫，更不敢冒舉。」〔註118〕陳氏於

〔註111〕宋・戴表元，《剡源文集・遷奉祠堂文》卷二十三，《文淵閣四庫全書本・集部》一一九四冊，臺北：臺灣商務印書館，1986 年 7 月，頁 296。

〔註112〕王善軍，〈宋代的宗族祭祀和祖先崇拜・宗族祭祀的對象〉，載《世界宗教研究》，1999 年第三期，頁 14～115。

〔註113〕宋・程顥、程頤，民國・潘富恩導讀，《二程遺書・伊川先生語四》卷十八，上海：古籍出版社，2000 年 12 月第一次印刷，頁 292。

〔註114〕同註 113，《二程遺書・二先生語四》卷四，頁 121。

〔註115〕宋・黎靖德編，《朱子語類・祭義》卷八十七，湖南：岳麓書社，1997 年 11 月，頁 2029。

〔註116〕明・汪禔，《檗菴集・胡氏祠堂記》（北京大學圖書館藏清康熙十八年刻汪氏家集三種本）卷上，《四庫全書存目叢書・集部》一四六冊，頁 343。

〔註117〕同註 113，《二程遺書・二先生語二上》卷二上，頁 73。

〔註118〕宋・陳淳，《北溪大全集・代陳憲跋《家禮》》卷十四，《四庫全書珍本》四集，

〈《家禮》跋〉又云：「所謂《時祭》一章，乃取先生家歲時所用之儀入之，准此爲定說，并移其諸參神在降神之前。今按餘航本，復精加校。至如冬至、立春二儀，向嘗聞先生語，以爲似禘祫而不舉，今本先生意刪去。」〔註119〕陳淳（1482～1544）此二說，更爲朱子捨棄禘、祫二祭的理由，作了強而有力的補充說明。丘濬（1421～1495）在《重刻朱子家禮・祭禮》，則對朱子祭用分至的決定提出補充說明：「朱子曰，卜日無定，慮有不虔。司馬溫公云，只用分、至亦可。今擬若止用分、至。」〔註120〕

　　至於主祭者的人選，《朱子語類・祭》云：「祭祀須是用宗子法方不亂。」〔註121〕明人毛紀（1463～1545）《鰲峰類稿・家廟記》云：「夫古人祠堂，多以宗子主之，蓋以其世有爵土，故宗法可行。自封建罷，而世官世祿之制變，宗法遂廢而不行，勢固然也。惟名門右族則能如禮建祠，而支子仕宦有力者亦爲之，蓋已鮮矣。若生今泥古，或宗子無官無力，既不能建，而支子又不得建，寧不殄祖宗之祀乎？」〔註122〕毛氏的不宜泥古說，顯然是一種針對罷封建後的權變舉措。明儒呂維祺（1587～1641）在《四禮約言》亦強調宗子主祭的必要性：「祖先神主，以宗子奉祀，支子止隨班助祭，不得僭祭。」〔註123〕宗子主祭象徵性地表達了宗子與祖先之間的氣脈相通，並進而由此而串起的血緣關係，遂成爲宗族關係網絡的主幹。如同網之有綱，綱不舉則網不張般。〔註124〕宗族若無宗子，則「情義乖離，不相繫屬。」〔註125〕就整個宗族而言，宗子就如同蛇之與頭般，蛇無頭則不行。宗族無宗子則無以維繫「敬宗」、「收族」的神聖任務。《朱子語類》云：「祭只三獻：主人初獻，嫡

　　　　臺北：臺灣商務印書館，1935 年，頁 1a～3a。
〔註119〕同註118，《北溪大全集・《家禮》跋》，頁 4a～5b。
〔註120〕南宋・朱子，明・丘濬輯，《重刻朱子家禮・祭禮》卷七（紫陽書院定本），頁 2。
〔註121〕宋・黎靖德編，《朱子語類》卷九十，《文淵閣四庫全書本・子部》七〇一冊，臺北：臺灣商務印書館，1986 年 7 月，頁 881。
〔註122〕明・毛紀，《鰲峰類稿》，載《四庫全書存目叢書・集部》四十五冊（北京圖書館藏明嘉靖刻本），臺北：莊嚴文化事業有限公司，1995 年 9 月，頁 75～76。
〔註123〕明・呂維祺，《四禮約言・論祭》（中國科學院圖書館藏清刻本），《四庫全書存目叢書・經部》一一五冊，臺北：莊嚴出版社，1995 年 9 月，頁 120。
〔註124〕趙克生，〈明代士人對宗祠主祭權多元化的思考〉，載《東北師大學報》（哲學社會科學版）2010 年第二期（總第二四四期），頁 81。
〔註125〕明・金瑤，《金粟齋先生文集》，《續修四庫全書・集部》一三四二冊，上海：古籍出版社，2003 年 5 月第一次印刷，頁 558。

子亞獻（或主婦），庶子弟終獻（或嫡孫）。」〔註126〕《家禮》三獻則分別由主人；主婦；或兄弟之長，或長男，或親賓爲之。〔註127〕三獻禮初獻之所以要由宗子（主人）主祭的原因，爲的就是要樹立宗子在宗族中的權威與地位。

（二）俗　祭

俗祭則利用世俗節日，如元日、清明、端午、中秋、重陽、冬至等俗節舉行祭祀。《家禮》嘗言：「俗節則獻以時食。」〔註128〕《朱子語類·祭》亦云：「遇大時節，請祖先祭於堂或廳上，坐次亦如在廟時排定。祔祭旁親者，右丈夫、左婦女，坐以就裏爲大。凡祔與此者，不從昭穆了，只以男女左右大小分排，在廟卻各從昭穆祔。」〔註129〕「今之俗節，古無所有，故古人雖不祭，而情亦自安。今人既以此爲重，至於是日，必具殽羞相宴樂，而其節物亦各有宜，故世俗之情至於是日不能不思其祖考，而復以其物享之。雖非禮之正，然亦人情之所不能已者。但不當專用此而廢四時之正禮耳。」〔註130〕朱子認爲俗節雖古之未有，可以義起。「時祭之外，各因鄉俗之舊，以其所尙之時，所用之物，奉以大槃，陳於廟中，而以告朔之禮奠焉，則庶幾合乎隆殺之節，而盡乎委曲之情，可行於久遠而無疑矣。」〔註131〕朱子在回答叔器提問俗節之祭時，曾作如此說：「韓魏公道得好，謂時節祠，殺於正祭。某家依而行之，但七月十月之饌用浮屠〔註132〕，某不用耳。南軒廢俗節之祭，某問：於午日能不食粽乎，重陽能不飲茱萸酒乎？不祭而自享，於心安乎？」〔註133〕爲求得心安，朱子認爲俗節之祭仍有其必要性，但時祭與俗祭間的隆殺分際仍須嚴加堅守，才不會導致混淆不清的弊端。

俗節祭拜的供品，皆以鄉俗所尙者，食如角黍。而且要薦以大盤，偶爾

〔註126〕宋·黎靖德編，《朱子語類》卷九十，《文淵閣四庫全書本·子部》七○一冊，臺北：臺灣商務印書館，1986年7月，頁887。

〔註127〕宋·朱熹，《家禮》卷五，《文淵閣四庫全書本·經部》一四二冊，臺北：臺灣商務印書館，1986年7月，頁573。

〔註128〕同註127，《家禮》卷一，頁532。

〔註129〕宋·黎靖德編，《朱子語類》卷九十，《文淵閣四庫全書本·子部》七○一冊，臺北：臺灣商務印書館，1986年7月，頁886。

〔註130〕郭齊、尹波點校，《朱熹集》卷三十〈答張欽夫〉，四川：教育出版社，1997年5月第二次印刷，頁1301。

〔註131〕同註130，頁1301～1302。

〔註132〕案，湖南：岳麓書社版本，頁2085，作「但七月十五素饌用浮屠」。

〔註133〕同註129，頁891～892。

還要來盤蔬果。禮如正至朔望之儀。俗節前一日需要灑掃齊（齋）宿。厥明夙興，開門軸簾，還要備妥相關祭器、供品，如「每龕設新果一大盤於卓（桌）上，每位茶盞、托酒盞盤各一於神主櫝前，設束茅聚沙於香卓（桌）前，別設一卓（桌）於阼階上，置酒注盞盤一於其上，酒一餅（瓶）於其西，盥盆帨巾各二於阼階下東南。有臺架者在西，爲主人親屬所盥。無者在東，爲執事者所盥，巾皆在北。」〔註134〕俗祭位階雖不如時祭，行禮亦須如儀。

1.除夕與元日

宋・吳自牧（約公元 1270 年前後在世）《夢粱錄》道：「十二月盡，俗云『月窮歲盡之日』，謂之『除夜』。士庶家不論大小家，俱洒掃門閭，去塵穢，淨庭戶，換門神，挂鍾馗，釘桃符，貼春牌，祭祀祖宗。」〔註135〕《泉州府志・歲時》則言：「除夕前一二日，以豚糕相遺，謂之饋歲。至夕祭先及神，謂之辭年。……元日雞鳴，內外咸起，貼門帖及春勝，設茶果以獻先祖，拜祠堂及尊長，戚友相過賀。日午，復獻饌於先祖，明日乃撤，亦有晚即撤者。是日人家皆以柑祭神及先，至元宵乃撤。案，此即傳柑〔註136〕遺意。」〔註137〕《滄海紀遺・風俗》載：「每正月元旦，人家有祠者，則先拜祖考，薦羹飯。」〔註138〕《金門縣志・人民志》亦有初一侵早，以柑桔素齋祀神，午時獻饌於祖先的配制。〔註139〕依此得見除夕與元日都應祭祀先祖，一爲辭年，一爲迎春。

《四民月令》另言：「正月之旦，是謂正日，躬率妻孥，絜祀祖禰。前期三日家長及執事皆致齋焉。及祀日進酒降神畢，乃家室，尊卑無小無大，以次列坐于先祖之前，子婦孫曾各上椒酒于其家長，稱觴舉壽，欣欣如也。」

〔註134〕宋・朱熹，《家禮》卷一，《文淵閣四庫全書本・經部》一四二冊，臺北：臺灣商務印書館，1986 年 7 月，頁 532。

〔註135〕宋・吳自牧，《夢粱錄・除夜》，知不足齋叢書本重印，學津討原本校勘，頁 181。

〔註136〕《泉州府志・風俗》卷二十，頁 18，引《歲時記》云：「上元以柑相遺，謂之傳柑。」泉州志編纂委員會辦公室一九八四年據泉山書社民國十六年（1927 年）乾隆版補刻本影印。

〔註137〕清・懷陰布總裁黃任、郭賡武纂修，《泉州府志・歲時》卷二十，泉州志編纂委員會辦公室 1984 年據泉山書社民國十六年（1927 年）乾隆版補刻本影印，頁 18～24。

〔註138〕明・洪受，《滄海紀遺・風俗之紀第四》，金門：縣文獻委員會，1970 年 6 月再版，頁 50。

〔註139〕金門縣政府，《金門縣志・人民志・歲時》卷三，金門：金門縣政府，1999 年初版二刷，頁 407。

〔註140〕明人田汝成（1503～1557）《熙朝樂事》亦云：「正月朔日，……民間則設奠于祠堂，次拜家長。爲椒栢之酒以待親戚鄰里，以春餅爲上供。」
〔註141〕江西省《東鄉縣志・風土》也載：「正月元旦至祠堂祀祖，鼓吹涩事。祭畢計丁給餅，謂之胙餅。有犯族規者不給，故各族恆重其事。本宗子孫彼此拜賀，以及戚友往來，謂之拜年。宴客謂之新年酒。元宵爲粉粢以供祖，懸燈祠堂，先後各一日。」〔註142〕《福建通志・仙遊縣・風俗》亦說：「元旦男婦夙興各盛服謁祠堂奠獻，次於父母前稱觴上壽，男女序拜。」〔註143〕均爲元日祭祀先祖明證。

　　「由於民間重視元旦和冬至日的祭祖，故以元旦取代春分，一年共祭四次。規定雖如此，士族未有廟者，仍然遵行自家的規矩，所謂「家傳」，唐代學者元稹（779～831）《元氏長慶集・告祀曾祖父》說之甚詳：「唐制位五品皆廟祀，廟祀亦求吉日。其餘未廟祀者，各奉家傳，疏數每異。昔我先府君，……是用日至暨元旦，仲夏之五日，季秋之初九，莫不修奉祠祀」。」〔註144〕就庶民社會而言，家傳慣習的效用，或地域性的風俗，有時竟可凌駕禮制的規範，而且更易於受到眾人的青睞。此亦爲民間祭祖禮，與《家禮》的禮文，偶爾會出現情節不一致的根由。

2. 中元與中秋

　　論及中元之祀祖，《禮記・月令》記載：「是月（七月）也，農乃登穀，天子嘗新，先薦寢廟。」〔註145〕在這秋收季節，天子象徵性的以新穀祭祀祖廟，表達對祖先的追思和懷念。朱子〈跋古今家祭禮〉也云：「蓋人之生無不本乎祖者，故報本反始之心，凡有血氣者之所不能無也。」〔註146〕祖先崇拜

〔註140〕後漢・崔寔，民國・唐鴻學輯，《四民月令》（大關唐鴻學輯刻于成都），叢書集成續編八十冊，臺北：新文豐出版社，1989年7月臺一版，頁631。
〔註141〕明・田汝成，《熙朝樂事》（據明萬曆孫幼安校刊稗乘本景印），載《歲時習俗資料彙編》，臺北：藝文印書館，1970年12月初版，頁1。
〔註142〕《江西省東鄉縣志・風土志》卷八，臺北：成文出版社，1989年3月臺一版，頁319～320。
〔註143〕陳壽祺等，《福建通志・仙遊縣・風俗》卷五十五（清同治十年重刊本），華文書局發行，1968年10月初版，頁1133。
〔註144〕唐・白居易，〈告祀曾祖父〉，載《元氏長慶集》卷五十九。
〔註145〕《禮記・月令》卷十六（阮元重刊宋本），漢・鄭玄注；唐・孔穎達等正義，臺北：藝文印書館，1976年5月六版，頁324。
〔註146〕宋・朱熹，民國・陳俊民校編，《朱子文集》卷八十一，臺北：財團法人德富文教基金會，2000年2月，頁3993。

是中國人信仰當中最重要環節，因此「薦新」習俗就此被代代相傳。〔註147〕

　　清人范祖述《杭俗遺風・中元接祖》言述：「中元接祖，惟吾杭有之，他處則無。推其由起，實始於南宋。當高宗南渡時，士大夫隨駕來杭者甚眾。至中元節，本爲祭祀之期。爲子孫者，以其墳墓在汴，無從設祭。報本追遠，故有接祖之舉，相沿成習，遂爲風氣。……杭城風俗，七月十二夜，須接祖宗家廟，設供茶點。十三、十五、十七均須祝享，有餛飩、石花二品。凡新喪在中元以前者，名曰首中元，靈前設供細點，每十二、十六錫盤爲一桌，多者數十桌，均親戚所送。擺列香案，結彩懸燈，桌幃椅帔，均皆素色，接陪喪，備酒飯，親友皆來弔奠。另室鋪經壇，或僧或道，拜懺念經。十三以前，街上只見送禮。十三以後，街上只見轎子。世情好者，甚至有百十家弔奠，此爲萬路齊開之一大陣場也。近念愈盛。」〔註148〕

　　宋人孟元老《東京夢華錄》亦言：「七月十五日中元節，供養祖先素食，纔明即賣穄米飯，巡門叫賣，亦告成意也。又賣轉明棨、花花油餅、餕餤、沙餤之類。」〔註149〕宋人吳自牧《夢粱錄》載錄七月十五日的習俗爲「家市賣冥衣，亦有賣轉明棨花、油餅、酸餡、沙餡、乳糕、豐糕之類。賣麻穀窠兒者，以此祭祖宗，寓預報秋成之意。雞冠花供養祖宗者，謂之『洗手花』。此日都城之人，有就家享祀者，或往墳所拜掃者。」〔註150〕

　　宋人周密（1232～1298）《武林舊事》云：「七月十五日，道家謂之『中元節』。」「而人家亦以此日祀先，例用新米、新醬、冥衣、時果、綵段（緞）、麵棊，而茹素者幾十八九，屠門爲之罷市焉。」〔註151〕莆田方氏也有此種說法：「中元孟蘭供則合祭，六房之後各來瞻敬，集者幾千人。自創院逾三百年，香火如一日。」〔註152〕足見「房」在家族中的重要性。

　　農曆七月十五日，是民間一個相當重要的民俗節日，佛教徒稱之爲盂蘭

〔註147〕楊玉君，《中元節》，收入王師秋桂主編，《中國節日叢書》，臺北：行政院文化建設委員會，1995 年 6 月，頁 8～21。

〔註148〕清・范祖述，杭縣洪如嵩補輯，《杭俗遺風》，上海：文藝出版社，1989 年 9 月影印本，頁 19～38。

〔註149〕宋・孟元老，《東京夢華錄・中元節》卷八，日本靜嘉堂文庫影印黃丕烈舊藏元刊明印本重印，頁 49。

〔註150〕宋・吳自牧，《夢粱錄・解制日》，知不足齋叢書本重印，學津討原本校勘，頁 160。

〔註151〕宋・周密，《武林舊事・中元》，知不足齋叢書本重印，頁 381。

〔註152〕宋・劉克莊，《後村先生大全集・薦福院方氏祠堂》卷九十三，載舒大剛主編，《宋集珍本叢刊》，北京：線裝書局，2004 年 6 月，頁 767。

盆節。道教徒則稱爲中元節，爲地官清虛大帝聖誕之期，道士總會在這一天誦經作法，以三牲五果超渡亡魂，爲期一個月的「中元普渡」遂成爲農曆七月份重頭戲。金門地區自農曆七月初八日起，直至月底爲止，全島各鄉鎮村落接續舉辦普渡法會，其中祭典最爲盛大的當屬金寧鄉湖下村，該村以楊姓居民爲大宗，爲避免造成「楊」、「羊」諧音困擾，牲禮不用全羊，僅用特牲全豬，且總數高達三十幾頭，形塑成金門地區民俗節日特殊景觀。

中元普渡席皆置於各村落的中庭廣場，唯金門後浦許氏的「中元特典」，則將普渡席桌置於許氏家廟堂內庭廡，此項祭典實爲全金門之僅見。據《金門珠浦許氏族譜》載錄，許氏因明崇禎年間己巳歲（1629 年）的屠城之禍，加以清康熙二年癸卯（1663 年）因遷界而導致的俘掠之慘死，造成許氏家族死於流離者十之八九，甚者且期服皆殲的悲慘境遇。辛巳歲〔註153〕許氏族親乃發起中元節闔族各鳩金五分，辦充冥費，族人各備妥飯一盂，蔬一盤，合祭於家廟內左右兩側庭廡，且敞開家廟中門延鬼入以祭之。其特祀於門內者，蓋別內鬼於外鬼也。〔註154〕許氏家廟是項祭典，乃在悲憫族魂的不幸遭遇，而欲出其水火的普渡科儀。

《金門縣志》載：「（八月中秋）午祀先，俗五世以下之祖先，於忌日致祭，五世以上者於中秋日（秋嘗）合祭，名曰總祭，與二月十五日（春祀）總祭同。」〔註155〕農曆八月十五中秋節，是僅次於春節、冬至的重大傳統民俗節日，也是金門民間祀先的重點時刻，俗諺有「做春秋」拜祖先的說法，民間每逢這兩天，皆需以最豐盛的葷素荣餚在自家客廳供拜列祖列宗。《泉州府志·歲時》載錄：「中秋夜以月餅、番薯、芋魁祭先及神前一、二日。親友以此相餽。」〔註156〕就中「中秋」一詞，首見於《周禮·春官·籥章》卷二十四：「中春晝擊土鼓，歙豳詩以逆暑。中秋夜迎寒亦如之。」〔註157〕中秋節

〔註153〕案，以時間推之，辛巳歲疑爲清康熙四十年（1701 年）。

〔註154〕金門許氏宗親會出版，《金門珠浦許氏族譜·創典·中元特典》，1987 年 4 月，頁 229。案，許氏家廟此一中元特典現已不再舉行，至於何時停辦則有待詳考。

〔註155〕金門縣政府，《金門縣志·人民志·歲時》卷三，金門：金門縣政府，1999 年初版二刷，頁 411。

〔註156〕清·懷蔭布總裁黃任、郭賡武纂修，《泉州府志·歲時》卷二十，泉州志編纂委員會辦公室 1984 年據泉山書社民國十六年（1927 年）乾隆版補刻本影印，頁 23。

〔註157〕《周禮·春官·籥章》卷二十四（阮元重刊宋本），漢·鄭玄注；唐·賈公彥

正式成為節日始於唐代，而真正獲得重視則始於宋代。明、清以後更與元日齊名。〔註158〕

3. 冬至祭祖

《禮記・月令》云：「二至是陰陽之始終，二分是陰陽之交會，是節之大者也。」〔註159〕宋代人陳元靚在《歲時廣記・冬至》中云：「冬至者，極也。太陰之氣上干於陽，太陽之氣下極於地，寒氣已極，故曰冬至。」〔註160〕清儒毛奇齡（1623～1713）《家禮辨說・祭禮》有「夏至行歲薦之禮」、「冬至日行歲祭禮」的載記。〔註161〕《四民月令》則云：「十一月冬至之日，薦黍羔，先薦玄冥于井，以及祖禰。」〔註162〕冬至在禮經當中，都是重要的歲節。

「冬至祀祖如元旦，有冬至大似年之諺。」〔註163〕《朱熹集・答陳明仲》：「冬至已有始祖之祭，是月又是仲月，自當時祭，故不更別祭。其他俗節，則已有「各依鄉俗」之文，自不妨隨俗增損。但元旦則在官者有朝謁之禮，恐不得專精於祭事。熹鄉里卻止於除夕前三四日行事，此亦更在斟酌也。〔註164〕就因為「冬至大如年」，故而民間在冬至日祭祖就成為當行本色。金門地區自民國九十七年（2008 年）開始，為配合公教人員祭祖的便利，縣府乃有當天下午定為民俗節日的彈性措施。

《武林舊事》云：「冬至，朝廷大朝會慶賀排當，竝如元正儀，而都人最重一陽賀冬，車馬皆華整鮮好，五鼓已塡擁雜遝於九街。婦人小兒，服飾華炫，往來如雲。……三日之內，店肆皆罷市，垂簾飲博，謂之『做節』。享先

疏，臺北：藝文印書館，1976 年 5 月六版，頁 368。

〔註158〕黃健、翁志實編著，《節日大觀》，福建：科學技術出版社，2004 年 8 月，頁 65。

〔註159〕《禮記・月令》卷十四（重刊宋本），漢・鄭玄注；唐・孔穎達等正義，臺北：藝文印書館，1976 年 5 月六版，頁 284。

〔註160〕宋・陳元靚，《歲時廣記・冬至》卷三十八，載《歲時習俗資料彙編》，臺北：藝文印書館，1970 年 12 月初版，頁 1159。

〔註161〕清・毛奇齡，《家禮辨說・祭禮》卷十二，《叢書集成續編》六十六冊，臺北：新文豐出版社，1989 年 7 月臺一版，頁 403。

〔註162〕東漢・崔寔，唐鴻學校輯，《四民月令》（民國大關唐氏成都刊怡蘭堂叢書本），載《歲時習俗資料彙編》，臺北：藝文印書館，1970 年 12 月初版，頁 31。

〔註163〕《江西省東鄉縣志・風土志》卷八，臺北：成文出版社，1989 年 3 月臺一版，頁 319～320。

〔註164〕郭齊、尹波點校，《朱熹集》卷四十三〈答陳明仲〉，四川：教育出版社，1997 年 5 月第二次印刷，頁 2009～2010。

則以餛飩，有『冬餛飩，年餺飥』之諺。」〔註165〕《東京夢華錄》也云：「十一月冬至。京師最重此節，雖至貧者，一年之間，積累假借，至此日更易新衣，備辦飲食，享祀先祖。」〔註166〕《清俗紀聞・冬至》：「十一月冬至之節，在京大小官員與年初同樣，穿著朝服進宮朝賀。外地官員詣寺廟參拜龍牌。因是「一陽來復」之節，家家均設酒宴慶祝。不論貴賤，均吃團子。（團子一名團圓，用糯米粉做皮、砂糖爲餡，團成拇指大小，白水煮食。其小者無餡，置於糖水中煮食。）」〔註167〕

《四民月令》：「十月釀冬酒，必躬親絜敬，以供冬至、臘正，祖薦韭卵。」〔註168〕據《杭俗遺風》載，浙江杭州一帶祀祖日期爲：「正月十三、十五、十七，清明，立夏，端午，七月十三、十五、十七，中秋，十月朝，冬至，新春，除夕。其餘各祖宗生歿忌辰。掃墓，新年、清明，十月朝，一年三次。」〔註169〕爲愼重其事，有些地區還有「十月釀冬酒，必躬親絜敬，以供冬至、臘正，祖薦韭卵」〔註170〕的舊慣習。

金門地區祭祖的重點時間依序爲過年、農曆二月十五日、中元、中秋、冬至，其中又以冬至祭祖爲最具代表性。《金門縣志》稱：「（冬至日）俗不相賀，各姓氏於祠堂祭祖，聚族會餐，名曰食頭。家家舂米爲丸，具牲饌祀祖先祀神。黎明粘丸於門，曰餉耗，或曰粘財。」〔註171〕俗諺有「吃冬至湯圓多一歲」之說，取意「冬至大如年」。就祭祖層面而言，冬至甚至比過年更受重視。《滄海紀遺》則有冬至荐細丸，寓有扶陽之意的說法〔註172〕，此說或可

〔註165〕宋・周密，《武林舊事・冬至》，知不足齋叢書本重印，頁383。

〔註166〕宋・孟元老，《東京夢華錄・冬至》卷十，日本靜嘉堂文庫影印黃丕烈舊藏元刊明印本重印，頁56。

〔註167〕（日）中川忠英編著，方克、孫玄齡譯，《清俗紀聞・冬至》，北京：中華書局，2007年7月第二次印刷，頁51。

〔註168〕東漢・崔寔，唐鴻學校輯，《四民月令》（民國大關唐氏成都刊怡蘭堂叢書本），載《歲時習俗資料彙編》，臺北：藝文印書館，1970年12月初版，頁29。

〔註169〕清・范祖述，《杭俗遺風・時序類・祀祖日期》（據清同治六年福州王氏刊本景印），載《歲時習俗資料彙編》，臺北：藝文印書館，1970年12月初版，頁52。

〔註170〕同註168。

〔註171〕金門縣政府，《金門縣志・人民志・歲時》卷三，金門：金門縣政府，1999年初版二刷，頁412。

〔註172〕明・洪受，《滄海紀遺・風俗之紀第四》，金門：縣文獻委員會，1970年6月再版，頁51。

為金門地區冬至輪值祭祖的「爐主」，必搓「糖粿仔」〔註173〕以饗宴族人的習俗作註解。全縣除少數姓氏以先祖忌日（如瓊林濟陽蔡氏），或其他特殊意義的日子（如金門第一大姓「十三陳」）舉辦春冬祭典外，其餘大部分姓氏率皆以冬至為主要的祭祖時間點。

清人張爾岐（1612～1678）《蒿庵閒話》刊載：「俗節飲酒，皆古人祭祀之期也。〈酒誥〉云，祀茲酒，古人無泛然飲酒者，率皆祭畢而後飲。祭有常期，故飲亦有常時。後世祭禮廢，而飲酒如故，遂成俗節。如元宵始於漢家。常以正月上辛，祠太乙甘泉，以昏時祠到明，後世倣以為燈節。春祈秋報，率以仲月，因有中和節花朝月夕之飲。三月，民間有上墓之祭，因有清明之飲。五月五日弔屈原，因飲端午。近代因祀關壯繆（關帝爺），飲五月十三。夏至冬至，並時祭常期。夏禴祭薄尚聲，故飲酒盛於冬而衰於夏。九月祭禰，故飲重陽。伏祠磔狗，意主禳除。七月十五伊蒲之供，出於佛氏，皆不立飲節。臘蜡祈年，並於十二月，而聚會飲食，亦於是月焉。古人因祭而飲酒，後人崇飲而忘祭，不勝三代未逮之感。」〔註174〕古人因祭而飲酒，酒是祭典不可或缺的重要位元。

清人張考夫〈祭說〉也云：「俗節之祭，於事疑數。蓋清明、十月朔，既有墓祭，復舉於家，則一日而兩有事，幾於不誠。重五與夏至近，中秋、重九與秋分近故也，然本乎事死如生，嘉節思親之義，則又不能已。若夫七月十五，則釋氏所謂蘭盆會也，俗於此日各修素享，此全無義，不可不革。……移敬鬼之念以敬親，則可為孝子；移酬神之費以祀先，則可為順孫。孝子順孫雖不求福，而福在其中矣。」〔註175〕受到佛家「蘭盆盛會」觀念影響，部分儒家學者基本上對中元祭祖作法頗有疑慮，民間則秉持佳節祀親的孝道觀，而得以盛行不衰，祭祀規模則與冬至相去甚遠。

二、祠祭與食福

祠祭是宗族間的年度大事。金門地區大部分姓氏家族，皆選在冬至日當天舉行隆重的祭祖儀典。部分姓氏家族則選在特定意義的日子舉行春秋祭祖

〔註173〕純糯米製作的區圓形白色湯圓，中有凹陷小孔。
〔註174〕清・張爾岐，《蒿庵閒話》，載《筆記小說大觀續編》十九冊（四部集要・子部），臺北：新興書局，頁4901。
〔註175〕清・張考夫，陳燿輯，載《切問齋文鈔・祭說》卷八，清乾隆四十年（1775年）吳江陸氏家刊本，臺北：國圖善本室古籍影像檢索系統，頁1a～2a。

儀典，如「十三陳」的一月十八和十月十八兩日，以及瓊林濟陽蔡氏的二月初七日和十月初六日兩天。平常時刻所有族人皆忙於自己的事業，只有在祭祖時刻族眾間始能團聚一堂餐敘話家常，充分發揮「敬宗」、「收族」的禮樂文化。族中所有大小事務亦可藉此良機獲得商討與謀求解決之道，並尋求族人的支持。祭祖後的族人餐敘（俗稱「食頭」）向來是族眾引頸企盼的時刻。截至目前為止，金門地區大部分姓氏家族仍墨守成規，祭祖後的族人餐敘依然維持婦人不得參預的性別歧視待遇。晚近雖有瓊林蔡氏等少數家族開風氣之先，男女老少齊聚宗祠餐敘，盛況空前，唯風氣仍不普及。

（一）祠　祭

程頤（1033～1107）曰：「萬物本乎天，人本乎祖，故多至祭天而祖配之。以多至者，氣至之始故也。萬物成形於地，而人成形於父，故以季秋享帝而父配之。以季秋者，物成之時故也。」〔註176〕宋代初葉祖先祭祀可以分為兩類，一是祠祭與寢祭。「寢祭」即在家中設置祖宗靈位，在自家祖先忌日和民間傳統節日加以祭祀。北宋中期，允許朝廷的高級官員建立自己的「家廟」，以供奉其列祖列宗。受此風潮影響，民間陸續開始興建宗族的家廟，進而逐漸形成為祠堂。至南宋時期，朱熹竭力提倡興建家族祠堂，並將其納入「家禮」重要範疇。朱熹採用「俗禮」來確定祠堂的基本制度，於祠堂祭祀列祖列宗，此即俗稱的「祠祭」。宋代祖先祭祀的另一種方式是墓祭（請參見本章第二節第二目）。中國古代盛行土葬。宗族成員埋葬在相對固定區域，進而形成族葬制度。〔註177〕

宗祠者，尊祖敬宗之地也。祠祭者，合愛同敬之事也。祠租者，粢盛酒醴之公物也。族眾雖有親疏，臨於祖宗皆一人之身也；時代雖有遠近，列於宗祠皆同室之親也。既立宗祠，宜篤族誼。祭有餘租，亦可贍族，合族以祭，油然生孝弟之心，入廟而思，肅然動恪恭之意。勤修譜牒，則渙者可聯。申飭家規，則愚者可守。有力者量置祭田以周窮乏，設立義塾以廣造就。若族眾與異姓相爭，惟有平心論理，公言解釋，大事化小，小事化無。」〔註178〕

〔註176〕宋・程顥、程頤，民國・潘富恩導讀，《二程遺書・二先生語四》卷四，上海：古籍出版社，2000年12月，頁121。

〔註177〕游彪，〈宋代的宗族祠堂、祭祀及其它〉，《安徽師範大學學報》（人文社會科學版）第三十四卷第三期，2006年5月，頁323～324。

〔註178〕清・陳宏謀，《培遠堂偶存稿・禁宗祠惡習示》卷十三，乾隆七年（1742年壬戌）二月，頁25a～27b。

建宗祠、祭祖先、置祭田、編族譜，這一連串的舉措，都是宗族凝聚宗誼的契合紐帶；族長亦可透過族權有效約束族眾的行誼，進而壯大宗族在地方上的影響力。

祠祭是家族（宗族）祭祀血緣之神的重要祭典，即一姓一族的祖先，主祀者大抵由宗子、族長、房長、家長，或族中俊彥出任，負責主持祭典的族長可以由具有血（親）緣關係者擔綱，亦可由選舉機制公推宗彥時賢出任艱鉅，或是透過輪值的方式產生新領導者。至於任期的長短，則可區分為終身制或期間制。〔註179〕宗法社會由宗子主祭的情況，已因時移勢易而有了明顯的改變。

照片 4-1：前刑事警察局長楊子敬於楊氏祖廟獻匾後與族人於祖廟合影

書影 4-1：金門水頭《黃氏大宗祭祖儀式本》祭祖圖

參與祭祖儀典者都是族中成員。就形式言，家祭又可區分為祠祭、寢祭（祖公廳或自家客廳）和墓祭三種。家族中若有中舉光榮事蹟，或族人有傑出成就時，亦可舉行臨時性的「晉（進）匾」儀式，俾能藉此光宗耀祖，並為族人立下可資學習的典範。（照片 4-1）是前刑事警察局長楊子敬，特於任內抽空兼程趕往金門縣金沙鎮官澳村「楊氏祖廟」獻匾後，與族人於祖廟拜殿前合影的歷史性鏡頭。祠祭又稱族祭，是指整個宗族的春秋祠堂祭典。目

〔註179〕徐揚杰，《宋明家族制度史論》，北京：中華書局，1995 年 11 月，頁 306。

前金門各姓氏族譜對於祠祭的情況，一般都採訴諸文字的方式載述祭祖相關事宜，鮮少透過圖示的方式展示祭儀運作情況。（書影 4-1）則是目前唯一被發現以圖繪的方式載述祠祭的陳列圖，畫面相當珍貴。寢祭主要的有除夕祭龕、朔望祭祖、中元饋祖，以及祖先的誕日、忌日之祭，祭祀地點即在自家廳堂。這種安放房派祖先牌位的祖（公）廳，參與祭祖的人員以自家房派下的子孫為主，儀式較簡單。墓祭則指清明、冬至的的掃墓，特別是雨紛紛的清明節。闔族或各房族裔相率前往祖先墓所，祭奠行禮〔註180〕，並在墓園周遭掛上顏色鮮豔的「墓紙」。

明清以來在民間並不講究這些大小宗法謹嚴的禮文，就一般百姓的理解，寢就是家中的正房或廳堂，南方人又叫堂屋。金門鄉親稱在家族中的廳堂為祖公廳，在自家的則稱客廳。家族成員在自家廳堂的正中處，設「長案桌」，左供祀祖的木櫃祖龕，右奉俗稱「福德」〔註181〕的木櫃神龕。這種祖龕、神龕擺設的位置與臺灣大部分地區剛好相反。究其因，不外乎下列數端：據《泉州府志·風俗》載稱：「祀先之禮必極其誠。百人之族，一命之官，即謀置祠宇、祭田，霜露歲時，非豐潔不薦。下至市井小民家，設主龕務求宏麗，凡廳事位置必先祖而後神。」〔註182〕「先神後祖」的先後順序，應是金門地區客廳會出現「左祖龕、右神龕」的現象，此其一。《家禮》有「神道尚右」之說，就主人家言，「福德」為客卿（案，福德為統稱，事實上它涵蓋觀世音菩薩、司命灶君、福德正神三尊神像同奉一龕）。祖先是自家人，禮讓「福德」居上位似也可言之成理，此其二。李師豐楙「源自習慣說」，就世俗觀點看，亦有其理論基礎，此其三。

「長案桌」龕前各自擺放燭臺、香爐、杯筊等祭器。祖龕內依左昭右穆，由內而外的順序擺放祖先牌位。《家禮》「為四龕以奉先世神主」，朱子採俗禮「神道尚右」說法，依「高祖居西，曾祖次之，祖次之，父次之」排列順序。〔註183〕則俗世作法與《家禮》儀軌並不完全吻合。這種俗稱「神主」的牌位

〔註180〕徐揚杰，《宋明家族制度史論》，北京：中華書局，1995年11月，頁307。

〔註181〕金門地區民間俗稱的「福德」龕，一般都是三尊並奉的家神。龕中供奉觀世音菩薩，左側奉司命灶君，右側奉福德正神。

〔註182〕清·懷蔭布總裁黃任、郭賡武纂修，《泉州府志·風俗》卷二十，泉州志編纂委員會辦公室一九八四年據泉山書社民國十六年（1927年）乾隆版補刻本影印，頁12。

〔註183〕宋·朱熹，《家禮》卷一（南宋淳祐五年（1245年）五卷本加附錄一卷），收入《孔子文化大全》，山東：友誼書社，1992年11月，頁593。

是一種帶座可以豎立的長方形小木牌，牌面鐫刻祖先名諱及同家長的關係，如「顯考諱某妣某氏孺人之神位」，字數多寡以象徵「生老病死苦」五字循環作取捨，且每行各自計數。為求趨吉避凶，1、2、6、7、11、12 等象徵「生」、「老」等吉祥意義的，是最被優先選用的數字。〔註184〕若依《家禮》四世則祧的作法，則高祖以上祖先牌位須埋之祖墳旁側。〔註185〕然更多家族「祖公廳」仍有龕中「（神）主滿為患」的情況。

一年中凡有重大節日，以及每月的朔望、祖先的誕辰忌日，都必須舉行寢祭，成禮致敬，寢祭的次數不可謂不頻繁，尤其朔望祭祀次數最是繁多，而禮儀則是相對較較簡單的寢祭。每逢農曆初一（朔）、十五（望），較講究禮文者，總會備妥幾樣時鮮、酒醴供奉於方形「八仙桌」〔註186〕上祭拜祖先，一般人家則僅燃燭焚香，虔誠向祖先牌位喃喃祝禱而已。忌日之祭，則是寢祭中最隆重的祭儀，特別是考妣、祖考妣的忌日祭最是講究。俗諺有云：「公媽忌吃到堵鼻」，供品的豐盛於此可見。至於曾祖考妣、高祖考妣以上的祖先，則合併於「春秋二祭」舉行，每年農曆二月十五的「春祀」，與八月中秋的「秋嘗」，俗稱「做春秋」，就是寢祭中祀五世以上先祖的重要時節。忌祭的對象不是全體祖先，僅是某位祖先個別的「紀念日」〔註187〕而已，照《家禮》規定，忌日當天還應將祖龕中的那尊牌位移至龕前祭拜，並朗讀祝告辭。〔註188〕但禮沿舊習慣例，民間總是將龕門打開後，向該尊牌位焚香禱祝而已。忌祭有等級差別，新逝去的考妣，供奉最為豐盛，祖考妣次之，高曾祖考妣又次之，總之血緣關係越親，待遇就越優渥。〔註189〕

〔註184〕同註180，頁307～309。

〔註185〕宋·黎靖德編，《朱子語類·祭》卷九十，《文淵閣四庫全書本·子部》七○一冊，臺北：臺灣商務印書館，1986年7月，頁884：「問祧主當如何？（朱子）曰，當埋於墓。」

〔註186〕「八仙桌」顧名思義，就是指正方形的木桌，既可祀神，亦可宴客。祀神時桌面木板紋路需與緊臨的「長案桌」成平行方向排列；宴客時桌面木紋則與「長案桌」成直角方向，且四面皆可讓兩位客人舒適地安坐其間享受美宴佳餚，快樂指數直逼各顯神通的「八仙」，因名「八仙桌」。

〔註187〕對祖先逝世日（忌日）的稱呼。

〔註188〕宋·朱熹，《家禮》卷五，南宋淳祐五年（1245年）五卷本加附錄一卷，收入《孔子文化大全》，山東：友誼書社，1992年11月，頁835。

〔註189〕徐揚杰，《宋明家族制度史論》，北京：中華書局，1995年11月第一次印刷，頁307～309。

　　祠祭，係指全族的春秋祠堂祭祖，又稱族祭，是家族中最盛大最隆重的祭典。祠祭日期選定後，全體族眾分頭進行準備。首先得備辦祭品祭器，籌辦宴席，禮聘鼓樂儀仗。祭田多的家族，用祭田或店租收入備辦；祭田收入不多或無祭田之族，則由族眾按戶按丁平均攤派。負責主持祭祀的宗子、族長以及各種執事人員，要在祭前先行演習相關禮儀。各個家族往往在家法、族規中對祠祭的儀式加以詳細規範，對參加族祭的族眾在儀節、言行等方面，都有極為嚴苛的規範，且需事前詳加演練，務期臨祭得以純熟儀節祭祀先祖。全體族眾，要事先沐浴、更衣、整齊服裝，有功名官爵之族眾，則須冠服頂戴齊全。祭日清晨，族眾齊集祠堂外靜候，族長開祠門，族眾分男女依尊卑、序昭穆次第緩步邁入祠內，至天井前整齊肅立。〔註190〕

　　《周禮・春官・家宗人》曰：「家宗人掌家祭祀之禮。凡祭祀致福。」〔註191〕《大戴禮記・哀公問於孔子》言：「備其鼎俎，設其豕臘。脩其宗廟，歲時以祭。祭祀以序，宗族則安其居處。」〔註192〕《孔疏》云：「宗廟祭祀者，謂除服之後，又教為之宗廟，以鬼享之。以序宗族者，又教祭祀末，留同姓燕飲，序會宗族也。」〔註193〕宗廟祭祖可「敬宗」；宗姓燕飲則可「收族」，兩者相輔相成。宋儒張栻（1133～1180）《南軒集・直秘閣詹公墓志》亦云：「凡其宗族與其鄉人，生則相敬愛，病則合力祈禳，終則至於流涕。……懼兩原子弟世遠日疎，乃立二老祠，每歲季春，悉合其少長奉祀事，已相與飲酒序親愛，以無忘厥初，雍雍然。」〔註194〕周必大（1126～1204）《文忠集・澹軒集》則載：「（光澤縣李呂宗族）聚族千指……為會宗法，歲時設遠祖位，合族薦獻飲福。」〔註195〕祭祖後的族親餐敘是聯繫宗誼的不二法門，自古以來就備受各宗族極度的重視。

　　黃幹（1152～1221）《勉齋集・書新淦郭氏敘譜堂記》論述：「族系之所

〔註190〕同註189，頁315。
〔註191〕《周禮・春官》卷二十七（阮元重刊宋本），漢・鄭玄注；唐・賈公彥疏，臺北：藝文印書館，1976年5月六版，頁423。
〔註192〕漢・戴德，清・王聘珍解詁，《大戴禮記解詁・哀公問於孔子第四十一》卷一，臺北：世界書局，1974年5月三版，頁8b。
〔註193〕同註192，頁12。
〔註194〕宋・張栻，《南軒集・直秘閣詹公墓志》卷三十九，《文淵閣四庫全書本・集部》一一六七冊，臺北：臺灣商務印書館，1986年7月初版，頁743。
〔註195〕宋・周必大，《文忠集・澹軒集》卷七十五，《文淵閣四庫全書本・集部》一一四七冊，臺北：臺灣商務印書館，1986年7月初版，頁789～790。

自出，雖枝分派別，推而上之，皆吾祖宗之一氣耳，可不知所愛乎？不知所愛，則上負於天地，下愧於祖宗矣。」〔註196〕眞德秀（1178～1235）《西山先生眞文忠公文集・睦亭記》則稱：「古者合族而祭，事已必有燕私焉。祭所以尊尊，而燕所以親親，其義一也。……欲吾子子孫孫畢其先之祀，而相與會聚於斯亭，勸酬歡洽之餘，追念本始而知其所祖之一，則服屬雖遠，而情不至於疎。情不至於疎，則恩不得而絕，庶幾免於相視爲塗人也。」〔註197〕金門地區民間習稱祭祖後的餐敘爲「食頭」，族親間藉由難得的燕饗，既可緬懷祖先創業的艱難，亦可收「木本水源」之思，從而產生高度凝聚力道，極具社教意義。

浦陽《鄭氏規範》載稱：「立祠堂一所，以奉先世神主，出入必告，正至朔望必參。俗節必薦時物。四時祭祀，其儀式並遵《文公家禮》，然各用仲月望日行事。事畢，更行會拜之禮。」〔註198〕宋儒呂祖謙（1137～1181）《東萊別集・宗法條目・合族》中則明定：「四仲時祭後飲福。」〔註199〕戴表元（1244～1310）《剡源集》云：「每歲一人以其租具清明祭祀。祭之日，小方門西宅洗馬橋坊郭老稚傾室來羅拜墓下。拜訖，餕祭之餘。歸舍復治酒數行，果盤食飯（飯）雜饌如式。富不敢奢，貧不敢陋。最後湯餅一箸而散，闔族聚會歡諧，自以爲至樂。」〔註200〕祠祭後合族餐敘飲福，是宗族間聯絡宗誼的最佳渠道。

有些地區則盛行在清明祭祖後合族飲宴，如宋人梁克家（1127～1187）《淳熙三山志》即有如是的載稱：「州人寒食春祀，必拜墳下。富室大姓有贍塋田產，祭畢合族，多至數百人，少數十人，因是燕集，序列款昵，尊祖睦族之道也。」〔註201〕遂安和新安兩地的詹氏宗族，「懼兩原子弟世遠日疎，乃

〔註196〕宋・黃幹，《勉齋集・書新淦郭氏敘譜堂記》卷二十二，《文淵閣四庫全書本・集部》一一六八冊，臺北：臺灣商務印書館，1986年7月，頁241～242。

〔註197〕宋・眞德秀，《西山先生眞文忠公文集・睦亭記》卷二十四，《宋集珍本叢刊》七十六冊，四川大學古籍整理研究所編，北京：線裝書局，2004年，頁174～175。

〔註198〕元・鄭太和，《鄭氏規範》，《叢書集成新編》，臺北：新文豐出版社，1985年元月，頁170。

〔註199〕宋・呂祖謙，《東萊別集・宗法條目・合族》卷一，《文淵閣四庫全書本・集部》一一五〇冊，臺北：臺灣商務印書館，1986年7月初版，頁177。

〔註200〕宋・戴表元，《剡源文集・小方門戴氏居葬記》卷五，《文淵閣四庫全書本・集部》一一九四冊，臺北：臺灣商務印書館，1986年7月初版，頁71。

〔註201〕宋・梁克家，《淳熙三山志・土俗類・墓祭》卷四十，《文淵閣四庫全書本・史部》四八四冊，臺北：臺灣商務印書館，1986年7月初版，頁582。

立二老祠，每歲季春，悉合其少長奉祀。事已相與飲酒序親愛，以無忘厥初，雍雍然也。又爲之立墓祭之式，使後人世守之，其尊祖糾宗之意甚備。」〔註202〕保州人刑大將，「嘗以寒食日，率家人上冢，祀畢飲酒。」〔註203〕而在某些地區宗族，則選擇在特定的時刻聚合族親，暢敘宗誼，旌善懲惡。如漢嘉焦氏宗族「吉月會同宗同族，旌子弟之尤以勸能者。」〔註204〕燕饗飲福的時間點雖有不同，而其團聚族人的用心則一。

《禮記・中庸》云：「宗廟之禮，所以序昭穆也。序爵，所以辨貴賤也。序事，所以辨賢也。旅酬下爲上，所以逮賤也。燕毛，所以序齒也。踐其位，行其禮，奏其樂，敬其所尊，愛其所親，事死如事生，事亡如事存，孝之至也。」〔註205〕祭祖後族親間宴會時，須依毛髮白黑程度來排定席次，是爲了分別年齡的長幼。〔註206〕宗祠中雖有「論輩不論歲」〔註207〕的堅持，同輩分則序齒論尊卑。

1. 陳氏祠祭

金門全縣陳氏族親間祭祖與聯絡宗誼的構面平台，即在號稱「十三陳」總祠的後浦陳氏祠堂（忠賢祠、穎川堂），因「祠堂是宗族、家族組織的中心，它不僅是供奉祖先牌位和祭祀祖先的場所，而且是宗族議事、執行族規、族人飲宴活動的地點。」〔註208〕攸關「十三陳」大總祠的祠祭，之所以特別訂定於冬季的農曆十月十八日，及春季農曆之正月十八日，依《金門陳氏志略》所述，係爲避開一般鄉里皆訂定冬至日及清明節祭祖所致，俾免百事繁雜，執禮困難，〔註209〕故而選定這兩個時間點祭祖。

〔註202〕宋・張栻，《南軒集・直秘閣詹公墓志》卷三十九，《文淵閣四庫全書本・集部》一一六七冊，臺北：臺灣商務印書館，1986 年 7 月，頁 743。

〔註203〕宋・洪邁，何卓點校，《夷堅志乙志・刑大將》，北京：中華書局，2006 年 10 月，頁 307。

〔註204〕宋・魏了翁，《重校鶴山先生大全文集・學究焦君巽之墓志銘》卷八十四，《四部叢刊電子版・初編》（原文及全文檢索版），北京：書同文數字技術有限公司，04/03/2010 列印，頁 4。

〔註205〕《禮記・中庸》卷五十二（阮元重刊宋本），漢・鄭玄注：唐・孔穎達等正義，臺北：藝文印書館，1976 年 5 月六版，頁 886～887。

〔註206〕姜義華注譯，《新譯禮記讀本》，臺北：三民書局，1997 年 10 月，頁 748。

〔註207〕宗祠當中向以昭穆（輩分）定尊卑，而不以年齡長幼分高下。

〔註208〕林仁川、黃福才，《閩台文化交融史》，福建：教育出版社，1997 年 11 月第一次印刷，頁 240。

〔註209〕陳爲學，《金門陳氏志略》，金門：穎川堂金門縣陳氏宗親會，2003 年 11 月，

　　金門「十三陳」總祠——後浦陳氏祠堂（忠賢祠、潁川堂）〔註210〕的祀祖儀典共有春冬兩祭：春祭時間為農曆正月十八日，由「十三股」族親依序輪值祭祖事宜，並由該股的長老主祭；冬祭時間為農曆十月十八日，由「金門縣陳氏宗親會」理事會負全責，並由理事長主祭。兩次祭典權責分明，互有分工，次序井然，祀典盛況雖不及一年一度的祭孔釋奠大典，但莊嚴肅穆氛圍毫不遜色，也是中國傳統禮文的真實行踐。

·照片 4-2：	照片 4-3：
金門陳氏祠堂春祭畫面	金門「十三陳」族眾祭祖

　　《曲禮上》有「禱祠祭祀，供給鬼神，非禮不誠不莊」〔註211〕的儀制規範。《禮記·中庸》亦曰：「齊（音齋）明盛服，以承祭祀，洋洋乎如在其上，如在其左右」、「春秋，脩其祖廟，陳其宗器，設其裳衣，薦其時食」〔註212〕。據此乃見隆重的祀祖儀典，必要有豐盛的供品呈現，始能表達孝子賢孫對先祖虔誠的追思與懷念。供品當中，向以「牲禮」的有無作為禮文厚薄觀測的正鵠：無「牲」的謂之「薦」，指的是隨季節性的更迭，向神明或祖先進獻時令鮮果的一種祭祀現象。有「牲」的謂之「祭」，其規模相對而言，自是隆重得多。士庶之祭用肉食果蔬，故薦而不祭，且士庶無廟，故薦於寢。〔註213〕

　　頁 44。
〔註210〕陳氏祠堂，亦稱潁川堂，也稱忠賢祠。
〔註211〕《禮記·曲禮上》卷一（阮元重刊宋本），漢·鄭玄注：唐·孔穎達等正義，臺北：藝文印書館，1976 年 5 月六版，頁 14。
〔註212〕同註 211，《禮記·中庸》卷五十二，頁 884～886。
〔註213〕清·黃本驥，《三禮從今·庶士寢薦》卷三（清道光二十四年刻本），《四庫未收書輯刊》三輯，北京：北京出版社出版，2000 年 1 月第一版第一次印刷，頁 413。

　　閩南一帶民間傳統習俗中，全羊（柔毛）、全豬（剛鬣）與「滿漢全席」〔註214〕，自來就是隆重祀典中不可或缺的重要供品，但陳氏祠堂每年例行性之春、冬二祭，祀祖儀節中卻未曾發現「少牢」禮的供祭，反倒是葷素並陳的「滿漢全席」，形塑與眾不同的特殊禮文樣貌。陳氏祠堂肇建初始，曾遭遇多方來自官方與民間的阻力，尤以官府的層層框限最爲繁瑣。欣幸有陳芳微、陳卓生、陳啓鳳、陳芳高、陳佐才、陳廷箋等六位賢達古道熱腸、無私奉獻、義務奔走，終能讓宗祠順利建蓋完竣（此事蹟請參見附錄之碑文部分：〈浯江陳氏祠堂記〉與〈陸（祿）位廳由來〉兩塊碑記）。陳氏族人爲感念宗彥熱心宗族公益義舉，特地在宗祠左側建蓋東廂房，並闢設一座小型「祿位龕」，奉祀此六位建祠有功的宗賢，龕前身著戎裝的神像，即爲二品封職「屬（廈門）巒井派」的族裔陳佐才（參見照片 3-2）。據報導人陳國興指稱，陳佐才與陳啓鳳係六位賢達中之素食者，陳氏族人因而在祀祖儀典裡並列葷、素供品。爾今舉行祀祖儀典時，僅剩陳啓鳳的後嗣，持續堅持是項以素菜當供品的傳統禮文而已，因陳佐才後裔世居廈門，主客觀條件室礙難行的框限，導致其族裔未克參與年度宗族祭祖儀典。

　　祠祭由祭「文昌帝君」和祭「福德正神」拉開序幕。這兩項祭典的主祭者率皆禮讓族中賢達出任。因受到陳佐才與陳啓鳳兩位先賢吃素的影響，早期的祭物除開固定的三牲外，尚需備妥一份素食供品。唯近幾年的文昌、福德祭儀，已刪除素食供品，簡化成三牲與金帛，供品雖簡單，行儀卻也隆重莊嚴。

　　至於祭祀陳氏先祖的供品，相對而言可就一切行禮如儀。但見拜殿中央長串供桌上，擺滿琳琅滿目的葷食與素食供品（請參見下表 4-4）。

　　「禮者，敬而已矣。」〔註215〕這是《孝經》垂範世人的最高指導原則，亦是整個祭典的核心價值。祀拜者以一顆虔敬的心，透過典雅化、象徵化的

〔註214〕「滿漢全席」是中國一種集合滿族和漢族飲食特色的一種巨型筵席，起源於清朝宮廷，原爲康熙皇帝六十六歲大壽的宴席，旨在化解滿、漢不和現象。後世遂沿襲此一傳統，加入各種雕塑華麗的珍饈，舉凡五牲、五湖四海、八大、八中、八小，及各種小碟，內容五花八門，極爲壯觀。是祭品中的極品，位階幾可與號稱「少牢」的全豬、全羊平分秋色。臺灣地區稱這種由菜雕師傅製作的供品爲「看碗」，其中蔡雲鑾師傅更是箇中翹楚。詳參：《聯合報》，2010 年 9 月 5 日「生活 A6 版」。

〔註215〕《孝經·廣要道章》卷十二，唐元宗明皇帝御注：宋·邢昺疏，臺北：藝文印書館，1976 年 5 月六版，頁 44。

表 4-4：後浦陳氏祠堂祭祖供品排列位置表

	淡盒、三秀		
	香　爐		
五　牲	五　牲	五　牲	五　牲
蓮子等四神茶	蓮子等四神茶	蓮子等四神茶	蓮子等四神茶
胭花脂粉	胭花脂粉	香　水	胭花脂粉
八中（菜雕）	八中（菜雕）	八中（菜雕）	八中（菜雕）
八中（菜雕）	八中（菜雕）	八中（菜雕）	八中（菜雕）
乾茶葉	乾茶葉	乾茶葉	乾茶葉
香　菸	香　菸	香　菸	香　菸
油炸禮餅	油炸禮餅	油炸禮餅	油炸禮餅
油炸禮餅	油炸禮餅	油炸禮餅	油炸禮餅
八小（菜雕）	八小（菜雕）	八小（菜雕）	八小（菜雕）
八小（菜雕）	八小（菜雕）	八小（菜雕）	八小（菜雕）
橘　子	蘋　果	橘　子	蘋　果
碗　茶	碗　茶	碗　茶	碗　茶
素香菇	素金針	素白菜花	素金針蝦
素油荼炸	素菠菜	素油荼炸	素油荼炸
素柿乾	素蔴糬餅	素柿乾	素蔴糬餅
素蒸蛋	素　捲	素肚	素金針
素雞捲	素　雞	素涼粉	素春捲
素荼湯、白飯、湯匙		白飯、菠菜湯、筷子	白飯、菠菜湯、筷子

鋪毛毯座位	鋪毛毯座位

文昌帝君神龕	陳氏祖龕	文昌帝君神龕

（本研究製表）

豐盛供品，奉獻在祖靈面前。在「有祈、有報」的俗世價值觀中，祖靈在享用過豐厚的供品後，必會更加庇佑族裔福澤綿延，萬事順遂。〔註216〕因為祭典是「俗世」與「聖域」間溝通的平台，也是後裔與祖先對話的窗口。祭祖儀典中，藉由材質多樣性、形態互異的供品，乃至考究的祭器，具體而微地展現孝子賢孫「一心誠敬」的心理。本研究係以 2007 年陳氏祠堂春祭場景為取樣對象。每年負責「揀桌」（以精湛菜雕技藝捏造各式典雅造型供品）的菜雕師傅並不盡相同，導致供品的造型和材質並不固定。職是之故，「滿漢全席」的供品即可能因師傅的迥異，而有不同的造型和菜色。

　　道地的「滿漢全席」供品多達一〇八道，其中有五牲；有「五湖四海」；有「八大」、「八中」、「八小」等精緻菜雕，以及六十四盤多樣性小碟。種類包羅萬象，有歷史人物造型；有「虎、豹、獅、象」等動物造型；有山珍海味；有葷、素菜餚；有日常生活用品；有休閒用品；有化妝品……等珍禽異獸造型；各式各樣，應有盡有（請參見下列附圖 4-1）。此般「滿漢全席」供品出現機率最多的場合及規模依序為「奠安大典」（慶成醮）、中元普渡，以及祭祖儀典。因隨時代的遞嬗，目前陳氏祠堂年度常例的祭祖儀典中，可清楚發現此項傳統的祀祖儀軌，已和早前農業社會時代略有差距，供品亦有明顯簡化趨勢，雖然名稱上仍維持「滿漢全席」的論述。

　　陳氏宗親在祭祖儀典結束後，隨即於宗祠內舉辦聯歡餐敘（俗稱「食頭」）。藉由定期的交流聯絡宗誼，並團聚族人，筵席共開二十三桌之多。由於傳統重男輕女價值認知的制約，祭祖、飲福（金門地區俗稱「食頭」）自古以來，儼然已成男性的專利，女性毫無參與資格。今日的陳氏祠堂即仍持續堅守傳統的舊有禮文，並不若有些姓氏已隨著男女平權的潮流更迭，而能坦然接受女性加入「食頭」之行列。

　　◆關於陳氏祠堂祀典唱禮程序，依序陳述如下：

(1)敬文昌帝君、福德正神唱禮（禮生陳忠信提供手抄本）

　　（通）獻禮開始　鳴炮　正獻官就位　焚香　上香　再上香　三上香　跪　晉酌　酌酒　獻酒　再晉爵　再酌酒　再獻酒　三晉爵　三酌酒　三獻酒　晉金帛　獻金帛　讀祝官就位　俯伏　止樂　宣讀祝文　讀畢　樂起　拜　再拜　三拜　興　禮畢　鳴炮

〔註216〕楊天厚，〈「揀桌」在普渡儀節中的角色觀察〉，載《國立金門技術學院學報》（第三期），2008 年 3 月出刊，頁 23～46。

(2)陳氏祭祖（大三獻）唱禮（禮生陳忠信提供手抄本）

（通）立於東廊頭（引）在前引路並唱（主祭官）在中隨引行（贊）在後隨主祭官，並照引之唱省牲，由東廊邊行至豬、羊架邊，繞至西廊邊，轉入大廳祭桌東邊，繞行西桌邊，再行至香案桌前，佇立面東祭酒，主祭官捧杯，向東潑地（詳參圖 4-1）。

（通）祭禮開始　鳴鼓三通　奏大樂　鳴炮　奏細樂　引導官就位　贊禮官就位　主祭官就位　鞠洗

（引）詣鞠洗所（贊）鞠洗畢（通）省牲（引）詣省牲所（贊）省牲畢（通）視饌（引）詣視饌所（贊）視饌畢（通）詣香案前行祭禮（引唱、贊唱）晉酌、酌酒、面東祭酒（通）詣香案前行初獻禮　焚香　上香　跪　晉酌　酌酒　獻酒　拜　再拜　三拜　興

（通）詣祖考妣神位前行初獻禮（引唱、贊唱）（通）焚香　上香　跪　晉酌　酌酒　醉酒　再酌酒　獻酒　晉毛血　獻毛血　晉牲儀　獻牲儀　晉饌　獻饌叩首　再叩首　三叩首　四叩首　興　初獻禮畢

（通）詣香案前行亞獻禮（引唱、贊唱）（通）焚香　上香　跪　晉酌　酌酒　獻酒　拜　再拜　三拜　興

（通）詣祖考妣神位前行亞獻禮（引唱、贊唱）（通）焚香　上香　跪　晉酌　酌酒　再酌酒　獻酒　晉饌　獻饌　晉糕餅　獻糕餅　晉時物　獻時物　叩首　再叩首　三叩首　四叩首　興　亞獻禮畢

（通）詣香案前行終獻禮（引唱、贊唱）（通）焚香　上香　跪　晉酌　酌酒　獻酒　晉金帛　獻金帛　拜　再拜　三拜　興

（通）詣祖考妣神位前行終獻禮（引唱、贊唱）（通）焚香　上香　跪　晉酌　酌酒　醉酒　再酌酒　獻酒　晉饌　獻饌　晉香茗　獻香茗　晉羹飯　獻羹飯　晉金帛　獻金帛　讀祭官就位　俯伏　止樂　宣讀祭文　讀畢　飲福　樂升　叩首　再叩首　三叩首　四叩首　興　終獻禮畢　眾子孫皆拜　奏大樂　焚化金帛　鳴炮

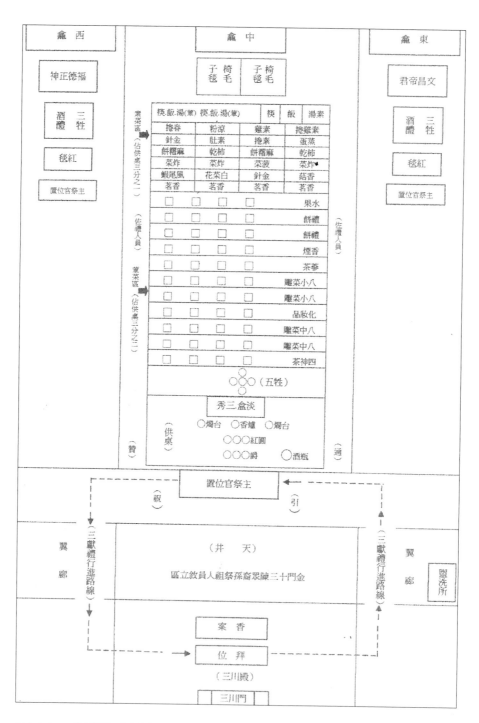

圖 4-1：珠浦陳氏祠堂（穎川堂）祭祖「大三獻」供品陳列暨祭祖圖

（本研究繪圖）

◆陳氏祠堂祭祖祝文（禮生陳忠信提供手抄本）：

(1)〈祭文昌祝文〉

　　　維

　　中華民國○○年歲次○○月朔越十有八日，主祭弟子、職員等，謹
　　以牲醴香楮之儀，敢昭告於文昌帝君之前曰：

　　　惟神德著　北極星呈　威靈顯燦　氣象文明　文章司命
　　　爵祿持衡　安我寢廟　耀彼神京　憑依如法　享祀維誠
　　　孟春（冬）節屆　感時荐牲　既陳醴酒　還奏樂笙　伏祈降鑒
　　　啓佑後生　龍門躍浪　雁塔題名　　尚

　　饗

(2)〈祭福德祝文〉

　　中華民國○○年歲次○○月朔越十有八日，主祭弟子、職員等，謹
　　以牲醴香楮之儀，敢昭告於福德良神之前曰：

　　　惟神司土　八柱高張　鍾靈毓秀　獻瑞發祥　阿禁守護
　　　永奠祠堂　孟春（冬）節屆　感時荐牲　既陳醴酒　還奏樂章
　　　在左在右　有恪趨蹌　伏祈感格　鑒此馨香　佑茲後裔
　　　俾熾而昌　千倉萬箱　　尚

　　饗

(3)陳氏〈大祖祭文〉

　　　維

　　中華民國○○年歲次○○月朔越十有八日，主祭裔孫○○等謹以庶饈
　　牲禮果品香楮之儀，致祭於

　　入閩始祖太子太傅，諱邕公陳府君，暨妣一品王太夫人之前曰：

　　　洪維我祖　肇瑞光州　派衍南脈　德紹太邱　帝師王佐
　　　黼黻皇猷　入閩締造　燕翼貽謀　荒山天作　世德厥修
　　　雲礽接武　岡替箕裘　憑依不爽　享祀千秋　孟春（冬）節屆
　　　感時薦饈　陳牲瀝酒　對越綢繆　我祖在上　昭格悠悠
　　　綏予孫子　食采封侯　敬請

　　開基湖前鄉始祖宋一郎公
　　開基下坑鄉始祖宋六郎公

　　開基斗門鄉官路始祖宋進士大育公
　　開基斗門鄉學考始祖宋二十五郎公
　　開基陽翟鄉支祖宋進士牧寮公
　　開基埔後鄉始祖宋進士興義公
　　開基後山鄉始祖元平章事德宗公
　　開基上坑鄉始祖元從龍公
　　開基下坑鄉支祖明鄉進士南海公
　　開基古邱、新頭鄉始祖明肇基公
　　開基塔後鄉始祖明添滿公
　　開基高坑鄉始祖明良顯公
　　開基山外鄉始祖明致祥公
　　開基湖前、塔后鄉支祖明同觀公
　　開基後珩鄉支祖清解元大範公
　　開基庵前鄉始祖清復萃公
　　開基舊金城鄉始祖清朝陽公
　　開基頂埔下鄉始祖清永昌公
　　清建威將軍西岑派光求公
　　列位伯叔祖考妣同配享祀
　　　　　　尚
　　饗

2. 蔡氏祠祭

　　金門地區民間最重視的祭祖儀典當中，當以冬至的宗祠祭祖儀典（祠祭），及清明節的祭掃祖墓（墓祭）爲主軸。在金門地區各姓氏之間，並以冬至日當天，在自家宗祠舉行年度的隆重祀祖大典最爲普遍，僅有少部分姓氏的祭祖儀典選在特定的日子舉行。如金湖鎮瓊林村蔡氏的春、冬祭典即爲特例之一，也是其中最具代表性的祭儀，因其祀祖祭典分別選在蔡氏五世祖考蔡靜山農曆二月初七日，及五世祖妣顏氏農曆十月初六忌日這兩天，舉行隆重春、冬祭典。

　　蔡靜山是瓊林濟陽蔡氏的五世祖，亦是蔡姓家氏承先啓後的靈魂人物（請參見圖 3-1 瓊林蔡氏五世至十世房系圖）。每年扮演大宗角色功能的「蔡氏家廟」，援例都會在農曆二月初七日，和十月初六日兩天，延聘俗稱「大鼓吹」

〔註217〕的陣頭在家廟內舉行隆重「三獻禮」祭典，整個祭典概區分為「頭亭」與「貳亭」兩次。（請參見下圖 4-2、4-3、4-4；照片 4-4、4-5、4-6）

　　據瓊林里里長蔡顯明提供的《瓊林蔡氏春秋大宗祭祖儀註》（手抄本）刊述，祭典舉行之前應由「（蔡氏）祭祀管理委員會」依各種不同工作性質，將祭祖「頭家」（輪值當頭祭祖的爐主）區分為二十鬮份，其中瓊林本村就佔有十八鬮份，另遷居他村的蔡姓宗親，如金城鎮前水頭村（金水村），金寧鄉壟口村等地的二鬮份，由管理委員會以抽籤方式，來決定各鬮份應攤派的任務。〔註218〕抽中一至四鬮的「頭家」必需負責採辦祭典用的一切牲醴，並積極進行買辦下列相關用品：員蹄（蹄膀）四斤、鴨一隻、紅大龜四十個（每個重一斤，做為前後任輪值頭家交接的信物，俗稱「過鬮龜」）、白大龜六十

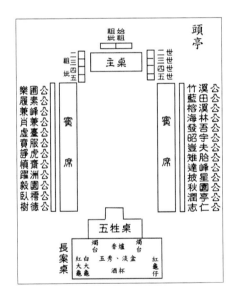

圖 4-2：
瓊林蔡氏「頭亭」祭祖圖

引錄自〈金門瓊林蔡氏宗祠祭典儀式探究〉，《2006 民俗暨民間文學學術研討會論文集》，臺北：文津出版社，2006 年 7 月一刷，頁 234。

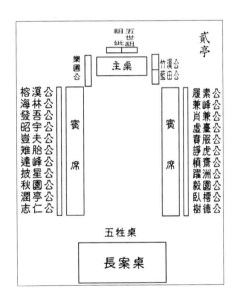

圖 4-3：
瓊林蔡氏「貳亭」祭祖圖

引錄自〈金門瓊林蔡氏宗祠祭典儀式探究〉，《2006 民俗暨民間文學學術研討會論文集》，臺北：文津出版社，2006 年 7 月一刷，頁 234。

〔註217〕傳統鼓樂隊的一種樂器名，是廟會活動或祭典中不可或缺的主要樂器，也象徵著最隆重的禮儀。

〔註218〕《瓊林蔡氏春秋大宗祭祖儀註》（手抄本）原記載為二十四鬮份，其中瓊林本村有二十鬮份，另外前水頭、古崗、壟口等宗親四鬮，現已減為二十鬮份。

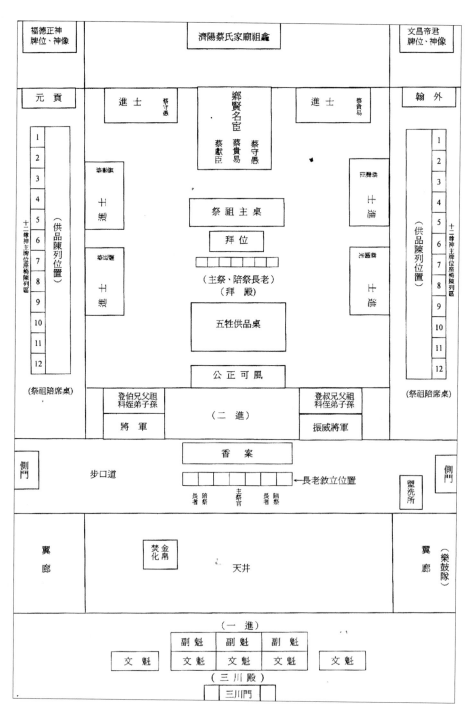

圖 4-4：瓊林濟陽蔡氏家廟祭祖空間位置及匾額懸掛平面圖

（本研究繪圖）

個（每個重半斤，俗稱「頭家龜」）、紅龜仔四十個（每個半斤，俗稱「新丁龜」，可視當年「報丁」人數多寡而作機動性調整）、五秀〔註219〕一付、淡盒（擺放順盒供品的小木架）一架、順盒（糖果、蜜餞等簡單供品）二個、大紅燭四對、燭仔四對、時金（金箔的一種）二千、大竹香二束、紅底帖二個、鹿仔二十隻、鹿索二十條、茗花（糕餅類）二十粒、風吹餅二十個、糕仔二十塊、甘蔗屏（甘蔗剖半）二十支、香蕉二十條、連炮四串、大禮炮十二响（響）。

　　祭典進行當中的任務編組，依《瓊林蔡氏春秋大宗祭祖儀註》載錄，蔡氏族裔各鬮成員間負責的任務分配如下：

　　第一鬮、買辦公物擺設豬羊桌。

　　第二鬮、辦圍碟及備毛巾臉盆及架。

　　第三鬮、洽請鼓吹陣及酒一罐。

　　第四鬮、辦五牲熟員蹄。

　　第五鬮、出毛毯、蓆各一件。

　　第六鬮、出毛毯、蓆各一件。

　　第七鬮、出備香爐燭台。

　　第八鬮、出備香爐燭台。

　　第九鬮、出前桌酒瓶盞。

　　第十鬮、出後桌酒瓶盞。

　　第十一鬮、掃祖厝、洗排椅桌。

　　第十二鬮、掃祖厝、洗排椅桌。

　　第十三鬮、洽租豬羊。

　　第十四鬮、出香爐燭台一付。

　　第十五鬮、出香爐燭台一付。

　　第十六鬮、出毛毯、蓆各一件。

　　第十七鬮、出毛毯、蓆各一件。

　　第十八鬮、出前桌酒瓶盞。

　　第十九鬮、出後桌酒瓶盞。

〔註219〕所謂的「五秀」，就是由傳統糕餅店所製作的糖製品，呈粉紅色狀態，中間為一座七級高塔，兩側依序為龍鳳，最外側為雙獅。較隆重的祭典用「五秀」；若是祭典規模簡單一點的就用「三秀」，只有中塔和兩側的龍鳳糖塔而已。這種糖製品是金門地區廟會活動，或祭祖儀典不可或缺的供品系列。

第二十齣、祀前鳴金。

宗祠當中「論輩不論歲」是放諸四海皆準的禮文圭桌，因此位處拜殿正中央主桌的「服務生」，即由瓊林村中十八位「頭家」當中，挑選輩份最高的兩位，膺任侍候開基始祖十七郎，及五世祖蔡靜山祖考妣的神聖任務（照片 4-5 中間主桌），其餘十六位則平均分配，侍立於兩側次殿的供桌後方，各自善盡「服務生」職責（照片 4-4、4-6 左右兩側陪席桌），絲毫馬虎不得，包括斟酒、添飯、倒茶，以及提供飯前甜點等服務性工作，完全聽令執事人員（禮生）的號令作動作。凡抽到五至十八齣的「頭家」，每齣份另備辦供品二十四碗葷素菜碗（含二十碗葷菜，及四碗餅干、瓜果等素菜），及酒、茶、飯、湯包、湯棗等供品。輪值出任「頭家」的人員，皆需穿著青布長衫，於祭典中充當祖靈的「服務生」，隨侍在供桌旁側，提供祖靈一切必要服務。

每年農曆二月初七日與十月初六日，分別是濟陽蔡氏五世靜山祖妣的忌辰日，祭祖儀典在當天上午十點三十分左右舉行，包含「頭亭」（圖 4-2）和「貳亭」（圖 4-3）兩項祭儀。首先展開「頭亭」祭典：祭禮開始前，須先行「出主」（奉主就位）〔註220〕，由蔡氏族裔把供奉在「蔡氏家廟」祖龕中的三十五尊祖先神主牌位全數迎請出龕，依序恭置在事前安排妥當的供桌前座位上，每一尊牌位都有固定的座席，序尊卑，論昭穆，所有祖靈各自在輪值裔孫的虔誠迎請下「對號入座」，從中央主桌到兩側賓席，井然有序。主祭桌於宗祠拜殿明間（正殿）祖龕前，賓席置於左右兩側次間（偏殿），分左、中、右三大桌一字排開。「頭亭」明間主桌由始祖十七郎祖考妣高坐首席，二世至五世祖考妣神位於同桌兩側作陪，共計十尊牌位。左右兩側次間供桌則陳列六世以下祖考妣席次，左側供奉十三尊牌位（照片 4-6），右側供奉十二尊牌位（照片 4-4）〔註221〕。歷經「初獻、亞獻、終獻」三獻禮後，須再行「進

〔註220〕「奉主就位」的禮文，在《家禮‧祭禮》就有詳盡的載述，唯目前在金門地區各姓氏的祭祖儀典中，瓊林濟陽蔡氏卻是唯一保有是項完整古風的宗祠，意義非凡。

〔註221〕案：金門地區祖先牌位都是考妣共用，但瓊林蔡氏家廟的神主牌則有不同做法，即一至五世是考、妣各自擁有自己的牌位；六世以後則維持傳統考妣共有的習俗。另依《瓊林蔡氏前水頭支派族譜》記載，蔡氏大宗祠祭祖時，中桌供奉十尊牌位，左右兩側各是十三尊和十二尊牌位。祭典已婚者依序輪值出任「頭家」，於春（二月初七日）、冬（十月初六日）兩祭之期，每次祭祀由二十名族裔輪值，前四名負責買辦物品，次八名負責「頭亭」祭始祖十

主」（納主入龕），即將神主牌位依相反順序迎請回祖龕內，完成「頭亭」祭祖任務。茲將「頭亭」祝文紹述如下：

◆瓊林村蔡氏大宗祠祭始祖祝文（頭亭）〔註222〕：

維

中華民國○○年歲次○○花月○○朔越有七日○○當祭裔孫○○○等

謹以牲醴剛鬣柔毛庶饈菓品香楮之儀恭申奠獻敢昭告於

始祖考十七郎蔡公暨

始祖妣孺人陳氏之前曰：

追維我祖植德於前同安是徙古坑是遷瓊林卜宅地協瑞蓮昌熾子

姓挺起名賢水源木本百代永延桃花正艷（陽春佳景）寅儐豆籩

伏祈降格鑒此情專介以景福億萬斯年　敬請

二世祖考宣義公	妣趙氏
三世祖考子春公	妣莊氏
四世祖考國學上舍人東皋公	妣宋氏
五世祖考靜山公	妣顏氏
六世祖考竹溪公	
六世祖考樂圃公	
六世祖考藍田公	
十三世祖考歲進士廣東乳源縣訓導履素公	
十三世祖考歲進士蒲田縣訓導榕溪公	
十四世祖考鄉進士廣西梧州府通判贈中憲大夫兼峰公	
十五世祖考鄉進士雲南臨安府知府海林公	
十五世祖考賜進士貴州提督浙江按察使司肖兼公	
十六世祖考賜進士雲南布政左布政使司發吾公	
十六世祖考賜進士光祿寺卿浙江提學晉贈刑部侍郎盧臺公	
十六世祖考鄉進士山東蒙陰縣府教諭昭宇公	
十七世祖考賜進士禮部給事中賈服公	
十七世祖考歲進士豈夫公	

七郎的服務工作。始祖祭典結束後，始由最後八名族裔負責擔綱「貳亭」祭五世祖蔡靜山的服務工作。

〔註222〕《瓊林蔡氏春秋大宗祭祖儀註》手抄本。

十七世祖考恩進士諍虎公

十八世祖考副鄉進士雉胎公

二十世祖考歲進士長樂縣訓導慎齋公

二十世祖考歲進士光澤縣訓導達峰公

二十世祖考誥授振威將軍江南江北狼山總鎮躍州公

二十一世祖考副鄉進士披星公

二十二世祖考鄉進士嘉愛公

二十二世祖考鄉進士毅園公

二十二世祖考賜進士江西南昌府通判秋園公

二十二世祖考鄉進士臥樗公

二十二世祖考鄉進士建寧學正堂潤亭公

二十三世祖考恩進士樹德公

二十四世祖考副進士志仁公 　　同附席　　尚

饗

「頭亭」祭儀完畢後，休憩片刻，再次於上午十一時三十分拉開「貳亭」的祭儀序幕。「貳亭」祭拜儀節大抵與「頭亭」相同，一樣需行「出主」，即需將供奉在祖龕中的祖先牌位再次迎請出來，唯排序必要局部調整，原本「頭亭」祭典中的主桌，改由五世祖考妣牌位居首席，六世祖考妣三尊牌位作陪，共計五尊牌位。原先的一至四世祖先牌位則仍留守龕中。兩側次間供桌則改由七世祖考妣領軍，依次分昭穆序坐兩側，左右兩側供桌各十一尊牌位。茲將「貳亭」祝文紹述如下：

◆蔡氏大宗祠祭五世祖祝文（貳亭）〔註223〕：

　　　　維

中華民國○○年歲次○○花月○○朔越有七日○○當祭裔孫○○○等

　謹以牲醴剛鬣柔毛庶饈菓品香楮之儀敢昭告於

五世祖考靜山蔡公暨

五世祖妣孺人顏氏之前曰：

　　爰求厥卜五世其昌分枝布葉孫謀長光設主立廟先祖是皇朝濡春

　　心雪旣傷霜（露暢秋降我心悽愴）茲值諱日報本難忘致愛致慤

　　黍稷馨香來格來享降我百祥允厥孫子蔚起文章　敬請

〔註223〕《瓊林蔡氏春秋大宗祭祖儀註》手抄本。

六世祖考竹溪公

六世祖考樂圃公

六世祖考藍田公

十三世祖考歲進士廣東乳源縣訓導履素公

十三世祖考歲進士蒲田縣訓導榕溪公

十四世祖考鄉進士廣西梧州府通判贈中憲大夫兼峰公

十五世祖考鄉進士雲南臨安府知府海林公

十五世祖考賜進士貴州提督浙江按察使司肖兼公

十六世祖考賜進士雲南布政左布政使司發吾公

十六世祖考賜進士光祿寺卿浙江提學晉贈刑部侍郎盧臺公

十六世祖考鄉進士山東蒙陰縣府教諭昭宇公

十七世祖考賜進士禮部給事中賁服公

十七世祖考歲進士豈夫公

十七世祖考恩進士諍虎公

十八世祖考副鄉進士雉胎公

二十世祖考歲進士長樂縣訓導慎齋公

二十世祖考歲進士光澤縣訓導達峰公

二十世祖考誥授振威將軍江南江北狼山總鎮躍州公

二十一世祖考副鄉進士披星公

二十二世祖考鄉進士嘉靉公

二十二世祖考鄉進士毅圃公

二十二世祖考賜進士江西南昌府通判秋園公

二十二世祖考鄉進士臥樗公

二十二世祖考鄉進士建寧學正堂潤亭公

二十三世祖考恩進士樹德公

二十四世祖考副進士志仁公　　　　同附席　　　尚

饗

「頭亭」和「貳亭」祭禮行進間，其牌位擺設位置如下列照片 4-4、4-5、
4-6。祀典部分請參見圖 4-1、4-2、4-3）

照片 4-4：右側陪席桌　　照片 4-5：中間主桌　　照片 4-6：左側陪席桌

　　瓊林濟陽蔡氏家族一年二度的祀祖祭典，放眼全金門各姓氏祭祖大典當中，最是獨樹一幟。一般姓氏宗祠祭祖慶典，只要「潔其粢盛」（《宋史・志九十二》），擺妥豐盛供品，打開祖龕門，先祭兩側次間的文昌帝君與福德正神，緊接著就展開明間的祭祖儀典，鮮少有奉主就位，與納主入龕的儀節。特別是像瓊林蔡氏家廟全面性的迎主就位與納主入龕情節。

　　瓊林蔡氏家廟供奉的是始遷祖十七郎至五世祖考妣牌位，暨明、清兩代爵秩顯赫的先祖牌位，官宦世家的庶士祭典排場，自是與庶民百姓祭典有所不同。整個祭典皆遵循傳統古禮中的「三獻禮」來進行，而且還要將供奉在祖龕中的三十五尊祖先牌位全部迎請出來。

　　再則，一般宗祠祭祖儀典雖都遵循三獻古禮，但都行「跪拜禮」，而瓊林蔡氏家廟卻仍踐行「稽首禮」〔註224〕，且相當講究排場。正餐之前，需先呈供飯前甜點：以「米粉湯配空包（糕餅店製作的空心包子），米香湯配寸棗（糕餅製品）」當「開胃菜」，接續端上的是牲醴供品「正餐」，而後才是「白飯配茶水」，沏壺好茶款待，讓享用大餐的祖靈腸胃不致太油膩，設想不可謂不周全。站立旁側的服務生在禮生的號令指揮下，又是斟酒，又是盛飯，又是上菜，整個祭典就在有條不紊的禮軌持續進行，這種深富閩南古風的祠祭，幾成絕響，晚近幾年更成為學者專家爭相研究的素材。

〔註224〕稽首，為拜中最重的禮儀，是臣拜君之拜。清代大學士李光地於《朱子禮纂・雜儀》一四二冊，就曾云：「古人之坐者，兩膝著地，因反其蹠而坐於其上，正如今之胡跪者。其為肅拜，則又拱兩手而下之至地也；其為頓首，則又以頭頓於手上也；其為稽首，則又卻其手而以頭著地，亦如今之禮拜者，皆因跪而益致其恭也。」頁722～723。另外《禮記・郊特牲》「稽首，服之甚也。」；《周禮・春官・大祝》「辨九拜：一曰稽首、二曰頓首、三曰空首、四曰振動、五曰吉拜、六曰凶拜、七曰奇拜、八曰褒拜、九曰肅拜，以享右祭祀。」；《五禮通考・吉禮・宗廟制度》「稽之為言久也，拜頭至地，其留甚久，此拜之最重者也。」從相關文獻中可以發現，稽首禮的確是禮儀中最敬禮。

◆瓊林蔡氏宗祠祭祖儀註〔註225〕：

(1) 祭禮開始。

(2) 出主（奉主就位）、奏大樂、鳴炮。

(3) 主祭者就位、陪祭者就位、奏細樂、詣盥洗所、復位。

(4) 焚香、參神、上香、跪、叩首（即稽首禮）、再叩首、三叩首、四
叩首、興（起立）。跪、持爵、酌酒、酹酒〔註226〕；再酌酒、再
酹酒；三酌酒、三酹酒；四酌酒、獻爵，匍匐，樂止，宣讀祝文
〔註227〕，讀畢，樂（細樂）升。叩首、再叩首、三叩首。興。

(5) 行獻禮，獻剛鬣柔毛（晉牲禮）〔註228〕，獻饌，獻果品。

(6) 詣前，行初獻禮。跪，叩首、再叩首、三叩首、四叩首。興。

〔註225〕攸關金門民間傳統祭祖儀典詳細科儀，請參閱林麗寬，〈金門新市里禮生的基
礎調查〉，《2003 閩南文化學術研討會》論文集（一），金門縣政府、國立金
門技術學院主辦，2003 年 12 月 6～8 日，頁 22-1 到 22-21。

〔註226〕據朱熹《家禮》指稱，「凡謁儀，皆有降神一節。預設茅沙盆，至焚香後，酹
酒于茅沙之上以降神」。這種本屬天子諸侯的禮儀，只在時祭中偶爾才會出現
的儀節，而今卻成爲祭典常禮，更成爲今天金門地區祭祖三獻禮中不可或缺，
又是相當搶眼的「灌茅沙」，和祭典中一定會出現的「酹酒」禮。詳見毛奇齡
撰，《辨定祭禮通俗譜》，頁 768。另朱熹《家禮・附錄》也引伊川先生的卓
見，認爲「古者灌以降神，故以茅縮酌，謂求神於陰陽有無之間，故酒必灌
於地。」

〔註227〕顧關元先生在〈漫談古代的祭文〉一文中曾對「祝」的角色功能有如是的詮
釋：「祝，是指祭祀時主持祭告的人，祝告是指向鬼神祝禱的一種活動。」再
則，清儒毛奇齡對「祝」等相關「禮生」也有頗爲詳盡的說明：「古有左儐、
右儐爲贊唱而設。唐《開元禮》有贊唱員二人。《禮運》修其祝嘏。祝以主人
之辭告神，嘏以神之辭告主人，此另是二人。今（清代）但設引贊一人，通
贊一人，以當左右儐，而祝嘏兩告則即以通贊代爲之。祝文告孝，飲福告慈，
亦無有缺。」詳見《辨定祭禮通俗譜》，載《景印文淵閣四庫全書》第一四二，
頁 766。

〔註228〕《禮記・曲禮下》：「凡祭宗廟之禮，牛曰『一元大武』，豕曰『剛鬣』，……
羊曰『柔毛』。」案：民間一般的「三獻禮」，有「大三獻」與「小三獻」之
分。大三獻於宗祠慶成醮（俗稱「奠安」）時用之，因爲它是百年難得一見的
隆重儀典，所以必須行禮如儀，以全豬（剛鬣）與全羊（柔毛）這種「少牢
禮」來當供品，否則就算是經濟條件不允許，至少也需要到糕餅店訂做麵豬
或麵羊來替代，才合乎傳統的禮數。至於每年固定的宗祠祭祖儀典，一般姓
氏都是以「五牲」（豬頭皮、五花肉、魚、雞、豬心等湊足五樣即可）或「三
牲」（雞、魚、肉）等牲禮來處理。但據手抄本《瓊林蔡氏春秋大宗祭祖儀註》
內容觀之，「洽租豬羊」乃輪值頭家份內工作，則全豬全羊的「少牢禮」卻又
是不可或缺的項目。惟目前的蔡氏祭典已看不到這種傳統的做法。

復位，行獻晉湯包。跪，叩首、再叩首、三叩首、四叩首。興。

(7) 詣前，行亞獻禮。跪，持爵，酌酒，獻爵。叩首、再叩首、三叩首、四叩首。興。復位，行獻晉湯棗。跪，叩首、再叩首、三叩首、四叩首。興。

(8) 詣前，行三獻禮。跪，持爵，酌酒，獻爵。叩首、再叩首、三叩首、四叩首。興。復位，行獻轉碗，瓷盛，晉羹飯。跪，叩首、再叩首、三叩首、四叩首。興。

(9) 獻香茗。獻金帛。焚祭文。焚金帛。鳴炮。跪，叩首、再叩首、三叩首、四叩首。興。

(10) 禮畢。眾裔孫依序皆拜。

案，「通」即祭祖儀典當中的司儀。「讚」亦作「贊」，即讚禮官。「導」和「引」即指引導官，一般都只稱「引」而已，亦即走在主祭官前方，引導主祭官行禮的佐理人員。瓊林村蔡氏祭祖三獻禮的進行，援例由長老五至七人，以及東通、西讚、東導、西引等佐禮人員（俗稱禮生）襄助完成。

3. 許氏祠祭

金門珠浦許氏家廟每年冬至日的祠祭，與清明節的墓祭，也是金門地區相當具有代表性的祭祖儀典。金門地區大部分祠祭時間點都定在冬至日舉行。《金門珠浦許氏族譜・先賢特典》載稱甚詳：「吾家大宗，歲有春秋二祭。始祖暨妣陳氏位居中，左右以東西二菊圃配之。東西二菊圃者，吾族人之所自出。而始祖五十郎，而東西二菊圃之所自出。傳世原者，食豐薦以不祧禮也。然尚恨有闕者。吾許氏自八世而後，人文彬郁，科甲蟬聯。捷南宮魁多士載在國乘者，班班可考，其取重於科名者，即其爲功於宗祖也。而歲時馨香諸賢，獨不與從祀之列，是豈前人斟酌經營，慮不及此抑亦盛典，有待留以貽後人耳。丁丑冬時屆冬至，將有事於廟，族之子若孫，有以先賢與祭，請者諸父兄，共起而之定爲祀典，位於堂之兩廊，其不敢與始祖齒者，班從其降，子不先父食也。其分獻或以明經，或以弟子員者，神所憑依氣以類合也。曠世時典，一朝舉行，雖廟宇湫隘大觀未成，然彬彬乎質有其文，其以補前人之未備者，即以聳將來於無窮也。紹聞衣德之思，登堂而拜者，其知所勵也夫。」〔註229〕此即許氏家廟左右兩側次殿所以特祀先賢的理由。蓋科

〔註229〕《金門珠浦許氏族譜・先賢特典》，金門：金門縣許氏宗親會、金門珠浦許氏族譜編輯委員會，1987 年 4 月 5 日首版，頁 228。

舉功名，垂芳百世，儒家大孝足以揚親在此獲得具體實踐。〔註230〕

許氏家廟祭祀的對象，為許氏開涪（金門）始祖五十郎忠輔公，暨東西二菊祖，另配祀十九位許氏先賢，每年定期舉行春秋祭典。春祭以清明節的墓祭為代表；秋祭則以冬至日的祠祭為代表。另據《金門珠浦許氏族譜·中元特典》載述：「始祖春秋二祭，由來舊矣。而中元祠宇游魂之祭，於古無之。蓋昔者盛時民安物阜，生有養、死有葬、祭有禮。若敖之鬼不致餒而無須是典也。乃我族自己已屠城之禍，加以癸卯俘掠之殘死，於鋒鏑者十之二三，而死於流離者十之八九，甚者朞服皆盡，祖免群殲於旻，白骨載道，旅魂無依，凡在同根之人，咸深不祀之痛矣。歲在辛巳，諸族人尚義者，告於父兄起例，中元擇能事一人，各鳩金五分，辦充冥費，人各飯一盂，蔬一盤，合置於堂之庭廡，開中門廷（疑為「延」字）鬼入祭之，其特祀於門內者，別內鬼於外鬼也。其以牲禮告於我始祖之靈者，重其事以始祖為主而號召之也。夫至仁之朝尚擇枯骨封疆之，吏猶祭孤魂。是舉也，雖一時創立之規，亦百不刊之典，出於仁人之用心，孝子之至情，固非如浮屠之說，種福田求利益之也。我子孫之世世可矣。」〔註231〕許氏家廟中元祀典，的確開金門地區之先例，卻也因之而顯現許氏家族仁慈之襟懷。

珠浦許氏自元代始祖五十郎公自丹詔來金開基以來，歷傳至明代十三世後，已有人丁四千餘指。明嘉靖間（1522～1566）闔族徙居後浦落戶定居，成為一方望族。明崇禎二年己巳（1629 年）遭海寇鄭芝龍餘黨劫掠，造成許氏族人蒙受空前浩劫。〔註232〕為撫傷療痛，許氏族人乃於中元節當天，在家廟中超渡族中亡靈，形成特色獨具的祭典，唯是項祭典晚近已停辦多時。

許氏族人為善盡「敬宗」、「收族」的職責，也為辦妥一年一度的春秋祭祖大典，許氏宗親會特將祠祭與墓祭必備的祭器、供品、儀式，乃至人員任務的調配，都予以表格化、系統化，藉此教育族親，並載錄於譜牒當中（詳見表 4-5、4-6、4-7）。〔註233〕就因為許氏族裔的用心，《金門珠浦許氏族譜》也因之成為金門地區譜牒的代表作。

〔註230〕《孝經·開宗明義章》卷一（阮氏重刊宋本），唐元宗明皇帝御注；宋·邢昺疏，臺北：藝文印書館，1976 年 5 月六版，頁 11：「立身行道，揚名於後世，以顯父母，孝之終也。」

〔註231〕同註229，《金門珠浦許氏族譜·中元特典》，頁 229。

〔註232〕同註229，《金門珠浦許氏族譜·珠浦許氏族譜序十引》，頁 211。

〔註233〕《金門珠浦許氏族譜·珠浦許氏族譜序十引》，金門：金門縣許氏宗親會、金門珠浦許氏族譜編輯委員會，1987 年 4 月 5 日首版，頁 211。

表4-5：金門珠浦許氏【冬至祭家廟】（含土地公）當值應備祭品一覽表

籤號	位　置	應備祭品（具）	房別	輪值者	備　考
1	始祖前	菜碗八大、八小，酒一瓶，鮮菓二碟，飯、茶、匙、爵、牙箸、米粉湯各二，八仙桌并幃，盤，毡蓆各一。			下午一時舉行祭禮，請守時勿遲到
2	東菊祖前	菜碗八大、八小，酒一瓶，鮮菓二碟，茶、米粉湯、匙、爵、飯、牙箸各二，八仙桌并幃，盤，毡蓆各一。			下午一時舉行祭禮，請守時勿遲到
3	西菊祖前	菜碗八大、八小，酒一瓶，鮮菓二碟，茶、米粉湯、匙、爵、飯、牙箸各二，八仙桌并幃，盤，毡蓆各一。			下午一時舉行祭禮，請守時勿遲到
4	東廳先賢前（一）	菜碗八大、八小，酒一瓶，鮮菓二碟，茶、米粉湯各二，爵、匙、牙箸、飯各六，八仙桌并幃，毡蓆各一。			下午一時舉行祭禮，請守時勿遲到
5	東廳先賢前（二）	菜碗八大、八小，酒一瓶，鮮菓二碟，茶、米粉湯各二，爵、匙、牙箸、飯各六，八仙桌并幃，毡蓆各一。			下午一時舉行祭禮，請守時勿遲到
6	西廳先賢前（一）	菜碗八大、八小，酒一瓶，鮮菓二碟，茶、米粉湯各二，爵、匙、牙箸、飯各六，八仙桌并幃，毡蓆各一。			下午一時舉行祭禮，請守時勿遲到
7	西廳先賢前（二）	菜碗八大、八小，酒一瓶，鮮菓二碟，茶、米粉湯各二，爵、匙、牙箸、飯各六，八仙桌并幃，毡蓆各一。			下午一時舉行祭禮，請守時勿遲到
8	始祖前（一）	豬頭五牲全付，酒一瓶，爵三塊，盤一，八仙桌并幃，毡蓆各一。			下午一時舉行祭禮，請守時勿遲到
9	始祖前（二）	副五牲一付，桌、面盆、毛巾、面盆架各一。			下午一時舉行祭禮，請守時勿遲到
10	福德正神	五牲一付，酒一瓶，爵三，盤一，八仙桌并幃，毡蓆各一。			下午一時舉行祭禮，請守時勿遲到
11	東菊祖前	挑菓品、五牲一付、酒一瓶、爵三、盤一。			下午一時舉行祭禮，請守時勿遲到
12	西菊祖前	挑金銀紙，香炮灼等。五牲一付，酒一瓶，爵三，盤一。			下午一時舉行祭禮，請守時勿遲到
13	東廳先賢前	五牲一付，酒一瓶，爵三，盤一。			下午一時舉行祭禮，請守時勿遲到
14	西廳先賢前	五牲一付，酒一瓶，爵三，盤一。			下午一時舉行祭禮，請守時勿遲到

資料來源：《金門珠浦許氏族譜》，頁234～236。

◆〈珠浦許氏春秋二祭（冬至家廟）祝文〉〔註234〕

　　　維

中華民國　　　　年歲次　　　月　　　日主祭裔孫

暨當祭裔孫

等謹以剛鬣柔毛，庶饈果品，香楮之儀，敢昭告於

始祖考　忠輔公，祖妣陳孺人

二世祖考東菊圃公，祖妣陳孺人

二世祖考西菊圃公，祖妣黃孺人

三世祖考子紹公、子契公、子國公、子周公、坪坷公、坪埭公

四世祖考元亨公、元貞公、元鎮公、六官公、十官公、復祖公、紹
祖公

五世祖考與德公、與誠公、與智公、與賢公、與哲公、與忠公、十
八官公、三十官公、五十七官公、光祚公、四官公、光尹公、三十
三官公

先賢西浦公、南洲公、南峰公、見海公、肖浦公、次浦公、搏霄公、
賓明公、淡若公、鍾斗公、濟之公、和之公、舜齋公、基浦公、復
齋公、瑤洲公、若邨公、蘭浦公、肅亭公之靈曰：

惟我烈祖，難名之德，既足昭之，胄裔之昌，燕翼之謀，又足垂之
永久而無疆。報生有祀，振古則然。剞佑及斯所，曷其我敢忘。茲
逢冬至，歲序敬修，孝因心而弗替，禮率古以為常。唯冀永于綏家
用康，才俊用彰，我烈（列）祖亦永有麻光。尚饗！

【附註】：清明祭祖於許厝墓墳地祭祀，昭告祖考妣另有填法。如祭始祖
墳填「始祖考五十郎忠輔公，祖妣陳孺人」即可。祭二世東菊祖墳則填「二
世祖考東菊圃公，祖妣陳孺人」即可。祭二世西菊祖墳填「二世祖考西菊圃
公，祖妣黃孺人」即可。

◆〈珠浦許氏春秋祭典大三獻儀式〉〔註235〕

祭禮開始

（通）鳴鼓三通，奏大樂（鳴炮）。

〔註234〕《金門珠浦許氏族譜・珠浦許氏春秋二祭（冬至家廟）祝文》，金門：金門縣
　　　　許氏宗親會、金門珠浦許氏族譜編輯委員會，1987年4月5日首版，頁229
　　　　～230。

〔註235〕《金門珠浦許氏族譜・珠浦許氏春秋祭典大三獻儀式》，金門：金門縣許氏宗親
　　　　會、金門珠浦許氏族譜編輯委員會，1987年4月5日首版，頁230～232。

主祭官就位，

陪祭官就位，

與祭官就位，

鞠洗、（贊）詣鞠洗所。

（通）省牲、（贊）詣省牲所。

（贊）詣視饌，

（通）就位，（贊）詣香案前。

（通）晉酌，酌酒，面東祭酒。

（1）（通）行初獻禮

就位，

焚香，上香：

跪，晉酌，酌酒，酹酒、再酹酒、三酹酒，獻酒；拜，再拜，三拜，興。

（贊）詣神位前，

就位，

焚香，上香：

跪，晉酌，酌酒，酹酒、再酹酒、三酹酒，獻酒。

晉毛血，獻毛血。

晉饌，獻饌；

晉菓，獻菓；

晉餅，獻餅；

叩首，再叩首，三叩首，四叩首，興，（贊）初獻禮畢。

（2）（通）行再獻禮

（贊）詣香案前行再獻禮，

（通）就位，

焚香，上香：

跪，晉酌，酌酒，酹酒、再酹酒、三酹酒，獻酒；拜，再拜，三拜，興。

（贊）詣神位前行再獻禮，

（通）就位，

焚香，上香：

跪，晉酌，酌酒，酹酒、再酹酒、三酹酒，獻酒。

晉饌，獻饌；

晉茶，獻茶；

晉時饈，獻時饈；

叩首，再叩首，三叩首，四叩首，興，（贊）再獻禮畢。

(3)（通）行三獻禮

（贊）詣香案前行三獻禮，

（通）就位，

焚香，上香；

跪，晉酌，酌酒，酹酒、再酹酒、三酹酒，獻酒；

晉金帛，獻金帛；

拜，再拜，三拜，興。

（贊）詣神位前行三獻禮，

（通）就位，

焚香，上香；

跪，晉酌，酌酒，酹酒、再酹酒、三酹酒，獻酒。

晉饌，獻饌；

晉羹飯，獻羹飯；

晉金帛，獻金帛；

讀祝文官就位，

俯伏，止樂；

宣讀祝文

飲福，鼓樂；

叩首，再叩首，三叩首，四叩首，興。

奏大樂（鳴炮）

（贊）大禮完畢，

（通）眾子孫皆拜。

◆〈珠浦許氏春秋祭典小三獻儀式〉〔註236〕

祭禮開始

奏樂（鳴炮）

主祭者，陪祭者，與祭者就位。

序立

詣鞠洗所──鞠洗

〔註236〕《金門珠浦許氏族譜·珠浦許氏春秋祭典小三獻儀式》，金門縣許氏宗親會、金門珠浦許氏族譜編輯委員會出版，1987年4月5日首版，頁232～233。

詣香案前

行初獻禮

焚香，上香

跪，獻酒，獻毛血，獻饌（雞），獻菓。

拜，再拜，三拜，四拜，興。

行亞獻禮

焚香，上香

跪，獻酒，獻饌（肉），獻餅，獻茶

拜，再拜，三拜，四拜，興。

行三獻禮

焚香，上香

跪，獻酒，獻饌（魚），獻羹飯，獻金帛

讀祝官就位，俯伏，止樂，宣讀祝文

讀祝畢，鼓樂

拜，再拜，三拜，四拜，興。

禮畢，奏樂，（鳴炮），眾子孫皆拜。

◆〈珠浦許氏春秋祭土地公祝文〉〔註237〕

維

中華民國　　年歲次　　月　　朔越　　日　　主祭弟子

等謹以牲醴庶饈菓品香楮之儀，敢昭告於福德司土之神曰：「公之載物，既博且厚，食報千秋無疆，眉壽名山大川，惟公所守，先祖廟堂賴公保佑，茲值清明（冬至），爆牲酌酒，神其來格，鑒此籩豆，科甲聯登，子孫千億」。

尚饗

◆〈珠浦許氏春秋（清明、冬至）祭土地公儀式〉〔註238〕

祭禮開始

奏樂——鳴炮

主祭者就位

序立

〔註237〕同註236，《金門珠浦許氏族譜·珠浦許氏春秋祭土地公祝文》，頁233。

〔註238〕同註236，《金門珠浦許氏族譜·珠浦許氏春秋（清明、冬至）祭土地公儀式》，頁233～234。

詣盥洗所──盥洗

詣神位前

焚香，上香，再上香，三上香

跪──獻爵，再獻爵，三獻爵，叩首，再叩首，三叩首，興。

跪──獻牲（三牲），叩首，再叩首，三叩首，興。

跪──宣祝文，叩首，再叩首，三叩首，興。

跪──獻金帛，叩首，再叩首，三叩首，興。禮畢

奏樂，鳴炮

註：抽到 1 至 3 號籤的許氏宗親，清明或冬至祭祖，都要準備。

（二）食　福

祭祀祖先，崇拜祖先，最根元的目的就是要宏揚「尊尊」和「親親」的眞諦。宋儒眞德秀（1178～1235）撰〈睦亭記〉說：「古者合族而祭，事已必有燕私焉。祭所以尊尊，而燕所以親親，其義一也。」〔註239〕宋人陳耆卿（1180～1237）《嘉定赤城志·天台令鄭至道諭俗七篇·睦宗族》亦言：「親者，身之所自出。祖者，又親之所自出。則愛吾身與吾親者，不可以不尊祖。推尊祖之心，順而下之，則宗族者皆祖之遺體，可不敬乎？睦族者，尊祖之義也。古者聖人等人情之輕重，立爲五服以別親疎，以定上下。上以治祖禰，下以治子孫，旁以治兄弟。歲時之間，合族以食，序以昭穆，別以禮義，使之生則有恩以相歡，死則有服以相哀，然後宗族之義重。」〔註240〕

照片 4-7：珠浦許氏長老主祭

照片 4-8：許氏家廟祠祭供品

〔註239〕宋·眞德秀，《西山先生眞文忠公文集·睦亭記》卷二十四，載《宋集珍本叢刊》第七十六冊，北京：線裝書局，2004 年出版，頁 174。

〔註240〕宋·陳耆卿，《嘉定赤城志·天台令鄭至道諭俗七篇·睦宗族》卷三十七，臺北：成文出版社，1983 年 3 月臺一版，頁 7358～7363。

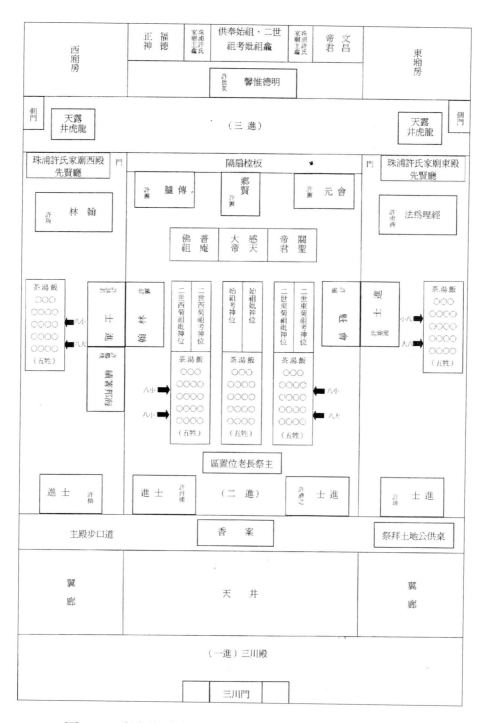

圖 4-5：珠浦許氏家廟祭祖空間位置及匾額懸掛平面圖

（本研究繪圖）

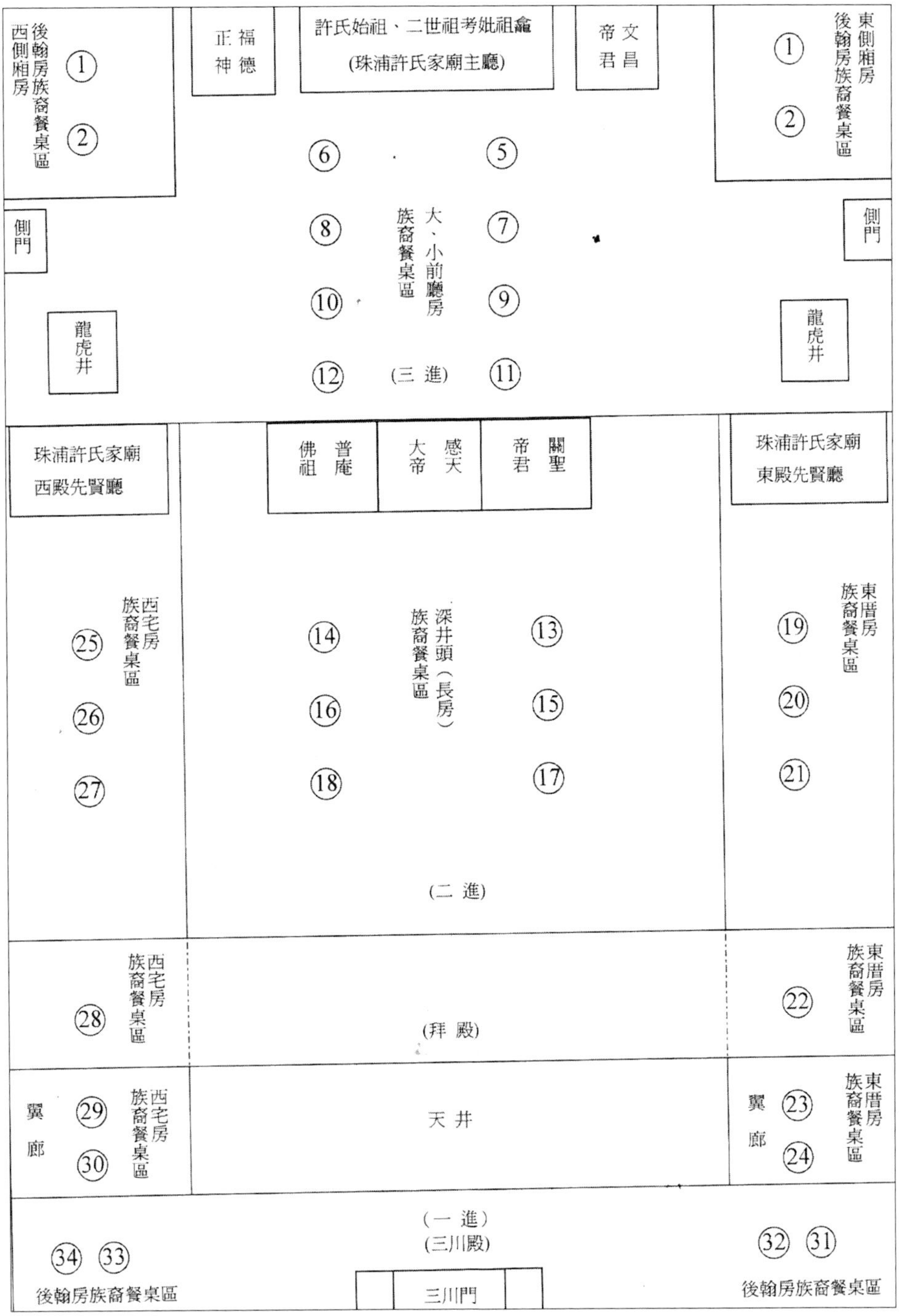

後翰房族裔餐桌區
西側廂房
① ②

正福神德

許氏始祖、二世祖考妣祖龕
（珠浦許氏家廟主廳）

帝文君昌

東側廂房
後翰房族裔餐桌區
① ②

⑥ ⑤

側門

大、小前廳房
族裔餐桌區
⑧ ⑦
⑩ ⑨

側門

龍虎井

⑫ （三進） ⑪

龍虎井

珠浦許氏家廟
西殿先賢廳

佛普大感帝關
祖庵帝天君聖

珠浦許氏家廟
東殿先賢廳

西宅房族裔餐桌區
㉕ ㉖ ㉗

深井頭（長房）
族裔餐桌區
⑭ ⑯ ⑱
⑬ ⑮ ⑰

東厝房族裔餐桌區
⑲ ⑳ ㉑

（二進）

西宅房族裔餐桌區
㉘

（拜殿）

東厝房族裔餐桌區
㉒

翼廊
㉙ ㉚
西宅房族裔餐桌區

天井

翼廊
㉓ ㉔
東厝房族裔餐桌區

（一進）
（三川殿）

㉞ ㉝

三川門

㉜ ㉛

後翰房族裔餐桌區

後翰房族裔餐桌區

圖4-6：珠浦許氏宗親祭祖後族裔餐敘（食頭）桌次分配平面圖

（本研究繪圖）

清儒林伯桐在〈祀先則兄弟宗族可合食考〉即對族親餐敘食福的質性，有如此宏觀的調控：

> 祀父母則念及兄弟，祀祖宗則念及族人，此常情也。蓋思父母、祖宗而不得見，故以祀事補之。至於合骨肉以同飲福，又如祖宗父母既食，而親見子孫之餕餘矣，此禮意通乎人情，所以稍慰千百世孝友之極思者。……凡兄弟叔姪各有事業，其聚首時少。惟因祀先而合食，長幼一堂，笑言不隔，是家庭之福，亦人倫之樂事也。〔註241〕

家祭是家族的祖先祭祀，更是家族間年度的重要活動。因爲祭祀本身也是一種習俗，地域性很強，所以家祭的時間、內容、形式以及祭祀禮儀，不同的地區差異很大。〔註242〕以金門地區爲例，不同姓氏的宗族祭典是頗有些微的不同，其中唯一相同的禮文樣貌，是整個祭典皆由男性主導，祭典後的食福（食頭）也以男性族人爲核心，女性甚少有參與的機會。晚近瓊林蔡氏男女老少盡皆參與族親餐敘的作風，已有逐漸獲得重視的趨勢。

「冬至祭始祖」是載諸《家禮》的普世禮規。冬至節，又名冬節、大冬、亞歲。曹植（192～232）〈冬至獻襪履表〉就有「亞歲迎祥，履長納慶」的考辨，因此冬至又有「履長節」的稱謂。冬至節歷史相當悠久。周代建制，以十一月爲正。秦代沿襲其制，也以冬至爲歲首。漢代則以冬至爲「冬節」。南北朝時更以冬至爲「亞歲」〔註243〕。因此冬至在節慶中的重要性有如過年般，民間甚至有「吃冬至湯圓，增長一歲」的說法。金門地區大部分姓氏的鄉親，都會在這一天於自己的祠堂中以三獻禮祭享祖先，祭後於祠堂中設席餐敘，充分展現古代「餕食禮」〔註244〕的精神，這就是金門地區人人耳

〔註241〕清‧林伯桐，《祭儀考證‧祀先則兄弟宗族可合食考》卷四，《叢書集成三編》二十五冊，臺北：新文豐出版社出版，1996年出版，頁513。祠祭之後的食福餐敘，對整個家族而言，可是年度當中的重頭戲，它既可收「敬宗」之功，更能藉此族衆聯歡餐敘的時刻，將「收族」的意義發揮到淋漓盡致境界。

〔註242〕徐揚杰，《宋明家族制度史論》，北京：中華書局，1995年11月，頁307。

〔註243〕李露露，《中國節》，福建：人民出版社，2005年2月2月第二次印刷，頁188。

〔註244〕《家禮‧祭禮‧四時祭》：「（時祭）是日主人監分祭胙品，取少許置於合（盒）并酒皆封之，遣僕執書歸胙於親友，遂設席，男女異處，尊行自爲一列，南面自堂中東西分首。若止一人，則當中而坐，其餘以次相對分東西向，尊者一人先就坐，衆男敘立爲一行，以東爲上。……酒饌不足，則以它酒它饌益之，將罷，主人頒胙於外僕，主婦頒胙於內執事者，偏及微賤，其日皆

熟能詳的「食頭」〔註245〕酒宴，既可敬宗，又可收族。瓊林村蔡姓族人的祠祭則選在二月初七日的「春祭」，和十月初六日的「冬祭」兩天舉行，祭過祖先後，闔族不分男女老少，齊聚一堂「食頭」，席開七十六桌，筵席就在蔡氏家廟（大宗），蔡氏宗祠（小宗），和村里公所一字排開，族親間彼此敘昭穆，話宗誼，場面溫馨熱鬧。（見照片4-9）

據瓊林里長蔡顯明指出，蔡氏族人在喜獲麟兒後，頭一件事就是向宗族管理委員會申辦「報丁入族」手續，並繳交入族費新台幣壹仟元整，正式成為蔡氏家族的新成員，這是責任的付託，亦是榮耀的表徵。因此，管理委員會在接獲宗親喜獲壯丁的入族申請後，皆會在祭祖當天回贈「紅龜粿」（俗稱「報丁龜」）一對，以示慶賀之忱，並立即將小壯丁名字書於「總牌」〔註246〕上，畢竟這是宗族大事，豈可等閒視之？

在法律觀念尚未普及的舊社會中，族規往往是維繫族人間作息的「生活公約」，更是宗族運作的「成文寶典」。「仁、讓、信」是瓊林濟陽蔡氏族裔人人恪守的族訓，高懸在蔡氏家廟次殿兩側壁上的「忠孝節義」墨寶，則是蔡氏族眾時刻惕勉的座右銘，所有族眾莫不以臨深履薄的襟懷，時時不忘惕厲自己，冀望日後也能踵武前賢，為自己的宗族再創新猷。

婚後的蔡氏子弟，援例要向管理委員會辦理「報新婚」手續，揮別單身漢歲月，此後即應善盡義務，參與宗族事務，開始排班等待「做新婚頭」，成為道道地地的「頭家」。在輪值祭祖後，就需擺設豐盛酒席宴請族親，每一位頭家要負責設筵四席，由二十位頭家共辦八十桌酒席宴請全體族親。有些姓氏則嚴格規定必須結婚後始能參與祭祖後的「食頭」（族親間餐敘）。倘若因事外出不克參加者，得由未成年子弟或外甥代替出席，這也就是「外甥吃母舅頭」典故的由來。

這種俗稱「做頭」，輪值祭祖並宴請族人的筵席，菜色與一般酒席不同，尤其是瓊林村的「四大將」或「五大將」的菜肴更讓人印象深刻。所謂的「四

盡，受者皆再拜乃徹席。」族親在這祭祖後的餐敘及分胙的熱鬧場景，充分流露出真摯的宗誼。

〔註245〕金門地區冬至祭祖後，族人團聚在宗祠內餐敘，一方面緬懷祖先創業的艱難，一方面有感於守成的不易，藉此激勵族親間高度的凝聚力，是一種頗為正面的民俗活動。

〔註246〕瓊林濟陽蔡氏家族，為便於檢索，習慣上總會由宗族管理委員會將族中壯丁「論昭穆、序尊卑」以正楷毛筆書寫於一塊長約六十公分，寬約四十公，厚度約六公分的扁平木板上，它是榮譽的象徵，也是責任的付託。

大將」即指八斤足重的白斬雞一盤，十二斤足重的清蒸剝片鮮魚一盤，大蒜炒肉一整盤，蒸煮後攪拌佐料的香 Q 麵線盤，並搭配一大碗的料好味美的湯汁，保證讓參與盛會的族人盡興而歸，此即所謂的「四大將」。如果再加上一道香噴噴的清蒸芋頭，就稱之爲「五大將」。〔註247〕在昔日瓜子尚未普及的年代，輪值「做頭」的人家，還會以細沙拌炒花生，讓族親在酒宴開始前，邊聊天邊享用香酥炒花生〔註248〕，因爲一生僅此一次「新婚頭」。往後在人生旅程中，雖然仍有機會輪值「做老頭」〔註249〕，但前提是當年缺乏做新婚頭之人。有機會「做老頭」，表示家庭和樂美滿，在村里德高望重，這可是件光宗耀祖的事，往往可遇而不可求。有些姓氏宗族爲弘揚「敬老尊賢」美德，規定只要年滿六十歲或七十歲者，即可享受「食頭」的權利，卻不用再盡「做頭」的義務。

照片 4-9：
瓊林蔡氏族人祭祖後於蔡氏家廟「食頭」（族親間餐敘）

照片 4-10：
金門「十三陳」族人祭祖後「食頭」（族親間餐敘）

金門「十三陳」各股代表每年春多兩季，假後浦陳氏祠堂（忠賢祠），舉辦年度盛大的祭祖儀典後，男性族眾齊聚於祠堂內「食福」（見照片 4-10），場面甚是溫馨感人。十三股於各自小宗內的祭祖儀典，大部分都訂在多至與清明兩天舉行，或祠祭，或墓祭。以金湖鎮新頭村陳氏族裔爲例，每年清明和多至兩天祭祖後，都會依禮於宗祠內「食頭」（族親間的餐敘），席開十四

〔註247〕蔡清木、蔡海南、蔡錫炎諸君連線報導。
〔註248〕林刊治女士瓊林報導。
〔註249〕「做老頭」意指高壽的族人，在祭祖儀典中再次扮演負責祭祖的爐主，藉此機會與族親共慶長壽，且兒孫滿堂的喜悅。

桌。清明節當天則舉行墓祭。墓祭的對象為新頭開基始祖，二世祖萬貞，三世祖（長房素卜、三房素庵）等四座祖墳。祭祖後的「食頭」，則採「新婚頭」與「老頭」一併舉行的機制。

據新頭村耆宿陳清南報導，陳氏「報新丁」與「報新婚」手續相當簡便。「報新丁」需繳交給新頭陳氏宗親會新台幣壹仟元整，完成「報丁入族」手續，宗親會則回贈以一對紅龜粿。「報新婚」到目前為止，仍不需繳交費用，以後則醞釀收費。「今年報新婚，明年做新婚頭」，是新頭陳氏宗親祭祖與餐敘（食頭）的主要運作模式，報新婚領回一對「過頭龜」之後，就得準備明年祭祖「做頭」（輪值當爐主）的相關事宜。每年兩度的祭祖儀典，依例都要由七位「頭家」（爐主）負責主其事。其中六位輪值爐主為「新婚」，另一位輪值者則為「做老頭」，採「老成帶新人」的薪傳模式。如若當年「新婚」的人數不足，則由「做老頭」依序遞補。年滿六十歲的老成人，則從此免役，充分展現敬老尊賢的傳統美德。每一位「頭家」除負責祭祖外，尚需籌備兩桌酒席宴請族親。〔註250〕

第二節　宗祠中特例祭典

春秋祭典祭期都在固定的時間點舉行，雖然各姓氏之間祭祖的時間點並不盡相同。年例性舉辦的祭典，不論是祠祭，抑或是墓祭，規模都比較小，時間也較短。而百年難得一見的「奠安」〔註251〕大典，時間則長達兩三天，動用的人力、物力亦屬空前。主持盛典的人員有儒家的禮生，有道家的道士（或法師），有姻親，有宗親。本研究僅界定於儒家的三獻禮祭祖儀典，以及和祭祖有關各項事宜見表 4-6）。

一、「奠安」大典

民間習稱的「奠安」，其實就是慶成醮。就金門傳統醮儀而言，概可區分

〔註250〕楊天厚、林麗寬總編纂，《金門縣金湖鎮志》，金門：金湖鎮公所，2009 年 5月，頁 779～780。

〔註251〕「奠安」就是「慶成醮」。意即宗祠新建（或重修）竣工後，所舉行的大規模廟會活動，整個儀式動輒耗資新臺幣高達數百萬元之譜，時間長達二至三天，而且是全族的人總動員，場面相當盛大。詳見李師豐楙，〈金門閭山派奠安儀式及其功能——以金湖鎮復國墩關氏家廟為例〉，《民俗曲藝》第九十一期，1994 年 9 月。

爲平安醮與慶成醮兩類。每年定期舉辦的醮儀，以祈安爲旨趣的稱「平安醮」，如農曆三月二十三日媽祖聖誕，三月十五日保生大帝生日等，皆屬此一範疇。因屬年年舉辦性質，故而規模較小；另一類則是新廈落成，抑舊屋重葺後所舉辦的「慶成醮」，則爲偶發性的醮儀，且動輒耗資新台幣數百萬元之譜。

慶成醮就其屬性的不同，約可區分爲宗祠奠安，寺廟奠安，與住家奠安〔註252〕三種。以規模而言，三者中就屬宗祠奠安最爲盛大，動員的人力、物力最是可觀。整個醮儀雖由道士（或法師）主壇，但儒家禮儀的實踐亦可藉由「進主」、「進匾」、「迎接姻親」、「迎接宗親」等儀節中窺見端倪。本研究探索主題，概以儒家的禮典爲紐帶，對上述幾項儀節，特別是「進主」與「進匾」兩項，作扼要性探討。「迎接姻親」與「迎接宗親」則是人際網絡的體現，亦是宗族勢力展衍的自然投射。涉及道教的部分（詳細情節請參見表 4-6：奠安慶典日程表）則從略，待日後再以專文作介紹。

「進主」與「進匾」同爲宗族經濟力的主要來源，其中又以「進主」的款項爲最大宗。一場慶成醮往往需要耗費龐大鉅資，對宗族的運作而言，的確是相當大的負擔。故而「進主」與「進匾」就成爲宗祠奠安籌湊經費最佳渠道。儘管所費不貲，然在宗族意識強烈的金門鄉親觀念中，卻是「敬宗」、「收族」的具體檢視。李師豐楙在其專文〈禮生、道士、法師與宗族長老、族人──一個金門宗祠奠安的圖像〉就有如是的鋪陳：

> 奠安大典若相較於每年節慶的例行性祭祖，即年例性定期舉行的循環活動，則這種起造祠堂及其落成典禮就成爲非定期的盛大活動。民間的禮儀行事中本來就特別重視祠堂的祭典，家禮之中喪禮與祭禮的意義最爲隆盛，乃是由於祠堂起造與完成，其所象徵者自可視爲合族大事。〔註253〕

對金門鄉親而言，藉由這種百年難得一見的盛會，將祖、禰的神主牌位迎請至宗祠中，接受族人永世的馨香膜拜，是孝道的延展，更是孝道永恆的典律；對闔族宗親而言，透過大型慶典活動，禮聘地方父母官蒞臨自家宗祠，爲始（邊）主舉行隆重「點主」儀式，更是闔族之光。經由禮生的主持，以及姻

〔註252〕僅由各村境主的乩童主持的科儀，則稱之爲「寄后土」。

〔註253〕李師豐楙，〈禮生、道士、法師與宗族長老、族人──一個金門宗祠奠安的圖像〉，王師秋桂主編，《金門歷史、文化與生態國際學術研討會論文集》，臺北：財團法人施合鄭民俗文化基金會，2004 年 12 月，頁 217。

親、宗親、長老的加持，並採行傳統三獻禮，凝聚族人的向心力，進行實質性的「收族」任務。在在都顯示儒家在宗祧制度中，以禮儀凝聚家族的人文、社會功能，一直以來皆存在於基層的庶民社會〔註254〕，特別是受到「戰地政務」制約的海島金門，此種體現孝道精神的活動，更是方興未艾。

表 4-6：奠安慶典日程表

【第一日】

時　　間	活動項目	地　點	避　　煞	負責單位	備　　　考
01：00～03：00 丑時	起　鼓	本家廟	沖　歲 沖　歲	長　老 總務組	沖煞年齡由主壇的道士或法師依專業常識排定
	法　奏	本家廟		總務組	
	請　神	本家廟		總務組	
	制煞戲	本家廟	沖　歲 沖　歲	總務組	沖煞年齡由主壇的道士或法師依專業常識排定
	掀　樑	本家廟		總務組	
	點　樑	本家廟		總務組	
07：30～09：30	追　龍	該家廟龍脈發源地	日沖　歲 時沖　歲	宗親動員	沖煞年齡由主壇的道士或法師依專業常識排定
09：30～11：00	排粿粽	本家廟		總務組	
	掛　燈	本家廟		總務組	
	敬　樑	本家廟		總務組	
	點　主	本家廟		長　老 司禮組	恭請縣長主持、各界首長來賓觀禮
11：00～13：00	祭朱衣金　甲	本家廟		總務組 司禮組	
	祭　典	本家廟		長　老 接待組 總務組	恭請縣長主持、各界首長來賓參加祭禮
	歡　宴	本家廟前廣場		長　老 接待組 總務組	恭請縣長暨各界首長來賓參加
	演　戲	本家廟		總務組	

〔註254〕李師豐楙，〈金門閭山派奠安儀式及其功能——以金湖鎮復國墩關氏家廟為例〉，《民俗曲藝》第九十一期，1994 年 9 月，頁 424。

時　　間		活動項目	地　點	避　煞	負責單位	備　　考
15：00～17：00		犒　軍	本家廟		總務組	
		晚　朝	本家廟		總務組	

【第二日】

時　　間	活動項目	地　點	避　煞	負責單位	備　　考
07：00～08：00	進　表	本家廟戲臺頂		長　老司禮組	
08：00～09：00	排粿粽	本家廟		總務組	
09：00～10：30	迎接姻親	本家廟		長　老接待組	
11：00～12：30	祭　典	本家廟		長　老接待組	
	演　戲	本家廟		長　老接待組	
13：00～14：30	歡　宴	本家廟		接待組	
16：00～17：00	敬宅主	本家廟		接待組	
19：00～20：00	捲簾拜闕	本家廟			

【第三日】

時　　間	活動項目	地　點	避　煞	負責單位	備　　考
07：00～08：00	進　表	本家廟		長　老	
08：00～09：00	送天公	本家廟		長　老	
	請六秀	本家廟		長　老	
	排粿粽	本家廟		總務組	
09：00～10：30	迎接宗親	本家廟		長　老	本宗親動員
11：00～12：00	祭　典	本家廟		長　老	
	演　戲	本家廟		總務組	
13：00～14：00	歡　宴	本家廟		長　老接待組	
16：00～17：00	敬榜腳地基主后　土	本家廟		總務組	
20：00～22：00	淨　油插　柳獻五穀	本家廟		長　老總務組	

時　　間	活動項目	地點	避　煞	負責單位	備　　考
	安磚契	本家廟	沖　歲 （生肖名）	長　老 總務組	
22：00～23：00	祠　神 關祠堂門	本家廟	日沖　歲 時沖　歲	長　老 總務組	

【開祠堂門日程表】

時　　間	活動項目	地　點	避　煞	負責單位	備　　考
09：00～11：00	開祠堂門	本家廟		長　老 司禮組	
	設　醮	本家廟		長　老 司禮組	
11：00～12：00	祭　祖	本家廟		長　老 司禮組	
	演　戲	本家廟		總務組	
16：00～17：00	敬宅主 地基主	本家廟		總務組	
	收　燈	本家廟		總務組	

資料來源：楊天厚、林麗寬，《金門的民間慶典》，頁118～121。

二、吉禮中的墓祭，與忌祭

　　明代學者管志道（1536～1608）在《從先維俗議》，對吉凶之祭有詳實的析論：「祭有二統，有吉祭，有凶祭。禫（除去喪服的一種祭祀）以前之祭，祭於靈座，凶祭也。禫以後之祭，祭於祠堂，吉祭也。統於祭禮凶中之吉，則虞祭、禫祭是已。吉中之凶，則忌日之祭是已。」〔註255〕古無墓祭。墓祭之始或云起於秦，或云起於唐、五代，後世因襲不改。古亦無忌祭之儀，因此朱子（1130～1200）認爲忌日當天須用「墨衣墨冠」〔註256〕，此即儒家所強調的君子有終身之喪的孝道觀。

　　清儒李光地（1642～1718）〈小宗家祭禮略〉則云：「《記》曰：君子有終身之喪，忌日之謂也，故祭爲吉禮，而忌則喪之餘也。今俗廢春秋吉祭，而反於忌日飲酒食肉，謂之受胙。吉凶溷雜，非人情殆不可用。今逢忌日，亦當稽《朱子家禮》及《語類》所載，變冠服不飲酒食肉，終日不宴親賓。志

〔註255〕明·管志道，《從先維俗議·訂四大禮議》卷三（影印明刊本），《叢書集成續編》六十一冊，臺北：新文豐出版社，1989年7月臺一版，頁586～587。
〔註256〕宋·黎靖德編，《朱子語類·祭》卷九十，《文淵閣四庫全書本·子部》七○一冊，臺北：臺灣商務印書館，1986年7月，頁893。

有所至，乃近於正。生忌則不然，禮稍殺而情稍舒可也。」〔註257〕

（一）墓　祭

漢儒應劭《漢官儀》云：「古不墓祭，秦始皇起寢于其側，漢因而不改。」〔註258〕東漢・王充著，《論衡・四諱》：「古禮廟祭，今俗墓祭。」〔註259〕「漢代的諸侯王以下宗廟雖採封建理論，卻採墓廟的形式。漢代祭祀祖先的場所，上自天子，下至庶民，採用墓旁立廟的方式。」〔註260〕近代墓祭之始，或言起於秦代，或言起於唐開元二十年（732 年），或言起於五代。「《孟子》東郭墦間之祭，雖屬設詞，然其時必有此俗。《史記》：孔子沒魯，世世相傳，以歲時奉祠孔子冢。是春秋、戰國時已開其端。」〔註261〕

《唐會要》卷二十三載：「（唐玄宗）開元二十年（732 年）四月二十四日勅，寒食上墓，禮經無文，近世相傳，浸以成俗。士庶有不合廟享，何以用展孝思，宜許上墓，用拜掃禮，於塋南門外奠祭。撤饌訖，泣辭。食餘于他所，不得作樂，仍編入禮典，永爲常式。」〔註262〕「禮經無文，近世相傳，

〔註257〕清・李光地〈小宗家祭禮略〉，載清・賀長齡、魏源等編，《清經世文編》卷六十六，北京：中華書局，1992 年 4 月北京第一次印刷，頁 1654。

〔註258〕漢・應劭，《漢官儀》（卷下），載《叢書集成新編》三十冊，臺北：新文豐出版社，1985 年元月初版，頁 257。另《後漢書，顯宗孝明帝紀》第二：「漢明帝永平元年戊午（58 年），永平元年，（明）帝率公卿已下朝於原陵，如元會儀。《校勘記》引《漢官儀》曰：『古不墓祭。秦始皇起寢於墓側，漢因而不改。諸陵寢皆以晦、望、二十四氣、社、臘及四時上飯。』」又南朝宋・范曄，《後漢書・顯宗孝明帝紀》第二，1981 年 4 月四版，頁 99。再《後漢書・明帝紀》卷二：《注》云：「《漢官儀》曰：「古不墓祭。秦始皇起寢於墓側，漢因而不改。」《後漢書・祭祀下》卷九亦言：「古不墓祭，漢諸陵皆有園寢，承秦所爲也。說者以爲古宗廟前制廟，後制寢，以象人之居前有朝，後有寢也。《禮記・月令》「先薦寢廟」，《詩經》稱：「寢廟弈弈」，言相通也。廟以藏主，以四時祭。寢有衣冠几杖象生之具，以薦新物。秦時出寢，起於墓側，漢因而弗改，故陵上稱寢殿，起居衣服象生人之具，古寢之意也。」南朝宋・范曄，《後漢書・祭祀下》卷九，鼎文書局，1981 年 4 月四版，頁 3199。

〔註259〕漢・王充，《論衡・四諱篇》卷二十三，臺北：漢學研究中心（影印本），1990 年，頁 53。

〔註260〕甘懷真，《唐代家廟禮制研究》，臺北：臺灣商務印書館，1991 年 11 月第一次印刷，頁 12。

〔註261〕清・趙翼，《陔餘叢考》，河北：人民出版社，2003 年 12 月第二次印刷，頁 646～647。

〔註262〕宋・王溥，《唐會要・寒食拜掃》卷二十三，《文淵閣四庫全書本・史部》六○六冊，臺北：臺灣商務印書館，1986 年 7 月，頁 330～331。

浸以成俗」的拜掃禮，在唐開元年間正式編入「禮典」，且「永爲常式」，這在禮儀的延展絕對是劃時代的創舉。「拜掃既不可闕，則薦以時物，將其愨誠，亦禮之緣情而生，由義以起者。」〔註263〕

唐穆宗長慶三年（823 年）正月，皇室再頒勅令：「寒食掃墓，著在令文如聞，比來妄有妨阻，朕欲令群下皆遂私誠，自今以後，文武百官，有墓塋域在城外，并京畿內者，任往拜掃，但假內往來，不限日數。有因此出城，假開不到者，委御史臺勾當。仍自今以後，內外官要覲親於外州，及拜掃，並任准令式年限請假。」〔註264〕唐穆宗以後，官方即已開啓墓祭告假之先例，這對墓祭風氣的延展，有其一定程度的貢獻。

宋儒程頤（1033～1107）對拜掃之禮亦持相同看法：「此禮古無，但緣習俗，然不害義理。古人直是誠質（專一也）。」〔註265〕朱熹基本上也認同「墓祭非古」的質性考辨，但他說：「今風俗皆然，亦無大害國家，不免亦隨俗爲之。」〔註266〕宋人張栻（1133～1180）曾對朱熹撰《家禮》與古禮的規定有不合處，提出自己辯駁性的見解：「古者不墓祭，非有所略也。蓋知鬼神之情狀，不可以墓祭也。神主在廟，而墓以藏體魄。體魄之藏而祭也，於義何居？而烏乎饗乎？若知其理之不可行，而徇私情以強爲之，是以僞事其先也。」〔註267〕朱熹爲證明他與二程對古禮的修正是正確的作法，而作了如是的答辯：「故世俗之情至於是日，不能不思其祖考，而復以其物享之，雖非禮之正，然亦人情之不能已者。」〔註268〕

清人趙翼（1727～1814）《陔餘叢考》也有「古無墓祭，先儒備言之」〔註269〕的論述。清學者李光地（1642～1718）在〈小宗家祭禮略〉文中也說：

〔註263〕清・徐原一、陳燿輯，載《切問齋文鈔・墓祭》卷八，清乾隆四十年（1775年）吳江陸氏家刊本，臺北：國圖影像檢索系統，頁 15b～16a。

〔註264〕宋・王溥，《唐會要》卷二十三，臺北：臺灣商務印書館，1968 年 3 月臺一版，頁 439。

〔註265〕宋・程顥、程頤，民國・潘富恩導讀，《二程遺書・伊川先生與四》卷十四，上海：古籍出版社，2000 年 12 月，頁 292～293。

〔註266〕宋・黎靖德編，《朱子語類》卷九十，《文淵閣四庫全書本・子部》七○一冊，臺北：臺灣商務印書館，1986 年 7 月，頁 892。

〔註267〕宋・張栻，《南軒集・答朱元晦秘書》卷二十，《文淵閣四庫全書本・集部》一一六七冊，臺北：臺灣商務印書館，1986 年 7 月初版，頁 585。

〔註268〕宋・朱熹，《朱文公全集》卷三十，頁 29a～30a。

〔註269〕清・趙翼，《陔餘叢考》，河北：人民出版社，2003 年 12 月第二次印刷，頁 646～647。

「墓祭原起於奠后土神，爲祖考託體於此，歲祭焉所以報也。今祭墓者豐於所親，於土神輒如食其臧獲而已，簡嫚之極，必干神怒，故今定墓祭牲饌，祖考與土神同。奠獻則依《家禮》，先祖考而後土神，自內而外，非尊卑之等也。」〔註270〕清儒毛奇齡（1623～1713）《家禮辨說・祭禮》則持完全相反的見解，他說：「古原有墓祭。曾子曰：椎牛而祭墓，不如雞豚之逮親存也。《孟子》：卒之東郭墦間之祭者。〔註271〕《周禮・春官・冢人職》有云：凡祭墓爲尸。〔註272〕謂凡來祭墓，必祠后土，因以冢人作后土氏尸，則周有墓祭明矣。故漢制極重墓祭。……而後儒不察，但見《三禮》未經記，便云：古無墓祭。」〔註273〕趙氏與毛氏雙方見地各有其理論依據，也皆言之成理。

墓祭起源雖有早晚，然「古無墓祭」似成爲不可撼動的普世價值。元人方回《桐江續集・善應庵記》有精闢的歷史分析，他說：「古有廟祭無墓祭。骨肉斃於下陰爲野土之死而致生之，不智也，故不祭於墓。」〔註274〕清儒顏元（1635～1704）則對墓祭持正面看法，他說：「野樸之人，以時祭墓；尚禮之家，以時祭祠。」〔註275〕

「葬者，藏也，欲人之不得見也。」〔註276〕司馬光（1019～1086）《傳家集・葬論》亦言：「葬者，藏也。孝子不忍其親之暴露，故斂而藏之。」〔註277〕後代子孫爲表孝思，亦有如宋代四明汪氏族人「奉墳墓尤謹，遇忌日必躬至墓下爲薦羞之禮，遂爲汪氏家法。」〔註278〕甚至有的家族遇上冠婚

〔註270〕清・李光地，〈小宗家祭禮略〉，載清・賀長齡、魏源等編，《清經世文編》卷六十六，北京：中華書局，1992年4月第一次印刷，頁1654。

〔註271〕《孟子・離婁章下》卷八下（阮元重刊宋本），漢・趙岐注；宋・孫奭疏，臺北：藝文印書館，1976年5月六版，頁156。

〔註272〕《周禮・春官・冢人職》卷二十二（阮元重刊宋本），漢・鄭玄注；唐・賈公彥疏，臺北：藝文印書館，1976年5月六版，頁335。

〔註273〕清・毛奇齡，《家禮辨說・祭禮》卷十二，《叢書集成續編》六十六冊，臺北：新文豐出版社，1989年7月臺一版，頁403。

〔註274〕元・方回，《桐江續集・善應庵記》卷三十六，《文淵閣四庫全書本・集部》，1986年7月初版，頁718。

〔註275〕清・顏元，王星賢、張芥塵、郭征點校，《顏元集・習齋記遺・辭魏帝臣見招》卷四，北京：中華書局，1987年6月第一次印刷，頁467。

〔註276〕唐・太宗，〈薄葬詔〉，載清・董誥等編，孫映達等點校，《全唐文》卷六，山西：教育出版社，2002年12月山西第一次印刷，頁47。

〔註277〕宋・司馬光，《傳家集・葬論》卷六十五，《文淵閣四庫全書本・集部》一〇九四冊，臺北：臺灣商務印書館，1986年7月初版，頁603。

〔註278〕宋・樓鑰，《攻媿集・汪氏報本菴記》卷六十，《文淵閣四庫全書本・集部》

大事，也會兼程前往祖墳前稟報的，如「姑蘇錢君僧孺將謀葬其親，而築館於其側，歲時率其群子弟族人祭拜其間，凡家有冠婚大事，則即而謀焉。」〔註279〕宋代以降，墓祭風氣已普及於社會各階層。

宋元時代盛行族葬，這或許也是促成拜掃之禮得以持久不衰的要因之一。元人趙昞曾撰〈族葬圖說〉：「宗法之壞久矣，人之族屬散無統紀，雖奉先之祀僅伸於四親，而祖免以還，不復相錄。能知同享其所自出者寡矣。而《周禮》不泯族葬之類，猶有一二存者，如祖塋拜掃，疎遠咸集，餕福胙，相勞苦，序間闊，尚可見同宗之意也。」〔註280〕宋、元之際，藉由墓祭以團聚族人，強化族誼，儼然已成流行時尚風。

祭掃祖墳固是孝子賢孫的責任，置墓田雇工定期維護，更是許多大家巨族的年度重點工作。唐人長孫無忌等撰述的《唐律疏義》明訂：「諸盜耕人墓田杖一百。傷墳者徒一年。即盜葬他人田者笞五十，墓田加一等，仍令移葬。若不識盜葬者，告里正移埋。不告而移，笞三十。即無處移埋者，聽於地主口分內埋之。」《疏議》曰：「墓田廣袤，令有制限，盜耕不問多少，即杖一百。」〔註281〕《明公書判清明集》亦載：「庶人墓田，依法置方一十八步，若有已置墳墓步數元不及數，其禁步內有他人蓋屋舍，開成田園，種植桑果之類，如不願賣，自從其便，止是不得於禁地內再安墳墓。」〔註282〕墓田有定制，依法也受到保障。

各姓氏對自己宗族的祖墳向來都極為重視，特別是有族葬制度的宗族，都會委派專人看守。如宋代河中府河東縣永樂鎮的姚氏，即「世推尊長公平者主家，子弟各任以事，專以一人守墳墓，雖度為僧，亦廬墓側。」〔註283〕清代宗族的祖墳，被視為安放祖宗體魄之所在，地位崇高，各姓氏宗族也都

　　　　　一一五三冊，臺北：臺灣商務印書館發行，1986 年 7 月初版，頁 54～55。
〔註279〕宋・沈括，《長興集・蘇州清流山錢氏奉祠堂記》卷十，《文淵閣四庫全書》
　　　　　一一一七冊，臺北：臺灣商務印書館，1986 年 7 月初版，頁 303。
〔註280〕元・趙昞，〈族葬圖說〉，載謝應芳撰，《辨惑編》卷二，《百部叢書集成》，臺
　　　　　北：藝文印書館，頁 13b～16a。
〔註281〕唐・長孫無忌等，《唐律疏義・戶婚中・盜耕人墓田》卷十三，史部，岱南閣
　　　　　叢書，頁 3。
〔註282〕明・張四維輯，《名公書判清明集・禁步內如非己業只不得再安墳墓起造墾種
　　　　　聽從其便》，中國社會科學院歷史研究所宋遼金元史研究室點校，北京：中華
　　　　　書局，2002 年 6 月第二次印刷，頁 323。
〔註283〕宋・邵伯溫，《邵氏聞見錄》卷十七，《宋元筆記小說大觀》，上海：古籍出版
　　　　　社（第一版），2007 年，頁 1812～1813。

把維護祖墳視為重大事務和活動，或培土護林，或豎立碑石，或直接繪製墳圖，載入族譜，對於盜賣墳山田地林木者，則不惜耗資禮聘專人打官司，感念祖宗功德遺澤，設置祀田，進行持久不懈的墓祭。〔註284〕清儒李晉卿撰的〈祭說〉即載：「墓祭原起於奠后土之神，為祖考托體於此，歲祭焉所以報也。今祭墓者豐於所親，於土神輒食其臧獲而已。簡嫚之極必干神怒，故今定墓祭牲饌，祖考與土神同。奠獻則依《家禮》，先祖考而後土神，自內而外，非尊卑之等也。」〔註285〕清儒的說法或有其理論根據，民間祭墓則大都採「先祖考而後土神，自內而外」的作法，且儀式隆殺有別，此種慣習應是深受朱熹《家禮》的影響所致。

　　至於墓祭儀節，及后土祭祀的課題，《朱子語類・祭》卷九十：「墓祭非古。雖《周禮》有「墓人為尸」〔註286〕之文，或是初間祭后土，亦未可知。」〔註287〕至於墓祭的儀節，朱熹主張「大概略如家祭。」〔註288〕朱子於〈答汪尚書論家廟〉亦云：「墓祭之禮，程氏亦以為古無之，但緣習俗。然不害義理，但簡於四時之祭可也。」〔註289〕至於祭后土的的方位，朱子以為「就墓外設位而祭」〔註290〕即可。

　　朱子認為后土之祭，「即古人中霤之祭，而今所謂土地者。《郊特牲》取財於地，取法於天，是以尊天而親地，教民美報焉，故家主中霤，而國主社也。此則天不可祭，而土神在民亦可祭。」〔註291〕在朱子觀點當中，后土之祭並未僭越禮數。《家禮》在「從俗」原則下，仍認同此一祭典，並將祭

〔註284〕馮爾康，〈清代宗族祖墳述略〉，載《安徽史學》，2009年第一期，頁77。

〔註285〕清・李晉卿，陳燿輯，載《切問齋文鈔・祭說》卷八，清乾隆四十年（1775年）吳江陸氏家刊本，臺北：國圖善本室古籍影像檢索系統，頁3a～4b。

〔註286〕《周禮・春官・冢人》卷二十二（阮元重刊宋本），漢・鄭元注；唐・賈公彥疏，臺北：藝文印書館，1976年5月六版，頁335：「凡祭墓為尸」鄭《注》云「冢人為尸」。

〔註287〕宋・黎靖德編，《朱子語類》卷九十，《文淵閣四庫全書本・子部》七〇一冊，臺北：臺灣商務印書館，1986年7月，頁892。

〔註288〕宋・黎靖德編，《朱子語類・祭》卷九十，湖南：岳麓書社，1997年11月第一次印刷，頁2086。

〔註289〕郭齊、尹波點校，《朱熹集・答汪尚書論家廟》（癸巳）卷三十，四川：教育出版社，1997年5月第二次印刷，頁1283～1284。

〔註290〕宋・黎靖德編，《朱子語類・祭》卷九十，湖南：岳麓書社，1997年11月第一次印刷，頁2086。

〔註291〕宋・黎靖德編，《朱子語類・祭》卷九十，《文淵閣四庫全書本・子部》七〇一冊，臺北：臺灣商務印書館，1986年7月初版，頁892～893。

期訂在「三月上旬擇日」，與後世「清明」掃墓並不完全吻合。《家禮》墓祭儀節：

> 前一日齋戒，如家祭之儀。具饌：墓上每分如時祭之品，更設魚肉米麵食各一大盤，以祀后土。厥明灑掃：主人深衣率執事者詣墓所再拜奉行，塋域內外環繞哀省三周，其有草棘，即用刀斧鉏斬芟夷。灑掃訖復位再拜。又除地，於墓左以祭后土。布席陳饌：用新潔席陳於墓前，設饌如家祭之儀。參神、降神、初獻：如家祭之儀，但祝辭云：「某親某官府君之墓，氣序流易，雨露既濡，瞻掃封塋，不勝感慕。」餘並同。亞獻、終獻：並以子弟親賓爲之。辭神，乃徹，遂祭后土，布席陳饌：四盤于席南端，設盤盞匙筯于其北，餘並同上。降神、參神、三獻：同上，但祝辭云：「某官姓名，敢昭告于后土氏之神，某恭修歲事于某親某官府君之墓，惟時保佑，實賴神休（庥），敢以酒饌，敬伸奠獻，尚饗！」辭神，乃徹而退。〔註292〕

墓祭雖古所未有，但朱熹還是採取「隨俗爲之」〔註293〕的態度。顧炎武（1613～1682）《日知錄・墓祭》云：「漢人以宗廟之禮移於陵墓。」〔註294〕明代學者周祈在《名義考・節令所起》對「古無墓祭說」提出質疑：「清明墓祭始於春秋時，有披髮於野而祭者。」〔註295〕則墓祭不但爲古之所有，而且時間還早在春秋之時。

　　宋代學者梁克家（1127～1187）《淳熙三山志・墓祭》有云：「士庶不合廟祭，宜許上墓。自唐明皇時始。柳宗元（773～819）文：『近世禮重拜掃』。《五代史》曰：「野祭而焚紙錢」，謂此也。州人寒食、春祀必拜墳下。富室大姓有贍塋田產，祭畢合族多至數百人，少數十人，因是燕集序列歡昵，尊祖睦族之道也。」〔註296〕《新五代史・晉家人傳》也載：「五代，干戈賊亂之

〔註292〕宋・朱熹，《家禮》卷五，南宋淳祐五年（1245 年）五卷本加附錄一卷，《孔子文化大全》，山東：友誼書社，1992 年 11 月，頁 837～840。

〔註293〕宋・黎靖德編，《朱子語類》卷九十，《文淵閣四庫全書本・子部》七〇一冊，臺北：臺灣商務印書館，1986 年 7 月，頁 892。

〔註294〕明・顧炎武，《日知錄・墓祭》卷十五，臺北：臺灣商務印書館，1968 年 3 月臺一版，頁 4～5。

〔註295〕明・周祈，《名義考・節令所起》卷二，臺北：臺灣學生書局，1971 年 5 月景印初版，頁 57。

〔註296〕宋・梁克家，《淳熙三山志》卷四十，載《文淵閣四庫全書》，臺北：臺灣商務印書館，1986 年 7 月，頁 582。

世也，禮樂崩壞；三綱五常之道絕，而先王之制度文章掃地而盡於是矣！如寒食野祭而焚紙錢，天子而爲閭閻鄙俚之事者多矣。」〔註297〕宋人孟元老《東京夢華錄》也載：「清明節，尋常京師以冬至後一百五日爲大寒食。……寒食第三節，即清明日矣。凡新墳皆於是日拜掃。都城人出郊。」〔註298〕

宋人周密（1232～1298）《武林舊事》亦言：「清明前三日爲寒食節，都城人家，皆插柳滿簷，雖小坊幽曲，亦青青可愛，大家則加棗餬於柳上，然多取之湖隄。……而人家上塚者，多用棗餬薑豉。南北兩山之閒（間），車馬紛然，而野祭者尤多，如大昭慶、九曲等處，婦人淚妝素衣，提攜兒女，酒壺肴罍。」〔註299〕吳自牧《夢粱錄》則言：「清明交三月，節前兩日謂之『寒食』，京師人從冬至後數起至一百五日，便是此日，家家以柳條插于門上，名曰『明眼』。……官員士庶，俱出郊省墳，以盡思時之敬。車馬往來繁盛，塡塞都門。」〔註300〕宋代洪邁（1123～1202）撰述的《夷堅乙志》也有「（刑大將）嘗以寒食日，率家人上冢，祀畢飲酒」〔註301〕的載錄，宋代以還，寒食、清明上墳拜掃之例多矣。

同樣的墓祭，北方人與南方人重視的程度或有不同。「北人重墓祭，余在山東，每遇寒食，郊外哭聲相望，至不忍聞。當時使有善歌者，歌白樂天〈寒食行〉，作變徵之聲，坐客未有不惛淚者。南人藉祭墓，爲踏青遊戲之具，紙錢未灰，舄履相錯。日暮，壠間主客，無不頹然醉倒。夫墓祭已非古，而況以焄蒿凄愴之地，爲謔浪銘酊之資乎？」〔註302〕

《清俗紀聞》：清明掃墓：三月清明日，不論貴賤均往同姓一族祖先墓前掃墓（一名祭掃）。在桌上陳列三牲（三牲應爲雞、羊、豬，已略爲雞、魚、豬肉）及盛於器皿中之點心果物等供品，焚香燃燭，澆灑奠酒，並焚燒冥衣、大金（冥衣爲畫有衣服之紙張，大金爲貼有金箔之紙張，皆是向鬼魂饋送衣

〔註297〕宋‧歐陽修，《新五代史‧晉家人傳》卷十七，臺北：鼎文書局，1980 年 11 月三版，頁 188。

〔註298〕宋‧孟元老，《東京夢華錄‧清明節》卷七，日本靜嘉堂文庫影印黃丕烈舊藏元刊明印本重印，頁 39。

〔註299〕宋‧周密，《武林舊事‧祭掃》，知不足齋叢書本重印，頁 378。

〔註300〕宋‧吳自牧，《夢粱錄‧清明節》，知不足齋叢書本重印，學津討原本校勘，頁 148。

〔註301〕宋‧洪邁，何卓點校，《夷堅乙志‧刑大將》卷十四，北京：中華書局，2006 年 10 月第二次印刷，頁 307。

〔註302〕明‧謝肇淛，《五雜組‧天部二》卷二，上海：上海書店，2001 年 8 月第一次印刷，頁 23。

服金銀之意）。禮拜後，將供品攜至附近荒野，有祠堂之人家則往祠堂，順便舉行宴會。在杭州一帶亦有去西湖泛舟遊玩者。此時，官員亦不穿著朝服。眾人可隨意乘用轎子、馬匹，隨從人數，則因貴賤而不等。全家老少前往掃墓時，女眷多不去。但初嫁者，當年必須到婆家墓地參拜，而自次年起，則可不前往。此種情形京城與外地均同。儒生亦無別樣，此日在家廟中上供。祭奠儀式與年初同。」〔註303〕

　　近世以來，族姓宦遊他方，致未能在清明佳節親赴祖墳拜掃者，則可禮聘專人代行孝道。宋儒樓鑰（1137～1213）《攻媿集・長汀菴記》即有如是的載述：「（四明樓氏）每寒食上冢，旌旗鼓吹，皆集塋下，鄉里以為榮。……子孫以仕宦不能自守墳墓，而使人代之，故守墓之人不可待以奴隸，而況菴僧乎！此菴始建，僧希亮入主之三十五年，傳其弟子本權，權住三十年，又傳妙悟才，三易人俱善於其事。」〔註304〕

　　《福建通志・閩清縣・風俗》亦有：「州人寒食春祀必拜墓下，富家大姓有贍塋田屋，祭畢合族燕集序列款洽，尊祖睦俗之道也」，以及「清明祀先祖，屋檐插柳枝，俗云以被除不祥」〔註305〕等相關習俗的載錄。後漢・崔寔《四民月令》載：「（清明節）是（三）月也，冬穀或盡，秔麥未熟，乃順陽布德，振贍匱乏，務先九族，自親者始，家無或蘊財。」〔註306〕對泉州人而言，「墓祭就是掃墓，這是家族中規格僅次於祠祭，而又高於家祭的一種祭祀。」〔註307〕泉州地區很多族規中往往有「珍祠墓以妥幽靈」〔註308〕的規定，把祖塋幾乎看得與祠堂同等重要的地位。《泉州府志・歲時》載：「清明插杜鵑花祭祖先。有粿，以鼠麴和米粉為之，綠豆為餡，明日掃墳培土、掛楮幣，亦有即清明日者，亦有遲之數日者。《安溪縣志》，插柳于

〔註303〕（日）中川忠英編著，方克、孫玄齡譯，《清俗紀聞・清明掃墓》，北京：中華書局，2007年7月第二次印刷，頁15～26。

〔註304〕宋・樓鑰，《攻媿集・長汀菴記》卷六十，《文淵閣四庫全書本・集部》一一五三冊，臺北：臺灣商務印書館，1986年7月初版，頁56～57。

〔註305〕陳壽祺等，《福建通志・閩清縣・風俗》卷五十五（清同治十年重刊本），華文書局發行，1968年10月初版，頁1123。

〔註306〕後漢・崔寔，民國・唐鴻學輯，《四民月令》（大關唐鴻學輯刻于成都），叢書集成續編八十冊，臺北：新文豐出版社，1989年7月臺一版，頁634。

〔註307〕蘇黎明，《泉州家族文化》，北京：中國言實出版社，2000年6月第一次印刷，頁174。

〔註308〕蘇黎明，《泉州家族文化》，北京：中國言實出版社，2000年6月第一次印刷，頁174～175。

門。」〔註309〕安溪地區在掃墓節當天，各家門旁，都插大麥穗和青榕杈（取常青豐足之意）〔註310〕。仙游人則在冬至日或節後祭掃祖墳，俗稱做「冬至後」。〔註311〕

符達升等合著，《京族風俗志・歲時習俗・清明節》載：「山心、江龍兩村在清明節掃墓。這一天各家備辦糯米飯、豬肉等菜餚，全家男女老幼上山掃墓。掃畢席地吃一餐便回家。滿尾和巫頭兩村依原來習慣，不在清明掃墓，而在臘月二十至三十日之間掃墓。民間認爲，這樣才好接祖先回家過年。」〔註312〕有些地區則聘請戲班直接在祖墳前演出，如莆田姚旅園客著的《露書・風篇上》，即載稱：「清明、重陽上墳，海內風俗相去不遠，惟河南延津縣正月初三、七月十五、十月初一皆上墳，一年多此三度。十月謂之燒寒衣。清明則先於墓前演戲三日，至祭日而散，視海內爲盛。」〔註313〕

清人陳盛韶《問俗錄・邵軍廳・登山錢（參墓用的錢）》則有清明掃墓，計丁分登山錢（參墓用的錢）的珍貴載錄：「三月清明節，率其子弟掃墓，計丁分錢，曰登山錢。鄉人觀禮者給以饃（饅頭），曰打醮（供養）。祭歸於祖，祭畢合食，男先女後，皆由祭用開銷。食重豕肉，每席議定秤重若干，輕則眾口咄咄，既醉既飽，大小稽首，其知者以爲肉焉。然餼羊猶存，我愛其禮，毋亦有（前知縣）李忠定、黃簡肅之遺教歟！」〔註314〕

寒食與清明本爲兩個不同節日。清明爲二十四節氣當中相當重要民俗節慶，時間約在農曆四月五日前後。《禮記・月令》孔《疏》：「謂之清明者，謂

〔註309〕清・懷蔭布總裁黃任、郭賡武纂修，《泉州府志・歲時》卷二十，泉州志編纂委員會辦公室一九八四年據泉山書社民國十六年（1927年）乾隆版補刻本影印，頁21。

〔註310〕安溪縣地方志編纂委員會編，《安溪縣志・風俗》，新華出版社，1994年4月第一次印刷，頁1099。

〔註311〕仙游縣地方志編纂委員會編，《仙游縣志・風俗宗教》，方志出版社，1995年12月第一次印刷，頁1032。

〔註312〕符達升等，過偉統纂，《京族風俗志・歲時習俗・清明節》，中央民族學院出版社出版，1993年5月第一次印刷，頁105。

〔註313〕明・姚旅，《露書・風篇上》卷八，《四庫全書存目叢書》子部一一一冊（北京圖書館藏明天啓刻本），臺北：莊嚴文化事業有限公司出版，1995年9月，頁691。

〔註314〕清・陳盛韶，《問俗錄・邵軍廳・吃肉》卷五，南投：臺灣省文獻委員會出版，1997年11月30日，頁7；另見於武陵出版社出版的《問俗錄・邵軍廳・吃肉》卷五，頁104。

生物清淨明絜。」〔註315〕寒食節則在清明前一天，據傳爲紀念晉國忠臣介之推抵死不言祿的高貴情操衍化而來。但就祭掃墳墓習俗而言，清明節與寒食節在唐代已合而爲一。但在宋代掃墓的習俗上仍有明顯區隔，新墳均在清明節當天祭掃，舊墳則在寒食節拜掃。〔註316〕深受閩南習風影響的金門地區，新墳舊墓拜掃時間率皆在清明節前後十天內舉行，這其中又以清明節當天祭掃的人潮最多。

元人戴表元（1244～1310）《剡源文集》載：「每歲一人以其租具清明祭祀。祭之日，小方門西宅洗馬橋坊郭，老稚傾室來羅拜墓下，拜訖餕祭之餘，歸舍復治酒數行，果盤食餅雜饌如式，富不敢奢，貧不敢陋，最後湯餅一箸而散，闔族聚會歡諧，自以爲至樂。」〔註317〕宋代即有以田租充當拜掃祖塋費用，拜祭後回到村中聚闔族眾歡宴的場景。

明人呂坤（1536～1618）《四禮翼‧墓祭》言：「每清明墓祭，各墓俱分紙錢。是日也，頒胙、享胙。問年月，序長少，報生育，歌詩、勸睦。問婚嫁，審貧乏，報老疾，助不給，籍而記之。」〔註318〕上墳祭掃，不外乎掛紙燒錢，培墳修墓。唐以前已有燒紙錢祭亡魂習俗，但因寒食期間禁火，墓祭亦不能火化紙錢，於是人們遂將俗稱「墓紙」的彩色紙錢懸掛在墓地周遭或樹叢上，一則表示後代子孫給先人獻上節儀，一則表達子孫對先人不盡的哀思與追慕。元代除清明上墳外，還有冬月〔註319〕上墳祭祖，稱小上墳，以別於清明祭祖，一般在初一、十五洒酒飯祭奠亡魂。〔註320〕

清人顧祿（1796～1823？）撰述的《清嘉錄‧上墳》云：「士庶並出，祭祖先墳墓，謂之「上墳」。間有婿拜外父母墓者。以清明前一日至立夏日止。道遠則泛舟具饌以往，近則提壺擔盒而出。挑新土，燒楮錢，祭山神，奠墳

〔註315〕《禮記‧月令》卷十四（重刊宋本），漢‧鄭玄注；唐‧孔穎達等正義，臺北：藝文印書館，1976 年 5 月六版，頁 285。

〔註316〕方光華，《俎豆馨香——中國祭祀禮俗探索》，陝西：人民教育出版社，2000 年 2 月，頁 109。

〔註317〕宋‧戴表元，《剡源文集‧小方門戴氏居葬記》卷五，《文淵閣四庫全書本‧集部》一一九四冊，臺北：臺灣商務印書館，1986 年 7 月初版，頁 71。

〔註318〕明‧呂坤，《四禮翼‧墓祭》，北京大學圖書館藏明萬曆刻清同治光緒間補修呂新吾全集本，《四庫全書存目叢書‧經部》一一五冊，臺北：莊嚴出版社，1995 年 9 月，頁 108～109。

〔註319〕「冬月」即指農曆十一月。

〔註320〕張連舉，〈論元雜劇中的掃墓祭祖習俗〉，《重慶大學學報》（社會科學版），2007 年第十三卷第一期，頁 88。

鄉：皆向來之舊俗也。凡娶新婦，必挈以同行，謂之「上花墳」。」〔註321〕

據今人徐揚杰梳理，墓祭是家族中比寢祭的規格更高些祭祀，規模則僅次於祠祭。掃墓一般分為春、秋兩季。春季掃墓大部分訂在清明前後十天舉行，無論南方北方，均是如此。秋季掃墓時間依各地習慣，時間並不一致。有訂在七月、八月者〔註322〕，如宋人孟元老《東京夢華錄》即載，七月十五日中元節這天，城外有新墳者，即往拜掃。〔註323〕有訂在九月、十月者，如宋人吳自牧《夢粱錄》即言：「士庶以十月節出郊掃松，祭祀墳塋。」〔註324〕

宋儒呂祖謙（1137～1181）《東萊別集‧省墳》則用寒食和十月旦兩日，拜掃時尚須檢校祖墳周遭牆圍、享亭，如有損闕，應隨事修整，俾善盡孝道。〔註325〕不過更大部分地區的家族，一年只在清明掃墓一次，並無秋冬祭掃的習慣。掃墓是全家族的重要活動，族中成年男子都要參與，有故不能參加者要事先向族長、房長請假，否則坐罰。祭掃的順序，一般都先祭拜共同始祖的墳塋，然後依序至各房祖先墓地，最後再前往自家祖先的墓地祭掃。江西省《東鄉縣志‧風土》載：「寒食節掃墓，塚上掛紙錢，自遠祖以及祖禰親屬皆偏及，歸而飲福。」〔註326〕掃祭儀式結束後，所有的牲犧醴酒、祭品祭器，有的家族抬回村中，在祠堂內整治成荼餚。有的家族祭掃完畢，不再集合會祠飲宴，乾脆在墓地前方席地野餐。參加掃墓的族眾，約定時間回到祠堂，大擺宴席，飽餐一頓，或將祭品分發給各房各戶，在家燕飲。〔註327〕明清以來家族的掃墓，大多早已離開了它的本意。族長、族紳把掃墓當成一個展示

〔註321〕清‧顧祿，來新夏點校，《清嘉錄》卷三，北京：中華書局，2008年6月第一次印刷，頁81。

〔註322〕徐揚杰，《宋明家族制度史論》，北京：中華書局，1995年11月第一次印刷，頁313。

〔註323〕宋‧孟元老，《東京夢華錄‧中元節》卷八，日本靜嘉堂文庫影印黃丕烈舊藏元刊明印本重印，頁49。

〔註324〕宋‧吳自牧，《夢粱錄‧十月》，知不足齋叢書本重印，學津討原本校勘，頁178。

〔註325〕宋‧呂祖謙，《東萊別集‧省墳》卷一，《文淵閣四庫全書本‧集部》一一五〇冊，臺北：臺灣商務印書館，1986年7月，頁176。

〔註326〕《江西省東鄉縣志‧風土志》卷八，臺北：成文出版社，1989年3月臺一版，頁319～320。

〔註327〕徐揚杰，《宋明家族制度史論》，北京：中華書局，1995年11月第一次印刷，頁313。

家族勢力的機會，藉以威懾族眾和弱下的異姓家族。﹝註328﹞四明樓氏「每寒食冢，旌旗鼓吹，皆集塋下，鄉里以爲榮」﹝註329﹞就是最好的例證。

唐詩人杜牧〈清明〉詩：「清明時節雨紛紛，路上行人欲斷魂」，以及高翥〈清明日對酒〉：「南北山頭多墓田，清明祭掃各紛然。」金門地區的墓祭，一般都在清明節前後十日當中舉行，尤其是清明節當天，更是掃墓的高潮。就算是旅居海外他鄉的遊子，也一定要在這雨紛紛的時節還鄉祭掃祖墳，俾能善盡人子孝思。俗諺說：「年兜（春節）未還家無某（太太），清明未還家無祖」，可見清明掃墓在金門民間被重視的份量。瓊林蔡氏祭典中另一項特色是一年兩次的墓祭，每年輪值十月初六日，五世祖姒顏氏忌日冬祭的二十名「頭家」，須負責祭掃二世祖考宣義公暨祖姒趙氏的祖墳。墓祭時間訂在除夕的前一天，晚近已改成固定在臘月二十九日當天舉行，祭祀前須購買紅龜仔二十四個，荖花二十個，風吹餅二十個及金、香、燭、炮、及墓紙等相關祭品。茲將瓊林（除夕）祭掃二世祖墳祝文陳述如下：

◆（除夕）祭掃二世祖墳祝文（引錄自《瓊林蔡氏前水頭支派族譜》，頁19～26）：

維

中華民國○○年歲次○○臘月○○朔越二十有九日○○當祭裔孫○○

　○等謹以牲醴庶饈清酒香楮之儀敢昭告於

二世祖考宣義蔡公暨

二世祖姒孺人趙氏之前曰：

追維我祖慈愛孔長英靈有赫卜宅近鄉插桃節至爆竹聲揚斯其所

嗜心肝不忘茲逢除夕子姓悽愴來格來享俾熾俾昌　尚

饗

◆（除夕）祭二世祖墓后土祝文（引錄自《瓊林蔡氏前水頭支派族譜》，頁19～26）：

維

中華民國○○年歲次○○臘月○○朔越二十有九日○○當祭弟子○○

　○等謹以牲醴庶饈清酒香楮之儀敢昭告於

〔註328〕同註327。

〔註329〕宋・樓鑰，《攻媿集・長汀庵記》卷六十，《文淵閣四庫全書本・集部》一一五三冊，臺北：臺灣商務印書館，1986年7月初版，頁56。

本山后土之神曰：

> 神司土，得土者賴以安。德配地，在地者土其壇。聲靈既赫，
> 正直克寬，節屆分歲，時值云殫，以妥以侑，奉俎奉盤，祖考
> 默佑，子姓承歡，尚

饗

據《浯江瓊林蔡氏族譜》頁53記載，二世祖十八郎，號宣義，與妣趙氏合葬瓊林鄉（今稱瓊林里）孚濟廟東側，封土爲墳，坐西向東。依其祖妣趙氏遺囑叮囑，「欲子孫祭墓，咸在禮拜，故定歲暮祭掃，祭時要用豬肝一枚，永爲定規。」自此數百年來，蔡氏族人遂以「豬肝墓」稱之，輪值祭掃祖塋的「頭家」，必需在祭拜後，分發給自己鬮內的各家戶一份「鴨蛋、柑（橘子的俗稱）、風車餅」，以及一碗蒸熟的麵線、烘肉、芋頭等「口灶份」薄禮。

至於輪值二月初七日五世靜山祖考忌辰的二十名「頭家」，則須肩負祭掃「徑林」（太武山「鑑潭公園」旁）祖墳的任務。名諱維德，字景修，號靜山的瓊林濟陽蔡氏五世祖考，與妣顏氏合葬位處太武山麓的「徑林石墳」。是座祖墳就位在今天「鑑潭公園」附近，隔著一條馬路與三級古蹟「蔡攀龍墳墓」遙相對望。祖考忌辰日爲農曆二月初七，祖妣忌辰日爲農曆十月初六。爲宏揚蔡氏祖德，也爲對承先啓後的五世祖考妣展現不匱孝思，蔡氏族人遂於每年清明節前一日，聚集族人於是日祭掃祖塋，一則緬懷先人創業維艱，一則聯絡宗誼。祭墓時定以豬頭皮一個，永爲定規。同時須購買紅龜仔二十四個，荖花二十個，風吹餅二十個及金、香、燭、炮、及墓紙等相關祭品。爲符合寒食節精義，祭祀畢，闔族團聚於祖墳周遭，將供品就地烹煮，族人皆席地而坐，進行別具風味的戶外野餐，形成相當具有特色的畫面。茲將清明前一日祭徑林五世祖墓祝文陳述如下：

◆ 清明前一日祭徑林五世祖墓祝文（引錄自《瓊林蔡氏前水頭支派族譜》，頁19～26）：

維

中華民國○○年歲次○○臘月○○朔越有○日○○當祭裔孫○○○等

謹以牲醴庶饈清酒香楮之儀敢昭告於

五世祖考靜山蔡公暨

五世祖妣孺人顏氏之前曰：

休哉皇祖於此宵居溪水帶鑛太武屏舒群朝共揖丙乙自如穴稱龜
體口似縮渠皇天錫此爲祖德輿茲感春露愴念歆獻共荐盤蔬聊表
掃除希祈降格忻然樂胥綏厥子姓永慶翊旟長蕃宇内永膺紫書
尚

饗

◆ 清明前一日祭逕林五世祖后土祝文（引錄自《瓊林蔡氏前水頭支派族
　譜》，頁 19～26）：

　　　維

中華民國○○年歲次○○月○○朔越有○日○○當祭裔孫○○○等謹
　以牲醴庶饌清酒香楮之儀敢昭告於

本山后土之神曰：

　　　惟神之靈，陰陽是理，成人之安，錫陽以祉，呵護先公，嘉祥
　　　萃止，祭掃墳塋，永綏福履，趨拜靖恭，對越成喜，伏祈妥侑，
　　　孫曹蔚起，尚

饗

　　金門珠浦許氏清明祭祀始祖，及東西二菊祖的祭典，在金門地區的墓祭
當中也相當具有特色，特別是用全豬、全羊的「少牢禮」，更是地區少見的特
例。爲求祭禮運作的順暢，許氏族人更將供拜必備的祭器、供品，以及人員
的調配，區分成祠祭與墓祭兩類，並分別製作成簡明易曉的表格，且載諸《金
門珠浦許氏族譜》，讓族親有所遵循（請參見下表 4-7）。

表 4-7：金門珠浦許氏【清明祭祖墳】（含土地公）當值應備祭品一覽表

籤號	位　置	應備祭品（具）	房別	輪值者	備　　考
1	始祖前	菜碗八大、八小，酒一瓶，鮮菓二碟，飯、茶、匙、爵、牙箸、米粉湯各二，八仙桌并幃，盤，毡蓆各一。			下午一時舉行祭禮，請守時勿遲到
2	東菊祖前	菜碗八大、八小，酒一瓶，鮮菓二碟，茶、米粉湯、匙、爵、飯、牙箸各二，八仙桌并幃，盤，毡蓆各一。			下午一時舉行祭禮，請守時勿遲到
3	西菊祖前	菜碗八大、八小，酒一瓶，鮮菓二碟，茶、米粉湯、匙、爵、飯、牙箸各二，八仙桌并幃，盤，毡蓆各一。			下午一時舉行祭禮，請守時勿遲到
4	始祖前（一）	豬頭五牲全付，酒一瓶，灼台一付，爵三，盤一，八仙桌并幃，毡蓆各一。			下午一時舉行祭禮，請守時勿遲到

5	始 祖 土地公	五牲一付,酒一瓶,爵三,盤一,灼台一付,八仙桌并幃,毡蓆各一。			下午一時舉行祭禮,請守時勿遲到
6	始祖前 (二)	副五牲一付,桌一,面盆、毛巾、面盆架各一。			下午一時舉行祭禮,請守時勿遲到
7	東菊祖前	五牲一付,酒一瓶,爵三,盤一,灼台一付,八仙桌并幃,毡蓆各一。			下午一時舉行祭禮,請守時勿遲到
8	東 菊 土地公	五牲一付,酒一瓶,爵三,盤一,灼台一付,八仙桌并幃,毡蓆各一。			下午一時舉行祭禮,請守時勿遲到
9	西菊祖前	五牲一付,酒一瓶,爵三,盤一,灼台一付,八仙桌并幃,毡蓆各一。			下午一時舉行祭禮,請守時勿遲到
10	西 菊 土地公	五牲一付,酒一瓶,爵三,盤一,灼台一付,八仙桌并幃,毡蓆各一。			下午一時舉行祭禮,請守時勿遲到
11	始 祖 東菊祖前 西菊祖前	挑神椅、椅墊等六套(塊)(始祖、東菊、西菊祖墓前各二套)。			下午一時舉行祭禮,請守時勿遲到
12	始祖前	挑菓品,金銀紙,香炮灼等。			下午一時舉行祭禮,請守時勿遲到
13	始祖前	挑豬羊及豬羊架。			下午一時舉行祭禮,請守時勿遲到
14	始祖前	挑豬羊及豬羊架。			下午一時舉行祭禮,請守時勿遲到

資料來源:《金門珠浦許氏族譜》,頁234～236。

(二)忌 祭

《禮記・檀弓上》:「君子有終身之憂,而無一朝之患,故忌日不樂。」鄭《注》:「謂死日言忌日,不用舉吉事。」〔註330〕每遇父母歿之日,必素服徹樂,哀慕終日,是《檀弓上》對孝子順孫心情的描繪。《禮記・祭義》:「君子有終身之喪,忌日之謂也。忌日不用,非不祥也。言夫日,志有所至,而不敢盡其私也。」鄭《注》:「志有所至,至於親以此日亡,其哀心如喪時。」孔《疏》云:「此一節明孝子終身念親不忘之事。忌日不用,非不祥也者,謂忌日不用舉他事者何?非謂此日不善,別有禁忌,不舉事也。」〔註331〕則古人于父母逝世紀念日,不作他事,不舉音樂,謂之不用。《左傳・昭公三年・傳》亦云:「及郊,遇懿伯之忌,敬子不入。」杜預《注》:「忌,怨也。」

〔註330〕《禮記・檀弓上》卷六(阮元重刊宋本),漢・鄭玄注;唐・孔穎達等正義,臺北:藝文印書館,1976年5月六版,頁112。
〔註331〕同註330,《禮記・祭義》卷四十七(重刊宋本),頁808。

〔註332〕逝世之日，亦日忌日。六朝以來，更有忌日請假之制，也有「忌月」之說。〔註333〕《唐會要‧忌日》卷二十三載稱：「（唐文宗）太和七年（833年）癸丑三月，勅准全國忌日，惟禁飲酒舉樂」〔註334〕，這是官方禮典首次對忌日行儀的明確規範。

　　宋儒張載（1020～1077）《張子全書‧喪紀》有云：「古人於忌日不為薦奠之禮，特致哀示變而已。古人亦不為影像，繪畫不真，世遠則棄，不免於褻慢也，故不如用主。古人猶以主為藏之於櫝，設之於位，亦為褻慢，故始無設，為重鬲以為主道，其形制甚陋，止用葦篚為之，又設於中庭，則是敬鬼神而遠之之義。重，主道也。士大夫得其重，應當有主。既埋重，不可一日無主，故設苴。及其已作主，即不用苴。」〔註335〕宋儒呂祖謙（1137～1181）《東萊別集‧忌日》亦詳載忌日及節儀：「曾祖以下，設位於堂，祭食從家之舊，俗用素饌。前期一日，治食料，灑掃鋪設，子弟已娶者，並出書院致齋。忌日早張影貌，事具而祭。祭料稱家之有，無物之貴賤。高祖以上，遇忌日，張影貌於堂，設茶酒瞻拜。」〔註336〕呂氏的忌儀，顯然仍受「五服」概念的影響。

　　元代以還，文獻尚可見到攸關生忌的相關文獻。明人呂維祺（1587～1641）《四禮約言》云：「遇祖先及父母忌辰，變素服舉祭，是日齋戒，不飲酒茹葷，不與喜宴。」《注》：《祭義》曰：君子有終身之喪，忌日之謂也。祭日不用，非謂不祥也，言夫日，志有所至，而不敢盡其私也。」〔註337〕清代學者顧伊人即撰有〈生忌說〉，文中有如是的鋪展：「（明宣宗）宣德間（1426～1435）有馮善者著《家禮集說》，有生忌之文，云存既有慶，沒寧敢忘？予竊以為非禮也。賈公彥云，言忌者，以其親亡忌難所以哀死也，故死乃日忌，

〔註332〕《春秋左傳‧昭公三年‧傳》卷四十二（重刊宋本），晉‧杜預注；唐‧孔穎達等正義，臺北：藝文印書館，1976 年 5 月六版，頁 724。

〔註333〕清‧趙翼，《陔餘叢考》，河北：人民出版社，2003 年 12 月第二次印刷，頁657～658。

〔註334〕宋‧王溥，《唐會要‧忌日》卷二十三，《文淵閣四庫全書本‧史部》六〇六冊，臺北：臺灣商務印書館，1986 年 7 月初版，頁 340。

〔註335〕宋‧張載，《張子全書‧喪紀》卷八，《文淵閣四庫全書本‧子部》六九七冊，臺北：臺灣商務印書館，1986 年 7 月初版，頁 183。

〔註336〕宋‧呂祖謙，《東萊別集‧忌日》卷一，《文淵閣四庫全書本‧集部》一一五〇冊，臺北：臺灣商務印書館，1986 年 7 月，頁 176。

〔註337〕明‧呂維祺，《四禮約言‧論祭》（中國科學院圖書館藏清刻本），《四庫全書存目叢書‧經部》一一五冊，臺北：莊嚴出版社，1995 年 9 月，頁 121。

生安得謂之忌哉？又見義門《鄭氏家儀》云，生日之祭，《家禮》俱無，今以事亡如事存之禮推之，似不可少。以吉服就中堂位雙設，行一獻禮，祝文云：『歲序易遷，生辰復遇，生既有慶，沒寧敢忘？』」〔註338〕爲考妣行辦生忌，在民初的金門民間仍保有此習俗。

收關忌日習俗的源起，清人趙翼（1727～1814）《陔餘叢考》有如是的檢視：「《禮記》君子有終身之喪，忌日之謂也。蓋每遇父母沒之日，必素服撤樂，哀慕終日。六朝以來，更有忌日請假之制。沈約（441～513）〈答庾光祿書〉云，忌日請假，應是晉、宋之間，其事未久。《封氏聞記》則以爲古制忌日止是不飲酒、不作樂，至于後世請假閉門不見客，則禮之過。……六朝時又有「忌月」之說。晉穆帝將納后，以康帝忌月疑之，下其議。」〔註339〕明人霍韜每逢族親家中忌日，皆因其身份之貴賤而給予不同等級的供品：「凡忌祭，官三品至七品，豬、羊、食卓（桌）、看卓（桌）。二品、一品加海青盤。八品至不入品，食卓（桌）、看卓（桌）、豬一。舉人，食卓（桌）、看卓（桌），豬首一、鵝一。生員，食卓（桌）、看卓（桌），豬首一。庶人，食卓（桌）、看卓（桌）。皆給公堂費。」〔註340〕忌祭分品第，定儀則的作法畢竟不能廣爲世人所接納。

宋儒程頤（1033～1107）日：「忌日，必遷主，出祭於正寢（今正廳正堂也）。蓋廟中尊者所據，又同室難以獨享也（於正寢，可以盡思慕之意。）」〔註341〕忌日遷主於正寢致祭，是程頤的堅持。明儒呂柟（1479～1542）《涇野先生禮問》：「高曾祖忌日能記則出主亦祭之，蓋從程氏禮也。」〔註342〕呂柟

〔註338〕清・顧伊人，陳燿輯，載《切問齋文鈔・生忌說》卷八，清乾隆四十年（1775年）吳江陸氏家刊本，國圖影像檢索系統，頁14b。

〔註339〕清・趙翼，《陔餘叢考・忌日忌月》卷三十二，河北：人民出版社，2003年12月第二次印刷，頁657～658。

〔註340〕明・霍韜，《霍渭臣家訓・喪祭第九》卷一，珍藏國家圖書館善本書室，頁16a～16b。

〔註341〕宋・程顥、程頤，民國・潘富恩導讀，《二程遺書・伊川先生與四》卷十四，上海：古籍出版社，2000年12月，頁292～293。宋・朱熹編，《河南程氏遺書第十八・伊川先生語四》，《叢書集成三編》第十四冊，新文豐出版社，1989年7月臺一版，頁265。亦載：「忌日必遷主出祭於正寢（今正寢，正堂也）蓋廟中尊者所據，又同室難以獨享也（於正寢可以盡思慕也）。」

〔註342〕明・呂柟，《涇野先生禮問》卷一（北京大學圖書館藏明嘉靖三十二年謝少南刻涇野先生五經說本），《四庫全書存目叢書・經部》一一四冊，臺北：莊嚴文化公司，1997年6月初版一刷，頁640。

於前揭書又載：「器問祀祖，先生曰，此報本之大者也，當必誠必敬。後世士大夫多不以此爲重。苟學者省去糜費，立家廟，置祭器、禮器，更與族人鄉人皆行，亦變俗也。」〔註343〕

　　《朱子語類・祭義》：「孝子有終身之喪，忌日之謂也。」〔註344〕朱子前引書又云：「（父母忌日）唐時士大夫依舊孝服受弔。……（孝）服亦有數等，考與祖、曾祖、高祖，各有降殺；姒與祖姒服亦不同。大槩都是黲衫、黲巾。後來橫渠制度又別，以爲男子重乎首，女子重乎帶。考之忌日，則用白巾之類（疑亦是黲巾），而不易帶。姒之忌日則易帶，而不改巾服，亦隨親疎有隆殺。」〔註345〕朱熹在自家考姒忌日當天「只著白絹涼衫黲巾，不能做許多樣服得。」〔註346〕《朱子語類・祭》又云：「古無忌祭，近日諸先生方考及此。忌日須用墨衣墨冠，橫渠卻視祖先遠近爲等差，墨布墨帽、墨布繒衣。」〔註347〕就是在其母夫人忌日當天亦著「縿墨布衫」。黲巾的材質絹紗皆可，朱熹最常用的黲巾就是以紗爲材質。〔註348〕據朱子言之，「黲巾之制，如帕複相，似有四隻帶，若當幞然。」〔註349〕「忌日祭只祭一位。遠諱早起出主於中堂，行三獻之禮，家固自蔬食，其祭祀食物則以待賓客。考姒諱日祭罷裹生絹。」〔註350〕

〔註343〕明・呂柟，《涇野先生禮問》卷一（北京大學圖書館藏明嘉靖三十二年謝少南刻涇野先生五經說本），《四庫全書存目叢書・經部》一一四冊，臺北：莊嚴文化公司，1997 年 6 月初版一刷，頁 641。

〔註344〕宋・黎靖德編，《朱子語類・祭義》卷八十七，《文淵閣四庫全書本・子部》七〇一冊，臺北：臺灣商務印書館，1986 年 7 月初版，頁 839。

〔註345〕同註344，《朱子語類・祭義》卷八十七，頁 838～839。另明・胡廣等奉敕撰，《性理大全書》卷二十一，《四庫全書珍本・五集》，臺北：臺灣商務印書館，1935 年，頁 28b～29a。

〔註346〕同註 344，宋・黎靖德編，《朱子語類・祭義》卷八十七，《文淵閣四庫全書本・子部》七〇一冊，臺北：臺灣商務印書館，1986 年 7 月初版，頁 839。

〔註347〕同註344，《朱子語類・祭》卷九十，頁 893。

〔註348〕同註344，《朱子語類・祭義》卷八十七，頁 839。另《性禮大全書》卷二十一，頁 28b～29a，也有相同載述。

〔註349〕宋・朱熹，《家禮・附錄》（南宋淳祐五年（1245 年）五卷本加附錄一卷），《孔子文化大全》，山東：友誼書社，1992 年 11 月，頁 912。

〔註350〕宋・黎靖德編，《朱子語類・祭》卷九十，《文淵閣四庫全書本・子部》七〇一冊，臺北：臺灣商務印書館，1986 年 7 月初版，頁 893。另《朱子語類・祭義》卷八十七，頁 839；今人粟品孝撰，〈文本與行爲——朱熹《家禮》與其家禮活動〉，載於《安徽師範大學學報》（人文社會科學版）第三十二卷第一期，2004 年 1 月，頁 104。

　　元人鄭太和《鄭氏規範》則云：「凡遇忌辰，孝子當用素衣致祭，不作佛事，象錢寓馬，亦併絕之。是日不得飲酒食肉聽樂，夜則出宿於外。」〔註351〕清皇室每遇帝后升遐之國忌，居官者例穿素服，各署門外必供一忌辰牌，官員則往往託忌辰以謝賓客，諸事不取。〔註352〕清皇室遇忌日「諸事不取」的禮文，直影響到民國以後的現代，金門民間目前仍有如是的傳統，即家族祖考妣忌辰日當天，有諸事不取的慣習，特別是婚娶更視爲最大禁忌。

　　明人章潢（1527～1608）《圖書編》在考妣忌日當天變服，行禮如時祭儀。而且要朗讀祝文。祝文云：「痛惟考妣，香隔幽明，光陰易逝，復臨忌日，昊天罔極，號慕曷勝，肅陳醴饌，用伸哀悃。尚享！」〔註353〕清人秦蕙田（1702～1764）《五禮通考・忌儀》則稱：「質明主人以下變服。禰則主人兄弟黲紗幞頭，黲布衫布裹角帶。祖以上則黲紗衫。旁親則皂紗衫。主婦特髻去飾，白大衣，淡黃帔。餘人皆去華飾之服。」〔註354〕清人蔣伊《蔣氏家訓》亦云：「忌辰祭止祖父母、父母，祭品、祭儀不用繁文，務盡誠敬。」〔註355〕一般家庭的忌祭禮，也都止於父母、祖父母。曾祖父母以上則合併於俗稱「做春秋」的「春祀」（農曆二月十五日），與「秋嘗」（農曆八月十五日）兩天，及俗節如元日、清明、重午、中元、中秋、冬至等節日，於祖龕前合聚曾祖考妣以上牌位同堂共拜。

　　忌日祭祀儀節，《家禮・忌日》有明確的規範：前期一日齋戒，例如祭禰之儀。設位、陳器、具饌皆一如祭禰之儀。厥明夙興設蔬果酒饌，品類如祭禰之儀。質明主人以下變服。禰則主人兄弟黲紗幞頭，黲布、衫布裹角帶。祖以上則黲紗衫，旁親則皂紗衫。主婦特髻去飾，白大衣，淡黃帔。餘人皆去華盛之服。詣祠堂奉神主出就正寢，儀節如祭禰之儀，但告辭云：「今以某親某官府君遠諱之晨，敢請神主出就正寢，恭伸追慕。」餘並同。參

〔註351〕元・鄭太和，《鄭氏規範》，《叢書集成新編》三十三冊，臺北：新文豐出版社，1985年元月初版，頁170。

〔註352〕清・徐珂，《清稗類・禮制類》，臺北：臺灣商務印書館，1966年6月，頁35。

〔註353〕明・章潢，《圖書編》，載《四庫全書珍本五集》，臺北：臺灣商務印書館，1935年，頁5。

〔註354〕清・秦蕙田，《五禮通考・大夫士廟祭》卷一一五，桃園：聖環圖書公司，1994年5月，頁16。

〔註355〕清・蔣伊，《蔣氏家訓》（據《借月山房彙鈔》本影印），《百部叢書集成》，臺北：藝文印書館印行，1967年出版，頁1a～1b。

神、降神、進饌、初獻，如祭禰之儀，但祝辭云：「歲序流易，諱日復臨，追遠感時，不勝永慕。考妣改不勝永慕爲昊天罔極。」旁親云：「諱日復臨，不勝感愴。」若考妣則祝興，主人以下哭盡哀。餘並同。亞獻、終獻、侑食、闔門、啓門，並如祭禰之儀，但不受胙。辭神、納主、徹，並如祭禰之儀，但不餕。是日不飲酒、不食肉、不聽樂，黲巾素服素帶以居，夕寢于外。〔註356〕

　　明人宋纁（1522～1591）《四禮初稿・忌祭》亦載：「前期一日齊（齋）戒，設位（止設一位），厥明、夙興，陳蔬果酒饌，質明，主人以下素服（有官者烏紗帽，黑角帶，青素圓領。無官，素衣），詣祠堂，告本龕云：今以某親遠諱之辰，敢請神主，出就正寢，恭伸追慕，奉主就位（止出應祭一主），降神，參神，進饌，初獻，讀祝，亞獻，終獻，辭神，徹饌，納主（並如時祭儀。祝文云：維年月日，孝子某，敢昭告于顯考某官府君，歲時遷易，諱日復臨，追遠感時，昊天罔極。謹以清酌庶羞，恭伸追慕。如祖考妣，改昊天罔極爲不勝永慕，恭伸追慕爲恭伸奠獻），是日不飲酒、不食肉、不聽樂，黲布素服以居（文公母夫人忌日，著布衫，其巾亦然），夕寢於外（眉山劉氏謂，忌祭當兼設考妣，蓋緣人情而變通之也。考忌文後，增曰：謹奉妣某氏配；妣忌則云：謹奉以配考某公）。」〔註357〕

　　按朱熹《家禮・忌日》與宋纁《四禮初稿・忌祭》儀節大同小異，其中最明顯的差異是《家禮》參神在降神之前；《四禮初稿》則參神在降神之後。其次，《四禮初稿》引眉山劉氏的見解謂，忌祭當「緣人情而變通」，祭拜時兼設考妣神位，則是忌日新創舉。就金門地區慣習言，祭日當天巳時或午時，打開祖龕門，並備妥供品後，即可進行祭拜，既無「出主」科儀，亦無朗讀祝文儀節。俗諺云：「公媽忌，吃到堵鼻。」祖父母以下的忌日比較受到重視，曾祖父母以上的忌日，儀節相對就簡單些，甚至將歷代祖先忌辰併在每年農曆二月十五「春礿」，與八月十五「秋嘗」兩日，舉行祭拜儀式，俗稱「做春秋」，由親及疏，隆殺有等，成爲祭禮展演的活教材。

〔註356〕南宋・朱子，《家禮・忌日》卷五（南宋淳祐五年（1245 年）五卷本加附錄一卷），載《孔子文化大全》，山東：友誼書社，1992 年 11 月第一次印刷，頁 833～837。
〔註357〕明・宋纁，《四禮初稿・忌祭》卷四（上海圖書館藏清康熙四十年宋氏刻本），《四庫全書存目叢書・經部》一一四冊，臺北：莊嚴文化事業有限公司，1997 年 10 月初版一刷，頁 8a～8b。

　　明人黃佐《泰泉鄉禮》對於世人祀先之禮的輕忽頗有微辭，他說：「凡祭禮，所以報本追遠，不可不重。近世多不行四時之祭，惟於忌日設祭，前期不齊，臨祭無儀，祭畢請客飲酒，皆非禮也。今宜悉依《朱子家禮》，上戶立祠，中戶以下就正寢設韜櫝奉祀，歲時朔望如禮。凡祖禰，逮事者，忌日有終身之喪，是日素服，不飲酒食肉，居宿於外。曾祖以上，不逮事者服淺淡衣服，禮視祖禰，逮事者爲殺。〔註358〕清・李晉卿撰，陳耀輯，載《切問齋文鈔・祭說》卷八：「今逢忌日，亦當稽朱子《家禮》及《語類》所載，變冠服，不飲酒食肉，終日不宴親賓。志有所至，乃近於禮。」〔註359〕忌祭較諸時祭、俗祭、墓祭儀節，更爲簡省，但仍應秉持朱子《家禮》的儀軌，才能更契合吉禮弘揚孝道的精神。

第三節　金門祠祭供品分析

　　供品是祭祀過程中最佳的觸媒，也是祭拜者表達祝禱之情的重要渠道。不同的時空，即可能出現不同樣貌的供品。中國幅員廣大，南北雙方的差距更是明顯。《博物志・五方人民》曾言：「東南之人食水產，西北之人食陸畜。食水產者，龜蛤螺蚌以爲珍味，不覺其腥臊也。食陸畜者，狸兔鼠雀以爲珍味，不覺其羶也。」〔註360〕南方與北方不同的氣候、不同的地理環境，供品即有明顯的差異。金門以孤懸在福建東南海隅的地理屬性，在長期封閉狀態下，也自然孕育出隸屬海島特色的供品系列。

一、禮經載記的供品

　　祭祀的禮儀可以說是在生者與死者之間，搭起聯繫情誼的重要溝通渠道。祭祀的理由可能很多，但以供品換取神靈庇祐，似乎是放諸四海而皆準的普世價值。祭祀的形式，亦可以有多種不同的外顯形式和內在意義。就祀先的角度而言，祭祖的供品最終往往由獻祭者分享，這類供品與其說是奉獻給祖靈，還不如看成是獻祭者爲祖靈備妥致贈給後裔的禮物，分享供品的族

〔註358〕明・黃佐，《泰泉鄉禮》卷一（王雲五主持，四庫全書珍本四集），頁14。
〔註359〕清・李晉卿，陳耀輯，載《切問齋文鈔・祭說》卷八，清乾隆四十年（1775年）吳江陸氏家刊本，臺北：國圖善本室古籍影像檢索系統，頁3a～4b。
〔註360〕晉・張華，民國・范寧校證，《博物志校證・五方人民》卷一，臺北：明文書局出版，1981年9月，頁12。

裔從中可以得到祖靈的蔭庇。〔註361〕在整個祭祀活動當中,供品一直扮演著相當吃重的光譜。不同的身份,不同的祭祀屬性,供品就會有不同選項。

《左傳・僖公五年・傳》有此之說:「鬼神非人實親,惟德是依。」〔註362〕《尚書・周書》亦曰:「皇天無親,惟德是輔」。〔註363〕《周書》又曰:「黍稷非馨,明德惟馨。」〔註364〕《詩・小雅・楚茨》為祭祀之詩,亦云:「我黍與與,我稷翼翼。」〔註365〕該詩又云:「以為酒食,以享以祀,以妥以侑,以介景福。」《傳》曰:「以黍稷為酒食,獻之以祀先祖,既又迎尸,使處神坐而食之,為其嫌不飽,祝以主人之辭勸之,所以助孝子受大福也。」〔註366〕藉由禮經的釋讀,亦可照見供品雖可扮演媒介角色,而祭祀者虔誠的祝禱,更易於被祖靈所接納。

黍稷〔註367〕為古人祭祀常用之穀物。明人郎瑛(1487～1566)《七修類稿》云:「以大暑而種,故謂之黍。孔子曰:『黍可以為酒。』即今之小米,北方以之作酒者,所謂黃米酒是也。……稷者五穀之長,五穀不可遍祭,以長者該之,故曰祭稷。一歲之中最先種者,亦北方所有。」〔註368〕漢儒鄭玄《駁五經異義》也說:「稷者,五穀之長。穀眾多,不可徧敬,立稷而祭之。」〔註369〕這也是黍稷之所以在供品中,長期扮演領頭羊的主因。

〔註361〕 (英)科大衛、劉志偉,〈宗族與地方社會的國家認同——明清華南地區宗族發展的意識形態基礎〉,載《歷史研究》,2000年第三期,頁340。

〔註362〕 《春秋左傳・僖公五年・傳》卷十二(阮元重刊宋本),晉・杜預注:唐・孔穎達等正義,臺北:藝文印書館,1976年5月六版,頁208。

〔註363〕 《尚書・周書》卷十七(阮元重刊宋本),漢・孔安國傳:唐・孔穎達等正義,臺北:藝文印書館,1976年5月六版,頁254。

〔註364〕 同註363,《尚書・周書》卷十八,頁274。

〔註365〕 《毛詩・小雅・楚茨》卷十三之二(阮元重刊宋本),漢・毛公傳,鄭元箋;唐・孔穎達等正義,臺北:藝文印書館,1976年5月六版,頁454。

〔註366〕 同註365。

〔註367〕 《周禮・小宗伯》卷十九(阮元重刊宋本),漢・鄭玄注:唐・賈公彥疏,臺北:藝文印書館,1976年5月六版,頁296,有六粢,即六種主食,黍、稷、稻、粱、麥、苽(音孤,今謂之茭米)。唯祭祀用黍、稷為常。古以未去穀之穀物為粟,粟一石的糯米(糙米)六斗。……祭祀唯用不舂之米。此四者以示節儉。楊伯峻編著,《春秋左傳注・桓公二年》,臺北:眾文圖書出版社出版,頁86。

〔註368〕 明・郎瑛,《七修類稿・黍稷稻粱秈》卷二,上海:上海書店,2001年8月,頁20。

〔註369〕 漢・鄭玄,《駁五經異義》,《文淵閣四庫全書本・經部惡》第一八二,臺北:臺灣商務印書館,1986年7月,頁305。

　　晉人崔豹《古今註》對此有更詳實解讀:「稻之黏者爲秫。禾之黏者爲黍,亦謂之穄,亦曰黃黍。九穀者,黍稷稻粱,三豆,二麥是也。」〔註370〕《冊府元龜》也道:「稷者,百穀之主,所以奉宗廟,共(供)粢盛,人所食以生活也,王者莫不宗重親自爲之主禮。」〔註371〕《孔子家語》亦云:「夫黍稷者,五穀之長,郊禮宗廟以爲上盛。菓屬有六,而桃爲下,祭祀不用,不登郊廟。」〔註372〕馬端臨(1254~1324)《文獻通考》更直陳說:「漢惠帝時,叔孫通曰,古者有春嘗果方,今櫻桃熟可獻,遂獻宗廟,諸果之獻由此興。」〔註373〕此爲文獻上對黍稷,與諸果得以成爲敬獻供品的詳實載錄。地有南北,北方以主要糧食作物當供品,在南方則以米飯取而代之。黍稷則僅成爲禮文的樣貌而已。

　　《左傳·僖公十年·傳》載錄:「神不歆非類,民不祀非族。」〔註374〕《襄公九年·傳》又云:「使其鬼神不獲歆其禋祀。」〔註375〕對於歆字,《說文》釋述:「歆,神食氣也。禋音因,潔祀也。」王充(27~97)《論衡·祀義篇》另有解讀:「歆者,入氣也;言者,出氣也。」〔註376〕蓋享神之食物,鬼神實不能食,以爲神但嗅其氣而已,故曰歆。《左傳·成公四年·傳》亦云:「非我族類,其心必異。」〔註377〕「神不歆非類」係就神言之,非其族之祀,神不受;「民不祀非族」的「族」字,與「類」同義。此句就人言之,非其類之鬼,人不祭。〔註378〕《尚書·咸有一德》云:「鬼神無常享,享于克誠。」孔安國《傳》也說:「言鬼神不保一人,能誠信者,則享其祀。」〔註379〕《尚

〔註370〕晉·崔豹,《古今注》(中)(上海涵芬樓影印宋刊本),《四部叢刊·三編》,臺北:臺灣商務印書館,1966年,頁14。

〔註371〕宋·王欽若、楊億等,《冊府元龜·掌禮部·奏議》卷五七三,香港:中華書局,1960年6月,頁6891。

〔註372〕魏·王肅註,《孔子家語》卷五(明覆宋刊本),《中國子學名著集成——宋元明清善本叢刊》,1978年12月,頁203。

〔註373〕元·馬端臨,《文獻通考·祭祀時享》卷九十七(全二冊。三百四十八卷,附《考證》三卷),浙江:古籍出版社,2000年1月第一次印刷,頁881。

〔註374〕《春秋左傳·僖公十年·傳》卷十三(阮元重刊宋本),晉·杜預注:唐·孔穎達等正義,臺北:藝文印書館,1976年5月六版,頁221。

〔註375〕同註374,《春秋左傳·襄公九年·傳》卷三十,頁528。

〔註376〕周·左丘明傳,晉·杜預注,唐·孔穎達疏,民國·楊伯峻編著,《春秋左傳注》,高雄:復文書局,1991年9月再版,頁334、969。

〔註377〕同註374,《春秋左傳·成公四年·傳》卷二十六,頁439。

〔註378〕周·左丘明傳,晉·杜預注,唐·孔穎達疏,民國·楊伯峻編著,《春秋左傳注》,高雄:復文書局,1991年9月再版,頁334。

〔註379〕《尚書·咸有一德》卷八(阮元重刊宋本),漢·孔安國傳;唐·孔穎達等正

書・太甲下》亦言：「奉先思孝，接下思恭。」孔安國《傳》：「以念祖德爲孝，以不驕慢爲恭。」〔註380〕

《左傳・桓公六年・傳》：桓公曰：「吾牲牷肥腯，粢盛豐備，何則不信？」對曰：「夫民，神之主也，是以聖王先成民，而後致力於神。故奉牲以告曰，『博碩肥腯』，謂民力之普存也，謂其畜之碩大蕃滋也，謂其不疾瘯蠡也，謂其備腯咸有也。奉盛以告曰：『絜粢豐盛』，爲其三時〔註381〕不害，而民和年豐也。奉酒醴以告曰：『嘉栗旨酒』，謂其上下皆有嘉德而無違心也。所謂馨香，無讒慝也。故務其三時，脩其五教〔註382〕，親其九族〔註383〕，以致其禋祀，於是乎民和而神降之福，故動則有成。」〔註384〕

古代有專供祭祀用牲畜。《禮記・祭義》即載述：「以爲醴酪齊盛，於是乎取之，敬之至也。」《疏》云：「以爲醴酪齊盛於是乎取之者，爲祭祀諸神，須醴酪齊盛之屬，於是乎藉田而取之，敬之至也。」〔註385〕《禮記・祭義》又曰：「犧牷祭牲，必於是取之，敬之至也。」《疏》云：「犧牷祭牲必於是取之者。犧，純色，謂天子牲也。牷，完也，謂諸侯牲也。犧牷，所祭之牲，必於是養獸之官，受擇取之養獸者。若《周禮・牧人》也。」〔註386〕案《周禮・地官・牧人》爲「掌牧六畜，而阜蕃其物以供祭祀之牲」〔註387〕之官。《國

義，臺北：藝文印書館，1976 年 5 月六版，頁 119。

〔註380〕 同註379，《尚書・太甲下》卷八，頁 118。

〔註381〕 《左傳・桓公六年・傳》杜預《注》：「三時，春、夏、秋」；今人楊亮功、宋天正註譯，《四書今註今譯・孟子・梁惠王篇》卷一（上），臺北：臺灣商務印書館，1984 年 7 月修訂一版，頁 5～6 亦載：「不違農時，穀不可勝食。」農時，指春耕、夏耘、秋收三時。

〔註382〕 《春秋左傳・文公十八年・傳》卷二十。（阮元重刊宋本），晉・杜預注：唐・孔穎達等正義，臺北：藝文印書館，1976 年 5 月六版，頁 353：「舉八元，使布五教于四方。父義、母慈、兄友、弟共（恭）、子孝。」則五教者，蓋指：父義、母慈、兄友、弟共（恭）、子孝等五者而言。

〔註383〕 《尚書・堯典》卷二（阮元重刊宋本）云：「克明俊德，以親九族。九族既睦，平章百姓。」漢・孔安國《傳》曰：「九族，上自高祖，下至玄孫，凡九族。」漢・孔安國傳：唐・孔穎達等正義，臺北：藝文印書館，1976 年 5 月六版，頁 20。另請參見第二章：書影 2-3：親族世次表。

〔註384〕 同註382，《春秋左傳・桓公六年・傳》卷六，頁 110。

〔註385〕 國立編譯館主編，《禮記注疏・祭義》，臺北：新文豐出版公司，2001 年 6 月初版一刷，頁 2045。

〔註386〕 同註385，頁 2046。

〔註387〕 《周禮・地官：牧人》卷十三（阮元重刊宋本），漢・鄭玄注：唐・賈公彥疏，臺北：藝文印書館，1976 年 5 月六版，頁 195。

語・楚語上・屈建祭父不薦芰》有云：其祭典有之日：「國君有牛享，大夫有羊饋，士有豚犬之奠，庶人有魚炙之薦，邊豆、脯醢上下共之。」〔註388〕受嚴謹禮制規範，不同身份者，其供品就有所不同。

　　祭祀所用之牲，往往會隨著祀典性質、受祭對象之不同而有不同選項，藉由牲類的選用，亦可反映受祭者的身份地位。〔註389〕如「宗廟騂牲，赤色毛之，取純毛也。」〔註390〕《論語・雍也篇》：「犂牛之子騂且角，雖欲勿用，山川其舍諸？」〔註391〕就是最佳例證。《禮記・月令》亦言：「是月（仲春）也，玄鳥至。至之日，以太牢祠于高禖。」〔註392〕仲春之月，燕子飛來之日，當禮備太牢（牛、羊、豬三牲）祭拜主持婚禮的禖神。〔註393〕《左傳・昭公十一年・傳》言：「五牲不相爲用。」杜《注》曰：「五牲，牛、羊、豕、犬、雞。」〔註394〕《爾雅・釋畜》曰：「馬、牛、羊、豕（豕）、狗、雞合稱六畜。」〔註395〕《左傳・僖公十九年・傳》亦云：「古者六畜不相爲用。」杜《注》曰：「六畜不相爲用，謂若祭馬，先不用馬。」〔註396〕《儀禮飲食禮器研究》的案語云：凡是犧牲牛、羊、豕三牲具備的，就叫做「大（音太）牢」；羊、豕二牲具備的，叫做「少牢」；若僅用一牲的則叫做「特牲」。〔註397〕

　　《欽定周官義疏》則言：「凡庶民不畜者，祭無牲。不耕者，祭無盛。」〔註398〕經由文獻對牲禮的臚列過程，即不難體會爲何庶民社會尋常時刻祭祀

〔註388〕不著撰人，黃永堂譯注，《國語・楚語上・屈建祭父不薦芰》，臺北：臺灣古籍出版社，2002年5月初版二刷，頁751～752。

〔註389〕吳俊德，《殷墟第四期祭祀卜辭研究》，臺北：國立臺灣大學，2005年10月，頁213～219。

〔註390〕清・乾隆十三年敕撰，《欽定周官義疏・地官・司徒第二之五》卷十二，《四庫全書珍本》，臺北：臺灣商務印書館，1935年，頁15。

〔註391〕《論語・雍也篇》卷六，魏・何晏等注；宋・邢昺疏，臺北：藝文印書館，1976年5月六版，頁52。

〔註392〕《禮記・月令》卷十五（阮元重刊宋本），漢・鄭玄注；唐・孔穎達等正義，臺北：藝文印書館，1976年5月六版，頁299。

〔註393〕民國・姜義華注譯，《新譯禮記讀本》，臺北：三民書局，1997年10月，頁233。

〔註394〕《春秋左傳・昭公十一年・傳》卷四十五（阮元重刊宋本），晉・杜預注；唐・孔穎達等正義，臺北：藝文印書館，1976年5月六版，頁787。

〔註395〕《爾雅・釋畜》卷十（阮元重刊宋本），晉・郭璞注；宋・邢昺疏，臺北：藝文印書館，1976年5月六版，頁195。

〔註396〕同註394，《春秋左傳・僖公十九年・傳》卷十四，頁239。

〔註397〕姬秀珠，《儀禮飲食禮器研究》，臺北：里仁書局，2005年7月15日初版二刷，頁139。

〔註398〕清・乾隆十三年敕撰，《欽定周官義疏・地官・司徒第二之五》卷十二，《四

絕不用牲，特別是不用大牲之理。用牲必在宗祠奠安、春秋祭祖，或是中元普渡等重大慶典，而且僅能用全豬、全羊的「少牢」，或以麵豬、麵羊取而代之。一般性祭典，不論是享祀先祖，或是祭拜神明，頂多只能用「五牲」。民間所用的牲禮，僅能用小牲，不能用大牲。如「五牲」即指雞、鴨、魚、豬肉、豬頭皮、豬肺、豬心等，只要湊滿五種供品即可。或是等而下之的「三牲」（雞、魚、肉）。尋常自家廳堂祖先忌日祭，則只用家常小菜，且葷、素不拘。蓋祖先乃自家人，故而不用講客套，更不必事事都得依禮行事，於此亦可見出親、疏間的差異性。

就《儀禮》本文及注疏來看，祭祀用的供品都需要經過一定的整治程序才能端上供桌，絕無將動物或植物直接原始地擺置在供席前的。供品整治的方法約有羹、炙、燒、熬、醬、曬（晒）等幾種不同方式。整治妥當後的供品，將盛到器皿內時，還得將供品作適當的切割，務使大小適中。裝盛時更得注意排列的方位。〔註399〕如「滿漢全席」桌專用的「五湖四海」這九道供品，就得依五行方位排列。雞、魚、肉等「三牲」供品亦應注排列順序及方位，如雞擺中央，魚擺左側，肉擺右側。煮熟的雞肫、雞肝、雞血等置放在雞背上方，雞心則塞在雞的嘴巴；雞頭、魚尾朝向敬拜的神明或祖先，乃至羹、飯、筷、匙的擺放皆有定規。這些細節都是供品在處理時應該注意，而常被忽略的事項。

《說文》釋言：「牲，牛完全也。」又言：「牷，牛純色也。」〔註400〕陳祥道《禮書》明載：「純謂之牷，完謂之犧。牷之純在色，犧之完在體。」〔註401〕《國語‧楚語下》曰：「毛以示物，血以告殺。」〔註402〕蓋古人祭祀，其重者必用肢體完具，毛色純一之牛，故牲牷可引申為凡祭祀用牲之同義雙音詞，猶言犧牲。《禮記‧表記》亦云：「子曰，牲牷禮樂齊盛，是以無害乎鬼神，無怨乎百姓。」鄭《注》曰：「牷，猶純也。」孔《疏》云：「子

庫全書珍本》，臺北：臺灣商務印書館，1935 年，頁 40b。
〔註399〕吳達芸，《儀禮特牲少牢有司徹祭品研究》，臺北：中華書局，1973 年 5 月，頁 4。
〔註400〕東漢‧許慎，清‧段玉裁注，《說文解字注》，臺北：天工書局，1998 年 8 月，頁 51。
〔註401〕宋‧陳祥道，《禮書‧用牲之別》卷七十六，《文淵閣四庫全書本‧經部》一三〇冊，臺北：臺灣商務印書館，1986 年 7 月，頁 489。
〔註402〕周‧左丘明，《國語》卷十八，臺北：臺灣古籍出版社，2002 年 5 月初版二刷，頁 797。

日，牲牷禮樂齊盛，是以無害乎鬼神，無怨乎百姓者，以其事上帝神明不敢自專，皆依卜筮，動合於禮，故夫子總更結之，牲牷之等，禮樂之儔，粢盛之實，皆不違龜筮，是以此等所用，無虧害於鬼神，無見怨於百姓。以其無非卜筮之用，動順於禮故也。」〔註403〕三時不害〔註404〕，猶《孟子》之「不違農時」。〔註405〕施政者使民以時，祭祀尤應愼選冬天農閒時刻，不可違背春耕、夏耘、秋收的農忙季節，則百姓可豐衣足食，國家財政以得以豐饒。

《左傳·隱公三年》載記：「苟有明信，澗、溪、沼、沚之毛，蘋，蘩、蘊藻之菜；筐、筥、錡、釜之器，潢、汙、行潦之水，可薦於鬼神，可羞於王公。」〔註406〕《全唐文·宗廟加籩豆議》亦言：「夫神，以精明臨人也，所求備物，不求豐大。」〔註407〕明人郎瑛（1487～1566）《七修類稿·祭物》卷十八則有「古人祭奠物薄而意誠，獨取其馨香時鮮之味以薦之焉，故《九歌》以謂『蕙肴蒸兮蘭藉，奠桂酒兮椒漿。』〔註408〕。《左傳》曰：『澗溪沼沚之毛，蘋蘩蘊藻之菜』〔註409〕而已。漢以來則有斗酒隻雞之說。今之祭物眾矣，名亦工文，因紀於左，以見時之不同也：黍曰薌合，稷曰明粢，稻曰嘉蔬，梁曰薌萁，牛曰一元大武，羊曰柔毛，豕曰剛鬣，兔曰明視，豚曰腯肥，犬曰羹獻，雉曰疏趾，雞曰翰音，鵝曰舒雁，脯曰尹祭，鮮魚曰脡祭，薨魚曰商祭。」〔註410〕無怪乎宋代張耒（1054～1114）《柯山集》說：「夫宗廟之享，

〔註403〕《禮記·表記》卷五十四（阮元重刊宋本），漢·鄭玄注；唐·孔穎達等正義，臺北：藝文印書館，1976 年 5 月六版，頁 914。

〔註404〕《春秋左傳·桓公六年·傳》卷六（阮元重刊宋本），晉·杜預注；唐·孔穎達等正義，臺北：藝文印書館，1976 年 5 月六版，頁 110：「奉盛以告曰：『絜粢豐盛，謂其三時不害，而民和年豐也』。」杜預《注》：「三時，春、夏、秋。」

〔註405〕《孟子·梁惠王上》卷一（阮元重刊宋本），漢·趙岐注；宋·孫奭疏，臺北：藝文印書館，1976 年 5 月六版，頁 12：（孟子曰）：「不違農時，穀不可勝食也。」趙岐《注》云：「使民得三時（春、夏、秋）務農，不違奪其要時，則五穀饒穰，不可勝食。」

〔註406〕周·左丘明傳，晉·杜預注，唐·孔穎達疏，民國·楊伯峻編著，《春秋左傳注·隱公三年·傳》，臺北：眾文圖書出版社，頁 27～28。

〔註407〕唐·韋述，〈宗廟加籩豆議〉。案，依《文粹》卷三十九本文題下署「韋述、張均同議」。載清·董誥等編，《全唐文》第三〇二，山西：教育出版社，2002 年 12 月第一次印刷，頁 1822。

〔註408〕周·屈原，宋·洪興祖，《楚辭補注·九歌》卷二，臺北：藝文印書館，1977 年 9 月，頁 100。

〔註409〕同註404，《左傳·隱公三年·傳》卷三：作「澗谿沼沚之毛，蘋蘩蘊藻之菜」，頁 51。

〔註410〕明·郎瑛，《七修類稿·祭物》卷十八，上海：上海書店，2001 年 8 月，頁

水陸之產，苟可薦者，莫不咸在。」〔註411〕依張氏此論，只要可以薦獻的「水陸之產」，包括天上飛的，地上爬的、跑的、跳的、走的，水中游的，皆可成為享先祀神的供品。

《朱子全書》曾對供品的各種美稱，都作了相當詳實的考辨：「『犬曰羹獻』者，人將所食羹餘以與犬，犬得食之肥，肥可以獻祭於鬼神，故曰『羹獻』也。『雉曰疏趾』者，趾，足也。雉肥則兩足開張，趾相去疏也。……『兔曰明視』者，兔肥則目開而明視也。……然自牛至兔凡有八物，唯有牛云一頭，而豕以下不云數者，皆從其所用而言數也，則並宜云若干也。……『脯曰尹祭』者，尹，正也，裁截方正而用之，祭一通云正，謂自作之也，脯自作則知肉之所用也。『槁魚曰商祭』者，槁，乾也。商，量也。祭用乾魚，量度燥濕得中而用之也。『鮮魚曰脡祭』者，脡，直也。祭有鮮魚。必須鮮者，煮熟則脡直，若餒則敗碎不直。『水曰清滌』者，古祭用水當酒，謂之玄酒也。而云清滌，言其甚清皎潔也。……『酒曰清酌』者，酌，斟酌也，言此酒甚清徹（澈）可斟酌。……『黍曰薌合』者，夫穀秫者曰黍秫，既軟而相合，氣息又香，故曰『薌合』也。『梁曰薌萁』者，梁謂白粱、黃粱也。萁，語助詞也。『稷曰明粢』者，稷，粟也。明，白也。言此祭祀明白粢也。」〔註412〕

180。

另《禮記・曲禮下》卷五（阮元重刊宋本）：「凡祭宗廟之禮，牛曰一元大武，豕曰剛鬣，豚曰腯（ㄊㄨˊ）肥，羊曰柔毛，雞曰翰音，犬曰羹獻，雉曰疏趾，兔曰明視，脯曰尹祭，槁魚曰商祭，鮮魚曰脡祭，水曰清滌，酒曰清酌，黍曰薌合，梁曰薌萁，稷曰明粢，稻曰嘉蔬，韭曰豐本，鹽曰鹹醝，玉曰嘉玉，幣曰量幣。」漢・鄭玄注；唐・孔穎達等正義，臺北：藝文印書館，1976年5月六版，頁98。

又元・吳澄，《禮記纂言》卷一中，《四庫全書珍本》五集，臺北：臺灣商務印書館，1935年，頁35～37有言：「鄭氏曰，號牲物者，異於人用也。元，頭也。武，迹也。腯，亦肥也。商，猶量也。脡，直也。尹，正也。嘉，善也。稻，菰蔬之屬也。豐，茂也。大鹹曰醝。幣，帛也。孔氏曰，凡祭謂貴賤悉然。牛肥則腳迹痕大。羊肥則毛細而柔弱。矢肥則毛鬣剛大。犬肥可獻祭鬼神也。雞肥則其鳴聲長。雉肥則兩足開張，趾相去疏也。兔肥則目開而視明也。自牛至兔八物，唯牛云一頭，以下不云數者，皆從其所用而言也。槀，乾也。商祭者，祭用乾魚量度燥溼得中而用之。脡祭者，鮮魚主煮熟則脡直，若餒則敗碎不直也。」

〔註411〕宋・張耒，《柯山集》卷三十三，載《欽定四庫全書珍本》四集，頁5。

〔註412〕宋・朱熹，朱傑人、嚴佐之、劉永翔主編，《朱子全書・儀禮經傳通解續・祭統》卷第二十七，上海：古籍出版社，2002年12月第一次印刷，頁3095～3096。

供品皆以其不同屬性，而賦予各種美稱，究其意，則泛指將最美好事物獻予祖先或神明，並冀求獲得最妥善的庇蔭。

就「時令鮮物」言，《禮記・王制》篇的解讀是：「庶人春薦韭、夏薦麥、秋薦黍、冬薦稻。」〔註413〕清儒林伯桐則對「薦」的質性有更具體的檢視：「士庶皆薦新而已。凡薦新但有庶羞而無全牲。」〔註414〕這當然只能就一般性而言，畢竟中國幅員廣大，南北產物殊異，就不產黍、稻的金門地區而言，供品不可能一成不變，只能選擇就地取材，聊表心意而已。基此緣由，林伯桐對祭品厚薄良窳遂有「禮有五，而祭祀謂之吉禮。人家有力者，固可備物具禮，合一家之歡心以事其先，即極貧者，掃地可以明敬。粗飯菜羹，但能鮮潔，亦可表誠」〔註415〕的析論正是此義。可見供品的良窳並非重點所在，誠意才是真正核心價值。〔註416〕

清儒毛奇齡（1623～1713）《家禮辨說・祭禮》也有相類似的論述：「四時薦新日行獻禮。古有薦新之禮，與薦禮又別。《王制》大夫士宗廟之祭，有田則祭，無田則薦。薦不可兼祭，而祭則可以兼薦，故但舉薦禮，則不問有田無田皆可薦。……薦新尤薦中之最薄者。如庶人春薦韭，夏薦麥，秋薦黍，冬薦稻類。」〔註417〕庶人無田但薦禮。禮經雖有不同季節薦獻不同供品的禮規，卻沒有強制性規範。不同地域的人仍可視情況作機動調整。

《禮記・祭統》云：「凡天之所生，地之所長，苟可薦者，莫不咸在，示盡物也。外則盡物，內則盡志，此祭之心也。」〔註418〕相對而言，「故天不生，地不養，君子不以爲禮，鬼神弗饗也。」〔註419〕《禮記・祭統》也言：「水草之菹，陸產之醢，小物備矣；三牲之俎，八簋之實，美物備矣；昆蟲之異，

〔註413〕《禮記・王制》卷十二（阮元重刊宋本），漢・鄭玄注；唐・孔穎達等正義，臺北：藝文印書館，1976 年 5 月六版，頁 245。

〔註414〕清・林伯桐，〈士人家儀考證〉，收在王德毅編《叢書集成三編》，臺北：新文豐出版社，1997 年，頁 478。

〔註415〕清・林伯桐，〈祭儀考證〉，同註 414，頁 512。

〔註416〕楊天厚，〈「揀桌」在普渡儀節中的角色觀察〉，《國立金門技術學院學報》（第三期），2008 年 3 月，頁 25。

〔註417〕清・毛奇齡，《家禮辨說・祭禮》卷十二，《叢書集成續編》六十六冊，臺北：新文豐出版社，1989 年 7 月臺一版，頁 401～402。

〔註418〕《禮記・祭統》卷四十九（阮元重刊宋本），漢・鄭玄注；唐・孔穎達等正義，臺北：藝文印書館，1976 年 5 月六版，頁 831。

〔註419〕同註 418，《禮記・禮器》卷二十三，頁 449。

草木之實，陰陽之物備矣。」〔註420〕可供充當祭物的種類雖多，卻不可漫無節制。《全唐文》三〇二即有如是的載述：「聖人知孝子之情深，而物類之無限，故爲之節制，使祭有常禮，物有其品，器有其數。上自天子，下至公卿，貴賤差降，無相踰越，百代常行，無易之道也。」〔註421〕《禮記‧禮器》稱：「宗廟之祭，貴者獻以爵，賤者獻以散。」〔註422〕此明貴小賤大，示之節儉。又案《國語‧楚語‧觀射父論祀牲》，觀射父曰：「郊禘不過繭栗，蒸嘗不過把握。」〔註423〕又曰「夫神，以精明臨人也，所求備物，不求豐大。」〔註424〕供品只要能恰如其分就可，不必去計較其輕重大小。

供品不在量的多少，也不拘質地的貴賤，重要的是一定要保持溫熱狀態。清人錢泳（1759～1844）《履園叢話‧祭品用熱》即載：「松江某氏請乩童，有近鄰陸成衣亦降乩曰：「我爲某家土地，受其香火，甚安。但祭品皆生冷不可饗，乞寄言某家，爲我具熱者。」如其言以告鄰某。越數日，乩復降曰：「前日我一言，累其家多費，幸爲我再告之：『以後祀我，不拘葷素，但求熱者可也。』大凡祭祀之品，需用熱者，余亦嘗持此論。考古之鼎彝皆有蓋，俱祭器也。其法先將粢盛貯其中，而以蓋覆之，取火熬熱，上祭時始揭蓋，若今之暖鍋然，所謂：『歆此馨香』也。若祭品各色俱冷，安謂之『馨香』耶？余家凡冬日祭祀，必用暖鍋，即古鼎彝之意。以此法用之掃墓尤宜。」〔註425〕此說雖無據，然就「神與人同」的角度以觀，此說亦有其道理在。可見供品保有溫熱的說法確有其必要性。

〔註420〕同註418，《禮記‧祭統》卷四十九，頁 831。

〔註421〕唐‧韋述，〈宗廟加籩豆議〉。按，依《文粹》卷三十九本文題下署「韋述、張均同議」。載清‧董誥等編，《全唐文》三〇二，山西：教育出版社，2002年 12 月第一次印刷，頁 1822。

〔註422〕同註418，《禮記‧禮器》卷二十三，頁 454。

〔註423〕周‧左丘明，《國語‧楚語‧觀射父論祀牲》卷十八，臺北：臺灣古籍出版社，2002 年 5 月初版二刷，頁 796。

〔註424〕同註421。案，依《文粹》卷三十九本文題下署「韋述、張均同議」。載於清‧董誥等編，《全唐文》三〇二，山西：教育出版社，2002 年 12 月第一次印刷，頁 1822。另《國語‧楚語‧觀射父論祀牲》卷十八，臺北：臺灣古籍出版社，2002 年 5 月初版二刷，頁 796 原文載爲：「夫神以精明臨民者也也，故求備物，不求豐大。」

〔註425〕清‧錢泳，孟斐校點，《履園叢話‧祭品用熱》卷十五，《清代筆記小說大觀》，上海：上海古籍出版社出版發行，2007 年 10 月第一次印刷，頁 3558～3559。

二、金門地區常用的供品

　　祭，是指通過一定的禮儀秩序，將供品呈獻給特定的祭拜對象；祀，原指對祖先的崇祀，其後也泛指一切的祭典而言。〔註426〕祭典是「俗世」與「聖域」間溝通的平台〔註427〕，也是人與神明、祖先之間對話的窗口。「春、秋教以禮樂；冬、夏教以詩書」〔註428〕正是《禮記‧王制篇》對詩書禮樂的宏觀調控。《中庸》也有「齊明盛服，以承祭祀，洋洋乎如在其上，如在其左右。」〔註429〕以及「春秋，脩其祖廟，陳其宗器，設其裳衣，薦其時食」〔註430〕的說法，則祭祀的當務之急，就是秉持著虔誠篤敬的心情，將最好的時令鮮物進獻給萬能的神明，以討神祇歡心，然後藉由「祈」、「報」的對價平台，獲得神明的庇佑與呵護。〔註431〕

　　「禮者，敬而已矣。」〔註432〕這是儒家垂範世人的普世觀，乃見整個祭典的核心價值就是以一顆虔敬的心，透過典雅化、象徵化的供品，奉獻在神明或祖靈前面。按照「有祈、有報」的俗世觀〔註433〕，則這些神明或祖靈，在接受虔敬的供奉祀拜之後，也必定會回以豐厚的報賞——庇佑信眾、子孫的平安。目前在金門地區仍盛行不衰的「揀桌」〔註434〕絕技，尤其是隆重的祭祖「三獻禮」，或是一年一度的中元普渡祭典，都可看到這種精雕細琢供品的展現，這其中涵蓋有茱雕及糕餅師傅的絕活。藉由這種「非常時間、非常空間所製作的非常事物」祭典文化層面檢視，即可清楚地觀察到民間信仰當

〔註426〕葛晨虹，《中國古代的風俗禮儀》，臺北市：文津出版社，2001年，頁54。

〔註427〕李師豐楙，《禮生與道士：臺灣民間社會中禮儀實踐的兩個面向》（抽印本），臺北市：漢學研究中心，2001年，頁333。

〔註428〕《禮記‧王制》卷十三（阮元重刊宋本），漢‧鄭玄注：唐‧孔穎達等正義，臺北：藝文印書館，1976年5月六版，頁256。

〔註429〕同註428，《禮記‧中庸》卷五十二，頁884。

〔註430〕同註429，頁886。

〔註431〕李師豐楙，〈節慶祭典的供物與中國飲食文化——一個「常與非常」觀的節慶飲食〉，《第四屆中國飲食文化學術研討會論文集》，林慶弧編，臺北市：中國飲食文化基金會，1996年，頁227。

〔註432〕《孝經‧廣要道章》卷十二（阮元重刊宋本），唐元宗明皇帝御注：宋‧邢昺疏，臺北：藝文印書館，1976年5月六版，頁44。

〔註433〕同註431，頁215。

〔註434〕「揀桌」是一種民間在祭典中常見的祀神宴，它襲取古代宮廷中「滿漢全席」的精髓，將葷、素等供品塑造成忠孝節義的人物造型、飛禽走獸……等不同型態，成為祭典當中特色獨具的文化底蘊。

中，儒、道與民俗間的巧妙融合。〔註435〕

　　金門地區面積雖不大，但就琳瑯滿目供品而言，不論是供品的材質，或是供品的內涵，都具有相當強烈的地域性色彩，也最能凸顯金門地區禮儀實踐的特色。就禮數的隆重層面言，從規模最大的「滿漢全席」，「少牢禮」（全豬、全羊），五牲、三牲，到一般性的葷素供品，都值得詳加解讀。其中尤以「滿漢全席」桌的擺設最具可看性。

（一）滿漢全席宴

　　「滿漢全席」又有「大滿漢全席」與「小滿漢全席」之分。「大滿漢全席」供品總數計有一○八道〔註436〕，造型各異其趣的葷素供品，其中有「五湖四海」、有「八大」、「八中」、「八小」，更有「五牲」、「四季盤」、以及盛放女性專用的胭花脂粉、以及男性專用的香菸、茶葉、打火機、糕餅、瓜果等六十四盤小碟子。至於「小滿漢全席」則缺乏最具地域色彩的「五湖四海」這九道供品，也沒有象徵季節特色的「四季盤」，僅有「八大」、「八小」這十六道菜餚最具特色，如許氏家廟的祭祖禮中所呈現的就是典型的「小滿漢全席」桌。（詳見表4-8）

表4-8：金寧鄉湖下村中元普渡「大滿漢全席」供品陳列樣式

【樣式一】〔註437〕			【樣式二】		
編號	供品名稱	數　量	編號	供品名稱	數　量
	排列成菱形圖案的筷子與酒杯〔註438〕	筷子十雙酒杯十個		排列成菱形圖案的筷子與酒杯	筷子十雙酒杯十個
01	五牲	五　盤	01	五牲	五　盤
02	淡盒〔註439〕	一　座	02	淡盒	一　座

〔註435〕同註433。

〔註436〕大滿漢全席桌供品總數言人言殊，或說是一○八道，然事實上據筆者詳加檢視，很少真正達到此一數據，此中最大因由可能是囿限於供桌空間的不足所致。

〔註437〕這種供品陳列的順序剛好與「奠安」（慶成醮）慶典順序顛倒，因為普渡公是由外向內享用供品，而「奠安」及祠祭用的供桌，敬拜的對象為宗祠祖龕內的祖先，故而會有供品前後順序不同的差異。

〔註438〕菱形圖案排列的筷子，僅出現在「普渡桌」，至於春冬祠祭則不需作如是陳列。

〔註439〕普渡用的「大滿漢全席」供品當中，有些只擺「淡盒」，不擺「三秀」。「三秀」

03	五湖四海（菜雕）	九　　盤	03	五湖四海（菜雕）	九　　盤
04	水果碟	二十八盤	04	水果盤	八　　盤
05	八小（菜雕）	八　　盤	05	蜜餞	四　　盤
06	三色碟〔註440〕	四　　盤	06	八小（菜雕）	八　　盤
07	中藥茶（四神）	四　　盤	07	三色碟	四　　盤
08	蜜餞碟	四　　盤	08	中藥茶（四神）	四　　盤
09	胭花脂粉	四　　盤	09	胭花脂粉	四　　盤
10	水果雕花碟	八　　盤	10	水果雕花碟	八　　盤
11	打火機	四　　盤	11	香煙	四　　盤
12	香煙	四　　盤	12	茶葉	四　　盤
13	茶葉	四　　盤	13	小點心（珠包）	四　　盤
14	小點心（珠包）	四　　盤	14	八大（菜雕）	八　　盤
15	八大（菜雕）	八　　盤	15	八大（菜雕）	八　　盤
16	中秋餅（菜碗）	十二盤	16	中秋餅（菜碗）	十六盤
17	小發糕（菜碗）	十二盤	17	碗蹄〔註441〕（葷菜碗）	十六碗
18	中發糕（菜碗）	二十八盤	18	桃塔	四　　座
19	桃塔	四　　座	19	必頭果塔	二　　盤
20	必頭果塔	二　　盤			
21	大發糕、粽子	二　　盤			

資料來源：楊天厚，〈「揀桌」在普渡儀節中的角色觀察〉，《國立金門技術學院學報》（第三期），2008年3月，頁30。

由糕餅店製作的粉紅色糖製品，共三件一組。中央爲高聳的寶塔，兩側爲龍鳳。外側若加上兩隻獅子，則稱爲「五宿」。「奠安」爲百年難得一見盛會，因此「五宿」成爲必然的選項；例行性祭祖活動則僅用「三宿」。因此從「三宿」與「五宿」亦可看出祭典規模的大小。中元普渡時，供桌前方兩側有些地方的普渡桌還會擺上全豬與全羊。湖下村則各在「大滿漢全席」桌前方擺放總數多達三十幾頭的全豬，蔚爲金門地區供品的一大特色。「淡盒」底部爲木製或銅製的長條型盛放供品的祭器，長約25公分，寬約10公分，高約15公分，上方有六個小孔，可以插上六支串有蜜餞的竹箋，是醮儀中必備的供品，常與「三宿」（或五宿）擺置在供桌最前端，「淡盒」在前，「三宿」（或五宿）在後。

〔註440〕據金城鎭後浦街莒光路「奇香糕餅店」師傅楊國慶指出，「三色糕」是一種糕餅小點心，色澤由上而下依序爲青、紅、黃。

〔註441〕「碗蹄」這種葷菜碗可視情況增加到二十碗。

「滿漢全席」顧名思義即是「漢席」和「滿席」的綜合體，它原本是清宮宴的代表作，何時被「世俗化」、「簡單化」、「象徵化」成爲供品的代表作？又於何時傳入金門？已然不可考。這種以菜雕師傅爲主，糕餅業師傅爲輔所搭配製作而成的「滿漢全席」宴，其中頗具特色的「五湖四海」，或「八大」、「八中」、「八小」等維妙維肖的造型，有取材自《三國演義》、《西遊記》、《水滸傳》、《封神演義》等章回小說，或歷史人物的「人仔齣」，內容以教忠教孝，或勸人行善爲主題，如「姜太公釣魚」、「郭子儀拜壽」、「孔明借東風」、「楊震卻金」、「老萊子娛親」等家喻戶曉的民間故事情節。有以飛禽走獸爲主題，如象徵剛健勇猛的「虎、豹、獅、象」，或象徵吉祥如意的「四靈」（龍、鳳、麒麟、烏龜）等系列，或取材自海洋、湖泊、陸地的水陸特產，如水蛇、蜈蚣等不同造型供品。

這些爭奇奪豔，美不勝收的「菜雕」作品，事實上是菜雕師傅憑其一雙巧手，及靈活的構思，將原本平凡無奇的黑豆、牙籤、紅蘿蔔、茄子、冬瓜、鳳梨、棉花等物品，加以巧妙捏製後，即可成爲搶盡鋒頭的「明星供品」。兩粒黑豆可以成爲炯炯有神的雙眼；牙籤可以成爲固定軀體的關節，或韌帶；紅蘿蔔、白蘿蔔、茄子、鳳梨、冬瓜、南瓜等菜蔬瓜果可以雕成栩栩如生的飛禽走獸，或奇花異卉；沾染鮮豔色彩的棉花則成爲最佳的化妝品；雞、鴨身軀則是人物雕刻不可或缺的要元；豬隻的內臟在菜雕師傅手中更成爲無所不能的素材，例如豬肺、豬心、豬腎、豬胰臟等，都是必備的材料。切成約 15 公分見方的冬瓜塊則墊在碗底當底座。〔註442〕本研究乃長期田野調查所得，從民國八十四年（1995 年）對「揀桌」師傅楊誠長的專訪後，又於民國九十五年（2006 年）再次向歐陽耀東、張延華、楊國慶等幾位菜雕、糕餅師傅作更深入的訪談，以及在金寧鄉湖下村拍攝蔡啓東師傅精心設計的「滿漢全席」祀神宴珍貴畫面，並參酌文獻的佐證，將這種瀕臨式微的閩南傳統祀典禮樂文化，作詳實而全面的呈現（照片 4-11：筆者帶領金門技術學院學生於盧氏家廟現場作校外教學，參觀「滿漢全席」桌精緻菜雕作品）。

〔註442〕楊天厚，〈「揀桌」在普渡儀節中的角色觀察〉，《國立金門技術學院學報》（第三期），2008 年 3 月，頁 38。

照片 4-11：筆者帶領金門技術學院
學生於盧氏家廟現場作校外教學，
參觀「滿漢全席」桌精緻菜雕作品

照片 4-12：
祠祭儀典中演奏的鼓樂隊成員
與手中持有的樂器

　　相對於金門地區以菜雕技藝爲主的「享神宴」，臺灣地區則稱之爲「看
碗」、「看桌」、「看牲」。箇中翹楚蔡雲鎣師傅就以蓬萊米和糯米磨成米漿壓乾
蒸煮後，製作成禽鳥、水產、瓜果等各種不同造型的「看牲」〔註443〕。至於
其他以菜雕展現才藝的師傅，也有的以整顆冬瓜透過鏤空雕刻的手法，直接
在冬瓜上面展現其絕活。台、金兩地的師傅所使用的材質或有不同，手法容
有差異，然藉由創作的巧思將形象化、象徵化的供品展現在供宴上，則是殊
途而同歸，同樣扮演禮文延展的薪傳者。

　　生與熟、葷與素、局部與全部，雜然並陳，是時下供品最常見的情況。
李師豐楙曾綜合李維・史陀（C. Levi-Strauss）先生「生食與熟食」的概念，
與李亦園先生「生與熟」、「全與部分」的論述後，對供品的不同材質提出一
套全相的觀察：

　　　　中國人的鬼神觀實在可從祭品的繁複組合中，發現「位階」和「差
　　　　序」的意識深刻地蘊藏於其中：「生」被認爲「表示關係的疏遠」，
　　　　即是陌生、生分、生疏，也表示疏遠、不能或不願親近。它可組合
　　　　爲既「生」又「全」，即是吉禮中的「犧牲」，用以祭祀至高至遠及
　　　　集體性之神；也可以表現多種多樣的「生」而「部分」，在諸般祭禮
　　　　中用以祭獻較低階或帶有威脅性的煞神、鬼煞等。因此牲體的「生」，
　　　　所象徵的是存在於祭獻者與受祭者之間的關係，祭獻者要以實際的

〔註443〕王慧瑛，〈看碗師傅牲醴，祭典大享受〉，《聯合報・生活版》A6，2010 年 9
　　　　月 5 日。

　　動作和物件象徵地表達其感覺：它既是彼此間距離的生分、遙遠；
也是相隔時間、空間的生疏、遠離。〔註444〕

供品是祭典中展現誠意重要橋樑，也是祭拜者與被供拜者間親疏關係的最佳
鑑別度。質言之，神格位階較高，或與祭拜者關係較生疏的，則以「生」或
「全」作為供品選項的標的；至於一般性的神祇則用「熟」或「部分」的供
品為大宗。若是自家先祖，則任何家常小菜皆可成為可口的供品。概而言之，
在「非常」與「常」兩種不同時空中〔註445〕，出現的禮儀本質就會有「生與
熟」、「全部與局部」的變貌。〔註446〕

　　俗諺有云：「天上天公，地下母舅公。」俗稱「天公」的玉皇大帝是民俗
信仰中，神格位階最高的天神，因此有「少牢」之稱的「全豬、全羊」即成
為敬拜「天公」供品中的首選。此外，如祭祖「三獻禮」，及中元普渡等較隆
重的科儀，或規模較為盛大的廟會活動，如俗稱「奠安」的「慶成醮」，因係
百年難得一見的重大醮儀，這些都需要以「生」、「全」的全豬、全羊始能展
現其誠意，或以糕餅店製作的「麵豬」、「麵羊」作象徵性替代品。烈嶼鄉（小
金門）地區則保有更傳統的古禮，在全豬、全羊背部，各置放一隻尾部帶有
一小撮雞毛的全雞，及一付豬肺。保留雞尾的雞毛象徵首尾俱全；豬肺則主
氣。《儀禮・士昏禮第二》云：「舉肺、脊二，祭肺二。」鄭玄《注》：「舉肺、
脊者，食時所先舉也。肺者，氣之主也，周人尚焉。脊者，體之正也，食時

〔註444〕李師豐楙，〈節慶祭典的供物與中國飲食文化──一個「常與非常」觀的節慶
　　　　飲食〉，《第四屆中國飲食文化學術研討會論文集》，林慶弧編，臺北市：中國
　　　　飲食文化基金會，1996年，頁221。

〔註445〕李師豐楙，〈禮生與道士：臺灣民間社會中禮儀實踐的兩個面向〉，《社會、民
　　　　族與文化展演國際研討會論文集》，臺北：漢學研究中心，2001年，頁332。
　　　　又據李師在另文〈嚴肅與遊戲：從蜡祭到迎王祭的「非常」觀察〉的剖析，
　　　　所謂的「常」，即指日常世界中人人各自穿著常服、工作服在各自的崗位上努
　　　　力打拼，就是經驗性的有條理、規律的世界秩序。凡此即符合儒家理想的「常
　　　　道」，一種順應宇宙秩序、自然規律的社會秩序，如此大家共同感應自然秩序
　　　　下的正常性與日常生活的正常性，其間具有密切的聯繫關係。但是一旦進入
　　　　非日常性的節慶生活時，則任何階層的人，都得各自穿上特殊的服飾，在特
　　　　定儀式空間內各自走位，「演出另一個自我」，熟稔地與其他角色相搭配，此
　　　　即所謂的「非常」。詳見李師豐楙撰，〈嚴肅與遊戲：從蜡祭到迎王祭的「非
　　　　常」觀察〉，《中央研究院民族學研究所集刊》第八十八期，1999年秋季，頁
　　　　141～142。

〔註446〕楊天厚，〈「揀桌」在普渡儀節中的角色觀察〉，《國立金門技術學院學報》（第
　　　　三期），2008年3月，頁37。

則祭之。飯必舉之，貴之也。每皆二者，夫婦各一耳。」〔註447〕值得注意的是金門地區「少牢」的擺設爲：左側全豬，右側全羊。據《欽定大清會典》供牲陳設圖「太牢」的擺設爲全牛居中，左側爲全羊，右側爲全豬。〔註448〕則禮書全羊居左，全豬居右，與庶民社會擺設方位相反的情況，或可藉此用來解釋禮與俗間的差異性。

「五湖四海」這九道呈梅花形狀排列的菜餚，是金門地區滿漢全席宴中最具代表性供品。依金、木、水、火、土五行方位，象徵東青龍，西白虎，南朱雀，北玄武，及中央天父、地母的菜雕作品，分別以雞、豬肉、豬內臟，及蔬果製作而成的供品，可以是歷史人物，可以是飛禽走獸，也可以是水族系列產品，全視菜雕師傅的慧思與巧手。〔註449〕據金門地區專攻「菜雕供宴」的幾位師傅指出，金門本島早期有五座永不枯竭的湖泊，依序爲金沙鎮赤埕湖（位處官澳村前方）、東店湖（陽翟村附近），金湖鎮西村湖，金城鎮古崗湖，金寧鄉的安岐湖。而金門島縣的周遭四面環海。故而會有五道湖泊出產的水產品系列，以及四道海產品，形成地域性色彩相當濃厚的九道供品。據「奇香」糕餅店東楊國慶報導，爲了凸顯金門四周環海的地理特徵，甚至連普渡用的麵製神龜，都要特別做出「前寬後窄」的特殊造型。麵龜前端稍寬，代表金門周遭遼闊的海洋；後端稍窄，則代表面積較小的湖泊。

張華在《博物志·五方人民》曾言：「東南之人食水產，西北之人食陸畜。食水產者，龜蛤螺蚌以爲珍味，不覺其腥臊也。食陸畜者，狸兔鼠雀以爲珍味，不覺其羶也。」〔註450〕是故，供品是可以有更多樣的選項：住在山上的以禽獸爲首選，住在海邊的以魚鱉爲大宗。〔註451〕因爲有地緣上的不同，嗜好的差異，連帶使得供品的取材也會因地而制宜。《禮記·禮器》就說：「故天不生，地不養，君子不以爲禮，鬼神弗饗也。居山以魚鱉爲禮，居澤以鹿

〔註447〕《儀禮·士昏禮第二》卷四（阮元重刊宋本），漢·鄭玄注：唐·賈公彥疏，臺北：藝文印書館，1976 年 5 月六版，頁 42。
〔註448〕清·崑岡等，《欽定大清會典事例》卷四五五（據清光緒二十五年刻本景印），臺北：新文豐出版公司，1899 年出版，頁 1367。
〔註449〕許維民，《金門傳統美食》，金門縣政府指導贊助出版，1999 年 11 月，頁 137。
〔註450〕晉·張華，民國·范寧校證，《博物志校證·五方人民》卷一，臺北：明文書局，1981 年 9 月，頁 12。
〔註451〕同註450，頁 12：「有山者採，有水者漁。」

豕爲禮，君子謂之不知禮。」鄭玄《注》云：「天不生，謂非其時物也。地不養，謂非此地所生。」〔註452〕因此，凡是非應時所生長、非本地所出產者，君子概不用作行禮的供品。金門地處福建東南海隅，「五湖四海」遂成爲供品中最具地域性色彩的供品系列。

質而言之，只要是天之所生，地之所養就可當做禱神祈福的供品，是禮經對供品的制約。金門民間社會素來就有：甘蔗、蕃茄、香瓜、番石榴……等瓜果不可做爲酬神敬祖供品的說法，一般善信更奉之爲遵循的圭臬。此種看法是否有解讀上的適切性，是有相當程度的討論空間。佛寺大雄寶殿供奉的「四果」，番石榴即是其中使用頻率相當高的供果。至於甘蔗，金湖鎮瓊林村蔡氏家廟的春冬祠祭，去皮且切成約 10 公分條狀的甘蔗塊，即以六塊盛於小碟當供果，並以四小碟爲一組，寓有「節節高昇」的特殊意涵。則所謂部分瓜果不能成爲供品的說法，可不攻自破。

其次是「大滿漢全席」的「八大」、「八中」、「八小」等二十四道葷素菜碗，差別只在容量的大小。「小滿漢全席」則只有「八大」、「八小」等十六道菜。這些以造型取勝的供品，基本上都以葷菜爲主的「血食」供品。金城鎮後浦陳氏祠堂（忠賢祠）的素菜宴，主要是紀念當年負責建祠的六位賢達當中的陳佐材，生前有吃齋茹素的習性，而特別將三成左右供品用素菜製作成素供宴，造型比起葷供宴相對簡單些。至於以葷菜爲主的供宴造型則較花俏，主題大都以歷史人物爲主的「人仔齣」，其次是禽獸類的造型，如以猛獸爲主題的「虎、豹、獅、象」等系列作品。據筆者長期觀察結果，不同師傅創作的作品各異其趣，有的擅長以歷史人物呈現忠孝節義的觀念，有的則以翱翔天際的飛禽，乃至棲息水域的水產品，如魚、蝦、鱉、龜、水蛇等水族。或陸地的昆蟲、猛獸，如蜈蚣、蝙蝠等，製作成維妙維肖的供宴席。

「四季盤」也是「大滿漢全席」宴中相當醒目的「非血食」供品系列，更是展示菜雕師傅絕活的藝術精品。以白蘿蔔、紅蘿蔔、茄子、南瓜……等蔬果爲素材的菜雕作品，純粹靠創作者的巧思，始能創造出栩栩如生的精品。藉由代表不同季節特色的花卉，襯托出四季的不同景觀。如代表春季的牡丹花，夏季的蓮花，秋季的菊花，冬季的梅花等。從紅花到綠葉，都是創作者嘔心瀝血之作。菜雕師傅雕刻妥當的各式花卉，須浸泡於水中作定型的預備

〔註452〕《禮記·禮器》卷二十三（阮元重刊宋本），漢·鄭玄注；唐·孔穎達等正義，臺北：藝文印書館，1976 年 5 月六版，頁 449。

工作，始能將其最美的面相展現於「滿漢全席」桌上，也才能成爲禮文展演的注目焦點。

再則，「滿漢全席」桌陳列的小碟供品中，內容包羅萬象，即日常生活中所接觸到的任何事物，都有入選成爲享神宴供品的可能。舉凡男性擅用的香菸、打火機；女性愛用的胭花脂粉等化妝品，消遣用的撲克牌，幫助消化用的蜜餞，怡情養性的鼻煙壺。以及冬令進補用的「四神茶」，尋常時刻飯前開胃菜、甜點，飯後香茗，俾能消除腸胃油膩……等各種相關物品，都在臚列的範疇當中，設想不可謂不周全。如瓊林村濟陽蔡氏家廟祭典，正餐之前必備的的飯前甜點，即以「米粉湯配空包（糕餅店製作的空心包子）、米香湯配寸棗（傳統糕餅製品）」當開胃菜，然後才是正餐，再來才是「白飯配茶水」，沏壺好茶盛情款待，讓享用大餐的蔡氏先祖腸胃不致太油膩，「事死如事生，事亡如事存」〔註453〕即此之謂也。

（二）一般性供品

在琳瑯滿目滿漢全席供品中，以豬頭皮、雞、鴨、魚、肉、魷魚、豬肺、豬心、豬腰、蹄膀等物品，任選其中五項作組合，配合「五行」概念籌組而成的五盤供品，此即民間俗禮中的「五牲」。《左傳·昭公十一年·傳》：「五牲不相爲用。」杜《注》：「五牲，牛、羊、豕、犬、雞。」〔註454〕另據《爾雅·釋畜》云，馬、牛、羊、豕（豬別名）、狗、雞爲六畜。〔註455〕《左傳·僖公十九年·傳》也有「古者六畜不相爲用」〔註456〕的說法。「五牲」寓有「五行」的概念，是僅次於全豬、全羊的供品，而五牲的供品都是經過蒸煮後的熟食。比較講究禮數者，甚至會在豬頭皮中間插上一條豬尾巴，以示頭尾俱全的象徵意義，寓意整隻的全豬。此即民俗學中「將至善至美之物奉獻給至高至尊」〔註457〕祈謝原則的具體展現。

〔註453〕《禮記·中庸》卷五十二（阮元重刊宋本），漢·鄭玄注；唐·孔穎達等正義，臺北：藝文印書館，1976年5月六版，頁887。

〔註454〕周·左丘明傳，晉·杜預注，唐·孔穎達疏，民國·楊伯峻編著，《春秋左傳注·昭公十一年·傳》，高雄：復文書局，1991年9月再版，頁1327。

〔註455〕《爾雅·釋畜》卷十（阮元重刊宋本），晉·郭璞注；宋·邢昺疏，臺北：藝文印書館，1976年5月六版，頁195。

〔註456〕同註454，《春秋左傳注·僖公十九年·傳》，頁381。

〔註457〕李師豐楙，〈節慶祭典的供物與中國飲食文化——一個「常與非常」觀節慶文化〉，林慶弧主編，《第四屆中國飲食文化學術研討會論文集》，臺北：中國飲食文化基金會，1996年，頁218。

　　比五牲位階稍差一等的，即爲金門庶民社會使用度最頻繁的「三牲」（雞、魚、肉）。《左傳・昭公二十五年・傳》：「三犧」，杜《注》云：「祭天、地、宗廟三者謂之犧。」鄭玄《注》云：「始養曰畜，將用曰牲，毛羽完具曰犧。」〔註458〕三犧即牛、羊、豕三牲，由六畜中遞爲減殺而來。蓋以牛、羊、豕用于祭天、祭地、祭宗廟，雞與犬不用也。無論大牢、少牢或特牲，皆不數犬、雞。〔註459〕篤信「雞頭魚尾」爲最隆重禮數的金門鄉親，這道供品在民國五○年代以前，享祀時尚需盛以木製長方形（約40cm×25cm）「三牲盤」，目前後浦南門許氏家廟祠祭中尚保有這種古意盎然，並在盤底烙印「許氏家廟」印記的木製祭器。五○年代以後隨著器皿的多樣化，而逐漸被輕便的鋁製牲盤所取代。八○年代以後則換成鮮紅色系列的塑膠盤。雞嘴含著雞心、雞背部安置雞肫、雞肝、雞血的全雞置中，左側爲魚，右側爲長條狀五花肉或豬腿肉的「三牲」供品，而且需謹守「雞頭魚尾」朝向供拜的神祇或祖先的原則。就是尋常宴客的酒席也是以「雞頭」或「魚尾」朝向最尊貴的客人，形成特色獨具的地方性飲食文化，是金門地區酒宴中對貴賓表達敬意的常民文化。〔註460〕「三牲」有生、熟之分。敬拜神明或祖先用煮熟的三牲。庶物崇拜如俗稱「下壇爺」的虎爺，或風獅爺，則使用生的「小三牲」，只要一條小魚、一小片肉、一塊豆腐即可。

　　就民間常見的供品而言，「菜碗」亦扮有舉足輕重的角色功能。「菜碗」有葷素之分，滿漢全席或一般性供品都是不可或缺的重要位元。敬拜玉皇大帝，率皆以素菜碗爲主。一般神祇與祖先則以葷菜碗爲主。數量的多寡，則端視牲品的類別而定。藉由「菜碗」數量的多寡，襯托出尊卑隆殺不同等級的禮文樣貌。就慣習而言，搭配「五牲」的菜碗需用到十六碗；「三牲」則僅用十二碗。每月農曆初二、十六兩日寺廟前埕的「犒軍」（敬拜軍將爺），則僅五、六碗的葷素「菜碗」而已。隆重的祭祖儀典，大部分的族姓皆採「滿漢全席宴」，以凸顯尊祖敬宗的禮樂文化。然以科舉業聞名，明清兩代人才輩出的瓊林村濟陽蔡姓，對於供品的選用卻相當平民化。

〔註458〕《春秋左傳・昭公二十五年・傳》卷五十一（阮元重刊宋本），晉・杜預注；唐・孔穎達等正義，臺北：藝文印書館，1976年5月六版，頁889。

〔註459〕周・左丘明傳，晉・杜預注，唐・孔穎達疏，民國・楊伯峻編著，《春秋左傳注・昭公二十五年・傳》，高雄：復文書局，1991年9月再版，頁1457。

〔註460〕楊天厚、林麗寬，《金門高粱酒鄉》，臺北：稻田出版社，2001年5月，頁118～122。

　　瓊林蔡氏家廟每年春、冬兩祭〔註461〕，各由二十名俗稱「頭家」的「爐主」負責籌辦祭祖相關事宜。其中瓊林本村爐主有十八位，另兩位則來自金城鎮水頭村，以及金寧鄉嚨口村派衍外村的族裔。以本村十八位爐主「抽鬮」（抽籤）分派任務，籌備各種祭祖相關物品，是瓊林蔡氏族裔數百年來固有傳統。抽到一至四鬮的爐主負責採辦所有應備物品。至於抽到五至十八鬮的爐主，每鬮份另辦供品二十四碗，內含二十碗葷菜，及四碗餅干、糖果等「素菜碗」。唯一最豪華的供品則是擺放在「香案」後側的「八仙桌」，計有：「五牲」五盤，小碟十六盤（四盤去皮甘蔗、四盤去皮橘子、四盤蜜餞、四盤滋補的中藥「四神茶」），兩側則各擺多付「三牲」（雞、魚、肉）而已，絲毫看不出官宦世家的氣派與豪奢，有的只是通俗的「家常菜」，及勤儉持家的祖訓而已。

　　金門俗諺有云：「無酒擲不出聖筊。」酒是供品當中不可或缺的重要位元，不論是吉禮，或是凶禮。幾乎所有的祭奠都需要用到酒，或酌酒，或獻酒，或醻酒。俗諺有言：「非酒無以成禮」。《課子隨筆鈔》亦有「古者酒以成禮」〔註462〕的論述。《禮記・禮運》云：「夫禮之初，始諸飲食。其燔黍捭豚，汙尊而抔飲，蕢桴而土鼓，猶若可以致其敬於鬼神。」孔穎達《正義》亦言：欲行吉禮，就得先以飲食爲本。所謂「汙尊而抔飲」者，謂鑿池汙下而盛酒，故云「汙尊」；以手掬之而飲，故云「抔飲」。此蓋中古之時，飲食質略，故而出現因陋就簡的克難方式。〔註463〕「故玄酒在室，醴醆在戶。粢醍在堂，澄酒在下。」孔穎達《正義》云，玄酒在室者，玄酒，指的就是水，以其色黑故稱之爲玄酒。太古無酒，故以此水代酒。三代以後雖有「五齊三酒」〔註464〕，卻因對古物的敬重，故陳設之時總會置於室內近北之尊貴處。

〔註461〕春祭時間爲農曆二月初七日，五世蔡靜山祖考忌日；冬祭爲農曆十月初六日，五世蔡靜山祖妣顏氏忌日。

〔註462〕清・張師載輯，《課子隨筆鈔》卷三，《叢書集成新編》六十冊，臺北：新文豐出版社出版，1989年7月臺一版，頁59。

〔註463〕《禮記・禮運》卷二十一（阮元重刊宋本），漢・鄭玄注；唐・孔穎達等正義，臺北：藝文印書館，1976年5月六版，頁416。

〔註464〕《周禮・酒正》卷五：「凡祭祀以灋（法）共五齊三酒，以實八尊。大祭三貳，中祭再貳，小祭壹貳，皆有酌數，唯齊酒不貳，皆有器量。」鄭玄《注》引鄭司農云：「三貳，三益副之也。大祭天地，中祭宗廟，小祭五祀。」（阮元重刊宋本），漢・鄭玄注；唐・賈公彥疏，臺北：藝文印書館，1976年5月六版，頁78。

　　　　另《禮記・禮運》卷二十一，孔《疏》云：「周禮，大祫於大（太）廟，則備

醴醆在戶者，醴謂醴齊，醆謂盎齊，以其出現的時間較晚為賤，故陳列於室內稍南卑微處。粢醍、澄酒又等而次之，故一設在堂，一設在堂下，以區分其尊卑高下位次。〔註465〕《詩・周頌・豐年》則有：「為酒為醴，烝畀祖妣，以洽百禮，降福孔偕。」〔註466〕考辨。酒、醴為同類之物。一夜釀成曰醴，甜酒亦曰醴。烝，進也。畀，與也。烝畀猶言獻與。〔註467〕

關於酒的起源有二說：一云夏禹之時有名叫儀狄的女子以糧食造酒；一云少康造酒。少康即杜康。〔註468〕二說皆直指三代的夏朝（公元前 21～16 世紀）即有酒醴問世的相關載述。《說文・巾部》云：「古者少康初作箕帚、秫酒。少康，杜康也。」段玉裁《注》：「儀狄始作酒醪，變五味〔註469〕。少康作秫酒。」〔註470〕曹操《短歌行》：「何以解憂，唯有杜康」〔註471〕的鋪陳，更強化杜康造酒之說可信度。《周禮》云：「酒正掌酒之政令，以式灋（法）授酒材。」鄭玄《注》云，酒正以作酒之法，授酒人以其材。是則周代已設有職掌酒之政令，並教授取材以釀酒的酒正。〔註472〕酒人〔註473〕則負責造酒，專供祭祀之用。《左傳・僖公二十八年・傳》則對供祭祀的酒製作過程及材料有詳盡的墾拓：「秬鬯一卣。」秬，黑黍也，今謂之黑小米。鬯，即用黑小米釀之，並搗香草合煮所成之酒，其酒芬芳條暢，故名曰鬯，古人用以降

五齊三酒」，頁 418。

〔註465〕《禮記・禮運》卷二十一（阮元重刊宋本），漢・鄭元注；唐・孔穎達等正義，臺北：藝文印書館，1976 年 5 月六版，頁 417。

〔註466〕《毛詩・周頌・豐年》卷十九（阮元重刊宋本），漢・毛公傳，鄭玄箋；唐・孔穎達等正義，臺北：藝文印書館，1976 年 5 月六版，頁 731。又《左傳・襄公二年・傳》卷二十九（阮元重刊宋本），晉・杜預注；唐・孔穎達等正義，臺北：藝文印書館，1976 年 5 月六版，頁 498 亦引此詩。

〔註467〕周・左丘明傳，晉・杜預注，唐・孔穎達疏，民國・楊伯峻編著，《春秋左傳注》，高雄：復文書局，1991 年 9 月再版，頁 921。

〔註468〕郭泮溪，《中國古代飲酒習俗》，陝西：人民出版社，2002 年 9 月，頁 1～2。

〔註469〕五味，指甜、酸、苦、辣、鹹。

〔註470〕東漢・許慎，清・段玉裁注，《說文解字注・巾部》，臺北：天工書局，1998 年 8 月，頁 361。

〔註471〕三國曹魏，曹操著，〈短歌行〉，載梁・蕭統編，唐・李善註，《文選》卷二十七，頁 398。

〔註472〕《周禮・天官・酒正》卷五（阮元重刊宋本），漢・鄭玄注；唐・賈公彥疏，臺北：藝文印書館，1976 年 5 月六版，頁 76。

〔註473〕同註464，《周禮・天官・酒人》卷五，頁 76：「酒人掌為五齊三酒，祭祀則共奉之，以役世婦。」

神。卣音酉，古代盛酒之器。〔註474〕再則《尚書‧文侯之命》〔註475〕、《詩經‧大雅‧江漢》〔註476〕皆有「秬鬯一卣」的載記。可見酒在周代受到重視的程度。

自古以來，中國人對「三」這個數字總有份特別的情感，認為「三」是完美無缺的。傳統祀典有「三獻禮」、「鳴鼓三通」、「三上香」、「三晉爵」、「三酌酒」、「三獻酒」、「三拜」等科儀，都與「三」有密切關係。《史記‧律書》云：「數始於一，終於十，成於三。」〔註477〕「三」這個數目字之所以有其特殊意涵，蓋源於太古時候的的老祖宗，最早只知有「一」和「二」這兩個數目字，而「三」則是經歷長時期的認識和思辨後所得到的經驗法則。〔註478〕《老子》曾說：「道生一，一生二，二生三，三生萬物。」朱謙之《校釋》云，此蓋謂道生於一氣，一氣化而為陰陽，氣化流行於天地之間，形氣質具，而後萬物生焉，故曰「三生萬物」。〔註479〕「三」乃萬物滋生繁衍的契機。此乃祭典中所以會有「三獻禮」及「三獻酒」、「三酌酒」、「三醋酒」的由來。在飲酒習俗中，也才會有「敬酒三杯」、「罰酒三杯」，以及「酒過三巡」的慣習與用法。

小　結

就禮儀實踐投射面而言，金門「十三陳」、瓊林濟陽蔡氏、珠浦許氏的祭祖儀典所展現的傳統禮文，皆是逐漸被世人所忽略淡忘的常民文化。在這「速食文化」一切求新求變的新時代，許多傳統的儀軌正在快速流失當中，特別是標榜禮樂文化的儒家思想。新世代年輕一輩，對傳統文化的冷漠，已到了令人不得不嚴肅面對的文化危機。金門這座曾受朱熹過化的海島，鮮少受到

〔註474〕周‧左丘明傳，晉‧杜預注，唐‧孔穎達疏，民國‧楊伯峻編著，《春秋左傳注》，高雄：復文書局，1991 年 9 月再版，頁 464。

〔註475〕《尚書‧文侯之命》卷二十（阮元重刊宋本），漢‧孔安國傳；唐‧孔穎達等正義，臺北：藝文印書館，1976 年 5 月六版，頁 310。

〔註476〕《毛詩‧大雅‧江漢》卷十八之四（阮元重刊宋本），漢‧毛公傳，鄭玄箋；唐‧孔穎達等正義，臺北：藝文印書館，1976 年 5 月六版，頁 687。

〔註477〕漢‧司馬遷，《史記‧律書》卷二十五，宋‧裴駰集解，臺北：藝文印書館，2005 年 2 月，頁 493。

〔註478〕郭泮溪，《中國古代飲酒習俗》，陝西：人民出版社，2002 年 9 月，頁 270。

〔註479〕周‧老子，朱謙之撰，《老子校釋‧德經》四十二章，北京：中華書局，2006 年 2 月第六次印刷，頁 174～175。

太多外來文化的衝擊，特別是近四十年「戰地政務」的桎梏框限，導致整體經濟發展遲緩，卻也間接讓傳統文化在這「海中桃源」受到更多的呵護。如何從常民文化中重新去檢視禮樂文化的眞諦，恐是世人在追求高科技，講求高效率的同時，所應嚴肅面對的新課題。

第五章　金門宗祠祭典的歷史地位

　　位處福建九龍江口外的島縣金門，以其孤懸東南海疆的地理位置，讓她鮮少有太多與外界接觸的機會，故而受到外來文化的衝擊，相對地減到最低程度。南宋鴻儒朱熹出任同安縣主簿期間，對金門父老的殷勤教化，以及《家禮》普面化的墾拓，南宋以降的金門，乃能絃歌不輟，禮樂風行，成為知書達禮的「海濱鄒魯」。儒家的禮樂文化，亦因之而深植人心。敬宗收族的宗祠祭典，遂得以普及於島上的每個鄉里、每個姓氏家族。復加明、清兩代科舉業的昌盛，士子業的亮麗成績，孕育了一大批知書達禮的士大夫。在這些士大夫的帶頭倡揚，廣建宗祠以祭祀先祖，凝聚族人以宣揚族威，遂成為孝子賢孫努力以赴的精神座標。

第一節　金門宗祠祭典與儒家關係

　　受鴻儒朱熹過化影響，金門地區民間祭祖儀式率皆以朱子《家禮》為最高指導原則，特別是在庶民社會普及率相當高的《家禮會通》〔註1〕和《家禮大成》〔註2〕，更是執禮者人人必備的「生活寶典」。儒家的禮得以深植民間，朱子簡易化、世俗化的《家禮》功不可沒。藉由民間祭祖儀式的觀察，重新檢測儒家禮典垂範世人的重要性，或許誠如孔子所說「禮失求諸野」〔註3〕，這何嘗不是詮釋儒家禮典的最佳渠道。

〔註1〕清・戴翊清，張汝誠輯，《家禮會通》，雍正甲寅（1734年）序刊本，臺北：大立出版社，1985年7月。
〔註2〕民國・呂子振輯，楊鑑重校，《家禮大成》，臺灣：竹林書局，1971年5月五版。
〔註3〕漢・班固，《漢書・藝文志》卷三十，臺北：鼎文書局，1981年2月四版，頁1746。

一、金門宗祠禮儀的標準化

《論語・季氏篇》:「不學禮,無以立。」〔註4〕《禮》爲儒家立身處世的礎石,亦是孝道的根元處。明人汪道昆(1525～1593)《太函集・潘氏宗祠碑記》云:「夫禮莫重于祭。重祭,故宗廟嚴。」〔註5〕「人之行莫大乎孝。孝莫大乎尊祖敬宗」〔註6〕是明人張旭〈賀致仕令君汪公鼎新祠堂序〉對孝道具體而微的鋪展。明人林希元(1482～1567)也說:「孝莫大於嚴親,嚴親莫大於廟祀。」〔註7〕祭爲五禮之首,而「嚴宗廟」又是祭禮的文化底蘊。「禮之行於家者,惟祭爲重。所以報本而追遠也,此人道之大端,孝子慈孫之至情也。」〔註8〕祭拜祖先的家庭禮儀,向來即被視爲中國文化重要表徵,也是凝聚家族重要力量的來源。〔註9〕明人溫璜(1585～1645)《溫氏母訓》甚至有:「祭祀絕是與祖宗不相往來,慶弔絕是與親友不相往來,名曰獨夫,天人不祐」〔註10〕的警語。

清儒李光地(1642～1718)亦稱:「禮莫重于祭」〔註11〕祭禮的慎終追遠,既可表達對先人的懷念與追思,也是弘揚孝道的不二法門。民間祭禮,是在朝廷祭禮與傳統祭禮雙重影響下進行的〔註12〕,故而祠祭中往往可以看見

〔註4〕 《論語・季氏篇》卷十六,魏・何晏等注;宋・邢昺疏,臺北:藝文印書館,1976年5月六版,頁150。

〔註5〕 明・汪道昆,《太函集・潘氏宗祠碑記》(北京大學圖書館藏明萬曆刻本)卷六十九,《四庫全書存目叢書・集部》一一八冊,臺北:莊嚴文化公司,1997年10月,頁112。

〔註6〕 明・張旭,《梅巖小稿・賀致仕令君汪公鼎新祠堂序》卷二十四(北京大學圖書館藏明正德元年刻本),《四庫全書存目叢書・集部》四十一冊,臺北:莊嚴文化公司,1997年6月,頁245～246。

〔註7〕 明・林希元,《同安林次崖先生文集・瑤山周氏祠堂記》卷十(遼寧省圖書館藏清乾隆十八年陳臚聲詒燕堂刻本),《四庫全書存目叢書・集部》七十五冊,臺北:莊嚴文化公司,1997年6月初版一刷,頁625。

〔註8〕 明・羅欽順撰,《整菴存稿》,卷二〈泰和山東王氏祠堂記〉(收錄於《四庫全書珍本四集》),頁30～31。

〔註9〕 呂妙芬,〈顏元生命思想中的家禮實踐與「家庭」的意涵〉,載《東亞傳統家禮、教育與國法(一)——家族、家禮與教育》論文集,2005年9月初版,頁144～145。

〔註10〕 明・溫璜,《溫氏母訓》(據清曹溶輯,陶越增訂《學海類編》本影印),《百部叢書集成》,臺北:藝文印書館印行,1967年出版,頁1a。

〔註11〕 清・李光地,〈家廟祭享禮略〉,載清・賀長齡、魏源等編,《清經世文編》卷六十六,北京:中華書局出版,1992年4月,頁1651。

〔註12〕 馮爾康,〈清代宗族祭禮中反映的宗族制特點〉,《歷史教學》總第五七三期,

「禮」與「俗」的明顯差異，且民間俗禮較之國家禮典更廣受庶民社會的認同，特別是隆重的「三獻禮」〔註13〕儀軌。宋儒呂祖謙（1137～1181）《東來別集‧宗法》即云：「禮俗不可分為兩事，且如後世雖有籩豆簠簋，百姓且不得而見，安能習以成俗？故禮俗不相干。故制而用之謂之禮，習而安之謂之俗。如春秋祭祀不待上令，而自安而行之。」〔註14〕此蓋《家禮》祠堂制度用俗禮之故。〔註15〕事實上民間執禮雖以《家禮》為指導方針，然真正影響黎民百姓最直接的，當屬晚清時期刊行的《家禮會通》〔註16〕，與《家禮大成》〔註17〕二書。

　　周人祭祀文化的最大特徵就是以祭祖為核心。周代祭祀祖先的禮儀就如同《詩經‧小雅‧信南山》所說的：「祭以清酒，從以騂牡，享于祖考。執其鸞刀，以啓其毛，取其血膋。是烝是享，苾苾芬芬，祀事孔明。」〔註18〕先祭以清潔的鬱鬯之酒，從之以赤色雄牲，以享於祖考。主人則親執鸞刀，以開啓其毛，以告其純；取其血膋，以告其殺。〔註19〕據〈《詩經》中周王祭祖心理初探〉的比較分析，《楚辭‧九歌》〔註20〕諸詩本就是祭山、祭河、祭日、

2009 年八期，頁 5。

〔註13〕 「三獻。獻，饋也。下進上曰獻。三獻者，曰酒傾去，從新再斟，跪而進之。」詳見清‧戴翊清撰，張汝誠輯，《家禮會通‧祭祀考疑》貞卷，雍正甲寅（1734年）序刊本，臺北：大立出版社，1985 年 7 月，頁 197。
又司馬光《書儀》初獻禮由主人主持，亞獻、終獻禮以主婦或近親為之。宋‧司馬光，《溫公書儀‧祭》卷十（據清嘉慶張海鵬輯刊學津討原本影印），臺北：藝文印書館，1966 年，頁 4b～5b；另朱熹《家禮‧四時祭》初獻由主人主祭，亞獻由主婦為之，終獻由兄弟之長或長男或親賓為之。宋‧朱熹，《家禮》卷五（南宋淳祐五年（1245 年）五卷本加附錄一卷），《孔子文化大全》，山東：友誼書社，1992 年 11 月，頁 811～814；金門地區的三獻禮皆有主祭的長老或理事長主持，直到三獻禮結束為止，中途不換人。就民間俗禮以觀，所謂的「獻禮」是由焚香起，直至獻饌為止為一「獻」。

〔註14〕 宋‧呂祖謙，《東來別集‧家範一‧宗法》，《文淵閣四庫全書本‧集部》一一五○冊，臺北：臺灣商務印書館發行，1986 年 7 月，頁 166。

〔註15〕 宋‧朱熹，《家禮‧通禮‧祠堂》卷一，《文淵閣四庫全書本‧經部》一四二冊，臺北：臺灣商務印書館，1986 年 7 月，頁 531。

〔註16〕 清‧戴翊清，張汝誠輯，《家禮會通》，雍正甲寅（1734 年）序刊本，臺北：大立出版社，1985 年 7 月。

〔註17〕 民國‧徐天有，《家禮大成》（合訂本），臺灣：竹林書局，1980 年 4 月第九版。

〔註18〕 《毛詩‧小雅‧信南山》卷十三之二（阮元重刊宋本），漢‧毛公傳，鄭玄箋；唐‧孔穎達等正義，臺北：藝文印書館，1976 年 5 月六版，頁 461。

〔註19〕 王師靜芝，《詩經通釋》，新莊：輔仁大學文學院，1976 年 7 月五版，頁 460。

〔註20〕 「九歌者，屈原之所作也。昔楚國南郢之邑，沅湘之間，其俗信鬼而好祠（一

祭鬼的詩篇。可是《詩經》〔註21〕實際收入的 305 篇作品，絕大多數都是祭祀祖先的詩歌，祭祀其他神靈的較少。在《周頌》三十一篇中，直接描寫祭祀或與祭祀有關的詩歌有二十一篇，其中祭祖詩占十四篇；《大雅》中直接描述祭祀的詩歌有八篇，其中祭祖詩就有五篇。可見在天神、地祇、人鬼等諸神之中，周人更重視祖先神靈的祭祀。〔註22〕

　　《尙書》云：「鬼神無常享，享于克誠。」孔安國《傳》：「言鬼神不保一人，能誠信者，則享其祀。」〔註23〕《孔子家語》也說：「潔誠以祭祀。」〔註24〕祭祀以誠是禮經的核心價值，也是儒家論禮的重點所在。蓋「至誠則感，故鬼神以是依。」〔註25〕且「祭者，所以追養繼孝也。非有忠敬誠信之心莫舉也。」〔註26〕《論語・八佾》：「祭如在。」何晏《注》：「孔子曰，事死如事生。」〔註27〕孔子此言，與《禮記・玉藻》：「凡祭，容貌顏色，如見所祭者」〔註28〕實有異曲同工之妙。程子曰：「祭，祭先祖也。」〔註29〕宋儒

作祀），其祠必作歌樂鼓舞以樂諸神。屈原放逐，竄伏其域，懷憂苦毒，愁思沸鬱，出見俗人祭祀之禮，歌舞之樂，其辭鄙陋，因爲作九歌之曲。上陳事神之敬，下見己之冤結，託之以風諫，故其文意不同，章句雜錯而廣異義焉。」《九歌》篇章依序爲：〈東皇太一〉、〈雲中君〉、〈湘君〉、〈湘夫人〉、〈大司命〉、〈少司命〉、〈東君〉、〈河伯〉、〈山鬼〉、〈國殤〉、〈禮魂〉諸篇。詳見：周・屈原著，宋・洪興祖撰，《楚辭補注》，臺北：藝文印書館，1977 年 9 月五版，頁 97～199。

〔註21〕《詩經》一詞，古無之也。古惟稱之曰《詩》，或以傳人之故而稱《毛詩》。《詩》始以經稱，當起於戰國晚年。詳見王師靜芝，《詩經通釋》，新莊：輔仁大學文學院，1976 年 7 月五版，頁 3。

〔註22〕陳富志、張蘭雲，〈《詩經》中周王祭祖心理初探〉，載《平頂山師專學報》第十七卷第四期，2002 年 8 月，頁 52。

〔註23〕《尚書・咸有一德》（阮元重刊宋本），卷八，漢・孔安國傳；唐・孔穎達等正義，臺北：藝文印書館，1976 年 5 月六版，頁 119。

〔註24〕魏・王肅註，《孔子家語》卷五（明覆宋刊本），收入《中國子學名著集成──宋元明清善本叢刊》，1978 年 12 月，頁 236。

〔註25〕唐・張景，〈對不供祭用判〉，清・董誥等編，《全唐文》卷三九七，山西：教育出版社，2002 年 12 月，頁 2400。

〔註26〕清・孔繼汾，《孔氏家儀・廟祭》卷一，臺北：中央研究院傅斯年圖書館珍藏善本書，頁 4a。

〔註27〕《論語・八佾》（阮元重刊宋本），卷三，魏・何晏等注；宋・邢昺疏，臺北：藝文印書館，1976 年 5 月六版，頁 28。

〔註28〕《禮記・玉藻》（阮元重刊宋本），卷三十，漢・鄭玄注；唐・孔穎達等正義，臺北：藝文印書館，1976 年 5 月六版，頁 569。

〔註29〕宋・眞德秀，《西山讀書記》，《文淵閣四庫全書本》，臺北：商務印書館，1986 年 7 月，頁 405。

眞德秀（1178～1235）《西山讀書記》云：「祖考之精神魂魄雖已散，子孫之精神魂魄自相屬。故祭祀之禮，盡其誠敬，便可以致得祖考之魂魄。」〔註30〕

　　大儒朱熹（1130～1200）說，古今祭禮事體雖有不同，但只要秉持以誠敬爲主的大原則，其他儀則可隨隨家豐約而機動作調整，「如一羹一飯，皆可自盡其誠。」〔註31〕明儒呂維祺（1587～1641）《四禮約言》亦有：「祭極其誠敬，如在其上，不求備物」〔註32〕的相同論述。《禮記‧祭統》則進一步指陳：「賢者之祭也，致其誠信與其忠敬。奉之以物，道之以禮，安之以樂，參之以時，明薦之而已矣。」〔註33〕元人吳海〈祠堂後記〉即言：「夫孝而後能饗其親，故合天道之宜，因時物之變，中心怵惕而悽愴，思之不忘，誠極而著，烹熟擅薌，奉承以進。慤信愛敬，盡禮而不過失焉。」〔註34〕吳氏此言，點出春秋祭典的意蘊，也道盡主祭者應有的態度。

　　雖說「神不享物，享于克誠。」〔註35〕爲求盡禮，祭祖禮儀對犧牲的要求仍非常嚴謹，牲體毛色必須純一是當務之急。〔註36〕《毛詩‧小雅‧信南山》云：「祭以清酒，從以騂〔註37〕牡，享于祖考。」毛《傳》：「周尙赤也。」

〔註30〕同註29，頁420～421。

〔註31〕宋‧黎靖德編，《朱子語類‧祭》卷九十，《文淵閣四庫全書本‧子部》七○一冊，臺北：臺灣商務印書館，1986年7月，頁885。朱熹此語，亦見於元人謝應芳撰，《辨惑編‧淫祀》卷一，《百部叢書集成》，臺北：藝文印書館印行，頁11b～12a。

〔註32〕明‧呂維祺，《四禮約言‧論祭》卷四，中國科學院圖書館藏清刻本，《四庫全書存目叢書‧經部》一一五冊，臺北：莊嚴出版社，1995年9月，頁120。

〔註33〕同註28，《禮記‧祭統》（阮元重刊宋本），卷四十九，頁830。

〔註34〕元‧吳海，《聞過齋集‧祠堂後記》卷三，《文淵閣四庫全書本‧集部》一二一七冊，臺北：臺灣商務印書館，1986年7月，頁179。

〔註35〕元‧脫脫等，《宋史》，臺北：鼎文書局出版，1980年5月再版，頁3067。

〔註36〕陳富志、張蘭雲，〈《詩經》中周王祭祖心理初探〉，《平頂山師專學報》十七卷四期，2002年8月，頁53。

〔註37〕騂，赤黃色。《詩經‧魯頌‧駉》（阮元重刊宋本）：「有騂有騏。」毛《傳》：「赤黃曰騂。」孔《疏》云：「騂牲是騂爲純赤色。言赤黃者，謂赤而微黃者，其色鮮明者也。」頁765。
　　　　另《詩經‧小雅‧大田》（阮元重刊宋本）：「以其騂黑，與其黍稷。以享以祀，以介景福。」毛《傳》：「騂，牛也。黑，羊、豕也。」鄭《箋》：「陽祀用騂牲，陰祀用黝牲。」卷十四之一，頁474。
　　　　《詩經‧魯頌‧閟宮》（阮元重刊宋本）：「白牡騂剛，犧尊將將。」毛《傳》：「白牡，周公牲也。騂剛，魯公牲也。犧尊有沙飾也。」卷二十之二，頁778。
　　　　《禮記‧郊特牲》（阮元重刊宋本）：「牲用騂，尙赤也。」鄭《注》：「尙赤者，周也。」卷二十六，漢‧鄭元注：唐‧孔穎達等正義，臺北：藝文印書館，

鄭《箋》云：「清謂玄酒也。」〔註38〕以玄酒〔註39〕，及赤黃色的公牛爲享祀祖考的犧牲。鄭玄《注》說，玄酒者，取其「尙質、貴本」〔註40〕之義。爲求能達到這嚴苛的條件，「古者天子諸侯，必有養獸之官。及歲時，齊戒沐浴而躬朝之，犧牷〔註41〕祭牲必於是取之，敬之至也。」〔註42〕祭品準備除條件嚴格外，還要「盡物」以示孝心。〔註43〕《祭統》即云：「水草之菹〔註44〕，陸產之醢〔註45〕，小物備矣。三牲〔註46〕之俎，八簋〔註47〕之食，美物備矣；

1976 年 5 月六版，頁 497。

《論語·雍也篇》卷六：「犁牛之子騂且角。」何《注》：「犁，雜文。騂，赤也。」，頁 52。

〔註38〕《毛詩·小雅·信南山》（阮元重刊宋本），卷十三之二，漢·毛公傳，鄭玄箋；唐·孔穎達等正義，臺北：藝文印書館，1976 年 5 月六版，頁 461。

〔註39〕玄酒即司馬氏《書儀》所稱的元酒，亦即指水而言。《書儀·祭》卷十「執事者設元酒一瓶。」《注》：「其日取井華水充。」宋·司馬光，《溫公書儀》（據清嘉慶張海鵬輯刊學津討原本影印），臺北：藝文印書館，1966 年，頁 3b。另《禮記·郊特牲》（阮元重刊宋本），卷二十六，頁 502：「酒醴之美，玄酒、明水之尚，貴五味之本也。」

〔註40〕《禮記·郊特牲》（阮元重刊宋本），卷二十六，漢·鄭玄注：唐·孔穎達等正義，臺北：藝文印書館，1976 年 5 月六版，頁 502。

〔註41〕《說文》：「牲，牛完全。」「牷，牛純色。」東漢·許慎，清·段玉裁注，《說文解字注》，臺北：天工書局，1998 年 8 月，頁 51。蓋古人祭祀，其重者必用肢體完具，毛色純一之牛，故牲牷可引申爲凡祭祀用牲之同義雙音詞，猶言犧牲。
《禮記·表記》（阮元重刊宋本），卷五十四，亦云「牲牷禮樂齊盛。」漢·鄭玄注：唐·孔穎達等正義，臺北：藝文印書館，1976 年 5 月六版，頁 920。
《左傳·宣公三年·經》（阮元重刊宋本），卷二十一：「改卜牛」。杜預《注》云：「牛不稱牲，未卜日」。則未卜日以前謂之牛，既卜日之後改曰牲。晉·杜預注：唐·孔穎達等正義，臺北：藝文印書館，1976 年 5 月六版，頁 366。

〔註42〕《禮記·祭義》（阮元重刊宋本），卷四十八，漢·鄭玄注：唐·孔穎達等正義，臺北：藝文印書館，1976 年 5 月六版，頁 819。

〔註43〕陳富志、張蘭雲，〈《詩經》中周王祭祖心理初探〉，載《平頂山師專學報》第十七卷第四期，2002 年 8 月，頁 53。

〔註44〕鄭玄《注》云：「水草之菹，芹茆之屬。」見《禮記·祭統》（阮元重刊宋本），卷四十九，頁 831。

〔註45〕《禮記·祭統》（阮元重刊宋本），卷四十九，頁 831：鄭玄《注》「天子之祭八簋。」案：簋爲古代祭祀或宴享時盛放黍稷用的器皿。形狀不等，一般爲圓腹、口大、圈足，左右有耳。

〔註46〕古宗廟的三牲，指牛、羊、豕。民間祠祭的三牲則指雞、魚、肉而言。

〔註47〕鄭玄《注》云：「陸產之醢，蚳蝚之屬。」見《禮記·祭統》（阮元重刊宋本），卷四十九，頁 831。

昆蟲〔註48〕之異，草木之實，陰陽之物備矣。凡天之所生，地之所長，苟可薦者，莫不咸在。示盡物也。」〔註49〕《周頌·潛》就描寫供品的魚類之中就有好幾個品種〔註50〕：「猗與漆沮，潛有多魚，有鱣、有鮪、鰷、鱨、鰋、鯉。以享以祀，以介景福。」〔註51〕

《國語·楚語下·觀射父論祀牲》對牲體的類別及屬性有著詳實的載錄：神明藉著精明細察監臨人間，所以祂只要求祭物全備精潔，不要求豐盛碩大。先王的祭祀，憑藉的是一顆純潔的心，瑞玉和縑帛這二精，牛羊豬三牲〔註52〕，四季所生的穀物，五種色彩〔註53〕，陰陽六種樂律〔註54〕，天地人和四季的七種事物，金石土革絲木匏竹八類樂器，天下九州〔註55〕助祭，選擇吉日良辰恭請神靈享用祭品。用祭牲的毛色向神表明祭物的完美，用祭牲的血表明是新殺的牲，用祈告槀明祭祀者的誠信，將祭牲拔毛取血整個過

〔註48〕鄭玄《注》云：「昆蟲，謂溫生寒死之蟲也。」同註72。

〔註49〕同註45，《禮記·祭統》卷四十九（阮元重刊宋本），頁831。

〔註50〕陳富志、張蘭雲，〈《詩經》中周王祭祖心理初探〉，載《平頂山師專學報》第十七卷第四期，2002年8月，頁53。

〔註51〕《毛詩·周頌·潛》（阮元重刊宋本），卷十九之三，漢·毛公傳，鄭元箋：唐·孔穎達等正義，臺北：藝文印書館，1976年5月六版，頁733。

〔註52〕《左傳·昭公二十五年·傳》（阮元重刊宋本），卷五十一：「是故爲禮以奉之：爲六畜（杜《注》：馬、牛、羊、雞、犬、豕）、五牲（杜《注》：麋、鹿、麇、狼、兔）、三犧（杜《注》祭天地宗廟三者謂之犧。」晉·杜預注；唐·孔穎達等正義，臺北：藝文印書館，1976年5月六版，頁889。另案，民國·楊伯峻編著，《春秋左傳注》，高雄：復文書局，1991年9月再版，頁1457載：爲六畜（杜注：「馬、牛、羊、雞、犬、豕。」）、五牲（引《昭公十一年·傳》杜《注》五牲，牛、羊、豕、犬、雞。（阮元重刊宋本）卷四十五，頁787）、三犧，始養日畜，將用日牲，毛羽完具日犧。三犧，即牛、羊、豕三牲也。

〔註53〕青、赤、黃、白、黑，此五色爲正色。《禮記·玉藻》（阮元重刊宋本），卷二十九，漢·鄭玄注；唐·孔穎達等正義，臺北：藝文印書館，1976年5月六版，頁552：「衣正色，裳間色。」孔《疏》引皇氏云：「正謂青、赤、黃、白、黑五方正色。」

〔註54〕陰陽六種樂律，即陰陽十二律。陽聲：黃鍾、大蔟、姑洗、蕤賓、夷則、無射，謂之六律；陰聲：大呂、應鍾、南呂、函鍾、小呂、夾鍾，謂之六同，總稱爲十二律。十二律爲樂音中規定的十二個高度不同之標準音，相當於西洋的樂調。《三禮辭典》，頁35～36。

〔註55〕古分天下爲九州。古籍所載各有不同。《尚書·禹貢》卷六，頁77：「冀、兗、青、徐、揚、荊、梁、雍、豫」。《周禮·夏官·職方氏》卷三十三，頁498～500：「冀、兗、青、揚、荊、雍、幽、并、豫」。《爾雅·釋地》卷七，頁110：「冀、兗、徐、揚、荊、雍、幽、豫、營。」

程完整地呈獻給祖先，整個祭祀過程是那樣的精潔恭敬。恭敬的祭祀，時間不宜持續太久，否則民力會有不堪負荷之感。因此齋戒敬肅，遂成爲祭祖儀節中不可或缺的要務。〔註56〕

《左傳‧僖公十年‧傳》：「神不馨非類，民不祀非族。」〔註57〕就祖先神而言，非其族之祀，神不受；就人而言，非其類之鬼，人不祭。《說文》：「馨，香之遠聞也。」〔註58〕蓋享神之食物，鬼神實不能食，以爲神但嗅其氣而已，故曰馨。《朱子語類》也說：「祭祀之禮，酒殽豐潔，必誠必敬，所以望神之降臨，乃歆饗其飲食也。」〔註59〕程顥（明道先生，1032～1085）亦言：「祭者所以盡誠。」〔註60〕明人韓邦奇（1479～1556）《苑洛集》有如是載錄：「凡祭割烹爲要。詩書稱馨香之氣。蓋鬼神無形，惟氣而已。聞馨香之氣，即是享之。禮失求之於野，今天下之人，皆言鬼神唯聞其氣而已是也。古禮割烹於廟門之外，取其近於神位。」〔註61〕《儀禮‧特牲饋食禮》：「夙興，主人服如初，立于門外東方，南面，視側殺。」〔註62〕《禮記‧郊特牲》也有「用牲於庭」〔註63〕的載述。漢儒應劭（約140～206）《風俗通義》：「凡祭祀者，孝子致齋貴馨香，如親存也。」民國王利器《校注》云：「祭祀之禮，齋戒潔清，重之至也。」〔註64〕

〔註56〕周‧左丘明，民國‧黃永堂譯注，《國語‧楚語下‧觀射父論祀牲》卷十八，臺北：臺灣古籍出版社，2002年5月初版二刷，頁796～797，原文爲：「夫神以精明臨民者也，故求備物，不求豐大。是以先王之祀也，以一純、二精、三牲、四時、五色、六律、七事、八種、九祭、十日、十二辰以致之，百姓、千品、萬官、億醜、兆民經入畡數以奉之，明德以昭之，和聲以聽之，以告遍至，則無不受休。毛以示物，血以告殺，接誠拔取以獻具，爲齊敬也。敬不可久，民力不堪，故齊肅以承之。」

〔註57〕《春秋左傳‧僖公十年‧傳》（阮元重刊宋本），卷十三，晉‧杜預注；唐‧孔穎達等正義，臺北：藝文印書館，1976年5月六版，頁221。

〔註58〕東漢‧許慎，清‧段玉裁注，《說文解字注》，臺北：天工書局，1998年8月，頁330。

〔註59〕宋‧黎靖德編，《朱子語類‧祭》卷九十，《文淵閣四庫全書本‧子部》七○一冊，臺北：臺灣商務印書館發行，1986年7月初版，頁882。

〔註60〕宋‧程顥、程頤，民國‧潘富恩導讀，《二程遺書‧明道先生語一》卷十一，上海：古籍出版社，2000年12月，頁174。

〔註61〕明‧韓邦奇，《苑洛集》，載《四庫全書珍本四集》，頁34。

〔註62〕《儀禮‧特牲饋食禮》（阮元重刊宋本），卷四十四，漢‧鄭玄注；唐‧賈公彥疏，臺北：藝文印書館，1976年5月六版，頁523。

〔註63〕《禮記‧郊特牲》（阮元重刊宋本），卷二十六，漢‧鄭玄注；唐‧孔穎達等正義，臺北：藝文印書館，1976年5月六版，頁507。

〔註64〕漢‧應劭，民國‧王利器校注，《風俗通義校注‧佚文》，臺北：漢京文化事

齋戒須求潔清，故而會有「齊者不樂不弔」的具體禮規。〔註65〕《祭義》:「致齊（齋）於內，散齊（齋）於外。齊（齋）之日，思其居處，思其笑語，思其志意，思其所樂，思其所嗜。齊（齋）三日，乃見其所爲齊（齋）者。」鄭《注》:「致齋，思此五者也。散齋七日，不御不樂，不弔耳。」〔註66〕《儀禮·少牢饋食禮》:「占曰從。乃官戒。宗人命滌。宰命爲酒，乃退。」鄭《注》:「官戒，戒諸官也。當共祭祀事者，使之具其物且齊也。」〔註67〕

《禮記·祭統》:「是故君子之齋也，專致其精明之德也。故散齋七日以定之，致齋三日以齊之。定之之謂齊。齊者，精明之至也，然後可以交於神明也。」〔註68〕宋儒程頤即說:「齋戒以神明其德。」〔註69〕「經由齋戒的作用，可使心靈達至極度澄明靈覺狀態，專心思慮親人昔日的居處、笑語、志意、所樂與所嗜，於是當祭祀之時，在莊嚴肅穆的氣氛之下，隱然親人以臨降於祭尸身上。齋戒沐浴能袚除不祥，盛其服飾，是儀禮隆重歡欣鼓舞的表現。」〔註70〕《楚辭·九歌·東皇太一》有:「浴蘭湯兮沐芳，華采衣兮若英。」王逸《注》:「言己將修饗祭以事雲神，使靈巫先浴蘭湯，沐香芷，衣五彩華衣，飾以杜若之英，以自潔清也。」〔註71〕《禮記·中庸》:「鬼神之爲德，其盛矣乎，視之而弗見，聽之而弗聞，體物而不可遺。使天下之人，齊明盛服，以承祭祀。洋洋乎如在其上，如在其左右。」〔註72〕就因爲孝子賢孫有祖靈「如在其上」、「如在其左右」的感覺，因此「祭之日，入室，僾然必有見乎其位；周還出戶，肅然必有聞乎其容聲；出戶而聽，愾然必有聞乎其嘆

　　　業公司出版，1983 年 9 月 16 日，頁 566。

〔註65〕宋·朱熹，《家禮·雜儀》（清康熙四十年（1701 年）線裝書。紫陽書院定本），臺北:中央研究院傅斯年圖書館珍藏，頁 20a。

〔註66〕同註 63，《禮記·祭義》（阮元重刊宋本），卷四十七，頁 807。

〔註67〕《儀禮·少牢饋食禮》（阮元重刊宋本），卷四十七漢·鄭玄注:唐·賈公彥疏，臺北:藝文印書館，1976 年 5 月六版，頁 558。

〔註68〕同註 63，《禮記·祭統》（阮元重刊宋本），卷四十九，頁 832。

〔註69〕宋·程顥、程頤，民國·潘富恩導讀，《二程遺書·二先生語六》卷六，上海:古籍出版社，2000 年 12 月，頁 135。

〔註70〕鄔濬智，《西漢以前家宅五祀及其相關信仰研究——以楚地簡帛文獻資料爲討論焦點》，林慶彰主編，《中國學術思想研究輯刊》（二編），臺北:花木蘭文化出版社，2008 年 9 月，頁 325。

〔註71〕周·屈原，宋·洪興祖撰，《楚辭補注·九歌·東皇太一》卷二，臺北:藝文印書館，1977 年 9 月五版，頁 102～103。

〔註72〕《禮記·中庸》（阮元重刊宋本），卷五十二，漢·鄭元注:唐·孔穎達等正義，臺北:藝文印書館，1976 年 5 月六版，頁 884。

息之聲。」〔註73〕

　　程頤對齋戒的重要性，亦有如是的論述：「凡祭必致齊（齋）。齊之日，思其居處，思其笑語，此孝子平日思親之心，非齊也。齊不容有思，有思則非齊。齊三日，必見其所爲齊者。此非聖人之語。齊者湛然純一，方能與鬼神接，然能事鬼神，已是上一等人。」〔註74〕《禮記・祭統》則言：「君子之齊也，專致其精明之德也。故散齋七日以定之，致齊三日以齊之。定之之謂齊。齊者，精明之至也，然後可以交於神明。」〔註75〕《朱熹集・答吳伯豐》有如是的考辨：「上蔡云『三日齋，七日戒，求諸陰陽上下，只是要集自家精神。』蓋我之精神即祖考之精神，在我者既集，即是祖考之來格也。」〔註76〕《家禮》則定在前期三日齋戒。〔註77〕《宋元學案・晦翁學案》也有這樣的爬梳：「吾之此身，即祖考之遺體。祖考之所具以爲祖考者，蓋于我而未嘗亡也。是其魂升魄降，雖已化而無有，然理之根于彼者既無止息，氣之具于我者復無間斷。吾能致精竭誠以求之，此氣既純一而無所雜，則此理自昭著而不可揜，此其苗脈之較然可覩者也。」〔註78〕子孫奉祀，祖考來格者，惟以至誠之心乃能有感必通。〔註79〕

　　清儒張伯行（1651～1725）《養正類編》對齋戒的意義及執行細節，有著詳實的考辨：「凡祭祀必先齋戒，然後可以感神明。戒者，禁止其外事。齋者，整肅其內心。凡戒是沐浴更衣，別舍獨宿，不飲酒，不茹葷，此便是戒。凡齋是專一其心，不思別事，纔舉意時便想合祭，神明如在其上，一心至誠，此便是齋。大祭祀齋戒七日，餘或三日止。」〔註80〕祭祀前致齋的最

〔註73〕同註72，《禮記・祭義》（阮元重刊宋本），卷四十七，頁807。

〔註74〕宋・程顥、程頤，民國・潘富恩導讀，《二程遺書・伊川先生語四》卷十八，潘富恩導讀，上海：上海古籍出版社出版，2000年12月初版印刷，頁293～294。

〔註75〕同註72，《禮記・祭統》（阮元重刊宋本），卷四十九，頁830。

〔註76〕郭齊、尹波點校，《朱熹集・答吳伯豐》卷五十二，四川：四川教育出版社，1997年5月第二次印刷，頁2577～2578。

〔註77〕南宋・朱子，《家禮・四時祭》卷五（南宋淳祐五年（1245年）五卷本加附錄一卷），載《孔子文化大全》，山東：友誼書社出版，1992年11月第一次印刷，頁805。

〔註78〕郭齊、李文澤主編，《儒藏・宋元學案・晦翁學案》卷四十八，四川：四川大學出版社出版，2005年5月第一次印刷，頁227～228。

〔註79〕同註74，《二程遺書・明道生語一》卷十一，頁171。

〔註80〕清・張伯行纂，《養正類編・尊典禮》，載《叢書集成新編》第三十三冊，臺北：新文豐出版社，1985年元月初版，頁309。

主要原因，是吉凶不相干的緣故。《論語・鄉黨》：「齋必變食。」孔《注》曰：「改常饌。」〔註81〕《莊子・人間世》載：「顏回曰：『回之家貧，唯不飲酒、不茹葷者數月矣，若此則可以為齋乎？』曰：『是祭祀之齋，非心齋也。』」〔註82〕清人趙翼（1727～1814）《陔餘叢考》曰：「古人所謂葷，乃菜之有辛臭者，齋則忌之，即所謂變食，而非魚肉也。古人惟祭日及居喪不御酒肉。」〔註83〕可見祭祀之齋確有其特別的規範，唯祭祀之齋係指辛辣之物而言。時代雖有今古，然祭先之禮卻是放諸四海而皆準的儀則。如今雖未能盡如古禮，「亦當略舉春秋之薦，旬日具修，三日齋戒，務在躬親誠潔而已。」〔註84〕特別是在這繁忙的工商業時代，許多祀先儀節已有明顯簡化現象，然「躬親誠潔」仍應是主持祭典者奉行不悖的準則。

　　祭祀祖先的儀式，是活著的家族成員對亡故祖先表示敬畏、懷念之情的最重要禮儀。〔註85〕面對已然亡故的祖先，孝子順孫舉目不見親人的失落感，是禮書之所以有筮「尸」的理由。《禮記・郊特牲》云：「尸，神象也。」〔註86〕尸為祖先神靈的替身。鄭玄以尸為神主之主。《禮記・坊記》載：「祭祀之有尸也，宗廟之主也，示民有事也。」〔註87〕《白虎通・宗廟》云：「祭所以有尸者何？鬼神聽之無聲，視之無形，升自阼階，仰視榱桷，俯視几筵，其器存，其人亡；虛無寂寞，思慕哀傷，無可寫泄，故座尸而食之，毀損其饌，欣然若親之飽；尸醉，若神之醉矣。」〔註88〕在視之不見，聽之無聞的

〔註81〕　清・阮元等，《論語・鄉黨》卷十，魏・何晏等注；宋・邢昺疏，臺北：藝文印書館，1976年5月六版，頁89。

〔註82〕　《莊子・人間世》，黃錦鋐註譯，《新譯莊子讀本》，三民書局，1999年4月十五刷，頁47。

〔註83〕　清・趙翼，《陔餘叢考》卷二十一，北京：中華書局，2006年10月二刷，頁404。

〔註84〕　宋・呂大臨，陳俊民輯校，《藍田呂氏遺著輯校・呂氏鄉約鄉儀・祭先》，臺北：中華書局出版，1993年11月北京第一次印刷，頁578。

〔註85〕　林素英，《從古代的生命禮儀透視其生死觀：以《禮記》為主的現代詮釋》，林慶彰主編，《中國學術思想研究輯刊》（四編），臺北：花木蘭文化出版社，2009年3月，頁137。

〔註86〕　《禮記・郊特牲》（阮元重刊宋本），卷二十六，漢・鄭玄注；唐・孔穎達等正義，臺北：藝文印書館，1976年5月六版，頁508。

〔註87〕　《禮記・坊記》（阮元重刊宋本），卷五十一，漢・鄭玄注；唐・孔穎達等正義，臺北：藝文印書館，1976年5月六版，頁868。

〔註88〕　漢・班固，清・陳立疏證，《白虎通疏證・宗廟》卷十二（光緒元年（1875年）春淮南書局刊），臺北：廣文書局，2004年10月再版，頁685。

祀先場合，「尸」的確可發揮一定程度的移情作用。

之後「尸」又被俗稱牌位的「主」所取代。《白虎通・宗廟》亦云：「祭所以有主者何？言神無所依據，孝子以主係心焉。」〔註89〕明儒宋濂（1310～1381）《文憲集》云：「所謂主者，主乎神者也。」〔註90〕尸與主均爲祖先神靈之所憑依，而兩者間最大差異，在於尸爲生人，具有可動性，因而可經由迎之、安之，而使之坐於堂、入於室的過程，並對之施以獻酢飽酳的實際供養，因此最能表達親親之情的關懷。〔註91〕「古人祭祀用尸，極有深意，不可不深思。蓋人之魂氣既散，孝子求神而祭，無尸則不饗，無主則不依。」〔註92〕「（主）所以用木爲之者何？本有終始，又與人相似也。蓋題之以爲記，欲令後可知也。」〔註93〕神主牌位則具穩定性，雖無祖靈親臨其境的眞實感，卻可藉由神主的題記，便於後代族裔的記憶；藉由昭穆的序位，亦可凸顯輩份的高低，成爲代代子孫永久瞻依的精神指標。

擔任尸有一定的條件。《禮記・曲禮上》說：「君子抱孫不抱子。此言孫可以爲王父尸，子不可以爲父尸。」鄭玄《注》說：「孫可以爲王父（祖父）尸，因爲孫與祖昭穆相同的緣故。」〔註94〕《禮記・祭統》亦言：「孫爲王父尸，所使爲尸者，於祭者子行也。」〔註95〕《禮記・曾子問篇》則進一步指陳：「尸必以孫；孫幼則使人抱之。無孫則取於同姓可也。」〔註96〕《儀禮・特牲饋食禮》有筮尸之禮：「前期三日之朝，筮尸，如求日之儀。命筮曰：『孝孫某，諏此某事，適其皇祖某子，筮某之某爲尸，尚饗。』……乃宿尸。」鄭《注》：「三日者，容宿賓、視濯也。某之某者，字尸父而名尸，連言其親，庶幾其馮（憑）依之也。大夫士以孫之倫爲尸。」〔註97〕《少牢饋食禮》亦

〔註89〕同註88，頁680。
〔註90〕明・宋濂，《文憲集・先夫人木像記》卷二，《文淵閣四庫全書本》一二二三冊，臺北：臺灣商務印書館發行，1986年7月初版，頁286。
〔註91〕同註85，頁125。
〔註92〕宋・程顥、程頤，民國・潘富恩導讀，《二程遺書・二先生語一》卷一，上海：古籍出版社，2000年12月，頁57。
〔註93〕漢・班固，清・陳立疏證，《白虎通疏證・宗廟》卷十二（光緒元年（1875年）春淮南書局刊），臺北：廣文書局，2004年10月再版，頁681。
〔註94〕《禮記・曲禮上》（阮元重刊宋本），卷三，漢・鄭元注；唐・孔穎達等正義，臺北：藝文印書館，1976年5月六版，頁53。
〔註95〕同註94，《禮記・祭統》（阮元重刊宋本），卷四十九，頁834。
〔註96〕同註94，《禮記・曾子問》（阮元重刊宋本），卷十九，頁381。
〔註97〕《儀禮・特牲饋食禮》（阮元重刊宋本），卷四十四，漢・鄭玄注；唐・賈公

有相似的載錄：「宿。前宿一日，宿戒尸。明日，朝筮尸，如筮日之禮。命曰：『孝孫某，來日丁亥，用薦歲事于皇祖伯某，以某妃配某氏。以某之某爲尸。』尚饗！」〔註98〕

　　宋、元之際是近代宗族制度的萌芽期，此一時期以墳寺爲祖先祭祀空間，以佛教科儀執禮，仍是當時社會的主流意識。〔註99〕在中國源遠流長文化中，宗與族是渾然一體的。同宗者，必是同一血源，且共祭同一祖廟；同族者，必有共同所親之祖，以及所敬之宗。〔註100〕隨著「家禮」的普及，有宋一代，上自統治階層，下至庶民社會，普遍建立起以「宗子」爲核心，以「血緣」爲紐帶，以「祠堂」爲祭祖場域，以「宗規」、「族約」、「家法」爲規範的家族制度，對後世產生重大影響。〔註101〕明代以降，以儒家禮典爲祭祖儀軌的時代才正式被確立，也正式邁入宗族制度的成熟期。〔註102〕

　　《家禮》祠堂制度最具深意之處，即在於將奉祀祖先、立「宗子法」，與置族產相結合起來。周代宗法制與分封制共存，作爲制度，早已死亡。然而其區分大宗、小宗的基本原則，「繼別爲宗，繼禰者爲小宗」，「大宗百世不遷，小宗五世則遷」的思想，則對後世產生重大影響。〔註103〕明人金瑤《金栗齋先生文集》云：「原其（宗法）初雖爲諸侯之別子設，而非爲士庶人也，而其道則通于士庶人，何也？宗法之立，自然之理也。未有士庶人之族而可

　　　　　　彦疏，臺北：藝文印書館，1976 年 5 月六版，頁 520。
〔註98〕　《儀禮·少牢饋食禮》（阮元重刊宋本），卷四十七，漢·鄭玄注；唐·賈公
　　　　　　彦疏，臺北：藝文印書館，1976 年 5 月六版，頁 558～559。
〔註99〕　（日）遠藤隆俊，〈宋元宗族的墳墓和祠堂〉，《中國社會歷史評論》第九卷，
　　　　　　2006 年，頁 75。
〔註100〕呂作民，〈原上的禮俗，宗族的血脈──簡析《白鹿原》的地域文化特色〉，《長
　　　　　　春工業大學學報》（社會科學版）第十九卷第四期，2007 年 12 月，頁 81。
〔註101〕劉欣，〈宋代「家禮」──文化整合的一個範式〉，《河南理工大學學報》第七
　　　　　　卷第四期，2006 年 11 月，頁 334。
〔註102〕（日）遠藤隆俊，〈宋元宗族的墳墓和祠堂〉，《中國社會歷史評論》第九卷，
　　　　　　2006 年，頁 75。
〔註103〕《禮記·喪服小記》卷三十二（阮元重刊宋本），漢·鄭玄注，唐·孔穎達等
　　　　　　正義，臺北：藝文印書館發行，1976 年 5 月六版，頁 592：「別子爲祖，繼別
　　　　　　爲宗，繼禰者爲小宗。有五世而遷之宗，其繼高祖者也。是故祖遷於上，宗
　　　　　　易於下，尊祖故敬宗，敬宗所以尊祖禰也。支子不祭者，明其宗也。」；《禮
　　　　　　記·大傳》（阮元重刊宋本）：「別子爲祖，繼別爲宗，繼禰者爲小宗。有百世
　　　　　　不遷之宗，有五世則遷之宗。百世不遷者，別子之後也。宗其繼別子之所自
　　　　　　出者，百世不遷者也。宗其繼高祖者，五世則遷者也。尊祖故敬宗。敬宗，
　　　　　　尊祖之義也」，頁 620。

以違理也……聖人法水木之本源而立之大宗，以統乎一宗；法水木之枝脈而立之小宗，以統其各支。……今士大夫家往往有行宗法，雖其制度文不能一如古禮……宗法雖未言可行于士庶人，然亦未有士庶人之禁，原其初皆泥于經文。」〔註104〕木本水源之思，蓋通諸四海而皆準的鐵律法則，豈有因人而異的可能？

　　古代「宗子法」當然不能恢復，然透過選立「宗子」（實際上是族長和家長），加強「宗子」的權力和地位，卻起到「敬宗收族」的實際功效。〔註105〕宗子法將「孝道」人格化於宗子身上。要確立宗子，首要明白所謂「宗」及「大宗」、「小宗」的區別。何謂「宗」〔註106〕？《白虎通》云：「古者所以必有宗，何也？所以長和睦也，大宗能率小宗，小宗能率群弟，通其有無，所以經理族人者也。」〔註107〕「宗」即統合族人的精神領袖。呂祖謙（1137～1181）《東來別集・宗法》也稱：「尊祖故敬宗。敬宗，尊祖之義也。親親故尊祖，尊祖故敬宗。儒者之道，必始於親。敬宗故收族。收族，如窮困者收而養之，不知學者收而教之。收族故宗廟嚴。宗族既合，自然繁盛。族大則廟尊。如宗族離散，無人收管，則宗廟安得嚴耶？」〔註108〕尊祖故敬宗，敬宗故收族，收族故廟尊，廟尊則族壯。環環相扣的結構性因素，是強化宗族社會不可或缺的基石。

　　《家禮》規定，主持祠堂祭祀的主人就是族長或家長，也就是封建社會的宗子。〔註109〕「凡祠堂所在之宅，宗子世守之，不得分析。」〔註110〕《朱子語類・祭》也強調：「祭祀須是用宗子法方不亂。」〔註111〕「宗之爲言尊也。

〔註104〕明・金瑤，《金粟齋先生文集》，《續修四庫全書・集部》別集類，一三四二冊，上海：古籍出版社出版發行，2003 年 5 月第一次印刷，頁 639～640。

〔註105〕楊志剛，〈論《朱子家禮》及其影響〉，載《朱子學刊》（總第六輯），黃山書社出版發行，1994 年 12 月第一次印刷，頁 6。

〔註106〕劉欣，〈宋代"家禮"——文化整合的一個範式〉，載《河南理工大學學報》（社會科學版）第七卷第四期，2006 年 11 月，頁 333。

〔註107〕陳立疏證，《白虎通疏證・宗族》，光緒元年春淮南書局刊，臺北：廣文書局發行，2004 年 10 月再版，頁 466～467。

〔註108〕宋・呂祖謙，《東來別集・家範一・宗法》，《文淵閣四庫全書本・集部》一一五〇冊，臺北：臺灣商務印書館發行，1986 年 7 月初版，頁 164～165。

〔註109〕楊志剛，〈論《朱子家禮》及其影響〉，載《朱子學刊》（總第六輯），黃山書社出版發行，1994 年 12 月第一次印刷，頁 6。

〔註110〕宋・朱熹，《家禮》卷一，《文淵閣四庫全書本・經部》一四二冊，臺北：臺灣商務印書館，1986 年 7 月，頁 531。

〔註111〕宋・黎靖德編，《朱子語類・祭》卷九十，《文淵閣四庫全書本・子部》七〇

尊無二，明無二嫡也。宗以五世爲限，服盡也。服者，先王所用爲宗子聯屬
族人之具也。服盡則親盡，親盡則廟毀。故日，祖遷於上，宗易於下，此之
謂也。」〔註112〕金門宗族社會仍由大小宗所構成〔註113〕，例如金湖鎮瓊林村
的濟陽蔡氏，以大宗「蔡氏家廟」，引領七間小宗「蔡氏宗祠」，而且又同時
位處於村莊中心點，呈幅湊方式向周遭開展，是觀察大小宗最佳範例。與福
建緊鄰的嶺南之著姓右族，每千人之族祠數十所，小姓單家族人不滿百者，
亦有祠數所。所謂大宗祠者，始祖之廟也。庶人而有始祖之廟，追遠也、收
族也。追遠，孝也。收族，仁也，匪譖也，匪諂也。〔註114〕扮演大宗角色功
能的始祖廟，也是宗族的議事重鎮，更是族人精神寄託之所在。

　　宋儒張載（1020～1077）言：「言宗子者，謂宗主祭祀。」〔註115〕《二程語
錄》云：「凡言宗者，以祭祀爲主，言人宗於此而祭祀也。」〔註116〕陳淳（1159
～1223）《北溪大全集・宗說中》也說：「宗者，尊也。以其爲先祖主，爲族人
之尊，故族人來共尊之，與事其先祖。因推尊爲宗子，而得宗之名。」〔註117〕
清儒林伯桐《祭儀考證》言：「凡謂宗子，則一族之事皆賴其維持，故族人奉以
爲宗（宗，尊也），非徒以其名也。」〔註118〕古代的宗法是根據血統的遠近，用
以區分嫡庶與親疏，是以整個家族爲中心的一種親屬制度。〔註119〕如果宗子微
弱，則族中「有貴者自當主祭。倘衿耆皆未有，則以族之最老者主祭。」〔註120〕

　　　　一冊，臺北：臺灣商務印書館發行，1986 年 7 月初版，頁 881。

〔註112〕清・秦蕙田，《五禮通考・飲食禮》卷一四五，桃園：聖環圖書公司，1994
　　　　年 5 月，頁 17。

〔註113〕李師豐楙，〈禮生、道士、法師與宗族長老、族人──一個金門宗祠奠安的圖
　　　　像〉，王師秋桂主編，《金門歷史、文化與生態國際學術研討會論文集》，臺北：
　　　　財團法人施合鄭民俗文化基金會，2004 年 12 月，頁 215。

〔註114〕清・屈大均，《廣東新語・祖祠》（清康熙三十九年木天閣刊本景印）卷十七，
　　　　臺北：臺灣學生書局，1968 年 4 月景印初版，頁 985～986。

〔註115〕宋・張載，《張子全書・宗法》卷四，《文淵閣四庫全書本》六九七冊，臺北：
　　　　臺灣商務印書館發行，1986 年 7 月，頁 154。

〔註116〕宋・朱熹編輯，《二程語錄・遺書伊川先生語》卷十一，《叢書集成新編》二
　　　　十一冊，臺北：新文豐出版社，1985 年元月，頁 763。

〔註117〕宋・陳淳，《北溪大全集・宗說中》卷十三，《景印故宮博物院所藏文淵閣四
　　　　庫全書珍本四集》，臺北：臺灣商務印書館，1935 年，頁 5b。

〔註118〕清・林伯桐，《祭儀考證・宗子既失實則當以紳耆任事考》卷四，《叢書集成
　　　　三編》二十五冊，臺北：新文豐出版社，1996 年，頁 514。

〔註119〕陳大絡，〈陳氏根源、祀典與宗法、修譜之探微〉，《臺北文獻》第六十期，1982
　　　　年 6 月，頁 12。

〔註120〕同註 118。

退而求其次，如果族中確無適當人選，而事又緊急，則「一族之紳衿耆老當共任之，未可諉其責於有名無實之宗子矣。又按合族以衿耆主祭，實不得已而變通耳。假若族中有廩生（明清兩代之公費學生）、有增生（明清科舉制度生員正額之外，增加入取者）俱老輩，而宗子雖少，亦附生（明清科舉時代生員名稱之一）也，則爲老輩之廩增者，自當讓附生之宗子主祭矣。」〔註121〕宗子是宗族的實際領航人，愼選宗子遂成爲宗族能否昌熾的基盤。

程頤曰：「宗子者，謂宗主祭祀也。」〔註122〕《朱熹集・答劉平甫》：「古人宗子承家主祭，仕不出鄉，故廟無虛主，而祭必於廟。惟宗子越在他國，則不得祭，而庶子居者代之。祝曰：『孝子某（宗子名）使介子某（庶子名）執其常事』，然猶不敢入廟，特望墓爲壇以祭，蓋其尊祖敬宗之嚴如此。……禮意終始全不相似，泥古則闊於事情，徇俗則無復品節。必欲酌其中制，適古今之宜，則宗子所在，奉二主以從之，於事爲宜。蓋上不失萃聚祖考精神之義（二主常相依則精神不分矣）。下使宗子得以田祿薦享，祖宗宜亦歆之。處禮之變而不失其中，所謂『禮雖先王未之有，可以義起』者蓋如此。」〔註123〕

據今人馮爾康〈清代宗族祭禮中反映的宗族制特點〉文中的照見，宗祠當中主祭、陪祭的人選，約有下列六端：一是宗子擔任主祭。在設立宗子的宗族，宗子是當然的人選，只有在其無能主祭時，才由他人取而代之。宗子主祭，強調的是血統名分——長房長子。在清代，流行的是小宗法，少數宗族實行小宗法中的大宗法，立有宗子，以之爲當然的主祭人選。二爲族長主祭。三爲輩分高年齡長者主祭。四爲祭禮輪値承辦人主祭。五是綜合型主祭，宗子或族長主祭，由尊貴者陪祭。六爲尊貴者主祭。主祭、陪祭是代表整個宗族向祖先致祭，其人選應以能體現「尊宗子、尙爵秩、崇輩分」的原則，之所以要強調爵祿，因官員、衿士懂得禮儀，最重要的是遵奉「古禮無祿則不祭」〔註124〕的定律。〔註125〕

〔註121〕同註118。

〔註122〕宋・程顥、程頤，民國・潘富恩導讀，《二程遺書・伊川先生語三》卷十七，頁228。

〔註123〕宋・朱熹，《朱熹集・答劉平甫》卷四十，四川：教育出版社，1997年5月初版二刷，頁1834〜1835。

〔註124〕清・李光地，〈家廟祭享禮略〉卷六十六，清・賀長齡、魏源等編，《清經世文編》卷六十六，北京：中華書局出版，1992年4月第一次印刷，頁1651。

〔註125〕馮爾康，〈清代宗族祭禮中反映的宗族制特點〉，《歷史教學》，2009年八期，

再則，「古者宗子爲朝廷所立，故其人爲一家之宗，而必嫺於禮法，今則有樵採負販，使之拜俯興伏，茫然不省知者矣，而奈何備盛禮以將之，難者二也。凡爲宗子者，以其爲族人之所尊重，冠昏喪祭必主焉，故祖宗之神於焉憑依，今則輕而賤之者已素，一旦被衣冠，對越祖宗，人情不屬，而鬼神不附，難者三也。故世變風移，禮以義起。」〔註126〕如今時移勢易，堅持宗子主祭似乎已成遙不可及的理想，且「今貴達者未必宗子，而宗子或夷於氓隸。宗子之分與祿既不足以祀其四親，而支子有爵俸者，反絀於不祭之文，而不得伸其追遠之愛。」〔註127〕

有鑒於此，清儒李光地（1642～1718）就曾提出折衷方案，他說：「執鬯者或以宗，或以爵，或以年德。然祝嘏之辭，則宗子先焉，蓋亦猶宗法之權也。有達者則以其秩祭；無達者則以祖田備士禮焉，蓋亦猶世祿之變也。」〔註128〕目前金門地區宗祠主祭或以族中長老，或以族中賢達、俊彥，或由宗親會理事長，或由長房長孫出任，如後浦陳氏祠堂（忠賢祠），爲求運作上的便利而立下定規：農曆正月十八日春祭由該年輪值的各股長老主祭；農曆十月十八日冬祭則由理事長主祭，權責分明，秩序井然。或像瓊林村蔡氏家廟，與後浦許氏家廟，均由族中七位輩份最高的族中長老集體主持祭典，站立中間者爲主祭官，兩旁各三位爲與祭者。然其先決條件是必需擁有嫡孫的人才能享此殊榮。《禮記·曾子問》：「孔子曰，祭成喪者必有尸，尸必以孫。孫幼，則使人抱之。無孫，則取於同姓可也。」鄭玄《注》：「人以有子孫爲成人。子不殤父，義由此也。」〔註129〕「人以有子孫爲成人」的觀念，應與「不孝有三，無後爲大」〔註130〕的傳統價值觀有相當程度的關係。金門許多族姓皆以此爲定規，是項慣習殆源於儒家傳統的孝道觀。

總第五七三期，頁9。
〔註126〕同註124。
〔註127〕同註124，頁1653。
〔註128〕清·李光地，《榕村集·家譜序》卷十一，《文淵閣四庫全書本·集部》一三二四冊，臺北：臺灣商務印書館，1986年7月，頁692～693。
〔註129〕《禮記·曾子問》卷十九（阮元重刊宋本），漢·鄭玄注；唐·孔穎達等正義，臺北：藝文印書館，1976年5月六版，頁381。
〔註130〕《孟子·離婁章句上》卷七下（阮元重刊宋本），漢·趙岐注；宋·孫奭疏，臺北：藝文印書館，1976年5月六版，頁137：「不孝有三，無後爲大。」趙岐《注》云：「於禮有不孝者三事，謂阿意曲從，陷親不義，一不孝也。家窮親老，不爲祿仕，二不孝也。不娶無子，絕先祖祀，三不孝也。三者之中，無後爲大。」

深受《家禮》影響的朝鮮，也在文宗（辛禑）二年（1376 年，明洪武九年）八月庚申朔頒行《士大夫家祭儀》，以四仲月祭曾祖考妣、祖考妣、考妣三代，並由嫡長子孫主祭，眾子孫親伯叔父，子孫堂伯叔祖，及子孫並於主祭家與祭，與祭者之祖考不得與享此祭者，則別作神主，各於其家奉祀。嫡長子孫無後，次嫡子孫之長者主祭。主祭者秩卑，眾子孫內有秩高者，祭品從秩高者。祖考秩卑，主祭者秩高，祭品從主祭者之秩。〔註131〕明初時期的高麗國（朝鮮）受到朱熹《家禮》的影響就已相當明顯，可見南宋以來《家禮》影響的層面之廣，不僅深化於中國境內各地，甚至遠達朝鮮、日本等周邊國家。

清代學者秦蕙田（1702～1764）曾於親撰之〈始祖先祖之祭〉說：「程子有始祖先祖之祭，朱子以其似僭而廢之是也。竊嘗思古今異宜，其禮當以義起。程子所云，厥初生民之祖者，理屬緲茫，於經無據。若今人家之始祖，其義於宗法之別子同者，固當祭也。……惟程子謂立春祭初祖以下之祖，則不可行耳。邱氏以累世同爨者通之，則庶幾乎。」〔註132〕秦氏此說亦獲得清人王元啓（1714～1786）〈與陸朗夫論祭祀書〉一文的認同：「士庶得祭始祖先祖，所以不疑於僭者，特設位而無專祠耳。」〔註133〕清儒方苞（1668～1749）〈教忠祠規序〉更逕稱：「禮雖先王未嘗有，可以義起者，以協諸人心而眾以爲安也。」〔註134〕方氏此說爲始祖之祭找到理論基礎。就因爲有「特設位而無專祠」的理論基礎，金門許多姓氏宗祠也因之群起仿傚，如金城鎮後浦街西門陳氏祠堂（忠賢祠），祖龕前方供桌就供奉有入閩始祖太子太傅陳邕，以及開漳聖王陳元光神像，以凸顯作爲金門全縣「十三陳」合族以祀的大宗宗祠特色。

清儒顏元（1635～1704）有云，野樸之人，以時祭墓；尚禮之家，則以

〔註131〕（朝鮮）鄭麟趾，《高麗史・大夫士庶人祭禮》卷六十三（雲南大學圖書館藏明藏明景泰二年（1451 年）朝鮮活字本），《四庫全書存目叢書・史部》一六○冊，臺北：莊嚴文化事業有限公司出版，1995 年 9 月初版一刷，頁 566～567。本文亦見於（朝鮮）鄭麟趾，《高麗史》卷六十三，臺北：文史哲出版社出版，1972 年 2 月景印，頁 351～352。

〔註132〕清・秦蕙田，〈始祖先祖之祭〉，清・賀長齡、魏源等編，《清經世文編》卷六十六，北京：中華書局出版，1992 年 4 月，頁 1662。

〔註133〕清・王元啓，〈與陸朗夫論祭祀書〉，清・賀長齡、魏源等編，《清經世文編》卷六十六，北京：中華書局出版，1992 年 4 月，頁 1669。

〔註134〕清・方苞，〈教忠祠規序〉，清・賀長齡、魏源等編，《清經世文編》卷六十六，北京：中華書局出版，1992 年 4 月，頁 1661。

時祭祠。〔註135〕則清朝時墓祭與祠祭頗有平分秋色之勢。「別子爲祖」成爲民間祭祖的理論根據。始遷祖開闢新居地，爲裔孫開創生活之源，子孫懷念，爲永誌不忘而奉爲始祖。〔註136〕《家禮大成》亦言：「人本乎祖。始遷始封爲是。如遷徙不常，當以所知者爲始祖。」〔註137〕此說或可彌補早期文獻不足所造成的缺憾與苦楚。「雖庶人必祭及高祖，比至天子諸侯，止有疏數耳」〔註138〕程頤此語或可爲民間祭始祖作法解套。大宗祠既然祭祀遠祖，則小宗家祠就不需要重複設立遠祖牌位，以免宗法混亂。祭祀始祖（始遷祖）的宗族，成員大大超越五服範圍，從而人員較多，規模較大。〔註139〕這種成員超越五服範圍，甚至擴及整個宗族男性成員集體參與的禮文樣貌，即是今天金門地區民間祀先祭祖的真實寫照。

　　清儒陸世儀（1611～1672）認爲《文公家禮》所載祭禮，雖詳整有法，卻只有身爲宗子，而又有官爵及富厚者，方得付諸施行，《家禮》的制度無法通諸貧士，此其一。又一歲四合族眾，財力、人力皆繁重難舉，且無差等隆殺之別，此其二。因此他提出仿傚古族食降一等之意，定爲宗祭法：

> 歲始則祭始祖，凡五服之外皆與，大宗主之。仲春則祭四代，以高祖爲主，曾祖考則分昭穆居左右，合同高祖之眾，繼高之宗主之。仲夏則祭三代，以曾祖爲主，祖考則分昭穆居左右，合同曾祖之眾，繼曾之宗主之。仲秋則祭二代，以祖爲主，考妣居傍昭位，合同祖之眾，繼祖之宗主之。仲冬則祭一代，以考爲主，合同父昆弟，繼禰之宗主之。皆宗子主祭，而餘子則獻物以助祭。如此不惟愛敬各盡，而祖考高曾，隆殺有等，一從再從，遠近有別。事雖創闢，似與古禮初無所背也。〔註140〕

〔註135〕清‧顏元，王星賢、張芥塵、郭征點校，《顏元集‧習齋記遺‧辭魏帝臣見招》卷四，北京：中華書局，1987年6月，頁467。

〔註136〕馮爾康撰，〈清代宗族祭禮中反映的宗族制特點〉，載《歷史教學》總第五七三期，2009年第八期，頁7。

〔註137〕民國‧徐天有，《家禮大成》卷八（合訂本），臺灣：竹林書局，1980年4月第九版，頁127。

〔註138〕宋‧朱熹編輯，《二程語錄‧遺書伊川先生語》卷九，《叢書集成新編》二十一冊，臺北：新文豐出版社，1985年元月初版，頁746。

〔註139〕馮爾康，〈清代宗族祭禮中反映的宗族制特點〉，《歷史教學》總第五七三期，2009年八期，頁7。

〔註140〕清‧陸世儀，〈論宗祭〉，清‧賀長齡、魏源等編，《清經世文編》卷五十八，北京：中華書局出版，1992年4月，頁1479。

陸氏此言，可謂「隆殺有等」、「親疏有別」，以務實面作區隔，實有其高度可行性。宗族祠堂祭祖，祭祀的是始祖，實即祭始遷祖。而民間祭祀之祖，按照朝廷的定制是高、曾、祖、禰四親，若超過這個範圍，官員和學者都有可能群起批判這種祭儀的合理性，而朝廷卻不加干涉。如此祭祖，強調一本之親，祖宗的十幾代，乃至更大範圍的後裔匯聚在一起，宗族群體擴大化了。〔註141〕黃幹（1152～1221）《勉齋集・書新淦郭氏敘譜堂記》亦有相同的考辨：「族系之所自出，雖枝分派別，推而上之，皆吾祖宗之一氣耳，可不知愛乎？」〔註142〕儒家所謂的「親親」，事實上是建立於「出自同一祖先」的基礎上，所謂木本水源之思，蓋此之謂也。「夫風俗之薄，莫甚於不尊祖、不敬宗，而一本之誼漠如也。今欲萃人心，莫大於敦本收族。欲敦本收族，莫急於建祠堂。」〔註143〕宋儒眞德秀（1178～1235）〈睦亭記〉亦說：「古者合族而祭，事已必有燕私焉。祭所以尊尊，而燕所以親親，其義一也。」〔註144〕建祠是宗族凝聚族眾最直接而有效途徑。合族以祭，可收「敬宗」之功；族親餐敘（俗稱「食頭」），則可達「收族」之效。

宋人鄭至道曾言：「葬祭二事，尤子孫所當盡心焉。蓋孝子之喪親也，葬之以禮則可以盡愼終之道，祭之以禮則可以盡追遠之誠。」〔註145〕職是之故，爲人子姪者「厚于奉養而薄于祖先，甚不可也。」〔註146〕而應當秉持「自奉雖薄而豐于祭祀」〔註147〕的敬謹之道，將最好的物品拿來祭祀祖先。但祭祀必須講求豐盛及時，祭時必須虔誠恭敬，祭器必須力保清潔，心情必須愉悅誠實等等，都是祀先不可或缺的基本位元。〔註148〕

〔註141〕馮爾康，〈清代宗族祭禮中反映的宗族制特點〉，《歷史教學》總第五七三期，2009 年八期，頁 5。

〔註142〕宋・黃幹，《勉齋集・書新淦郭氏敘譜堂記》卷二十二，《文淵閣四庫全書本・集部》一一六八冊，臺北：臺灣商務印書館發行，1986 年 7 月，頁 241～242。

〔註143〕清・張考夫，陳燿輯，載《切問齋文鈔・家堂》卷八，清乾隆四十年（1775年）吳江陸氏家刊本，國圖影像檢索系統，頁 20a～20b。

〔註144〕宋・眞德秀，《西山先生眞文忠公文集・睦亭記》卷二十四，《宋集珍本叢刊》第七十六冊，線裝書局，2004 年，頁 174。

〔註145〕宋・鄭至道，《琴堂諭俗編・正喪服》，《文淵閣四庫全書本・子部》八六五冊，臺北：臺灣商務印書館發行，1986 年 7 月，頁 237。

〔註146〕宋・程顥、程頤，民國・潘富恩導讀，《二程遺書・伊川先生語四》卷十八，上海：古籍出版社出版，2000 年 12 月，頁 293。

〔註147〕宋・樓鑰，《攻媿集・趙明道墓誌銘》卷一○三，《文淵閣四庫全書本・集部》一一五三冊，臺北：臺灣商務印書館，1986 年 7 月，頁 582。

〔註148〕王善軍，〈宋代的宗族祭祀和祖先崇拜〉，載《世界宗教研究》，1999 年第三

　　美國學者華琛（James Watson）曾藉由法國研究者韋伯〔註149〕的研究，從「地方精英」（指擁有土地，及商業利益的人士）的角度，對十九世紀的法國與晚清時期的中國作比較，發現兩者間的地方精英在觀念與作法上皆有明顯的差異。在法國，地方意見領袖是多元主義的擁護者，他們以各自表述的觀點去對抗巴黎的文化帝國。而在晚清時期的中國，這批地方精英因受著共同的文化傳統影響，而同時效忠於大清帝國政權，與自己的鄉里，而成爲鄉里當中受人尊崇的意見領袖。而這個文化傳統，華琛的定義是由於「標準化」〔註150〕的規範所促成的結果。

　　若以宗教崇拜標準化一事來看，地方精英往往透過參與公共事務，與國家政權攜手合作，並協助地方政府興建國家欽准的寺廟，從而提昇自己的社會地位，讓自己成爲地方上的精英份子。如遍及中國東南沿海的天后信仰，就是最佳的例證。天后在十世紀時只是福建一帶，專事海面救苦救難的的活菩薩。隨著歷代皇朝的敕封〔註151〕與加持，天后的地位遂如日中天。執政者發現藉由天后廣大而虔誠的信眾，作爲國家太平象徵的作法，是最直接有效的渠道。〔註152〕天后聖誕慶典中的儀軌，也在地方精英的參與，而出現劃一的儀節。而這些地方精英的社會地位也跟著水漲船高，成爲地方上舉足輕重的意見領袖，他們可以是儀典進行中執禮的禮生，也可以是選舉期間一言九鼎的最佳助選員，更是宗族當中化解糾紛的仲裁角色。

　　　　　　期，頁 121。
〔註149〕Eugen Weber, Peasants into Frenchmen; The Modernization of Rural France, 1870~1914 (Stanford: Stanford University Press , 1976).
〔註150〕華琛(James Watson), "Standardizing the Gods: The Promotion of T'ien Hou (「Empress of Heaven」) Along the South China Coast," in David Johnson et al. (eds.), Popular Culture in Late Imperial China (Berkeley University of California Press.1985), pp. 292~324.（中譯：呂宇俊、鄧寶山，〈神祇標準化——華南沿岸天后地位的提昇〉，頁 164）
〔註151〕〈金門縣天后宮興建誌〉載稱，自宋迄清，歷朝敕封累達六十四字，全稱曰：「護國庇民，妙靈昭應，宏仁普濟，福佑群生，誠感咸孚，顯神贊順，垂慈篤佑，安瀾利運，澤覃海宇，恬波宣惠，導流衍慶，靖洋錫祉，恩同德普，衛漕保泰，振武綏疆，天后之神。」詳見楊天厚、林麗寬編著，《金門寺廟楹聯碑文》，臺北：稻田出版社，1998 年 11 月，頁 27。
〔註152〕華琛(James Watson), "Standardizing the Gods: The Promotion of T'ien Hou (「Empress of Heaven」) Along the South China Coast," in David Johnson et al. (eds.), Popular Culture in Late Imperial China (Berkeley University of California Press.1985), pp. 292~324.（中譯：呂宇俊、鄧寶山，〈神祇標準化——華南沿岸天后地位的提昇〉，頁 164～165）

二、金門禮儀實踐參與者

　　僻居海疆一隅，素有「海濱鄒魯」之稱的金門島，拜朱子過化之賜，向以禮儀嚴謹著稱，舉凡婚喪喜慶等各種禮儀實踐，皆由素孚人望的禮生團體肩負執禮的重責大任。宋儒葉夢得（1077～1148）《避暑錄話》云：「士大夫家祭多不同，蓋五方風俗沿習與其家法所從來各異，不能盡出于禮。古者修其教，不易其俗，故《周官》教民，禮與俗不可偏廢，要不遠人情而已。」〔註153〕不同地區的禮生團體，執禮的方式雖有些微差異，然受到「標準化」〔註154〕的禮儀規範導引，各地的禮生都能恪守《家禮》的禮文制約，爲禮儀的傳承而盡其最大心力。

　　禮生者，儒家禮典中負責贊禮者也。庶民社會執禮的禮生，據李師豐楙調查研究指出，禮生概由一批曾從事公職僚佐、衙吏事務的退休佐吏，以及修習儒家典籍的人士擔任之，因其普遍爲知書達禮的「先生」，故習稱之爲「禮生」。禮生都以其自身擁有的專業技能和知識能力，在禮儀事務中擔任司禮司儀的角色。〔註155〕「禮生團體所形塑的禮儀專業形象，自是與儒家禮的傳承有關係，就如同儒家之學爲基層社會的教化，採取了公開而普遍的傳授方式。」〔註156〕

　　以傳承儒家禮儀爲職責的禮生，雖然採用的儀節以俗禮爲大宗，然對於儒家禮典的弘揚，仍扮演者舉足輕重的角色功能。李師豐楙於〈禮生、道士、法師與宗族長老、族人──一個金門宗祠奠安的圖像〉即有如是的詮釋：

　　　　禮生及所主持的各種祭典，基本上傳承的是儒家的禮儀傳統，孔子

〔註153〕宋・葉夢得，《避暑錄話》卷二，上海：古籍出版社出版，2007 年，頁 2618～2619。

〔註154〕華琛(James Watson), "Standardizing the Gods: The Promotion of T'ien Hou（「Empress of Heaven」) Along the South China Coast," in David Johnson et al. (eds.), Popular Culture in Late Imperial China (Berkeley University of California Press.1985), pp. 292~324. （中譯：呂宇俊、鄧寶山，〈神祇標準化──華南沿岸天后地位的提昇〉，頁 164）

〔註155〕林麗寬，〈金門新市里禮生的基礎調查〉，楊天厚、林麗寬，《金門采風──寬厚文史工作室作品選集》，金門：寬厚文史工作室出版，2004 年 6 月 POD 一版，頁 47。

〔註156〕李師豐楙，〈禮生、道士、法師與宗族長老、族人──一個金門宗祠奠安的圖像〉，王師秋桂主編，《金門歷史、文化與生態國際學術研討會論文集》，臺北：財團法人施合鄭民俗文化基金會，2004 年 12 月，頁 222。

在「述而不作」中闡述、肯定了周公所制之禮，其士大夫的道德教育即從如何實踐禮儀的教化開始，以之作為建立社會秩序的基本規範。〔註157〕

《禮記・禮運》對禮生在祭典中所扮演的角色功能，有如是的載述：「故玄酒在室，醴醆在戶，粢醍在堂，澄酒在下。陳其犧牲，備其鼎俎，列其琴瑟管磬鍾鼓，修其祝嘏，以降上神，與其先祖。」鄭玄《注》云：「祝，祝為主人饗神辭也。嘏，祝為尸致福於主人之辭也。」〔註158〕祭典中的「祝」即俗稱的禮生。《禮運》亦云：「山川所以儐鬼神也。」鄭《注》：「儐，敬也。」〔註159〕周人祭祖禮的特點就是設尸和祝，尸是神像，選用孫輩中人充當，祭禮進行時，穿上祭祀祖先的遺服，代替祖神接受族裔祭享。而祝則是祭祖禮中的主持人，王對先祖的祝辭由他來禱告，祖神對後嗣的嘏辭也由他來宣讀。〔註160〕而今祭祖的「尸」已被祖先牌位所取代；而擔任司禮職責的「祝」，則以禮生的姿態出現，繼續扮演祭典中的仲介角色。

司馬光（1019～1086）《書儀・祭禮・註》，引《開元禮》，有設贊唱者位西南，西面之文。〔註161〕在禮文廢弛的宋代，儀文曲折，行禮者無不參差。朱熹《家禮》擬用引贊一人，通贊一人。擇子弟或親朋二人為之，先期演習，庶禮行之際，不至差跌。祝負責讀祝兼致嘏辭。執事者則負責從旁提供各種儀節的支援。〔註162〕

清儒毛奇齡（1623～1713）《家禮辨說》載：「古有左儐、右儐為贊、唱而設。《唐開元禮》有贊唱員二人。《禮運》修其祝嘏。祝以主人之詞告神，嘏以神之詞告主人。此另是二人。今但設引贊一人，通贊一人，以當左右儐。祝嘏兩告，則即以通贊為之。祝文告孝，飲福告慈，亦無有缺。若上祭，則

〔註157〕李師豐楙，〈禮生、道士、法師與宗族長老、族人──一個金門宗祠奠安的圖像〉，王師秋桂主編，《金門歷史、文化與生態國際學術研討會論文集》，臺北：財團法人施合鄭民俗文化基金會，2004年12月，頁221。

〔註158〕《禮記・禮運》卷二十一（阮元重刊宋本），漢・鄭玄注；唐・孔穎達等正義，臺北：藝文印書館，1976年5月六版，頁417。

〔註159〕同註158，《禮記・禮運》卷二十二，頁438。

〔註160〕劉雨，〈西周金文中的「周禮」〉，載《燕京學報》第三期，北京：北京大學出版社出版，1997年8月第一次印刷，頁64。

〔註161〕宋・司馬光，《書儀・祭》卷十，《文淵閣四庫全書本・經部》一四二冊，臺北：臺灣商務印書館，1986年7月，頁522～523。

〔註162〕南宋・朱子，明・丘濬輯，《重刻朱子家禮・祭禮》卷七（紫陽書院定本），頁3。

增設二人，更爲美備耳！」〔註163〕清代祭典中的禮生僅設引贊、通贊各一人。金門民間現用的「三獻禮」，禮生則用四至六人，分別爲通、引、贊三人，及讀祝官一人，另佐理人員兩名（站立供桌兩側，負責遞送更換的供品）。通爲司禮官，即司儀。引爲引導官。贊爲贊禮官。讀祝官則負責宣讀祝文。

禮生純屬義務性質。金門地區長久以來的慣習，禮生大部分都由退職的軍公教人士出任。在教育並不普及的民國初年，特別是在國軍轉進〔註164〕金門以前，私塾是村落中唯一可以「傳道、授業、解惑」〔註165〕的「讀冊房」（書房），而且只能圍限於少數家庭環境優渥的家庭，才有「進孔子門」（意即到私塾讀書）的機會。有些村落因僑匯挹注的關係，而得以禮聘師資，教授村中子弟，如金城鎮珠山村、金水村，金沙鎮碧山村，金湖鎮成功村等少數村莊。早期的「讀冊人」也因之而成爲地方意見領袖，執禮的禮生自然由這些人出任。

民國五十三年（1964 年）國民義務教育率先在金門試辦，自此教育普及於全島，金門本地青年出任公職機率相對提昇。自職場退職的公教人員，長期接受儒家教育的薰陶，受到回饋鄉里的強烈動機驅使，遂轉而出任村中禮生，繼續貢獻所學，服務桑梓。就禮生團體言，禮生的養成教育，率皆採老成提攜新秀的方式，並以《家禮大成》作爲習禮的範本。利用農閒，或夜間時刻勤加演練。雖非科班出身，亦無文憑可言。唯一擁有的就是服務的熱忱。儘管如此，然憨厚的鄉下人對無私奉獻的禮生，則是點滴在心，對禮生也總是優禮有加，禮生也自然成爲村里中人人景仰的「上九流」〔註166〕，而宗祠祭祖儀典與喪葬祭典，則爲禮生團體提供最佳演出的舞台。

受朱子教化影響，金門祭祖禮向以《家禮》爲執禮的範本。然祭儀秩序得以代代相傳，且能形塑成「標準化」的常模，並普及於各族姓之間，成爲

〔註163〕清·毛西齡，《家禮辨說》，《叢書集成續編》，臺北：新文豐出版社出版，1989年 7 月，頁 413。

〔註164〕國軍轉進金門時間在民國三十八年（1949 年）。

〔註165〕語見中唐韓愈〈師說〉。

〔註166〕九流，指九品人物。《南史·梁武帝紀》：「自今九流常選，年未三十，不通一經，不得解褐。」唐·李延壽，《南史》卷六，臺北：鼎文書局，1981 年元月三版，頁 188。亦指九等人物。《漢書·古今人表》將人分爲「上上、上中、上下、中上、中中、中下、下上、下中、下下」九等。後以「九等人表」泛指各種人材。漢·班固，《漢書·古今人表》第八，臺北：鼎文書局，1981年 2 月四版，頁 341～392。

站在第一線的執禮尖兵。禮生的用心鑽研，乃至無私的犧牲奉獻精神，都是促使這批幕後功臣得以受人景仰的主因。其次，《家禮大成》這部禮書的高普及率，更是禮生習禮不可或缺的寶典，特別是在知識不甚普及，文獻付諸闕如的年代。禮生們都能以最克難的方式，排除一切橫逆，秉持代代薪傳的偉大情操，其無私奉獻的精神，更令人欽佩不已。

　　禮樂文化的踐履是儒家思想的底蘊。庶民社會的禮儀實踐雖以俗禮為大宗，卻不失為觀察禮文展演的最佳櫥窗。孔子曾言：「禮失而求諸野」〔註167〕，顏師古《注》曰：「言都邑失禮，則於外野求之，亦將有獲。」〔註168〕金門雖是海隅小島，特殊的時空背景卻使她成為「外野求之」的最佳場域。由志書及族譜的判讀，宋元之際是金門人口移入的高密集點，中原世家大族於此同時，紛紛將儒家禮文引進此地，封閉的地理屬性則使她更易於保存固有的文化型態。藉由禮生團體的努力，閩南傳統的禮儀，遂得以長久被保存下來。金門的祭祖禮，也因之成為觀察禮儀實踐的新櫥窗。

　　禮生執禮的最大舞臺，一為吉禮的祠祭儀典，一為凶禮的殯殮儀式。兩者屬性雖不同，提供禮生團體實踐禮儀渠道，卻是殊途而同歸。祠祭祝文莊嚴隆重；喪葬祭文聲調悲戚。在金門全縣的 168 個自然村落中，大部分都擁有自己村中養成的禮生。禮生執禮頻率最高的並非宗祠祭典，而是喪葬儀式。禮生團體彼此間亦能秉持互通有無的情操，特別是基於同宗之誼的相互支援，或是基於鄉誼的鄰近村落而相互支援幫忙。祠祭中又以百年難得一見的宗祠「奠安」（慶成醮）規模最為盛大。而奠安祭祖儀程，則又可區分為姻親的致祭，與宗親的致祭，而有不同儀式。就血緣角度而言，前者關係較為疏遠，雙方僅建立在婚姻關係基礎上，屬外戚，因而只要實施「小三獻」儀式即可。儀程上先迎姻親，後迎宗親的道理即在此（奠安儀程請參閱表4-6：奠安慶典日程表）；後者因系出同源，彼此間有著血濃於水的親情在，屬內親，故而需要動用到儀式較為繁瑣的「大三獻」。就奠安祭典先後順序而言，應先敬拜樑神、文昌帝君，福德正神。然後才是姻親代表，與宗親代表的隆重祭典。春秋祭典亦同，兩者間僅差一項樑神敬拜的有無而已。

　　禮生在三獻禮儀程中需要朗讀祝文，而攸關禮生讀祝的位置，《家禮會

〔註167〕漢・班固，《漢書・藝文志》卷三十，臺北：鼎文書局，1981 年 2 月四版，頁1746。
〔註168〕同註167。

通・祭祀考疑》亦有質性的考辨：「凡讀祝文，喪祭在左西向，吉祭在右東向，謂從吉之喪。祭至卒哭則漸從吉矣。是日也，以吉祭易喪祭，故祝文須東向讀之。東向者，取其向陽，生旺之義。西向者，取其向陰，悲切之意。」〔註169〕祭祖儀典既是吉祭的一環，禮生理當「在右東向」。就田調常期觀察所得，金門地區祭祖禮讀祝官頗能遵循之一禮軌。喪事理應「在左西向」，然所有讀祝官仍採「在右東向」的慣習，此或出於長期習慣所致。再則，金門地區禮生，不論吉、凶，皆由同一批人士擔綱演出。

（一）敬拜樑神〔註170〕、文昌帝君、福德正神的祀典儀式〔註171〕

獻禮開始，鳴鼓三通〔註172〕。

奏大樂〔註173〕。鳴炮。

奏細樂〔註174〕。

正獻官請就位，陪獻長老請就位。

上香〔註175〕、再上香、三上香。

〔註169〕 清・戴翊清，張汝誠輯，《家禮會通・祭祀考疑》貞卷，雍正甲寅（1734 年）序刊本，臺北：大立出版社，1985 年 7 月，頁 196。

〔註170〕 案，敬拜樑神是「奠安」（慶成醮）才舉行的科儀，年度祭典僅祭拜文昌帝君與福德正神而已。

〔註171〕 林麗寬，〈金門新市里禮生的基礎調查〉，楊天厚、林麗寬，《金門采風——寬厚文史工作室作品選集》，金門：寬厚文史工作室，2004 年 6 月 POD 一版，頁 49。案：原稿爲禮生陳忠信提供。

〔註172〕 據禮生陳忠信報導，「鳴鼓三通」用於宗祠奠安；寺廟奠安則改用「鼓嚴三通」以示區隔。蓋宗祠以慎終追遠的祀先祭祖爲主；祀廟則以廟會慶典爲主。兩者屬性不同，俗諺「紅宮黑祠堂」即指此而言。

〔註173〕 演奏「大鼓吹」的樂器，是金門地區莊嚴隆重儀典中，不可或缺的樂器。

〔註174〕 即演奏「嗩吶」等樂器。

〔註175〕 《家禮會通・祭祀考疑》：「問祭祀用香者何？曰：自昔祭祀用蕭（蘆荻之屬）合脂膏以焚之，其香氣達於牆屋之間。《詩》云：『取蕭祭脂』是也。至越裳氏貢中國，始有香。今人祀神，雖非古禮，然用香已久，鬼神亦從而安之。」清・戴翊清，張汝誠輯，《家禮會通・祭祀考疑》貞卷，雍正甲寅（1734 年）序刊本，臺北：大立出版社，1985 年 7 月，頁 198。
另見《周禮》：「升煙燔牲首。」則是祭前燔柴升煙，皆是求神定儀，初無所謂燒香之說也。宋趙彥衛《雲麓漫鈔》云：「近人崇釋氏，多好用香。蓋西方出香，釋氏動輒焚香，以示潔淨，道家亦然。」今人祀社稷，祭夫子，于迎神之後，奠幣之前，行三上香之禮，郡邑或有之，朝廷則無是，宋時猶存古制也，今則又不然矣。」清・梁紹壬，莊葳校點，《兩般秋雨盦隨筆・燒香》卷六，《清代筆記小說大觀》，上海：古籍出版社出版發行，2007 年 10 月第一次印刷，頁 5620～5621。另見之於《溫公書儀》：「古之祭者，不知神之所

跪。

晉爵、酌酒、獻酒〔註176〕。再晉爵、再酌酒、再獻酒。三晉爵、三

酌酒、三獻酒。

晉牲儀〔註177〕、獻牲儀。

樂止、俯伏。

讀祝官請就位，宣讀祝文。

讀畢、樂升、平身。

行獻禮：拜、再拜、三拜、興。

晉金帛、獻金帛。

奏大樂，鳴炮，焚祝化帛〔註178〕。

禮成。

　　金門地區的宗祠拜殿內側寢殿供奉祖龕，兩側次殿左奉文昌帝君，右奉
福德正神。金門「十三陳」位處後浦街道西門的總祠（俗稱忠賢祠，或潁川
堂）祖龕前方供桌，中間供奉義薄雲天的關聖帝君，左側供奉入閩始祖太子
太傅陳邕〔註179〕，右側供奉開漳聖王陳延光。〔註180〕陳氏年度的春冬祭典，

在，故灌用鬱鬯，臭陰達于淵泉；蕭合黍稷，臭陽達于牆屋，所以廣求神也。
今此禮既難行於士民之家，故但焚香醇酒以代之。」宋・司馬光撰，《溫公書
儀卷第十・祭》（據清嘉慶張海鵬輯刊學津討原本影印），《百部叢書集成》，
臺北：藝文印書館印行，頁1～9。

〔註176〕「古者酒以成禮。」清・張師載輯，《課子隨筆鈔》卷三，《叢書集成新編》
六十冊，臺北：新文豐出版社出版，1989年7月臺一版，頁59。

〔註177〕指雞、魚、肉三牲。

〔註178〕元・謝應芳，《辨惑編・淫祀》卷一：「胡氏曰，古者祭必用幣，所以交神，
猶人之相見，有贄以爲禮，非利之也。後世淫祀既眾，于是廢幣帛而用楮錢，
是以賄交于神也。……晦菴先生曰，紙錢起于玄宗時王璵。蓋古人用玉幣，
後來易以錢，至玄宗惑于王璵之術，而鬼神事繁，無許多錢來理得，故璵作
紙錢易之。」元・謝應芳，《辨惑編・淫祀》卷一，《百部叢書集成》，臺北：
藝文印書館印行，頁13a～13b。
另見《家禮會通・祭祀考疑》：「問祭祀用紙者何？曰，古者祭祀，只焚幣帛，
及祝文而已。至漢殷長史始以紙代帛。唐王璵乃用於祠祭。五代時又設紙銀
以爲美觀。夫以紙造爲錢銀，亦是明器用以代帛，似亦無害，俗謂可爲幽冥
之資，可笑。今用色紙爲帛，化訖將紙灰傾于溪，不可置路旁作穢。」清・
戴翊清，張汝誠輯，《家禮會通・祭祀考疑》貞卷，雍正甲寅（1734年）序
刊本，臺北：大立出版社，1985年7月，頁198～199。

〔註179〕陳氏入閩始祖太子太傅陳邕，原籍京兆府萬年縣洪故鄉胄桂里，生於唐高宗
麟德二年（665年）乙丑。唐中宗神龍元年（705年）乙巳科進士，官拜太子

依照傳統慣習，先祭文昌帝君，緊接著是福德正神的祭典，之後才是隆重的祭祖大典。爲避免整個祭典皆由族長或理事長主持，造成主祭者過度沉重的負荷，也爲了對族裔功名的肯定與褒揚，文昌帝君與福德正神，分別由族中俊彥，或有功名在身者主持這兩項祭典，此項慣例已行之有年。文昌帝君皆禮聘族中碩學鴻儒主祭；福德正神則敬邀官宦名流擔綱。「十三陳」總祠陳氏祠堂的祭祖儀典就採行此一模式，且已成爲全體族眾共同遵循的常模。祭文昌帝君，旨在祈求闔族文運昌盛、科甲聯登、人才輩出；祭福德正神，則旨在祈求闔族財源廣進、豐衣足食、瓜瓞綿綿。簡單隆重是這項祭儀的最大特色，供品以雞、魚、豬肉等三牲爲主，整個儀式在讀祝官宣讀祝文後畫劃完美句點。

（二）姻親致祭的小三獻〔註181〕儀式

太傅，後因與李林甫不協，於唐玄宗開元二十四年丙子（736年）被謫入閩，始居興化，後移駐泉州惠安社稷壇，旋移漳州南驛路南廂山居焉。育有四子，長曰夷則，次曰夷錫，三曰夷行，四曰夷實。卒年九十五，加謚忠順王。陳氏族人奉爲入閩始祖，春秋祭典崇禮有加。詳見潁川堂金門陳氏宗祠奠安委員會發行，《金門陳氏宗祠潁川堂建祠八十週念奠安紀念特刊‧入閩始祖忠順王太子太傅邕公簡史》，1985年正月，頁8。

〔註180〕陳延光（657～711），字廷炬，號龍湖，祖籍河南固始縣人。自幼即聰穎好學，又善於騎射，精擅韜略。唐代末葉開拓福建漳州地區有成，被視爲漳州人的守護神，並被尊爲「開漳聖王」。開漳聖王廟宇遍及閩、台各地，唯金門地區廟宇不見有供奉「開漳聖王」的情況。

〔註181〕《家禮會通‧祭祀考疑》：「三獻。獻，饋也。下進上曰獻。三獻者，曰酒傾去，從新再斟，跪而進之。」清‧戴翊清，張汝誠輯，《家禮會通‧祭祀考疑》貞卷，雍正甲寅（1734年）序刊本，臺北：大立出版社，1985年7月，頁197。案：金門地區祠祭三獻禮供桌前一定會擺一盆「茅沙」，其意爲何？以下試由文獻載述中尋求解答：
《周禮‧天官‧甸師》：「祭祀共蕭茅」鄭〈注〉，蕭字或爲苫，苫讀爲縮。束茅立之祭前，沃酒其上，酒滲下去，若神飲之，故謂之縮。縮，浚也。故齊桓公責楚不貢苞茅。王祭不共無以縮。酒，杜子春讀爲蕭。蕭，香蒿也。《詩》所云「取蕭祭脂」。《禮記‧郊特牲》云：「蕭合黍稷，臭陽達於牆屋，故既薦，然後焫蕭合馨香。合馨香者，是蕭之謂也。茅以共祭之苴，亦以縮酒苴，以藉祭。縮酒，涑酒也。」《周禮‧天官‧甸師》卷四，臺北：藝文印書館發行，1976年5月六版，頁64。
另見《太常因革禮‧縮酒茅》卷十三：「宗廟行禮，皆以零陵香縮酒。……《周禮‧甸師》「共蕭茅」。鄭《注》云：「蕭字爲苫，苫讀爲縮。束茅立之祭前，沃酒其上，酒滲下去，若神飲之，故謂之縮。」《尚書‧夏書‧禹貢》「包匭菁茅。」孔〈傳〉：「匭，匣也。菁以爲菹，茅以縮酒。」《左傳》：「齊責楚曰：

通〔註182〕：祀典開始、鳴鼓三通、奏大樂、鳴炮、奏清樂。

　　引導官就位，贊禮官就位，陪獻長老就位、主獻官就位。

通：盥洗。

　　引〔註183〕：詣盥洗所。

贊〔註184〕：盥洗畢。

通：省牲〔註185〕。

引：詣省牲所。

贊：省牲畢。

『爾貢包茅不入，無以縮酒。』是古人祭祀，縮酒皆當用茅也。……茅之爲物，取其潔而用之。」宋·歐陽修等編，《太常因革禮》，載《叢書集成新編》三十五冊，臺北：新文豐出版社，1985年元月初版，頁75。

再見之於清·呂子振羽仲編輯，《家禮大成·時祭》：行初獻禮。（引唱）諸（始、高）祖考妣神位前。跪。祭酒。（主人傾酒少許於茅沙盤中，謂之縮酒。鬼神不能祭，代祭始造飲食之人。茅沙盤中以錫爲之。上無蓋，下底鑿七星孔，內貯清沙、白茅，聚生平貞潔之意）奠酒。（主人承盞一拱，執事者接之，轉置高、祖考妣前）清·呂子振羽仲編輯，《家禮大成·時祭》，臺中：瑞成書局發行，1974年5月再版，頁121～124。

另考之《性理大全書》卷二十一：「劉氏璋曰，茅盤用甆區盂，廣一尺餘，或黑漆小盤，截茅八寸餘作束，束以紅，立于盤內。」明·胡廣等，《性理大全書》，《四庫全書珍本·五集》，臺北：臺灣商務印書館，1935年，頁26b。

清儒毛奇齡，《家禮辨說·祭禮》卷十三：「凡謁儀皆有降神一節。預設茅沙盆，至焚香後，酹酒於茅沙之上以降神，此世所共遵者。但降神必用灌鬯，此本天子諸侯之禮，大夫士以下，惟時祭偶用之，而竟以是爲常儀，則褻甚矣。且茅沙之名，古並無有。《郊特牲》曰：縮酌用茅。《左傳》：爾貢包茅不入，王祭不供。此謂祭時用濁酒以茅沛之，所以取滓，故鄭《注》曰，涑之以茅，縮去滓也。惟《周禮·甸師》：貢蕭茅。鄭興謂，蕭讀如束，束茅立之，而沃酒其上，有似神飲，此是妄說。」《叢書集成續編》六十六冊，臺北：新文豐出版社，1989年7月，頁406。

〔註182〕「通」即祭祖時負責司禮的司儀。

〔註183〕「引」即引道官或引導官，於祭典行進中爲主祭官指引行進路線者。

〔註184〕「贊」即贊禮官，爲複誦儀節程序者，俾便於加強參與祭典者的注意力。

〔註185〕「省牲」以供奉的「少牢禮」：全豬、全羊（或麵豬、麵羊）爲主，其餘供品僅象徵性瀏覽一番，或由主祭者動手在其中一兩項供品碗盤旁邊略微轉動一下，象徵供品都能依禮擺設。春秋祭典牲禮可陳放於拜殿內，左豬、右羊。「奠安」慶典的牲禮則因宗祠內部空間不足只得移往大門外面兩側擺放。《家禮會通·祭祀考疑》：「問祭物以左魚右肉，左羹右飯者何？曰，在昔安祀祖先神主，以右爲尊。於行禮之時，兄居右，弟居左，故排物亦如之。今悉以左爲尊。」清·戴翊清，張汝誠輯，《家禮會通·祭祀考疑》貞卷，雍正甲寅（1734年）序刊本，臺北：大立出版社，1985年7月，頁197。

通：視饌〔註186〕。

引：詣視饌所。

贊：視饌畢〔註187〕。

通：詣遠姑祖考妣神位前行獻禮。

通：上香、獻酒、再獻酒、三獻酒。

通：晉鮮花、獻鮮花。

贊：（蘭桂騰芳）〔註188〕。

通：晉香茗、獻香茗。

贊：一品清香。

通：晉毛血〔註189〕、獻毛血。晉饌〔註190〕（雞）、獻饌。

〔註186〕「視饌」即由引導官引導主祭官檢閱供品是否整潔，處理是否妥當。有愼重其事之意。

〔註187〕「視饌畢」指主祭官由東而西（由左而右）省視一遍。

〔註188〕「蘭桂騰芳」、「一品清香」、「五世其昌」、「長發其祥」、「集米成珠」、「瓜果延禧」、「添丁進財」、「金玉滿堂」等均爲祈福的祝禱詞。如獻香花即稱「蘭桂騰芳」；獻香茗即稱「一品清香」；獻牲儀即稱「五世其昌」；獻發糕即稱「長發其祥」；獻角黍即稱「集米成珠」；獻果品即稱「瓜果延禧」；獻紅燈即稱「添丁進財」；獻金帛即稱「金玉滿堂」。所有美稱皆以供品外在特徵爲取向，或取該項供品的諧音作爲美稱的敬禱詞。

〔註189〕「晉毛血」指宰殺豬羊的鮮血，此爲「少牢禮」的儀節之一。《禮記・郊特牲》卷二十六（阮元重刊宋本），漢・鄭玄注：唐・孔穎達等正義，臺北：藝文印書館，1976 年 5 月六版，頁 507：「毛血，告幽全之物也。告幽全之物者，貴純之道也。」鄭玄《注》：「幽謂血也。」另據清儒毛奇齡《家禮辨說，祭禮》卷十三，頁 415 載稱，古祭禮有「瘞毛血」儀節，毛氏以爲隨地瘞埋即可，且不必祭。朱氏禮有進毛血。按禮祝告毛血，名告幽全。以其血備名告幽，以其色純名告全。全者毛色不雜。再據金門地區禮生陳忠信指出，鮮血則有鎮煞之用。

考之《國語・楚語・觀射父論祀牲》：「毛以示物，血以告殺，接誠拔取於獻具，爲齊敬也。敬不可久，民力不堪，故齊肅以承之。」用祭牲的毛色向神明表明物的完美，用祭牲的血表明是新殺的牲，用祈告表明祭祀的誠信，將祭牲拔毛取血完整地供獻給神，是那樣的精潔恭敬。東周・左丘明，黃永堂譯注，《國語・楚語》，臺北：臺灣古籍出版社出版，2002 年 5 月初版二刷，頁 795～797。

另見《禮記・禮運》：「昔者先王未有宮室，冬則居營窟，夏則居檜巢。未有火化，食草木之實，鳥獸之肉，飲其血，茹其毛；未有麻私，衣其羽皮。後聖有作，然後脩火之利，范金，合土，以爲臺榭、宮室、牖戶。以炮以燔，以亨（烹）以炙，以爲醴酪；治其麻私，以爲布帛。以養生送死，以事鬼神、上帝，皆從其朔。故玄酒在室，醴醆在戶，粢醍在堂，澄酒在下。陳其犧牲，

通：跪、俯伏、樂止。讀祝官就位、宣讀祝文、讀畢。樂升、平身〔註191〕。拜、再拜、三拜、四拜、興〔註192〕。

通：上香、獻酒、再獻酒、三獻酒。

通：晉牲儀、獻牲儀。

贊：（五世其昌）。

通：晉發糕、獻發糕。

贊：（長發其祥）。

通：晉角黍〔註193〕、獻角黍。

贊：（集米成珠）。

通：晉饌（肉）、獻饌。跪。拜、再拜、三拜、四拜、興。

通：上香、獻酒、再獻酒、三獻酒。

通：晉果品、獻果品。

贊：（瓜果延禧）。

通：晉紅燈〔註194〕、獻紅燈。

贊：（添丁進財）。

備其鼎俎，列其琴、瑟、管、磬、鍾、鼓，脩其祝、嘏，以降上神與其祖先，以正君臣，以篤父子，以睦兄弟，以齊上下，夫婦有所。是謂承天之祜。作其祝號，玄酒以祭，薦其血、毛，腥其俎，孰（熟）其殽，與其越席，疏布以冪，衣其澣帛，醴、醆以獻，薦其燔、炙，君與夫人交獻，以嘉魂魄，是謂合莫。然後退而合亨（烹），體其犬、豕、牛、羊，實其簠、簋、籩、豆、鉶、羹，祝以孝告，嘏以慈告，是謂大祥。此禮之大成也。」《禮記‧禮運》卷二十一，臺北：藝文印書館發行，1976 年 5 月六版，頁 417～419。

〔註190〕「晉饌」共計三次。首次為雞，雞頭向前為尊。金門俗諺有「雞頭魚尾為大禮」的說法；再次為晉肉；第三次晉魚，魚尾向前為尊。晉，意即捧給受祭的祖先或神明。獻，意即舉高奉寄。

〔註191〕「平身」係指原趴著的動作可挺直身軀，但不站立起身。

〔註192〕「興」指站起身來。

〔註193〕「角黍」即小型的鹼粽。就金門地區民間習俗，「角黍」寓有五穀（指稻、黍、稷、麥、菽而言）豐登之意，代表祥瑞，故而在「奠安」大典，常會在正樑兩側懸掛長條形的紅色「五穀袋」，和成串（十二粒）「角黍」的作法；或在隆重「三獻」祭祖禮，晉（進）呈「角黍」的科儀。

〔註194〕長條四方形木製小燈，四周鑲玻璃，三面固定，一面可上下移動的活動門，作為點燈的門徑，通體框架呈紅色，儀式開始後即在內部底座燈芯點上象徵光明、希望的小煤油燈。民國六○年代以後改成以小電池或袖珍型手電筒所取代。「燈」與「丁」諧音，有祝福子孫滿堂之意，是金門地區重大慶典中不可或缺的燈籠。特別是宗祠「奠安」期間，兩側翼廊高懸的燈海蔚為奇觀。

通：晉饌（魚）、獻饌。晉羹飯〔註195〕、獻羹飯。

通：晉金帛、獻金帛。

贊：（金玉滿堂）。

通：跪。拜、再拜、三拜、四拜、興。奏大樂、鳴炮。

通：晉爐敬〔註196〕、獻爐敬。

通：禮成。焚祝化帛。

人際關係的親疏在尋常時刻感受不深，透過祭祖儀典的檢測，則經由婚姻關係所建立的姻親，畢竟無法和具有血緣關係爲紐帶的宗親相提並論。「親疏有別」是禮經規範人際關係最重要經驗法則。宗親祭拜的對象是自家的祖考妣，而姻親祭拜的對象則爲「遠姑祖考妣」，對象不同，內外有分，親疏有別，祭典的繁簡度自然有所區別。職是之故，年度春秋祭祖儀典並無姻親參與祭拜的情況，只有在百年難得一見的「奠安」大典，才會敬邀姻親代表參與盛典。敬邀姻親主要目的是對始（遷）祖考妣的崇敬之意，受到邀請的對象亦倍感榮寵，在「輸人不輸陣，輸陣歹看面」的壓力驅使下，無不整個宗族傾巢而出，擺出最龐大陣容。主客間藉由這百年難得一見的隆重禮典在村莊入口處愉快「相見歡」，彼此間可藉此盛會搭建起更鞏固的人際網絡關係。爲了對遠道而來的姻親表達虔敬之意，「奠安」的儀程才會出現首日「迎姻親」，次日「迎宗親」的先後順序。

大、小三獻禮間最大差異在於有無繁瑣的初獻、亞獻、終獻儀節，以及置放在宗祠前殿或門口的「香案桌」〔註197〕。其次，鼓樂隊的有無，也是觀察大、小三獻禮最簡便的辨識方式，即大三獻禮一定得禮聘俗稱「鼓吹」的鼓樂隊，小三獻禮則可不用聘請鼓樂隊。藉由「香案桌」，及鼓樂隊的有無，即可輕易判讀祭典規模的大小，即大三獻儀式有「香案桌」及鼓樂隊；小三獻儀式則無「香案桌」及鼓樂隊的陳列。質而言之，金門地區宗祠的春冬祭

〔註195〕「羹飯」指湯與飯。

〔註196〕「爐敬」指盛放紅包袋的禮金。

〔註197〕「香案桌」的擺設並無固定位置。「奠安」（慶成醮）活動期間，因有主人、宗親與姻親的參與，同時並陳的「滿漢全席」桌多達二、三列，宗祠內部空間明顯不足，「香案桌」只好移置於宗祠正門口；年度祭祖儀典則因參與的對象僅止於宗族內部成員，且「滿漢全席」桌規模也比較小，相對地宗祠內部空間較寬敞，這個時候的「香案桌」大部分都擺放在宗祠內部前殿，或拜殿前側靠天井處，如瓊林濟陽蔡氏家廟春冬祭典的「香案桌」即擺在拜殿前側，祭祖的主桌則陳列於祖龕正前方，而陪席桌則陳列在兩側次殿。

典皆採隆重的大三獻科儀。有些姓氏的祠祭祭儀雖採用大三獻，供品卻因恪遵節儉的祖訓，而將「滿漢全席」桌豐盛的供品予以精簡化，如後浦許氏家廟，與瓊林蔡氏家廟的供品，都走簡樸節約路線。

（三）宗親致祭的大三獻儀式

通：祀典開始、鳴鼓三通。

　　奏大樂、鳴炮。

　　奏細樂。

　　引導官就位，贊禮官就位，佐理官就位，讀祝官就位。

　　陪獻長老就位，主獻官就位。

通：盥洗。

引：詣盥洗所。

贊：盥洗畢。

通：省牲。

引：詣省牲所。

贊：省牲畢。

通：視饌。

引：詣視饌所。

贊：視饌畢。

通：詣香案〔註198〕前行初獻禮（引、贊同唱）〔註199〕。

通：焚香、上香。

通：晉爵、酌酒、面東祭酒〔註200〕。

引：詣祭酒所。

贊：祭酒畢。

通：焚香、上香。跪。晉爵、酌酒、獻酒。拜、再拜、三拜、興。

通：詣祖考妣神位前行初獻禮（引、贊同唱）。

通：焚香、上香。晉彩區、獻彩區（奕世簪纓）〔註201〕。跪。晉爵、

〔註198〕案：香案為大三獻時所用，有些宗祠將之擺置於前殿，有些宗祠則將之擺置於宗祠大門前。小三獻無此儀程。

〔註199〕「引、贊同唱」指引導官和贊禮官同聲唱和。

〔註200〕主祭官在引導官帶領下，面向旭日初昇的方向將杯中酒潑灑於地，意即向遠古開基始祖致上最崇高敬意。

〔註201〕「奕世簪纓」為晉獻彩區（區額）的祝禱詞，寓有期許科甲連登，簪纓世冑

酌酒、酹酒〔註202〕、再酌酒、再酹酒、三酌酒、三酹酒、酌酒、
酹酒。

通：晉鮮花、獻鮮花。

贊：（蘭桂騰芳）；（引、贊同唱）。

通：晉香茗、獻香茗。

贊：（一品清香）；（引、贊同唱）。

通：晉毛血、獻毛血。

贊：（麒麟獻瑞）〔註203〕；（引、贊同唱）。

通：晉饌（雞）、獻饌。叩首、再叩首、三叩首、四叩首、興。

贊：初獻禮畢。

通：詣香案前行亞獻禮（引、贊同唱）。

通：焚香、上香。跪。晉爵、酌酒、獻酒。拜、再拜、三拜、興。

通：詣祖考妣神位前行亞獻禮（引、贊同唱）。

通：焚香、上香。跪。晉爵、酌酒、酹酒、再酌酒、再酹酒、三酌
酒、三酹酒、酌酒、獻酒。

之意。宗祠內晉匾（亦作進匾）是金門鄉親引爲人生最榮耀的成就，這對鼓
舞族姓積極進取的上進心有相當程度的助益。

〔註202〕溫公《書儀·注》云：「古之祭者不知神之所在，故灌用鬱鬯臭陰達于淵泉，
蕭合黍稷臭陽達于牆屋，所以廣求其神也。今此禮既難行於士民之家，故但
焚香、酹酒以代之。」

又《家禮·附錄》：「伊川先生曰，古者灌以降神，故以茅縮酌，謂求神於陰
陽有無之間，故酒必灌於地。若奠酒則安置在此，今人以澆在地上，甚非也。
既獻則徹去可也。橫渠先生曰，奠酒，奠，安置也，若言奠摯、奠枕是也，
注之於地非也。朱先生曰，酹酒有兩說：一用鬱鬯灌地以降神，則唯天子、
諸侯有之。一是祭酒。蓋古者飲食必祭，鬼神自不能祭，故代之祭也。今人
雖存其禮而失其義，不可不知。問酹酒是少頃，是盡頃？先生曰，降神是盡
頃。（楊氏曰，祭酒是少頃于地）」宋·朱熹，《家禮》（南宋淳祐五年（1245
年）五卷本加附錄一卷），收入《孔子文化大全》，山東：友誼書社，1992 年
11 月，頁 909～910。

另見《文公家禮儀節·通禮考證》：「問酹酒是少頃，是盡頃。曰，降神是
盡頃。酹酒有兩說：一曰鬱鬯灌地以降神，惟天子諸侯有之；一是祭酒。
古者飲食必祭，以鬼神不能祭，故代之也。」宋·朱熹。明·丘濬重編，
《文公家禮儀節·通禮考證》（共八卷）（明萬曆戊申三十六年，西元 1608
年常州府推官錢時刊本。珍藏國家圖書館四樓善本室），常州府出版，頁 18
～19。

〔註203〕「麒麟獻瑞」爲獻毛血的祝禱詞，寓有吉祥如意之意。

通：晉牲儀〔註204〕、獻牲儀。

贊：（五世其昌）；（引、贊同唱）。

通：晉發糕、獻發糕。

贊：（長發其祥）；（引、贊同唱）。

通：晉角黍、獻角黍。

贊：（集米成珠）；（引、贊同唱）。

通：晉饌（肉）、獻饌。叩首、再叩首、三叩首、四叩首、興。

贊：亞獻禮畢。

通：詣香案前行終獻禮（引、贊同唱）。

通：焚香、上香。跪。晉爵、酌酒、獻酒。晉金帛、獻金帛。拜、
　　再拜、三拜、興。

通：詣祖考妣神位前行終獻禮（引、贊同唱）。

通：焚香、上香。跪。晉爵、酌酒、酹酒、再酌酒、再酹酒、三酌
　　酒、三酹酒、酌酒、獻酒。

通：晉紅圓〔註205〕、獻紅圓。

贊：（丁菓團圓）〔註206〕；（引、贊同唱）。

通：晉紅燈、獻紅燈。

贊：（添丁進財）〔註207〕；（引、贊同唱）。

通：晉饌（魚）、獻饌。

通：晉羹飯、獻羹飯。

通：晉金帛、獻金帛。

贊：（金玉滿堂）〔註208〕；（引、贊同唱）。

通：獻爐敬。

通：樂止、俯伏。

通：讀祝官請就位；宣讀祝文。〔註209〕

〔註204〕「晉牲儀」指五牲或三牲等牲禮。

〔註205〕「晉紅圓」可用十二粒，亦可用十六粒爲一盤，表示圓滿吉祥。紅圓爲傳統
　　　　糕餅店產製，通體紅色，呈半圓狀，可食用。

〔註206〕「丁菓團圓」爲獻「紅圓」的祝禱辭，寓有圓圓滿滿之意。

〔註207〕「添丁進財」爲獻「紅燈」時的祝禱詞，象徵瓜瓞綿綿、財源廣進。

〔註208〕「金玉滿堂」爲獻金帛時的祝禱辭，寓有榮華富貴之意。

〔註209〕清‧毛奇齡，《家禮辨說‧祝文式》卷十四，載有祝文範式，茲引錄如下：「維
　　　　○○某年干支某月干支，朔越某日干支，孝孫某（概以孫字，不稱曾玄等）

　　　通：讀畢；樂升〔註210〕。平身、飲福酒〔註211〕、受胙〔註212〕。叩
　　　　　首、再叩首、三叩首、四叩首、興。

　　　贊：終獻禮畢。

　　宗祠祭典最具可看性，也最有教育功能的享先祀典，當屬大三獻儀式。
透過通、贊、引、祝及助祭（佐理）人員等禮生的導引，一場莊嚴隆重的祭
典就此年年舉行，代代相承。隆重的祭祖儀典得以順利展演，禮生事前的勤
加演練，以及參與祭典的執事人員不眠不休的籌辦，都是幕後最可敬無名英
雄。看似繁瑣的儀節，事實上可是繁中有序，序中有規的禮樂文化。每一道
供品都有其專屬美稱，也各有其不同的象徵意義。在祭祖儀典當中，儒家的
禮規不再是貴族的專利，更不是深宮內院艱澀難懂的禮典科儀，它是如此的
生活化、通俗化。儒家的孝道亦可藉由祭祖儀典的持續墾拓，而得以深耕，
而得以普面化。

第二節　金門地區的祭祖禮

　　金門民間的祭祖禮因受到科舉功名的影響，再加上海島封閉的屬性，數
百年來一直保有其傳統祭典特色。其中尤以金湖鎮瓊林村蔡氏家廟的「庶
士寢祭」，莊嚴肅穆的氛圍，與行禮如儀的「三獻禮」，最是受到學術界的重
視。

一、庶人祭祖禮

　　《禮記・祭統》有言：「禮有五經（吉、凶、賓、軍、嘉），莫重於祭。」

────────────────────

　　謹以柔毛、剛鬣、粢盛、庶羞，祗修時祭於先始祖考某官某府君；先祖妣某
　　封某贈某氏。先某祖考（不祧祖）某官某府君；先某祖妣某封某贈某氏（下
　　祭無此）。先高祖考某官某府君；先高祖妣某封某贈某氏（曾祖至考同），以
　　某親某官祔食（祔主）。尚饗！《叢書集成續編》六十六冊，臺北：新文豐
　　出版社，1989 年 7 月，頁 417。案：「柔毛」，全羊。「剛鬣」，拳豬。「粢盛」，
　　古時放在祭器中，供祭祀用的穀物。「庶羞」，各種美味。禮，吉凶有別。祭
　　祖屬吉禮，當稱以「祝文」；喪事屬凶禮，當稱以「祭文」。
〔註210〕「讀畢；樂升」指祝禱文朗讀完畢後，由鼓樂對演奏細樂。
〔註211〕「飲福酒」指禮生捧酒給主祭官飲用，象徵祖先澤蔭族眾，並由主祭官代爲
　　　　接受祖考妣的賞賜與庇佑。
〔註212〕「受胙」禮生用筷子夾一小片肉讓主祭官享用，象徵主祭官代表全體族裔接
　　　　受祖先的賜福。

〔註213〕《說文》:「祭,祭祀也。从示,以手持肉。」〔註214〕古人飲食必祭,以示不敢忘本。〔註215〕「祭祀之興,肇於太古,人所飲食,必先嚴獻。未有火化,茹毛飲血,則有毛血之薦;未有麴糵,汙罇抔飲,則有玄酒之奠。施及後王,禮物漸備,作為酒醴,伏其犧牲,以致馨香,以極豐潔,故有三牲八簋之盛,五齊九獻之殷。」〔註216〕據《史記‧五帝本紀》載述,祭祀之禮殆始於顓頊時。〔註217〕殷墟卜辭中則可具體明確看見殷人為禳祓避禍、祈請求福而祭祀祖先的載錄,足證祭祖已成為商周以來國家的重要禮儀活動。

〔註218〕《國語‧魯語上》有:「夫祀,國之大節也」,及「夫祀,昭孝也。各致齊敬於其皇祖,昭孝之至也」〔註219〕的載述。《左傳‧文公二年‧傳》言:「祀,國之大事也。」〔註220〕《成公十三年‧傳》亦云:「國之大事,在祀與戎。」〔註221〕《永樂大典‧禮》亦載:「國事之大,惟祀與戎。」〔註222〕《淮南子‧氾論訓‧注》更進一步指出:「國之大事,在祀與戎,宗廟之祭,未嘗非大事也。」〔註223〕《全唐文》則有「國之大事,必存乎祀。禮有五經,莫

〔註213〕《禮記‧祭統》卷四十九(阮元重刊宋本),漢‧鄭玄注;唐‧孔穎達等正義,臺北:藝文印書館,1976年5月六版,頁830。

〔註214〕東漢‧許慎,清‧段玉裁注,《說文解字注‧示部》,臺北:天工書局,1998年8月,頁3。

〔註215〕明‧張四維輯,《名公書判清明集‧勉寓公舉行鄉飲酒禮為鄉閭倡》,中國社會科學院歷史研究所宋遼金元史研究室點校,北京:中華書局,2002年6月第二次印刷,頁395。

〔註216〕唐‧崔沔,〈加籩豆增服紀議〉,清‧董誥等編,《全唐文》第二七三,山西:教育出版社,2002年12月第一次印刷,頁1648。

〔註217〕漢‧司馬遷,《史記‧五帝本紀》卷一,宋‧裴駰集解,臺北:藝文印書館,2005年2月,頁29:「(帝顓頊)依鬼神以剬(古制字)義,治氣以教化,絜誠以祭祀。」

〔註218〕劉源,《商周祭祖禮研究》,北京:商務印書館,2004年10月第一次印刷,頁9~33。

〔註219〕周‧左丘明,民國‧黃永堂譯注,《國語‧展禽論祭爰居非政之宜》卷四,頁209。《國語‧夏父弗忌改昭穆之常》卷四,臺北:古籍出版社,2002年5月初版二刷,頁218。

〔註220〕《春秋左傳‧文公二年‧傳》卷十八(阮元重刊宋本),晉‧杜預注;唐‧孔穎達等正義,臺北:藝文印書館,1976年5月六版,頁303。

〔註221〕同註144,《春秋左傳‧成公十三年‧傳》卷二十七,頁460。

〔註222〕明‧姚廣孝、解縉等奉敕編纂,《永樂大典‧禮》卷一○四五八(第五十七冊),臺北:世界書局,1962年2月初版,頁4。

〔註223〕漢‧鄭安等,何寧撰,《淮南子集釋‧氾論訓‧注》,北京:中華書局,2006年4月,頁919。

重乎祭」〔註224〕的論述，爲善盡祀先之禮，故「聖人爲之宗廟，以收魂氣。春秋祭祀，以終孝道。」〔註225〕綜觀各相關文獻的載錄，皆直指祀爲國之大事，其獲重視程度自不待言。

《孝經・喪親章》云：「爲之宗廟，以鬼享之。春秋祭祀，以時思之。」〔註226〕《福建通志》亦言：「祭則世族之家有宗祠，四時薦獻。」〔註227〕祭禮，所以報本追遠，不可不莊重。〔註228〕「《論語・爲政》有「生，事之以禮；死，葬之以禮，祭之以禮」〔註229〕的論述。其中「祭之以禮」，蓋指「春秋祭祀，以時思之；陳其簠簋而哀戚之。」〔註230〕《論語・八佾》亦言：「祭如在，祭神如神在。」何晏《注》：「言事死如事生。」「子曰：吾不與祭，如不祭。」何晏《注》：「孔子或出或病而不自親，使攝者爲之，不致肅敬，於心與不祭同。」《正義》曰：「此章言孔子重祭禮。祭如在者，謂祭宗廟必致其敬，如其親存，言事死如事生也。祭神如神在者，謂祭百神，亦如神之存在而致敬也。」〔註231〕肅敬乃祀先的眞諦，此亦孔子之所以堅持親自主祭的根源。

明人劉元卿（1544～1609）《劉聘君全集・魚石祠堂記》云：「古者庶人祭於寢，而後乃改用堂云。然其時家自爲祠，正寢之東爲四龕以祀四世，繼高祖之小宗，則高祖居西，神道尚右也。次曾祖，次祖，次父，以序而東。祭曾祖之小宗，不敢祭高祖。而祭祖之小宗，不敢祭曾祖。祭禰之小宗，不敢祭祖。大抵一祠之中，爲龕四，爲主八，旁親之無後者，以其班附（祔）而已。今且族立一祠，盡以其主來附（祔）。祭之日，宗子主祭，誠有所專，

〔註224〕唐・張景，〈對不供祭用判〉，載清・董誥等編，《全唐文》卷三九七，山西：教育出版社，2002 年 12 月第一次印刷，頁 2400。

〔註225〕漢・班固，清・王先謙補注，《漢書補注・五行志》（七上），臺北：藝文印書館，1996 年 8 月初版四刷，頁 609。

〔註226〕《孝經・喪親章》卷九，唐元宗明皇帝御注；宋・邢昺疏，臺北：藝文印書館，1976 年 5 月六版，頁 55～56。

〔註227〕陳壽祺等，《福建通志・福州府・風俗》卷五十五（清同治十年重刊本），華文書局，1968 年 10 月初版，頁 1119。

〔註228〕明・黃佐，《泰泉鄉禮》卷一（王雲五主持，《四庫全書珍本》四集），頁 14。

〔註229〕《論語・爲政》卷二，魏・何晏等注；宋・邢昺疏，臺北：藝文印書館，1976 年 5 月六版，頁 16。

〔註230〕陳飛龍，〈孔子之禮論〉，《孔孟學報》第四十五期，1983 年 4 月 20 日，頁 234。

〔註231〕《論語・八佾》卷三，魏・何晏等注；宋・邢昺疏，臺北：藝文印書館，1976 年 5 月六版，頁 28。

而其餘主盡若旁親無後之附食者，然爲人子孫者，宜於此焉，變矣。」〔註232〕清・黃宗羲（1610～1695）《明文海・宗法議》亦言：「是士之祭高，自程氏始也。」〔註233〕祭祀空間，從祭於寢，祭於堂，到祭於宗祠；祭祀對象，從祖禰，到曾祖，到高祖，「變而通之，所以久也。所謂變者，變其文也；所謂通者，通其情也。」〔註234〕能隨時代脈動而作適切調整，才能讓祭祖儀軌行之久遠，然「變其文」、「通其情」則是聖賢制禮的最高指導原則，亦是後世行禮者遵循的準繩。

　　《周禮・大宗伯》云：「大宗伯之職，掌建邦之天神、人鬼、地示之禮，以佐王建保邦國。以吉禮事邦國之鬼神示。」鄭《注》云：「建，立也。立天神、地祇、人鬼之禮者，謂祀之、祭之、享之禮，吉禮是也。」〔註235〕清儒孫詒讓（1848～1908）以爲，祭祀之禮，取以善得福，故謂之吉禮。且禮以事神致福爲本義，故吉禮爲五禮之首。〔註236〕《說文・示部》云：「神，天神，引出萬物者也。」〔註237〕對於人鬼，《禮記・祭法》有云：「人死曰鬼。」〔註238〕《爾雅・釋訓》也說：「鬼之言歸也。」〔註239〕《左傳・昭公二十年・傳》言：「是以鬼神用饗，國受其福。」〔註240〕其中享或作饗。然據今人劉源考辨，「饗」與「享」字應有所區別：「饗」字多用於燕饗之義；金文中直接說明祭祀祖先的內容，皆以「享」字最常見，通常表示祭祀亡故祖先之義，

〔註232〕明・劉元卿，《劉聘君全集・魚石祠堂記》卷七（南開大學圖書館藏清咸豐二年重刊本），《四庫全書存目叢書・集部》一五四冊，臺北：莊嚴出版社，頁148。

〔註233〕清・黃宗羲，《明文海・議》卷七十五（涵芬樓藏鈔本影印），北京：中華書局，1987年2月第一次印刷，頁703。

〔註234〕唐・崔沔，〈加籩豆增服紀議〉，載清・董誥等編，《全唐文》卷二七三，山西：教育出版社，2002年12月第一次印刷，頁1648。

〔註235〕《周禮・春官・大宗伯》卷十八（阮元重刊宋本），漢・鄭玄注；唐・賈公彥疏，臺北：藝文印書館，1976年5月六版，頁270。

〔註236〕清・孫詒讓，王文錦、陳玉霞點校，《周禮正義》卷三十三，北京：中華書局，2008年11月初版三刷，頁1297。

〔註237〕東漢・許慎，清・段玉裁注，《說文解字注・示部》，臺北：天工書局，1998年8月，頁3。

〔註238〕《禮記・祭法》卷四十六（阮元重刊宋本），漢・鄭玄注；唐・孔穎達等正義，臺北：藝文印書館，1976年5月六版，頁798。

〔註239〕《爾雅・釋訓》卷四（阮元重刊宋本），晉・郭璞注；宋・邢昺疏，臺北：藝文印書館，1976年5月六版，頁61。

〔註240〕《春秋左傳・昭公二十年・傳》卷四十九（阮元重刊宋本），晉・杜預注；唐・孔穎達等正義，臺北：藝文印書館，1976年5月六版，頁857。

並常與「孝」字連用。〔註241〕古代祭祀祖先的禮儀,是「祭以清酒,從以騂牡,享于祖考,執其鸞刀,以啓其毛,取其血膋。是烝是享,苾苾芬芬,祀事孔明。先祖是皇,報以介福,萬壽無疆。」〔註242〕主持祭享者,先以清潔之鬱鬯酒祭灌於地,再獻上赤色雄性牲品,享進於祖考。主持人親持鸞刀,以開啓其毛,以告其色之純;取其血脂,以告其殺。既進其祭物,其祭芬芳,其禮完備,先祖欣慰之餘,必能報以大福,族姓乃能萬壽無疆。〔註243〕

　　祀典乃國之大事,爲示隆重,不同的祭祀對象祭祀的名稱亦有所不同。唐人王涇《大唐郊祀錄》亦云:「凡祭祀之禮,天神曰祀,地祇曰祭,人鬼曰享。」王涇於案語更具體指出:「《尚書·大傳》〔註244〕云:祭者,察也,至也,言人事至于神也。」鄭康成(127～200)且云:「享,獻也。」《祭義》亦云:「饗者,鄉(向)也。鄉之,然後能饗焉。」〔註245〕言中心向之,其神乃享也。三者雖有小差別,亦可總爲祀而通言也。〔註246〕

　　宋儒程頤(1033～1107)曰:「自天子至於庶人,五服未嘗有異,皆至高祖。服既如此,祭祀亦當如此。」〔註247〕程頤以五服之制貴賤皆同,故而主張祭先當及於高祖。朱熹則是有條件認同此說,且設下嚴謹的禮文框限。《家禮》道:「爲四龕以奉先世神主。」朱子自《注》云:「祠堂之內,以近北一架爲四龕,每龕內置一卓(桌)。大宗及繼高祖之小宗,則高祖居西,曾祖次之,祖次之,父次之。繼曾祖之小宗,則不敢祭高祖,而虛其西龕一。繼祖之小宗,則不敢祭曾祖,而虛其西龕二。繼禰之小宗,則不敢祭祖,而虛其

〔註241〕劉源,《商周祭祖禮研究·金文「享」字反映的常祀》(附錄一),北京:商務印書館,2004 年 10 月第一次印刷,頁 89。

〔註242〕《毛詩·小雅·信南山》卷十三之二(阮元重刊宋本):漢·毛公傳,鄭玄箋:唐·孔穎達等正義,臺北:藝文印書館,1976 年 5 月六版,頁 461～462。

〔註243〕王師靜芝,《詩經通釋·小雅·信南山》,新莊:輔仁大學文學院,1976 年 7 月五版,頁 460。

〔註244〕案,《四庫全書總目》卷十二載:「《尚書·大傳》四卷,補遺一卷。舊本題漢·伏勝撰。陸德明《經典釋文》稱《尚書·大傳》三卷,伏生作。《晉書·五行志》稱,漢時伏生拊(創)《大傳》,《玉海》。清·紀昀,《欽定四庫全書總目》卷十二(武英殿版),臺北:藝文印書館,1997 年 9 月初版七刷,頁 298。

〔註245〕同註 162,《禮記·祭義》卷四十七,頁 808。

〔註246〕唐·王涇,《大唐郊祀錄》,《叢書集成續編》,臺北:新文豐出版社,1989 年 7 月,頁 59。

〔註247〕宋·程顥、程頤,民國·潘富恩導讀,《二程遺書·伊川先生語一》卷十五,上海:古籍出版社,2000 年 12 月,頁 214。

西龕三。若大宗世數未滿，則亦虛其西龕，如小宗之制。」〔註248〕明人毛伯溫（1482～1545）《毛襄懋先生文集》對祀四代禮制，持相當正面看法，他說：「君子營宮室必先立祠。祠者，祀也。祀其四代之先也，禮也。」〔註249〕

　　明代學者管志道（1536～1608）於《從先維俗議》言：「國初未定《大明集禮》，原以朱子《家禮》為主，後乃祖《儀禮》中「特牲饋食之禮」與「少牢饋食之禮」，裁為「品官家廟享儀」。品官得奉高曾祖禰四世之主，四仲月十日以祭。而庶人未有家廟，但奉祖父母、父母二代之祀，其時享於寢之禮，但日，大槩略同於品官而已矣。……「少牢饋食」必筮日，「特牲饋食」不諏日。筮則禮煩，不諏則禮簡。……國制所定品官享家廟儀，祭必筮日，實本「少牢饋食之禮」，而文多從簡，又參「特牲饋食之禮」。……大槩體統從「少牢」，而節省又從「特牲」。」〔註250〕管氏此說不但點出《大明集禮》承襲《家禮》禮意，也道出《大明集禮》祖述《儀禮》的儀軌紀錄。

　　《大明集禮》綜合了《家禮》卷一《通禮·祠堂》中「君子將營宮室，先立祠堂於正寢之東」、「為四龕以奉先世神主」、「旁親之無後者以其班祔」等諸多條文。其中「祠堂之制」較之《家禮》中「高祖居西，曾祖次之，祖次之，父次之」的規定，更具體而突出妣位。就婦權受重視角度觀察，《大明集禮》總算已跨出一小步。《大明集禮》規定庶人祭祀祖、父兩代祖先，而且還說「若庶人得奉其祖父母、父母之祀，已有著令」。可見庶人祭祖令先於品官廟制公布，此時只是又作重申。〔註251〕從另一面向來看，朱熹《家禮》的內容得以列入國家祀典行列，這在中國禮制史上絕對是一大創舉，自此以後官方對於祭祖的身份設限，也採逐步放寬的舉措。〔註252〕金門地區民間目前之所以能保有如此完整的禮文，應與明代禮制的下移，和科舉業的昌盛有著密切關係。

〔註248〕宋·朱熹，《家禮·通禮·祠堂》卷一（南宋淳祐五年（1245 年）五卷本加附錄一卷），《孔子文化大全》，山東：友誼書社，1992 年 11 月，頁 593。

〔註249〕明·毛伯溫，《毛襄懋先生文集·鄭氏祠堂記》（清華大學圖書館藏清乾隆三十七年毛仲愈等刻毛襄懋先生文集）卷四，《四庫全書存目叢書》六十三冊，臺北：莊嚴出版社，頁 277。

〔註250〕明·管志道，《從先維俗議·訂四大禮議》卷三，《叢書集成續編》，臺北：新文豐出版社，1989 年 7 月，頁 586～587。

〔註251〕常建華，〈明代宗族祠廟祭祖禮制及其演變〉，《南開學報》，2001 年第三期，頁 61。

〔註252〕常建華，《明代宗族研究》，上海：人民出版社，2005 年 2 月，頁 7。

　　《禮記·祭統》云:「是故孝子之事親也,有三道焉。生則養,沒則喪,喪畢則祭。養則觀其順也。喪則觀其哀也。祭則觀其敬而時也。盡此三道者,孝子之行也。」〔註253〕為宏揚儒家「生,事之以禮。死,葬之以禮,祭之以禮」〔註254〕的孝道精神,明太祖可謂用盡苦心,接連頒布許多相關律令。如《教民榜文》〔註255〕即有如是的規範:「父母生身之恩至大,其鞠育劬勞,詳載《大誥》〔註256〕。今再申明:民間有祖父母、父母在堂者,當隨家貧富奉養無缺。已亡者,依時祭祀,展其孝敬。為父母者,教訓子弟;為子弟者,孝敬伯叔;為妻者,勸夫為善。如此,和睦宗族,不犯刑憲;父母妻子,朝夕相守,豈不安享太平?」〔註257〕為貫徹祀先孝道,明太祖甚至親頒官方版的「祝文式」:

> 維洪武某年、歲次、某甲子、某月、某朔、某日,孝孫某同闔門眷屬告於高曾祖考妣之靈曰:昔者祖宗相繼,鞠育子孫,懷抱提攜,劬勞萬狀。每逢四時交替,隨其寒暖,增減衣服,撙節飲食。或憂近於水火,或恐傷於蚊蟲,或懼懼於疾病,百計調護,惟恐不安。此心懸懸,未嘗暫息。使子孫成立,至有今日,皆祖宗劬勞之恩也。雖欲報之,莫知所以為報。茲者節居春夏秋冬,天氣將溫涼熱寒,追感昔時,不勝永慕,謹備酒殽羹飯,率闔門眷屬以獻。尚享!〔註258〕

宗子主祭是禮經論禮的主軸。「言宗子者,謂宗主祭祀。」〔註259〕主持祭典者,

〔註253〕《禮記·祭統》卷四十九(阮元重刊宋本),漢·鄭玄注;唐·孔穎達等正義,臺北:藝文印書館,1976年5月六版,頁830~831。

〔註254〕《論語·為政》卷二,魏·何晏等注;宋·邢昺疏,臺北:藝文印書館,1976年5月六版,頁16。

〔註255〕《教民榜文》:明太祖朱元璋所欽定,於洪武三十年丁丑(1397年)四月頒行。案:依《校勘記》云:明太祖頒《教民榜文》時間點應在洪武三十一年(1398年)三月,其榜文共四十一條,是我國禮史上第一部極有特色的民事和民事訴訟法規。《教民榜文》,《中國珍稀法律典籍集成》乙編,科學出版社,1994年8月第一版第一次印刷,頁19~20。

〔註256〕劉海年、楊一凡總主編,《御製大誥·諭官生身之恩第二十四》,《中國珍稀法律典籍集成乙編——洪武法律典籍》(乙編,第一冊),北京:科學出版社,1994年8月,頁65~66。

〔註257〕劉海年、楊一凡總主編,《教民榜文》,《中國珍稀法律典籍集成乙編——洪武法律典籍》,北京:科學出版社,1994年8月,頁642。

〔註258〕同註257,《教民榜文》,頁642。

〔註259〕宋·張載,《張子全書·宗法》卷四,《文淵閣四庫全書本》六九七冊,臺北:

若非宗子則不得自稱「孝」〔註260〕，意即只有宗子始得自稱「孝孫」。爲防嫡庶混淆，明太祖更在《大明律‧立嫡子違法》中訂定嚴格的規制：「凡立嫡子違法者，杖八十。其嫡妻年五十以上無子者，得立庶長子。不立長子者，罪亦同。」〔註261〕宋儒張載（1020～1077）認爲宗法若能確立，則公卿可各保其家，忠義之風得以確立，朝廷之本亦得以穩固。〔註262〕

　　明洪武六年（1373年），皇室正式頒布「家廟制度」云：「詔定公侯以下家廟禮儀。禮部官議：凡公侯品官立爲祠堂三間於所居之東，以祀高曾祖考，并祔位。如祠堂未備，奉主於中堂享祭。二品以上羊一豕一，五品以上羊一，以下豕一，皆分四體熟而薦之。不能具牲者，設饌享之。所用器皿，隨官品第，稱家有無。祭之前二日，主祭者聞於上，免朝參。凡祭，於四仲之月擇吉日，或春秋分、冬夏至亦可。」〔註263〕此次的禮規並無新意，然其最大特色則指出定品官祀祖的時間點，乃至品秩用牲的規範。

　　明太祖洪武十七年（1384年）十二月十八日，欽准庶人祭三代曾、祖、考。〔註264〕明人田藝蘅（1573～1620）《留青日札》云：「庶人祭三代，曾祖居中，祖左禰右。士大夫祭四代，高居中左，曾居中右，祖左禰右，乃國初用行唐縣知縣胡秉中之言也，人多不知。」〔註265〕《家禮》尚右之說首次被提出質疑。明代學者羅虞臣（約1501～1545年間在世）《羅司勳文集》也呼應此說：「《家禮》祠堂神位，高曾祖考自西而東。宋儒曰，所以西上者，神道尚右也，此臆說也。……國初時用知縣胡秉中言，定庶人三代之禮，以曾祖居中，祖左禰右，斯蓋聖代之懿規也。今士夫祭及四代，亦宜以此爲準。」〔註266〕

　　　　臺灣商務印書館發行，1986年7月，頁154。

〔註260〕清‧徐乾學，《讀禮通考》，《文淵閣四庫全書本‧經部》一一四冊，臺北：臺灣商務印書館，1986年7月，頁715。

〔註261〕《大明律‧立嫡子違法》卷四，《中國珍稀法律典籍集成》乙編（第一冊），科學出版社，1994年8月，頁298。

〔註262〕宋‧張載，《張子全書‧宗法》卷四，《文淵閣四庫全書本》六九七冊，臺北：臺灣商務印書館，1986年7月，頁154。

〔註263〕《明太祖實錄》卷八十二，洪武六年五月癸卯條，頁1473～1474。

〔註264〕明‧章潢，《圖書編》（收錄於《景印文淵閣四庫全書‧子部九七二冊，卷一百八），頁315～316。

〔註265〕明‧田藝蘅，《留青日札‧祭三代四代》卷一，上海：古籍出版社，1985年9月，頁95～96。

〔註266〕明‧羅虞臣，《羅司勳文集‧祠堂章》（浙江圖書館藏清康熙五十年羅氏刻本）卷之八下，《四庫全書存目叢書‧集部》第九十四冊，臺北：莊嚴文化公司，頁487～488。

（詳見書影 5-1、5-2）《日知錄·祭禮》即云：「至于以西爲上，說者謂鬼神尚右也，但今俗生人以東爲上，死則又以西爲上，于人情有所未安。明初用行唐令胡秉中言，許庶人祭三代，以曾祖居中，祖左禰右。邱瓊山（邱濬，1421～1495）謂士大夫家祭四代者，亦當如之。」〔註267〕明人章潢（1527～1608）《圖書編》對四代祖先牌位排序有更詳實地梳理：「君子將營宮室，先立祠堂于正寢之東，爲四龕以奉先世神主。高祖考妣居左，曾祖考妣居右。祖考妣居次左，考妣居次右。祖考妣皆南向，考左妣右、置祭田、具祭器。」〔註268〕章氏的「考左妣右」說，爲後代宗祠祭祖禮立下可資遵循的依據。《禮記·祭義》云：「建國之神位，右社稷而左宗廟。」鄭玄《注》：「周尚左也。」〔註269〕可見早在先秦時代，古人就有「以左爲尊」的慣習。〔註270〕

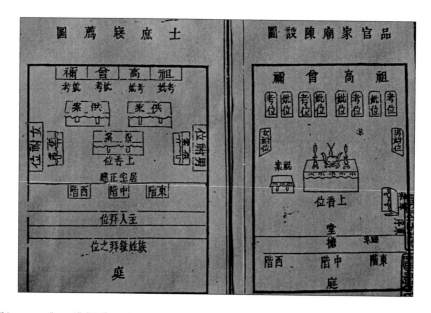

書影 5-1：《三禮從今》繪製清代品官家廟陳設圖（右），士庶寢薦圖（左）

（取材自《三禮從今》卷三，頁407～408）

〔註267〕明·顧炎武，《日知錄·祭禮》卷十四，臺北：臺灣商務印書館，1968 年 3 月臺一版，頁 104～105。

〔註268〕明·章潢，《圖書編》（收錄於《景印文淵閣四庫全書》·子部九七二冊，卷一百八），頁 315～316。

〔註269〕《禮記·祭義》卷四十八（重刊宋本），漢·鄭玄注：唐·孔穎達等正義，臺北：藝文印書館，1976 年 5 月六版，頁 826。

〔註270〕陳富志、張蘭雲，〈《詩經》中周王祭祖心理初探〉，《平頂山師專學報》第十七卷第四期，2002 年 8 月，頁 52。

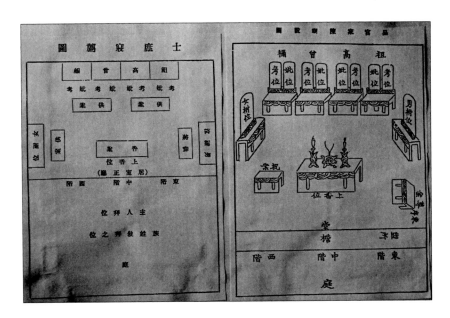

書影 5-2：《臺灣私法》繪製清代品官家廟陳設圖（右），士庶寢薦圖（左）

（取材自《臺灣私法》二卷上，頁 135～136）

　　清人孔繼汾（1721～1786）《孔氏家儀》云：「唐宋而下，廟制不修，士大夫率皆祭其先於寢。前明以來，下逮庶人，有得祀三代之制。」〔註271〕清儒毛奇齡（1623～1713）《家禮辨說》也相當支持庶人祭三代祖先的作法：「明初禮官用行唐縣知縣胡秉中議，許庶人祭及三代。今俗祭祝詞尚有稱三代尊親者，則既遵古禮，又奉《王制》，限祭三代，甚為允當。」〔註272〕透過清代這兩位學者的論述，可見庶民祭三代的禮文，在當時也可算是相當先進的配制。

　　洪武三十一年（1398 年）三月十九日，欽奉旨意，頒降祝文，祭高、曾、祖、考。〔註273〕這是首次同意庶人的祭四代的官方文書。明憲宗成化十一年（1475 年），祭酒周洪謨（1421～1492）奏言：「臣庶祠堂神主，俱自西而東。古無神道尚右之說，惟我太祖廟制，合先王左昭右穆之義。宜令一品至九品，

〔註271〕清・孔繼汾，《孔氏家儀・吉禮一・廟祭》，臺北：珍藏中研院傅斯年圖書館善本書，頁 1。

〔註272〕清・毛奇齡，《家禮辨說・辨定祭禮通俗譜・所祭者》卷十一，《叢書集成續編》六十六冊，臺北：新文豐出版社，1989 年 7 月，頁 389。

〔註273〕明・章潢，《圖書編》，收錄於《文淵閣四庫全書・子部》九七二冊，卷一○八，臺北：臺灣商務印書館，1986 年 7 月，頁 315～316。

皆立一廟，以高卑廣狹爲殺。神主則高祖居左，曾祖居右，祖居次左，考居次右。」〔註274〕明人宋纁（1522～1591）《四禮初稿》也呼應此說：「祠堂之制，當遵《大明會典》以左爲上，高曾祖禰分左右，以次而列，設四龕。如止一間者，總置一龕，隔爲四代亦可。」〔註275〕洪、宋二儒強而有力的論見，對《家禮》尙右說而言，既是創舉，又是挑戰。明世宗嘉靖十五年（1536年），禮部尙書夏言（1482～1548）奏言：「按三代有五廟、三廟、二廟、一廟之制者，以其有諸侯、卿、大夫上中下之爵也。後世官職旣殊，無世封采邑，豈宜過於泥古。至宋儒程頤（1033～1107）乃始約之而歸於四世。自公卿以及士庶，莫不皆然。謂五服之制，皆至高祖，則祭亦當如之。〔註276〕夏氏之說，代表庶民得祭四代已成爲沛然莫之能禦的社會主流民意。

據《明世宗實錄》卷一九三載稱：明世宗嘉靖十五年（1536年）十一月乙亥，「增飾太廟，營建太宗廟，昭穆群廟，獻皇帝廟工成。」〔註277〕值此宗廟告成之際，禮部尙書夏言上疏建請官民祭祖方面也應獲得「推恩」。夏氏爲求「著爲一代全經，以告萬世」（詳見附錄附圖：禮官夏言奏章書影），特於〈獻末議請明詔以推恩臣民用全典禮疏〉中，提出三項劃時代建議案，分別爲：「請定功臣配享議」、「乞詔天下臣民冬至日得祀始祖議」、「請詔天下臣工立家廟議」，就祀祖儀典而言，夏氏奏疏中又以後兩者關係最爲密切。在「乞詔天下臣民冬至日得祀始祖議」中，他說：「伏望皇上擴推因心之孝，詔令天下臣民，許如程子所議，冬至祭厥初生民之始祖，立春祭始祖以下、高祖以上之先祖，皆設兩位於其席，但不許立廟，以踰分庶。」〔註278〕臣庶冬至祭

〔註274〕清·張廷玉等，《明史·禮志》，臺北：鼎文書局，1980年1月三版，頁1342～1343。

〔註275〕明·宋纁，《四禮初稿》卷四（上海圖書館藏清康熙四十年宋氏刻本），《四庫全書存目叢書·經部》一一四冊，臺北：莊嚴文化事業有限公司，1997年10月初版一刷，頁704。

〔註276〕清·張廷玉等，《明史·禮志》，臺北：鼎文書局，1980年1月三版，頁1342～1343。

〔註277〕《明世宗實錄》卷一九三，頁4083。

〔註278〕明·夏言；明·徐階等編輯，《桂洲夏文愍公奏議二十一卷·補遺一卷》，清乾隆甲申（二十九年，即1764年）忠禮書院重刊本，珍藏台大圖書館五樓。其他書名：《夏桂洲奏議》、《桂洲奏議》。叢書名：《烏石山房文庫》。夏氏於該奏疏中說：「臣仰惟九廟告成，祀典明備，皇上尊祖敬宗之心，奉先思孝之實，可謂曲盡而上下二千年間，百王所不克行之典，我皇上一旦舉而行之，蒐講稽訂，協於大中，眞足以考諸三王而不謬，百世以俟聖人而不惑矣！斯

始祖，立春祭先祖的禮制，從此被確立。從祭祖禮制展演過程來看，這又是一次跨時代的新舉措。明人郭子章（1543～1618）《蠙衣生傳草》亦載記：「我明嘉靖間，詔天下臣民於冬至日祭其始祖，則得及始祖矣。」〔註279〕

攸關始祖之祭的存廢課題，明代學者王圻在（1530～1615）《續文獻通考》有相當精闢的解讀，他曾提出如是的建言：

> 世宗嘉靖十五年（1536年），夏言疏言：天下臣民冬至日得祀始祖。臣按宋儒程頤嘗修六禮，大略家必有廟，庶人立影堂，廟必有主，月朔必薦新，時祭用仲月，冬至祭始祖，立春祭先祖。至朱熹纂集《家禮》，則以為始祖之祭近於僭，上乃刪去之，自是士庶家無復有祭始祖者。臣愚以為三代而下，禮教衰，風俗敝，衣冠之族尚忘報本，況匹庶乎。程頤為是緣情而為指，權宜以設教，事逆而意順者也。且禘五年一舉，其禮最大。此所謂冬至祭始祖者，乃一年一行，酌不過三，物不過魚黍羊豕，隨力所及，特時享常禮焉爾，禮不與禘同。朱熹以為僭而廢之，亦過矣。……伏望皇上詔令天下臣民得如程子之議，冬至祭厥初生民之始祖，立春祭始祖以下，高祖以上之先祖，皆設兩位于其席，但不許立廟，以踰分庶。〔註280〕

今人常建華在〈明代宗族祠廟祭祖禮制及其演變〉的洞見，或可為明代祭祖禮的變遷作概要性的總結，也為《家禮》普化於庶民社會作具體詮釋，常氏說：「洪武時期多次有祭祖方面的規定，《大明集禮》的規定具有「權仿《家禮》」和國家禮制象徵的性質，《家禮》、《教民榜文》和胡秉中的主張在社會上更為流行，政府祭祖禮的特點是認同朱熹《家禮》，這也反映了《家禮》被社會認同的現實。」〔註281〕

禮也，自當著為一代全經，以告萬世，豈臣一時所能揚屬而悉陳之？惟是本朝功臣配享在太祖、太宗廟，各有其人。自仁宗以下，五廟皆無，似為缺典。至於臣民不得祭其始祖、先祖，而廟制亦未有定則，天下之為孝子慈孫者，尚有未盡申之情。臣忝禮官，躬逢聖人在天子之位，又屬當廟成，謹上三議，瀆塵聖覽。倘蒙采擇，伏乞播之詔書，施行天下，萬世不勝幸甚！」夏氏奏章全文請參看附圖：夏言奏疏書影。

〔註279〕明·郭子章，《蠙衣生傳草·曾祖西坡府君祠記》（傳草許昌市圖書館藏明萬曆刻本）卷二之四，《四庫全書存目叢書·集部》一五五冊，臺北：莊嚴出版社，頁671～672。
〔註280〕明·王圻，《續文獻通考·大臣家廟》卷一一五，《四庫全書存目叢書·史部》一八七冊，臺北：莊嚴文化事業有限公司，1995年9月，頁238。
〔註281〕常建華，《明代宗族研究》，上海：人民出版社，2005年2月，頁10。

《二程語錄》云：「雖庶人必祭及高祖，比至天子諸侯，止有疏數耳。」〔註282〕程頤（1033～1107）在《二程遺書》說：「先祖者，自始祖而下，高祖而上，非一人也，故設二位。」《注》曰：「祖妣異坐，一云二位。異所者，舅婦不同享也。」〔註283〕程頤在該篇也說：「常祭止于高祖而下。」《注》言：「自父而推，至于三而止者，緣人情也。」〔註284〕也就是說，依據人情，「常祭」應當截止到高祖，「雖庶人，必祭及高祖。」〔註285〕程頤又說：「自天子至於庶人，五服未嘗有異，皆至高祖。服既如是，祭祀亦須如是。」〔註286〕但對高祖以上大先祖也要祭祀，所以要設兩個靈位：一爲先祖，一爲高祖以後祖先。程頤曾嘆曰：「且如豺獺皆知報本，今士大夫家多忽此，厚于奉養而薄于祖先，甚不可也。」、「物知母而不知父，走獸也。知父而不知祖，飛鳥是也。惟人則能知祖。若不嚴于祭祀，殆與鳥獸無異矣！」〔註287〕

宋・李覯（1009～1059），《李覯集・教道第四》卷十三有言：「夫五服者，人道之大治也。然而上盡於高祖，旁盡於三從。上盡於高祖，則遠者忘之矣。旁盡於三從，則疏者忘矣。故立大宗以承其祖，族人五世之外皆合之宗子之家，序以昭穆，則是始祖常祀而同姓常親也。始祖常祀非孝乎？同姓常親非睦乎？」〔註288〕

《日知錄・祭禮》云：「《文公家禮》所載祭禮，雖詳整有法，顧惟宗子而有官爵及富厚者方得行之，不能通諸貧士。又一歲四合族眾，繁重難舉，無差等隆殺之別。愚意欲倣古族食世降一等之意，定爲宗祭法。歲始則祭始祖，凡五服之外皆與，大宗主之。仲春則祭四代，以高祖爲主，曾祖以下，分昭穆，居左右，合同高祖之眾，繼高之宗主之。仲夏則祭三代，以曾祖爲主，祖考則分昭穆，居左右，合同曾祖之眾，繼曾之宗主之。仲秋則祭二代，以祖爲主，考妣居左昭位，合同祖之眾，繼祖之宗主之。仲冬則祭一代，以

〔註282〕宋・朱熹編輯，《二程語錄・入關語錄》卷九，《叢書集成新編》二十一冊，臺北：新文豐出版社，1985年元月，頁746。

〔註283〕宋・程頤，潘富恩導讀，《二程遺書・伊川先生語四》卷十八，上海：古籍出版社，2000年12月，頁292。

〔註284〕同註283。

〔註285〕同註283，《二程遺書・伊川先生語一》卷十一，頁209。

〔註286〕宋・程顥、程頤，民國・潘富恩導讀，《二程遺書・伊川先生語一》卷十一，上海：古籍出版社，2000年12月，頁215。

〔註287〕同註286，《二程遺書・伊川先生語四》卷十八，頁293。

〔註288〕宋・李覯，《李覯集・教道第四》卷十三，《四部刊要・集部》，臺北：漢京文化事業公司，1983年10月，頁114。

考爲主，合同父昆弟，繼禰之宗主之。皆宗子主祭，而其餘子，則獻物以助祭。不惟愛敬各盡，而祖考高曾，隆殺有等，一從再從，遠近有別，似於古禮，初無所倍。」〔註289〕明儒顧炎武（1613～1682）的創見，較之宋儒朱熹（1130～1200）的《家禮》，更可凸顯親疏有分，隆殺之別的孝道眞諦。

　　祖先是中國人最強有力的信仰，因此祭祀祖先就成爲孝子賢孫維繫宗族運作的精神動力來源。〔註290〕祭拜祖先的家庭禮儀向來即被視爲中國文化重要表徵之一，也是凝聚家族成員的重要力量。〔註291〕爲善盡祀先職責，各個姓氏都建構起綿密宗族網絡。宗族之下，往往分成房派；房派之下又有支派。房派和支派有了實力，也建起自己的宗祠。所以一個血緣村落，往往有十幾二十不等級森嚴的大小宗祠。我們每個人，都是無限血鏈中的一環，肩負繼往開來的使命。〔註292〕司馬光（1019～1086）在《家範》即云：「爲之宗廟，以鬼享之。春秋祭祀，以時思之。生事愛敬，死事哀戚。生民之本盡矣，死生之義備矣，孝子之事親終矣。」〔註293〕

　　就祠堂演變的脈絡以觀，清人陸耀（1723～1785）於〈祠堂示長子〉一文的論辨，或可爲古今祠堂的流變作一總結：

> 古者廟寢相連，神人互依，必在中門之左，正寢之東，一世自爲一廟，各有門有堂有寢，後始變爲同堂異室之制，而其世數必視官爵之高卑爲準。仕宦之家，雖貴至宰相，於古僅爲大夫，得立三廟而已。緣其制度繁重，難以遵行。經程朱大儒準情酌理，創爲祠堂，得祀高曾祖考四代，而其地必仍在正寢之東。正寢者，今之廳堂也。或一間，或三間，中爲四龕，龕中置櫝，櫝中藏主，龕外垂簾，以一長棹盛之，其位以西爲上。……若今世俗之祠堂，既不與寢相連，神不依人，而又祀至數十世之遠，其旁親不問愚智，一皆奉主入祠，

〔註289〕明·顧炎武，《日知錄·祭禮》卷五，臺北：臺灣商務印書館，1968年3月，頁102～103。

〔註290〕游彪，〈宋代的宗族祠堂、祭祀及其它〉，《安徽師範大學學報》（人文社會科學版）第三十四卷第三期，2006年5月，頁322。

〔註291〕呂妙芬，〈顏元生命思想中的家禮實踐與「家庭」的意涵〉，載《東亞傳統家禮、教育與國法（一）——家族、家禮與教育》論文集，2005年9月，頁144～145。

〔註292〕蕭春雷，〈祖先與神靈〉，《散文長廊》，頁63～64。

〔註293〕宋·司馬光，《家範》卷四，《文淵閣四庫全書本·子部》六九六冊，臺北：臺灣商務印書館，1986年7月，頁680。

其子孫不分貴賤，居然執爸主祭，徒廣其宮室，不以僭逾為恥，此何足傚效乎？〔註294〕

現今普存於民間的祠堂，與朱熹《家禮》設計的祠堂定義有很大落差。「既不與寢相連，神不依人，而又祀至數十世之遠，其旁親不問愚智，一皆奉主入祠。」祠堂中供奉的牌位少則數十，多則數百，只要符合「進主」的條件，不問愚智，亦不計昭穆，率皆風光迎請入內，其中尚包括其人仍健在，先行卡位的「祿位」〔註295〕。陳列在祖龕中的牌位，昭穆輩分相差多達數十世之遠，有時會出現輩分高的主祭者，祭拜輩分較低牌位的奇特現象。

二、置祭田、墓田，修族譜

建宗祠、修族譜、置祭田都是宗族社會運作不可或缺的礎石。建宗祠可「敬宗」、「收族」，可彰顯族威；修族譜則可敘昭穆，亦可讓族眾知來處，進而收木本水源之思；置祭田、墓田則可維持宗族經費來源的無虞。

（一）置祭田與墓田

舊時族田中用于祭祀的土地即謂之祭田。故《紅樓夢》曰：「再餘下的，置買幾頃祭田。」〔註296〕《清史稿·食貨志一》亦述：「（祭田公地，一切免徵）。建國初，賜聖賢裔祭田。其孔林地、四氏學學田、墓田地、墳地，咸除租賦。」〔註297〕

《家禮》規定建祠之時，就得立祭田：「初立祠堂，則計見田，每龕取其二十之一以為祭田，親盡則以為墓田。後凡正位、袝位皆放（倣）此。宗子主之，以給祭用。上世初未置田，則合墓下子孫之田，計數而割之，皆立約聞官，不得典賣。」〔註298〕宗族欲修譜、建祠、祭祀，皆賴龐大經費始得維

〔註294〕清·陸耀，〈祠堂示長子〉，清·賀長齡、魏源等編，《清經世文編》卷六十六，北京：中華書局，1992年4月第一次印刷，頁1664。

〔註295〕依金門民間習俗，許多人往往利用「奠安」千載難逢良機，事先將自己的「祿位」，以更高價碼申請進入宗祠卡位。祿位與牌位間價差不同，祿位價格較高。為作有效區隔，祿位中間部分用紅彩布包紮，待日後其人往生出殯日，再由道士會同喪眷將紅彩布揭開，正式完成進宗祠手續。

〔註296〕清·曹雪芹，《紅樓夢》一一〇回，臺北：三民書局，1973年2月再版，頁966。

〔註297〕國史館編著，《清史稿校註·食貨志一》卷一百二十七（第五冊），臺北：國史館出版，1986年9月，頁3453。

〔註298〕宋·朱熹，《家禮·通禮·祠堂》卷一，南宋淳祐五年（1245年）五卷本加附錄一卷，《孔子文化大全》，山東：友誼書社，1992年11月，頁595。

持其運作之所需。面對祭祀所需鉅資，一般宗族主要依靠祭田或墓田收入所得用以支應，特別是宋代的民間社會，建置祭田與墓田風氣更是普面化。祭田充作祠祭之需，墓田則當作墓祭之用。祭田或墓田名義上皆隸屬於於宗族公共財產，其經營管理的良窳也象徵宗族團結與否的具體指標。〔註299〕按照宋代法律規定，墓田是受到法律保護的，「墓田及田內林木土石，不許典賣及非理毀伐，違者杖一百，不以蔭論，仍改正。」〔註300〕

金門民間稱五服內房支的祭田為「公田」，其作用則專供祖先忌日費用所需，輪值者可享有耕作「公田」的權利，祖先忌日當天則須負責籌辦一份「三牲」供品，一則維繫祭祀的正常運作，一則緬懷祖先創業的艱難。祭祀結束後，同一房支的族裔亦可藉由「當頭」（輪值者）提供的便餐閒話家常。就是整個宗族用以備粢盛，支應蒸嘗的田產，亦很少以「祭田」為稱號。

明人尹臺（1506～1579）《洞麓堂集・牛田尹氏族祠祭田記》云：「夫祭，不以田胡久遠。」〔註301〕元人鄭泳《鄭氏家儀・鄭氏祭田記》言：「祭必有宗，宗則統族，禮之分序也，故族大而不煩，世遠而無紊，士大夫之家有廟有祭者，或不一再傳而遂不繼，由其無田以為基，無法以為守，散漫無統，必淪於廢墮。」〔註302〕元人鄭泳認為「無禮不可以成祭，無田不可以成禮」，祭田之於祭典的維繫，實為不可或缺的礎石，因此他「撥近家常稔之田一佰五十畝，名曰祭田，別貯所入之租，專充歲時祭祀，更為條陳繼守之法，乃立石於祠堂之側。」〔註303〕元朝學者鄭太和在《鄭氏規範》亦規定：「撥常稔之田一百五十畝（世遠逐增），別蓄其租，專充祭祀之費。其田券印「義門鄭氏祭田」六字，字號步畝，亦當勒石祠堂之左，俾子孫永遠保守。有言質鬻者，以不孝論。」〔註304〕

〔註299〕蔣偉，〈從族譜資料看江蘇宗族關于祭田祭祀的記錄〉，載《社會學研究》總第二八二期，2010年3月刊，頁33。

〔註300〕清・徐松輯，《宋會要輯稿・食貨》第六十一之六十一（第一五一冊），上海：中華書局，1957年11月，頁5904。

〔註301〕明・尹臺，《洞麓堂集・牛田尹氏族祠祭田記》，《文淵閣四庫全書本・集部》一二七七冊，臺北：臺灣商務印書館，1986年7月初版，頁512。

〔註302〕元・鄭泳，《鄭氏家儀》（上海圖書館藏清刻本），《四庫全書存目叢書・經部》一一四冊，臺北：莊嚴文化事業有限公司出版，1997年10月初版一刷，頁418。

〔註303〕同註302，頁418～419。

〔註304〕元・鄭太和，《鄭氏規範》，《叢書集成新編》，臺北：新文豐出版社，1985年元月，頁170。

（二）撰修族譜

《周禮・春官・小史》云：「小史掌邦國之志，奠繫世，辨昭穆。」〔註305〕
「古人譜牒之學與國史相表裏。」〔註306〕清儒錢大昕《潛研堂文集・棠樾鮑
氏宣忠堂支譜序》對譜牒的源流有深入的剖析：「譜牒之學盛於六朝，而尤
重於三唐。唐時《氏族志》皆奉敕修定。歐陽公采宰相世家系以入正史，
後世莫有以爲非者，其信而可徵如此。五季譜牒散亡，而宗譜遂爲私家撰
述，於是有合族之譜，有分支之譜，然而世遠則或嫌於附會，人縣則或慮其
混淆，唯支譜之體猶不失唐人遺法，何也？唐之裴李崔盧韋陸，其族亦大
矣。」〔註307〕

《張子全書・宗法》有言：「管攝天下人心，收宗族，厚風俗，使人不忘
本，須是明譜系世族，與立宗子法。宗法不立，則人不知統系來處，古人亦
鮮有不知來處者。後世尚譜牒，猶有遺風。譜牒又廢，人家不知來處，無百
年之家，骨肉無統，雖至親，恩亦薄。」〔註308〕明人汪循（生卒年不詳，1946
年進士）《汪仁峰先生文集・西山金氏族譜序》即言：「敬宗莫先於睦族，睦
族莫重於修譜。故古人不修譜者謂之不孝。」〔註309〕

「若夫譜之設，所以濟宗之窮。」〔註310〕古人對譜牒相當重視，因此有
「正月之吉會族以脩譜也，四時孟月會族以讀譜也，十二月之吉會族而書其
行以爲勸戒也」的舉措。〔註311〕蘇洵（1009～1066）撰，〈大宗譜法〉載記：
「由譜而知其先，以及其旁子弟，以傳於後世，是古君子之所重，而士大夫

〔註305〕清・阮元等，《周禮・春官・小史》卷二十六（阮元重刊宋本），漢・鄭玄注；
　　　　唐・賈公彥疏，臺北：藝文印書館，1976年5月六版，頁403。

〔註306〕清・錢大昕，《潛研堂文集・吳興閔氏家乘序》卷二十六（上海涵芬樓景
　　　　印潛研堂全書本），《四部叢刊・集部》，上海：商務印書館，1929年，頁
　　　　250。

〔註307〕同註306，《潛研堂文集・棠樾鮑氏宣忠堂支譜序》卷二十六，頁251～252。

〔註308〕宋・張載、朱熹注，《張子全書》（收錄於《景印文淵閣四庫全書》子部，卷
　　　　四），頁154。

〔註309〕明・汪循，《汪仁峰先生文集・西山金氏族譜序》卷九（中國社會科學院文學
　　　　研究所藏清康熙刻本），《四庫全書存目叢書》四十七冊，臺北：莊嚴文化公
　　　　司，1997年6月初版一刷，頁306。

〔註310〕清・李光地，《榕村集・家譜序》卷十一，《文淵閣四庫全書本・集部》一三
　　　　二四冊，臺北：臺灣商務印書館，1986年7月，頁692～693。

〔註311〕明・方孝孺，《遜志齋集・宋氏世譜序》（上海涵芬樓景印明嘉靖辛酉王可大
　　　　台州刊本），《四部叢刊・集部》，臺北：臺灣商務印書館，1979年11月，頁
　　　　297。

之所當知也。」〔註312〕譜牒是維繫宗族運作不可或缺的礎石。元・柳貫（1270～1342）撰，《待制集・跋谷平李氏家譜》卷十八言述：「譜爲明宗收族而作者也。使道散俗媮之餘，知禮之家又不爲之立譜畫系以聯屬之，則仁義之根株既礫，而孝弟之條肆愈戕，世變日下將不止如塗人而已。此家之有譜，所以防範人心之一物。」〔註313〕意即在此。

明人林希元（1482～1567）《同安林次崖先生文集・高氏族譜序》即言：「夫家之有譜，猶國之有史也。作而不法，後嗣何觀？是故序親比類，存乎圖。繫往彰來，存乎錄。軌物垂訓，存乎範。象賢考德，存乎文。」〔註314〕呂坤（1536～1618）《四禮翼・家譜》也說：「族之有譜，所以聯疏遠，教親睦，備遺忘也。」〔註315〕元人柳貫（1270～1342）在其所撰〈跋谷平李氏家譜〉則有更全相的觀察：「譜爲明宗收族而作者也。」〔註316〕透過族譜當紐帶，也能「明世次，別疏戚，著其所自出，而表先烈啓後昆之意，亦具乎其中，故凡世臣巨室之家皆有譜。而譜非有良子孫則莫能舉而修之。」〔註317〕

一如中國其他各地般，有「僑鄉」之稱的金門，譜牒的編纂，仍列爲各姓氏族眾的重點工作。從宗譜、族譜、支譜到房譜，每個姓氏都投入相當大的人力物力於譜牒的編輯工作，爲求資料之完整，許多大家巨姓甚至委請專人親赴僑居地挨家挨戶登錄，也繳交出可觀的績效。譜牒數量之多，內容資料之詳實，在在都令人印象深刻。金門宗族文化之所以會特別引起學界重視，綿密的譜牒網實居功厥偉。

（三）匾額與堂號

就目前金門地區科舉成就最卓著的四大家族，如金沙鎮陽翟村陳家、青

〔註312〕宋・蘇洵，《嘉祐新集・大宗譜法》卷十四，載《宋集珍本叢刊》，線裝書局出版，2004年6月第一版第一次印刷，頁522。

〔註313〕元・柳貫，《待制集・跋谷平李氏家譜》卷十八，《文淵閣四庫全書本・集部》一二一〇冊，臺北：臺灣商務印書館，1986年7月初版，頁483。

〔註314〕明・林希元，《同安林次崖先生文集・高氏族譜序》卷七（遼寧省圖書館藏清乾隆十八年陳臚聲詒燕堂刻本），《四庫全書存目叢書》七十五冊，臺北：莊嚴文化公司，1997年6月，頁576～577。

〔註315〕明・呂坤，《四禮翼・家譜》，北京大學圖書館藏明萬曆刻清同治光緒間補修呂新吾全集本，《四庫全書存目叢書・經部》一一五冊，臺北：莊嚴出版社，1995年9月，頁108。

〔註316〕同註237。

〔註317〕明・楊士奇，《東里續集・玉山李氏重修族譜序》卷十二，《文淵閣四庫全書本・集部》一二三八冊，臺北：臺灣商務印書館，1986年7月，頁521。

嶼村張家，金湖瓊林村蔡家，與金城鎮後浦許家，都曾在明、清兩代的科舉業寫下令人欽敬的詩篇。尤其在朱子（1130～1200）過化之後的金門，文風更是盛極一時。職是之故，金門歷代鄉賢在科舉業的卓越成就，一直是後人津津樂道的光榮史頁，特別是陽翟村鄉賢陳綱於宋代的「開同進士」榮銜，寫下同安縣進士第一人的傲人成就後，投入科舉業的士子更如過江之鯽，也爲明代的文治、清代的武功奠下成功基石。金門地區 169 間宗祠，除保有閩南建築古風，以及傳統祭祖儀典外，最引人注意之處，即在高懸於每個姓氏宗祠內的匾額。陳姓、蔡姓、許姓等三個家族之所以能成爲金門地區望族，科舉業的支撐，應是幕後最大功臣，也是本研究選題之時最大考量點。

金門宗祠匾額大抵以木製匾爲主，就屬性言，約可區分爲姓氏匾、科舉匾、功名匾。宗祠進（晉）匾是金門人功成名就後的第一道選項。從高懸在許多姓氏宗祠中的「父子伯姪兄弟進士」、「父子進士」、「兄弟進士」、「開閩進士」、「開同進士」、「開台進士」、「開澎進士」，乃至俗諺所說：「百步一總兵、九里三提督」的封疆大吏等，都是金門宗族文化可貴的資產。

宗族文化是國人向來引以爲傲的事。宗族觀念、家族認同又常與數典不忘祖的倫理精神互爲表裡。爲了凝聚族人間的向心力，每個姓氏間都會以先世的德望、功業、科第、發祥地，或其他祥瑞事蹟，創立自己族人專用的「堂號」。只要看到宅第前面的「堂號」，就能清楚辨別主人家的姓氏。例如陳氏堂號爲「潁川衍派」；蔡氏堂號爲「濟陽」和「青陽」；許氏堂號爲「高陽衍派」、「汝南衍派」或「金馬玉堂」；楊氏的堂號爲「四知世第」，或「弘農衍派」；李氏的堂號爲「隴西衍派」；張氏堂號爲「清河衍派」或「儒林衍派」；林氏堂號爲「西河衍派」或「忠孝衍派」；黃氏堂號爲「江夏衍派」或「紫雲衍派」……等，形成金門宗族文化當中特色獨具的文化表徵。〔註318〕

第三節　金門陳、蔡、許三姓宗族祭典的特色與時代意義

中國學者鄭振滿研究指出，中國的宗族是世界上少見的親屬組織，其最大特點是同時兼具有血緣、地緣及「共利」等三種社會組織原則。就因爲有

〔註318〕楊天厚、林麗寬總編纂，《金門縣金湖鎮志》，金門：金湖鎮公所，2009 年 5 月，頁 699～702。

這種特殊屬性，鄭氏遂將中國宗族組織區分爲三種基本類型：一是以血緣關係爲基礎的繼承式宗族。二是以地緣關係爲基礎的依附式宗族。三是以利益關係爲基礎的合同式宗族。〔註319〕而海島金門的宗族組織則以繼承式宗族和依附式宗族爲主體。

　　據《日據時期金門調查實錄》載述：「（金門）本島居民以福建人居多，其風俗與福建本土相同。」〔註320〕金門的村落，事實上就是中國農村社會的縮影，大多採聚族而居，且形成以血緣爲紐帶的單姓聚落，如金湖鎭瓊林村濟陽蔡氏，金沙鎭青嶼村張氏；或以某一大姓爲主體的村落，如金沙鎭西園村的黃氏，官澳村的楊氏等。村民們都是同一位祖先的苗裔，相互之間都是祖孫、父子、兄弟、叔侄，或者是堂兄弟、叔侄，從兄弟、叔侄等等血緣親體，總之都有者或親或疏的血緣關係，族長、房長憑藉手中的族權，以家法、族規爲依據，對族衆也就是村民進行實質性管理。〔註321〕族權的行使則透過宗祠、祭田、祭祖、族譜等方式進行支配。祠堂是宗族、家族組織的核心，它不僅是供奉祖先牌位和祭祀祖先的場所，而且是宗族議事、執行族規、族人飲宴活動的神聖空間。〔註322〕祭祖活動是「敬宗、收族」的最佳渠道。族譜則可透過房支的派衍，強化宗族成員間對本宗本族的高度認同感。

　　受到朱熹《家禮》薰陶影響，金門宗族意識本就相當濃厚。明代中葉以後的倭寇，乃至清初的遷界，都曾造成她蒙受空前的浩劫。《滄海紀遺》載稱，明世宗嘉靖三十九年（1560年）倭寇犯境劫掠，造成金門「十八都」〔註323〕

〔註319〕鄭振滿，《明清福建家族組織與社會變遷》，湖南：教育出版社出版發行，1992年6月第一次印刷，頁62。

〔註320〕（日人）鹿又光雄氏、鳥居敬造氏，《日據時期金門調查實錄》，南洋協會臺灣支部發行，昭和十三年（1938年），頁22。

〔註321〕徐揚杰，《宋明家族制度史論》，北京：中華書局印行，1995年11月第一次印刷，頁304。

〔註322〕林仁川、黃福才，《閩台文化交融史》，福建：教育出版社出版發行，1997年11月，頁240。

〔註323〕宋神宗熙寧、元豐年間（1068～1085）金門地區始立都圖，都有四（都別自十七都至二十都），統圖九，爲翔風里，並統於同安縣綏德鄉，領有十一保，轄下村落達176村社。明清兩代大致上因襲此一編制，但都別擴大爲六都，都別自十五都至二十都。民國四年（1915年）設縣以後仍予以沿用，保仍維持舊制，惟都次第及鄉之數目名稱則稍有更動，計有都六、保十、鄉（現稱村）166。十八都轄有今之金湖鎭一帶。詳參金門縣政府，《金門縣志‧土地

（今之金湖鎮一帶）「人民廬舍，所存無幾矣。」〔註324〕流竄的匪寇繼而又侵擾「十七都」〔註325〕（今之金沙鎮一帶）的陽翟村，最後更波及十九都（今之金城鎮）後浦；後浦許姓爲右姓望族，「新築城堡，家殷人眾，勢未易動，故以爲後圖，至城下，而城中鳥銃四發，傷者甚多」〔註326〕賊寇損傷慘重。同年，都御史唐順之（1507～1560）請嚴福建沿海通倭之禁〔註327〕，然效果顯然不彰。清順治十八年（1661年）九月，清廷下「遷界令」，同安沿海八十八保居民遷居內地。〔註328〕同年（1661年），清皇室又以江、浙、閩、粵沿海「逼近賊巢」爲由，「盡令遷移內地」。福建沿海于康熙元年（1662年）全面實行遷界，至康熙八年（1669年）實行局部展界，至康熙十九年庚申（1680年）後全面復界。〔註329〕隸屬同安縣轄區的金門，自不能免於被迫遷界的悲慘命運。清初實行遷界的目的，是爲了對鄭成功的抗清據點實行經濟封鎖，企圖切斷鄭氏集團與內地的聯繫。另據《金門縣志》載：「清初因明鄭之抗衡，通海之禁甚嚴，初以徙民棄地，繼而沿海劃界。」〔註330〕斯時的金門鄉親父老所遭受的蹂躪情況必定相當嚴重。

     志》卷二，1999年初版二刷，頁228～232。

     案：金門縣政府旅遊交通局2010年刊行的《旅遊人員解說手冊》統計的村落總數則爲168村，本研究就以此一數據爲準。

〔註324〕明·洪受，《滄海紀遺·災難之紀》卷八，金門：縣文獻委員會，1970年6月再版，頁57～59。

〔註325〕十七都轄地以今之金沙鎮一帶的村落。

〔註326〕同註324。

〔註327〕清·黃任、郭賡武纂修，《泉州府志·海防》卷二十五，泉州：編纂委員會辦公室1984年據泉山書社民國十六年乾隆版補刻本影印，頁6a。

〔註328〕《同安縣志·大事記》，同安縣地方志編纂委員會編，2000年10月，頁19。

     另鄭振滿，《明清福建家族組織與社會變遷》，湖南：教育出版社，1992年6月，頁175則載：「早在順治十七年庚子（1660年）間，已在靠近廈門的同安縣和海澄縣實行小規模的遷界，沿海的八十八堡居民被迫遷往內地。」兩者時間相差一年。時隸屬同安縣轄區的金門，在這波遷界令下所遭受的傷害頗爲嚴重。從田野調查所得，乃至各姓氏族譜，或宗祠的碑記載錄當中，都有著血淚般的控訴。據受訪的耆老表示，當時清政府爲徹底瓦解明鄭的後勤補給，強制遷移金門島民，甚至連賴以飲用的水井都予以徹底鏟平，逼迫島民就範。

〔註329〕鄭振滿，《明清福建家族組織與社會變遷》，湖南：教育出版社，1992年6月，頁175。

〔註330〕金門縣政府，《金門縣志·兵事志》卷九，1999年初版二刷，頁1222。

　　《金門縣志・大事志》云：「清康熙二十二年（1683 年）以後，前被遷入內界居民，陸續重返故土。」〔註331〕得以僥倖返回故里重建家園的金門鄉親已元氣大傷。接踵而至的亂離，確也對金門宗族組織造成史無前例的戕傷。《金門珠浦許氏族譜・遷次鳩祭》即載：「（吾族）鵲薦有人，武闈有人，子姓數以千，子弟員數以百，歲時廟饗以次行大夫禮，不亦彬彬有舉哉！無何，癸卯（1663 年）兵火之變，桑梓邱墟雲初，流播八年來鳩族計齒十亡八九，縱有水源木本之思，而魂未戢祠宇莫棲將，神與人俱恫已耳，用是大懼，遂於歲（康熙庚戌九年，1670 年）之春虔招族子略興廢典。」〔註332〕許氏為金門右姓大族，尚且蒙受「十亡八九」的悲慘境地，則他姓他氏命運可知矣。

一、祭典及供品特色

　　金門地區的祭祖儀典是閩南文化的活教材。閩南文化的最基本特徵，正是藉助於村落家族的基質，以村落家族為載體，進而形成的地域性文化底蘊。村落家族的基質，一是血緣性，二是群居性，三是農耕性，四是自給性，五是封閉性，六是穩定性。〔註333〕擁有高密度而質精的宗祠，與保有傳統的祭祖儀典，是金門地區鄉親最引以為傲的文化襲產。對祖先的祭祀是宗族重要的也是首要的職能，通過對祖先的祭祀，即能不斷強化族人的血親觀念，加強宗族的內聚力。清代宗族祭祖禮，分為家祭與墓祭。家祭在宗祠舉行，因此又名祠祭。祭祀對象為始遷祖與歷代祖先。祭期分別在歲之清明、冬至〔註334〕兩日。〔註335〕清明以墓祭為主；冬至以祠祭為大宗。全縣 168

〔註331〕同註330，《金門縣志・大事志》卷一，頁141。

〔註332〕清・許雲舉，〈遷次鳩祭〉，載《金門珠浦許氏族譜》，金門許氏宗親會，1987年4月，頁202。

〔註333〕蘇黎明，〈閩南村落家族文化與閩南文化〉，載《閩南文化研究》，海峽文藝出版社出版發行，2004年11月第一次印刷，頁125～136。

〔註334〕「萬物皆本乎天，人本乎祖，故以冬至祭天而祖配之。以冬至者，氣至之始也。」宋・楊時編輯，《二程粹言・天地篇》卷之下，《叢書集成新編》二十一冊，臺北：新文豐出版社，1985年元月初版，頁701。
　　　　宋人陳元靚，《歲時廣記・冬至》卷三十八亦云：「冬至者，極也。太陰之氣上干於陽，太陽之氣下極於地，寒氣已極，故曰冬至。」，《歲時習俗資料彙編》，臺北：藝文印書館，1970年12月初版，頁1159。
　　　　另攷關夏至、冬至之說，可參見明人謝肇淛，《五雜組・天部二》卷二：「日當南至，晝漏極短而晷影極長；日當北至，晝漏極長而晷影極短。以其極，故謂之至。」，上海：上海書店出版社，2001年8月第一次印刷，頁23。

〔註335〕鄧河，〈中國近代宗族組織探析〉，載《大同高等專科學校學報》（綜合版），

個自然村中的 169 間宗祠，每年的春冬祭典〔註336〕都爲它形塑出特色獨具的禮文儀軌，這其中又以陳、蔡、許三姓的大宗「三獻禮」祭典最是具有可看性，兼程前往參觀研究的專家學者有逐年加增的趨勢。

　　若要一窺金門地區傳統「三獻禮」祭祖儀典，似可藉由清儒顏元（1635～1704）所規範的祀先禮儀見其端倪。顏元說：

> 凡祭神用今儀，通三獻，詣位讀祝，共十二拜，較《會典》減三拜者爲成儀，連獻五拜者爲減儀。春祭祖考，秋祭考，俱大齊（齋）。季秋特祭孔子，孟春祀戶，孟夏祀竈，季夏祀中霤，孟秋祀門，孟冬祀水，俱中齊。清明、十月朔，從族眾祭祖墓，亦中齊，皆用成儀。凡朔望、節令、親忌日、己生日及祭外親友，或同老幼祭分派族人墓，俱小齊，用減儀。朔有薦，望惟酒果。大齊，七日戒，三日齊；中齊，散齊二日，致齊一日；小齊，散齊一日，致齊一夜。
>
> 大齊必沐浴，中齊沐浴或澡拭，必入齊房；小齊必別寢。〔註337〕

《明會要·樂志》：「祭祀用雅樂，太常領之。宴享朝會，兼用俗樂，領於伶人。」〔註338〕清儒毛奇齡（1623～1713）《家禮辨說·祭禮》云：古祭祀皆有歌樂。〔註339〕《虞書》以搏拊笙鏞，饗祭始祖考來格。〔註340〕商周有頌詩、頌樂。列代有廟樂。《禮運》凡祭列其琴瑟管籥鍾磬是也。〔註341〕故祭惟日祭、月祭不用樂，若時祭、歲祭、大祭，則皆用之。〔註342〕再據明儒宋濂

1994 年第三期，頁 57～69。

〔註336〕禮經有「春秋二祭」之說，庶民社會則因祭祖時間點，大部分定在清明與冬至，故而習慣上皆以「春冬祭典」稱之，事實上兩者說法皆同指一事。

〔註337〕清·顏元，《顏習齋先生年譜》卷下，北京：中華書局，1987 年 6 月，頁 762。

〔註338〕清·龍文彬纂，《明會要·樂志》卷二十一，臺北：世界書局，1972 年 10 月三版，樂 339。

〔註339〕清·毛奇齡，《家禮辨說·祭禮》卷十三，《叢書集成續編》六十六冊，臺北：新文豐出版社，1989 年 7 月，頁 413。

〔註340〕《尚書·虞書·益稷》卷五（阮元重刊宋本），漢·孔安國傳；唐·孔穎達等正義，臺北：藝文印書館，1976 年 5 月六版，頁 72：「夔曰：戛擊鳴球，搏拊琴瑟，以詠祖考來格。……笙鏞以間，鳥獸蹌蹌。簫韶九成，鳳皇來儀。」

〔註341〕《禮記·禮運》卷二十一（阮元重刊宋本），漢·鄭玄注；唐·孔穎達等正義，臺北：藝文印書館，1976 年 5 月六版，頁 417：「故玄酒在室，醴醆在戶，粢醍在堂，澄酒在下。陳其犧牲，備其鼎俎，列其琴瑟管磬鍾鼓，脩其祝嘏，以降上神，與其先祖。」

〔註342〕清·毛奇齡，《家禮辨說·祭禮》卷十三，《叢書集成續編》六十六冊，臺北：新文豐出版社，1989 年 7 月，頁 413。

（1310～1381）《宋文憲公全集・王國祀仁祖廟樂章》載：初獻時奏〈保和之曲〉：「皇祖載德，既淳且仁。弗耀其身，委祉後人。睠茲藩服，典祀維寅。清醴方薦，馨其苾芬」；亞獻時奏〈清和之曲〉：「穆穆靈宮，庭燎有煒。貳觴載升，神其樂止。其樂伊何，錫我繁祉。磐石之宗，本支百世」；終獻時奏〈成和之曲〉：「神兮下臨，陟降在庭。不見其形，如聞其聲。冷風肅然，達於兩楹。禮成三終，神保攸寧。」〔註343〕文獻對祭典用樂的載錄雖不盡周詳，然藉由這些片段的描記，亦有助於吾人對祭祖儀典用樂原委的探索。

　　江西省《東鄉縣志・風土》亦載：正月元旦與冬至皆需至祠堂祀祖，鼓吹〔註344〕滛事，有「冬至大似年」之諺。〔註345〕東鄉地區祀祖禮需動用鼓樂〔註346〕成員多少名並未詳載。清儒毛奇齡（1623～1713）《家禮辨說》則直指春秋二祭需使用庖工四人，樂員四人。清代士大夫家已多不畜樂工，不貯樂器。且近代通行金元曲名，在明世太常廟樂皆襲其聲，如所稱〈朝天子殿前歡〉之類，今皆可當作準今酌古兩無礙的權宜作法。〔註347〕誠如《孟子・梁惠王下》所云：「今之樂，猶古之樂也。」〔註348〕目前金門地區的祀先儀典，已有簡化趨勢。據樂師蔡水國〔註349〕報導指出，目前金門地區祭祖鼓樂隊成員並不固定。奏大樂時需動用長號手二人，鼓手一人，鈸一人，嗩吶二人；演奏細樂時則改為：小嗩吶一人，橫笛一人，鈸一人，南鑼一人，揶胡一人，二胡一人。以上各種樂器往往會依個人專長，及人力多寡而作機動調整（照片 5-8：祠祭儀典中演奏的鼓樂隊）。

（一）陳氏祠堂（忠賢祠、潁川堂）特色

　　始建於清宣統二年（1910 年）〔註350〕的後浦陳氏祠堂（忠賢祠、潁川

〔註343〕明・宋濂，《宋文憲公全集・王國祀仁祖廟樂章》卷三，臺北：國家圖書館珍藏善本書，頁 19～20。

〔註344〕鼓吹：以鼓、笙、簫、笳等合奏的樂曲。

〔註345〕《江西省東鄉縣志・風土志》卷八，臺北：成文出版社，1989 年 3 月臺一版，頁 319～320。

〔註346〕《孟子・梁惠王篇下》卷二（阮元重刊宋本），漢・趙岐注；宋・孫奭疏，臺北：藝文印書館，1976 年 5 月六版，頁 29，趙岐《注》云：「鼓樂者，樂以鼓為節也。」

〔註347〕清・毛奇齡，《家禮辨說・祭》卷十三，《叢書集成續編》六十六冊，臺北：新文豐出版社，1989 年 7 月，頁 413。

〔註348〕同註346。

〔註349〕報導時間為 2009 年 10 月 5 日。

〔註350〕陳氏祠堂始建時間，若依〈金門陳氏大宗祠修建誌〉載稱，則始建年代為民

堂），原本在對面店鋪旁側有一座用磚砌的「忠賢祠」照壁，日據時期仍在。
〔註351〕民國九十七年（2008 年）陳氏族眾已在原址起建一座石雕的「陳氏宗
祠」牌樓。木雕、石砌皆稱一時之選的陳氏祠堂已被列入歷史建築。號稱「十
三陳」的陳氏爲金門第一大姓，誠如〈浯江陳氏祠堂記〉所載：「顧各鄉雖有
小宗，而後浦爲官商所聚，尤宜立一總祠，崇祀太傅公〔註352〕，春秋享報，
俾族眾以時聚首，亦親親睦族之意歟！」〔註353〕分別定居全縣各鄉鎮村里的
「十三陳」族眾，爲便利聯繫族誼，特選在金門首邑建蓋這棟閩南式的祀先
及議事殿堂。

　　當年財力拮据的陳氏族裔曾兩赴南洋募款，並藉由「進主」方式籌闢財
源。二進式的陳氏祠堂爲金門地區總祠，拜殿中設祖龕，兩側次殿又有東龕
與西龕一字排開，與其他各地宗祠拜殿奉祖龕，兩側次殿左奉文昌帝君，右
奉福德正神的擺設有相當明顯差異。中龕前方長條供桌供奉三尊神像：中供
關聖帝君〔註354〕，左供太子太傅陳邕〔註355〕，右供「開漳聖王」陳延光。
〔註356〕進主費用則以位置尊卑定高下，「訂議進主中央一位貳佰伍拾元，東一
位壹佰柒拾元，西一位壹佰伍拾元，合內地、外洋宗親共題銀參萬捌仟零捌
拾肆元伍角零壹。」〔註357〕財源籌湊齊整後，董其事者陳佐材於是「鳩工庀
材，召匠興建，監敝峨然煥然，甚盛舉也。是役也，計土木磚石彩畫工料等
費，凡貳萬柒仟零參拾玖元肆角捌占，合從前春祭祀業、繳價應酬、往來伸

國前八年，即清光緒三十年（1904 年）。
〔註351〕禮生陳忠信報導。
〔註352〕陳氏入閩始祖忠順王太子太傅陳邕。
〔註353〕清・陳佐才，〈浯江陳氏祠堂記〉，載于潁川堂金門陳氏宗祠奠安委員會發
　　　　行，《金門陳氏宗祠潁川堂建祠八十週念奠安紀念特刊》，1985 年正月，頁
　　　　60。
〔註354〕關帝爺即蜀漢名將關羽，是忠義的象徵。劉備、關羽、張飛「桃園結義」的
　　　　故事一直是民間傳誦不已的感人事蹟。陳氏祠堂與許氏家廟同樣供奉關帝
　　　　爺，應與關帝爺的忠義之氣有關。
〔註355〕唐代由潁川遷居京兆的唐鄂同公陳忠，及其子太子太傅陳邕，因與宰相李林
　　　　甫不協，於唐開元年間（713～741）入閩，以後陳氏子孫繁衍成「南院太傅
　　　　派」之入閩始祖。
〔註356〕閩南和臺灣的陳姓大多源於兩位唐朝時從北方到漳州開基的始祖，即「開漳
　　　　聖王」陳延光，和「太子太傅」陳邕，分別稱「將軍派」與「南院派」，一般
　　　　又稱「北陳」和「南陳」。
〔註357〕清・陳佐才，〈浯江陳氏祠堂記〉，載于潁川堂金門陳氏宗祠奠安委員會發
　　　　行，《金門陳氏宗祠潁川堂建祠八十週念奠安紀念特刊》，1985 年正月，頁
　　　　60。

謝、旅費慶成，及祠內一切物器，共費銀參萬柒仟捌佰零柒角貳占參有奇。」〔註358〕巍峨壯觀的陳氏祠堂（忠賢祠），自此屹立於金城後浦西門繁華街市，成為「十三陳」族裔年度春冬祭祖的總祠，也是族眾議事餐敘（俗稱「食頭」）的神聖空間。

創業惟艱，守成匪易。陳氏在興建祖祠之前，曾遭遇前所未有的困境，所幸陳芳微、陳卓生、陳啓鳳、陳芳高、陳佐才、陳廷篯等六位族裔賢達，運籌帷幄，排除橫逆，終能順利完成建祠工作。為感念前賢締造祖祠的艱難，特在東廂房設陸（祿）位廳，予以供奉迄今。另據陳為學校長指出，當年還曾一度迎請出明代忠臣陳顯〔註359〕的「忠臣」匾額，始能讓建祠工作得以順暢。為紀念這段創業的艱辛史，更為了對陳顯在「下坑鄉」（今稱夏興村）的族裔表達敬意，陳氏族親總會禮讓夏興村族人坐東一桌，湖前村族親則固定坐西一桌。〔註360〕

陳氏祠堂春冬祭典是金門地區頗具特色的祠祭。春祭時間點訂在每年農曆正月十八日舉行，由遍布全金門各村落的「十三股」族裔擔任爐主（爐主輪值辦法，詳見表 3-3：金門陳氏十三股「做頭」輪值一覽表）。主祭官由該年輪值的村里族長，或由該村自行遴選專人出任，負責籌辦祭祖相關事宜，祭祖儀式結束後並席開二十三桌（每股一桌，「十三陳」的宗親代表共計十三桌。若加上「姚、虞、胡、田」等「至孝篤親宗親會」代表，暨理監事等會務人員，則總數多達二十三桌。）「飲福」，與眾族親代表把酒言歡。俗稱「食頭」的族親餐敘經費，由該輪值村落族眾分攤六成經費，其餘則由「金門縣陳氏宗親會」資助。陳氏宗親會維持運作的經費來源，則以祠堂東西廂的族產店屋收入為基金。至於冬祭的時間點則訂在農曆十月十八日，祭祖所有事宜，概由宗親會理監事負責籌劃，主祭則由理事長擔綱演出。祭祖之前的文昌帝君，與福德正神的祭典，則一律由族中俊彥主持祭典。文昌帝君由碩學鴻儒擔綱；福德正神則由膺任公職的機關首長主持。古由宗子主祭的情況，在金門陳氏祠堂中仍可看到完整的禮文儀軌。

〔註358〕同註357。

〔註359〕陳顯，號南海，陳坑人。明太祖洪武五年壬子（1372年）經魁。知德州，調直隸北平州。太宗時為燕王，廉其才，辟為掌書記，嘗乘弈諷諫，旋以病告歸。靖難初，遣使召顯，夜沐浴，具衣冠，再拜而死。祀忠義祠。潁川堂金門陳氏宗祠奠安委員會發行，《金門陳氏宗祠潁川堂建祠八十週年奠安紀念特刊・歷代名士列傳》，1985年正月，頁50。

〔註360〕禮生陳忠信報導。

　　中國的禮法，對不同場合應該穿著不同款式的服飾，有相當詳細的規定。特別是吉事穿吉服，凶事穿凶服的禮規更是嚴謹。〔註361〕《論語·鄉黨》說：「吉月必朝服而朝。齊（齋）必有明衣布」〔註362〕邢昺《疏》：「吉月，月朔也。朝服，皮弁服。言每朝日必服皮弁之服以朝於君也。齋必有明衣布者。將祭而齋，則必沐浴。浴竟而著明衣。明衣所以明絜其體也。明衣以布爲之，故曰齋必有明衣布也。」〔註363〕古人行祭祀禮，於交接神明前須先齋戒沐浴，然後才穿上「明衣」這種親身衣的祭服。〔註364〕《禮記·曲禮下》也說：「無田祿者，不設祭器。有田祿者先爲祭服。」〔註365〕有田祿的帝王公卿，抑是后妃命婦，冊命之後第一件大事就是製作祭服。〔註366〕無田祿的庶民百姓禮文雖無定規，卻也視祭服的製作爲人生大事，有些甚至將這套長袍馬褂祭服當作百年後的壽衣，其獲得重視的程度於此可見一斑。

　　金門地區的祠祭，主祭與陪祭皆一如清制，身著長袍馬褂，頭戴碗帽。清代男子的服裝計有袍、褂、襖、褲等不同款式服制。袍褂（「長袍馬褂」簡稱）則是清代主要禮服，此即金門民間重要儀典主事者皆身著長袍馬褂的主因。從長袍開衩數的多寡，亦可辨別身份的貴賤。官吏士庶所穿的長袍開兩衩，皇族宗室則開四衩。褂則著於長袍之外，故亦稱之爲外褂。就清代服制言，這種附著於長袍外側的短褂，是騎馬時的標準配備，因稱「馬褂」。〔註367〕而今長袍、馬褂服飾已合而爲一，且深植於庶民社會，成爲重大場合身份的表徵，且必須是擁有內孫的長老才能享此殊榮。至於顏色則不甚講究，或青色、或黑色、或咖啡色。長老頭戴的「碗帽」，則是造型如覆碗，外形似瓜皮的布帽，但不裁瓣，圍條不加襯硬紙，乍看頗似儒生的頭巾，通體呈黑色，頂端有一紅點。由於其帽形有如碗罩在頭上，由數道線縫合，因而命名爲「碗帽」。

〔註361〕王維堤，《中國服飾文化》，上海：古籍出版社，2001年11月，頁58～66。

〔註362〕《論語·鄉黨》卷十（阮元重刊宋本），魏·何晏等注；宋·邢昺疏，臺北：藝文印書館，1976年5月六版，頁88。

〔註363〕同註362。

〔註364〕楊亮功等註譯，《四書今註今譯》，臺北：臺灣商務印書館，1984年7月修訂一版，頁149。

〔註365〕《禮記·曲禮下》卷四（阮元重刊宋本），漢·鄭玄注；唐·孔穎達等正義，臺北：藝文印書館，1976年5月六版，頁75。

〔註366〕高春明，《中國古代平民服裝》，臺北：臺灣商務印書館，2003年4月，頁78～79。

〔註367〕陳茂同，《中國歷代衣冠服飾制》，天津：百花文藝出版社，2005年8月，頁239～241。

照片 5-1：身著長袍馬褂、頭戴碗帽的許氏族老

　　陳氏祠堂的春冬祭典，目前仍保有三獻禮，及「滿漢全席」的古風，特別是葷素兼具的「滿漢全席宴」更是金門一絕。為維持祭典的持續運作，金門陳氏宗親會特將東廂房的十二間店屋，及西廂房的十六間店屋租金，當作祀先祭典的基金。當年負責督建祠宇的六位賢達當中的陳佐材茹素成習，陳氏族裔為感念其功在宗族，特別訂定：成列的滿漢全席宴中，特別空出祖龕前一張半的「八仙桌」〔註368〕桌面（約佔整列滿漢全席宴三分之一），作為擺放素食宴空間的機制。純由豆類及蔬菜烹調的素菜宴，其造型之新穎，樣色之多變化，每每成為祭祖儀典的注目焦點。葷菜部分則有「五牲」〔註369〕、「五湖四海」〔註370〕、「八大」、「八中」、「八小」〔註371〕，及各種小碟等，

〔註368〕四方形木桌，可供祭祀之用，亦可供宴客之用。唯一的差別是，供神時桌面條紋橫擺，與神龕、祖龕平行；宴客時桌面木塊條紋，與神案呈垂直角度。方形的桌面每側可同時坐二人，空間寬敞，於酒宴中大啖美味，舒適程度直追「八仙」般快活，因有八仙桌之名。

〔註369〕「五牲」：品名並不統一，只要湊滿五種牲禮即可，舉凡雞、鴨、魚、肉、豬肚、豬心、豬肺等皆可入列。

〔註370〕「五湖四海」為九道供品名稱。金門地區四面環海，島上昔日有五座湖庫。

應有盡有。〔註372〕（滿漢全席桌請參閱表 4-4：後浦陳氏祠堂祭祖供品排列位置表。圖4-1：珠浦陳氏祠堂（忠賢祠、穎川堂）祭祖「大三獻」供品陳列暨祭祖圖。照片5-2：陳氏祠堂祭祖葷素供品；照片5-3：「三宿」與「五牲」供品）

民國九十四年（2005年），漳州陳氏宗祠重修峻工後的「開漳聖王」陳元光祭典，金門「十三陳」宗親曾籌組一支龐大謁祖團，前往漳洲參與隆重祀祖大典，並由金門埔後村專攻菜雕（俗稱「捵桌」）師傅陳尚義以傳統「滿漢全席」的精緻菜雕絕技，在漳州當地造成轟動，咸認傳統中華文化，竟能在金門這蕞爾小島獲得如此完整保存。謁祖隊伍中最引人注目的就是由「檻盒」〔註373〕抬送的供品。整個祭典完全遵循古禮進行，禮生部分則由陳忠信領軍，禮生團體組員尚有陳國強、陳金盛、陳昆第、陳福海、陳宗新、陳木漳等人。每位禮生皆身著藍長袍，在悠揚鼓樂聲中，整個祭典完全依古禮進行。

據報導人陳國興表示，以前禮生需要經過相當嚴格的養成教育。首先要到同安縣城參與官方主持的考試，通過資格考的人選，則由同安縣丞親自頒授合格證書，成為社會地位崇高的「準秀才」，此後才能成為眾人景仰的禮儀師。整個養成過程，就如同祀孔大典當中的「佾生」和「樂生」般嚴謹。晚近隨著社會型態的改變，禮生的養成途徑已由官方的認證，演變成自我的充實。身份取得的方式雖有古今的差異，但熟諳禮儀運作的禮生陳忠信卻仍堅持，禮生必需要有高度的敬業精神，與服務利他的情操，如此才能成為敬業稱職的禮生。就因為這份堅持，金門地區的禮生團體，才能將這薪傳的重責大任扮演得如此稱職，金門地區的祭祖儀典也才能保有閩南原鄉的風貌。

菜雕師傅遂據此而製作五道取自湖泊的水產，以及四道取自海洋的海產，以梅花形態擺放。

〔註371〕「八大」、「八中」、「八小」為八大碗、八中碗、八小碗供品，並雕製成人物造型的歷史故事，或動物造型的菜雕作品，如虎、豹、獅、象等。

〔註372〕滿漢全席桌供品請參考拙著：〈「捵桌」在普渡儀節中的角色觀察〉，《國立金門技術學院學報》（第三期），2008年3月，頁23～45。

〔註373〕一種長方形木盒，深度約20公分，木盒上方有一木架，由兩人前後扛抬，祀祖的供品分別陳列盒中，是金門地區傳統祭典及古婚禮不可缺少的禮儀容器。

照片 5-2：陳氏祠堂祭祖葷素供品。
供桌前方三分之一為素宴；後端三
分之二為葷菜宴。羹飯則葷素兼具

照片 5-3：
「三宿」與「五牲」供品

（二）蔡氏家廟特色

　　金門地區大部分祠祭皆在冬至日舉行，而且大部分都以始祖（或始遷祖）為祭祀載體。金湖鎮瓊林村濟陽蔡氏的春冬祭典，則固定選在其五世祖蔡靜山祖考妣祭日當天舉行。細究其故，實乃蔡靜山乃濟陽蔡氏承上啟下的靈魂人物之故。據《浯江瓊林蔡氏族譜》載稱：「其（蔡氏）入閩也，當在五季之初，已遷于同（同安）之西市，又遷於浯（金門）之許坑（今之金城鎮古崗村）。贅於平林（今之瓊林村）之陳，則自十七郎始。以其世〔註 374〕推之，蓋在南渡之初，迄今萬曆壬寅（明神宗萬曆三十年，1602 年）四百有餘年矣。於茲所居多樹木，遠望森然如蓋，故世稱瓊林蔡氏云。」〔註 375〕瓊林原稱平林，明熹宗為嘉許蔡獻臣〔註 376〕功在士林，特欽賜里名「瓊林」而沿用迄今。

〔註 374〕金門民間習慣上率皆以一世三十年為推算標準。

〔註 375〕《浯江瓊林蔡氏族譜》，清・道光元年（1821）國學生蔡鴻略（字尚溫）脩，頁 13。

〔註 376〕蔡獻臣（1562～1641），字體國，號虛吾，別號直心居士，蔡貴易子。金門平林（瓊林村）濟陽蔡氏新倉上二房十六世族裔。明神宗萬曆十六年（1588 年）戊子解元潘洙榜舉人。明神宗萬曆十七年（1589 年）己丑科焦竑榜進士。授刑部主事，調兵部職方主事，遷禮部主客郎中、儀制司郎中，陞湖廣按察使。其後朝廷又起用獻臣為浙江巡海道，旋改任浙江學政。明熹宗天啟年間（1621～1627），福建巡撫鄒維璉，以蔡獻臣學問重純正，奏請御賜里名「瓊林」，並擢陞為雲南光祿寺少卿。此一匾額現仍高懸在新倉下二房六世樂圃宗祠。蔡獻臣著有《清白堂稿》十七卷，《筆記》二卷，《仕學潅學講義》，《四書合甹講義》，並曾纂修《同安縣志》與《東山縣志》。卒年七十九。獲贈刑部右侍郎，欽賜祭葬，與妣池氏淑人合葬於同安縣前街后草塘山斗曜之右，祀鄉

明熹宗皇帝「御賜里名瓊林」匾額現今仍高懸在「樂圃六世宗祠」，成爲蔡氏族人無上的榮耀。

　　濟陽蔡姓始祖十七郎來金門墾拓的時間點在南渡之初，但何時自金城鎮許坑（古崗村）入贅瓊林村陳家，則是有待詳細考證的地方。目前鐫刻在瓊林村蔡氏家廟拜殿的後抱柱聯：「相宅瓊林，歷宋歷元歷明歷清，祖德千年不朽；敷功帝闕，爲伯爲卿爲臬爲憲，孫謀百世長光。」它不但描記瓊林村蔡氏詳實開發史，也爬梳出蔡氏歷代先祖赫赫事功，誠爲研究瓊林村史不可或缺的重要史料。據此可以確定，瓊林濟陽蔡氏來金門開發的時間在宋代，而詳細的時間點，則待相關文獻作進一步確認。

　　據《浯江瓊林蔡氏族譜》載稱，遷居瓊林的蔡氏在四世以前人丁單薄。五世的靜山可說是瓊林濟陽蔡氏承先啓後的靈魂人物。靜山育有四子：長子諱一禾，字嘉仲，號竹溪，開「坑墘」和「大厝」二房，後裔復衍派爲「上坑墘」、「下坑墘」、「前坑墘」與「大厝」四房柱；次子諱一蓮，字愛仲，號樂圃，開「新倉」和「前庭」二房，後裔又衍開「新倉長房」、「新倉上二房」、「新倉下二房」、「新倉三房」與「前庭」五個房柱；三子諱一梅，字魁仲，早逝；四子諱一蜇，字鳴仲，號藍田，贅銀同（同安）劉家。瓊林蔡氏已由六世的兩房，派衍成十世的九房，昌熾的人丁遍布在村中的「大厝」、「大宅」、「坑墘」、「樓仔下」及「東埔頂」等五個甲頭居住（詳見圖 3-1：瓊林蔡氏五世至十世房系圖）。六世以後的瓊林蔡氏，已成爲金門島上右姓望族，人丁興旺，復拜科舉之賜，從此成爲簪纓世冑的巨家大族，分房而建的宗祠如「坑墘六世竹溪宗祠」、「新倉下二房六世、十世樂圃宗祠」、「前庭房六世宗祠」、「大厝房十世伯崖宗祠」、「十六世藩伯宗祠」和「新倉上二房十一世宗祠」，其中外觀酷似三進的「新倉下二房六世、十世樂圃宗祠」，更是由前後兩間相連的宗祠組合而成之「聯體宗祠」，故而爲該村贏得「七座八祠」美譽。〔註377〕

　　沒有功名在身的牌位不得入祀家廟，是瓊林濟陽蔡氏家族一貫的堅持，因此蔡氏家廟（大宗）的祖考妣牌位總數，至今仍維持在三十五尊之譜。其中除一至五世的祖考妣牌位外，六世以後的牌位皆是擁有科舉功名的族中賢

　　　賢。詳見楊天厚、林麗寬，《金門匾額人物》，金門：金門縣文化局，2005 年
　　　3 月，頁 141～143。

〔註377〕楊天厚，〈金門瓊林蔡氏宗祠祭典儀式探究〉，《2006 民俗暨民間文學學術研
　　　討會論文集》，臺北：文津出版社，2006 年 7 月，頁 212～213。

達。蔡氏家廟拜殿明間神龕供奉開基始祖十七郎至五世祖蔡靜山等祖考妣，暨族中曾出任顯宦的族中賢達，共計三十五尊牌位。據《瓊林蔡氏春秋大宗祭祖儀註》手抄本〔註378〕載稱，這二十五尊靈位分別爲六世長房一禾和次房一蓮的後裔，並且皆有功名在身者，計有：竹溪、樂圃、藍田、履素、榕溪、兼峰、海林、肖兼、發吾、虛臺、昭宇、賁服、豈夫、諍虎、雉胎、愼齋、達峰、躍洲、披星、毅園、秋園、臥樗、潤亭、樹德、志仁等靈位二十五尊（詳見照片 3-4：瓊林蔡氏家廟祖龕牌位）。拜殿兩側次間，左奉文昌帝君，右拜福德正神。

　　重建於清高宗乾隆八年（1743 年）的蔡氏家廟，始建年代囿限於文獻未曾載錄而無從考證。目前僅知民國二十二年（1933 年）曾舉行過一次「奠安」，可見在此之前應該有過重修的紀錄。以木棟架構見長的蔡氏家廟，四點金柱上端鏤刻精美的雀替，及兩側山牆內壁以「忠孝節義」爲主訴求的藝術珍品，一爲精緻鏤空木製透雕，一爲朱子親題稀世墨寶，皆屬價值不菲的文化瑰寶。木雕的「忠孝節義」，各自以透雕楷書搭配樑上的精美構圖：「忠」字上方彩繪岳母於岳飛背上親題「盡忠報國圖」〔註379〕；「孝」字上方繪有孝感動天的「虞舜耕田圖」〔註380〕；「廉」字上方繪有宋代趙抃爲官清廉的「一琴一鶴圖」〔註381〕；「節」字上方繪有漢武帝名臣「蘇武牧羊圖」〔註382〕。

〔註378〕瓊林里里長蔡顯明提供。

〔註379〕《宋史·岳飛（1103～1142）傳》：「初命何鑄鞫之，飛裂裳以背示鑄，有『盡忠報國』四大字，深入膚理。」岳飛背上刺有「盡忠報國」四字，歷史上確有其事，可能是出自岳母對岳飛的深切期許，然是否眞出自岳母親手刺字，則有待更多證據檢驗。

〔註380〕元·郭居敬編錄（一說爲其弟郭守正編；另一說則爲郭居業撰），《全相二十四孝詩選》（簡稱《二十四孝》）初集卷一：「虞舜，姓姚，名重華，父瞽瞍頑，母握登賢而早喪。後母嚚，弟象傲，常謀害舜。舜孺慕號泣，如窮人之無歸。負罪請愆，孝感動天。嘗耕於歷山，象爲之耕，鳥爲之耘。帝堯聞之，妻以二女，歷試諸艱，天下大治，國禪焉。」見網頁：zh.wikipedia.org/zh-tw。另見釋淨空博士倡印，《百孝圖說·虞舜終身孺慕孝》卷上：「史稱其（虞舜）耕歷山時，天鑒孝德，使象爲之耕，鳥爲之耘。父母益被感動，轉爲慈愛。堯聞其賢，妻以二女（即娥皇、女英），禪以帝位，在位四十八載。」新竹市佛教淨宗學會出版，2006 年 3 月。

〔註381〕《宋史·趙抃傳》卷三一六，頁 10323 載，趙抃（1008～1084），字閱道，衢州西安人。爲官清廉，宋神宗曾當面嘉許他說：「聞卿匹馬入蜀，以一琴一鶴自隨，爲政簡易，亦稱是乎？」攸關趙抃載記，另見於宋·沈括著，胡道靜校證，《夢溪筆談校證》卷九：「趙閱道（抃）爲成都轉運使，出行部內，唯攜一琴一鶴，坐則看鶴鼓琴。嘗過青城山，遇雪，舍於逆旅。逆旅之人，不知

　　神龕上端的「五世登科」、「福祿壽全」，乃至神龕下端裙板的「鈞藻傳爲永家齊」〔註383〕篆刻，都是不可多得的文化瑰寶。總數高達二十五塊爵秩顯赫的匾額，計有「進士匾」六塊、「文魁匾」六塊、「副魁匾」三塊，以及「鄉賢名宦匾」、「祖孫父子兄弟叔侄登科匾」、「祖孫父子兄弟伯姪登科匾」，「振威將軍匾」、「將軍匾」、「兄弟明經匾」、「外翰匾」、「貢元匾」、「公正可風匾」等事功顯赫的匾額。廟埕前象徵進士和舉人頭銜的兩對石雕「旗竿夾」，在在都爲這科舉世家寫下歷史見證。拜殿一年兩度的「大三獻」春冬祠祭，都是「蔡氏家廟」成爲金門宗祠經典之作的主因。〔註384〕

　　蔡氏家廟春冬祭典分別在農曆二月初七日〔註385〕，與十月初六日〔註386〕蔡靜山祖考妣忌日當天舉行。祭典所以會分成「頭亭」與「貳亭」兩個梯次，主要原因是基於尊重一至四世祖考妣的緣故。「頭亭」祭典主桌由始祖十七郎祖考妣高坐首席，並由二至五世祖考妣陪坐左右兩邊。兩側次殿則由六世以降的族中科舉業賢達，依序對號入坐，坐次詳見（圖4-2：瓊林蔡氏頭亭祭祖圖）。「貳亭」祭典則換由當天的主角蔡靜山考妣坐中桌首席，並由他的三位子女從旁作陪。頭亭已享用過豐盛供品的四世以上祖考妣牌位，就待在祖龕中休息。兩側次殿的陪席桌位次則略作更動，坐次請詳參（圖4-3：瓊林

　　　其使者也，或慢狎之，公頹然鼓琴不問。」案，趙抃，宋衢州西安人，字閱道（1008～1084）。第進士。景祐（1034～1037）初，累官殿中侍御史，彈劾不避權倖，時稱「鐵面御史」。上海：古籍出版社，1987年9月，頁380～381。此一構圖即以趙抃騎馬入川，僅以一張琴、一隻鶴相隨，爲清廉的最佳範例。

〔註382〕蘇武（?～前60），字子卿。漢武帝遣蘇武以中郎將執節出使匈奴，竟被匈奴囚禁在北海（今之貝加爾湖，俄羅斯西伯利亞南部）長達十九年漫長歲月，始得脫困回返漢朝。漢・班固撰，清・王先謙補注，《漢書補注・蘇武傳》卷五十四，臺北：藝文印書館，1996年8月初版四刷，頁1148～1149。

〔註383〕李師增德，《金門宗祠之美》，財團法人金門縣史蹟維護基金會印行，1995年6月，頁36。

〔註384〕楊天厚，〈金門瓊林村「七座八祠」研究〉，《2003閩南文化學術研討會論文集》（二），金門縣政府、國立金門技術學院主辦，2003年12月6～8日，頁18～12。

〔註385〕農曆二月初七日爲蔡靜山忌日，此日即爲瓊林蔡氏家廟年度春祭。蔡靜山考妣合葬於徑林石墳（案：即今之太武山「鑑潭公園」附近），蔡氏族人每年清明節前夕的墓祭即於此舉行。詳見蔡鴻略（字尚溫）脩，瓊林村《浯江瓊林蔡氏族譜》，清道光元年（1821年），頁54。

〔註386〕農曆十月初六日爲蔡靜山夫人顏氏祭日，此日即爲瓊林蔡氏家廟年度冬祭。蔡鴻略（字尚溫）脩，瓊林村《浯江瓊林蔡氏族譜》，清道光元年（1821年），頁54。

蔡氏貳亭祭祖圖）。整個祭典在蔡氏族眾熟稔的運作中，由「出主」（捧主就位）到「納主」（捧主還龕）。前後歷經兩趟周而復始的「迎」、「送」儀程，整個祭儀井然有序，序中有規，誠為觀賞祠祭儀程最佳範例（請參見照片5-4、5-5）。

照片 5-4：
濟陽蔡氏禮生朗讀祝禱文

照片 5-5：濟陽蔡氏七位主陪
祭長老，恭行稽首禮

（三）許氏家廟特色

位處金城鎮南門里，始建於明世宗嘉靖十二年（1533 年）的許氏家廟，是金門地區僅有的三棟三進式〔註387〕宗祠中的代表作，無奈一度燬於海寇劫掠而成廢墟。「厥後海氛不靖，子姪播遷，巢毀卵破，桑梓之邦又無棲神之所矣。」〔註388〕祖廟遭毀，祭神無所，遂成許氏族裔心中永遠的痛。清雍正九年辛亥（1731 年），許氏族眾斥資白銀壹仟貳佰陸拾貳兩捌錢有奇予以重構，丹漆黝堊，輪奐雅觀，外觀比昔日更加氣派。清人許觀海於〈珠浦許氏重興祠堂序〉有言：「建立祠宇，所以聚祖宗之精神也。春秋祭尊，所以聚子孫之精神，以通祖宗之精神也。今我浦鄉（後浦）井大半為柳營雜處，而祖祠祖墳，又宜加意用心，是亦培養本源之要務也。至夫敬宗睦族，立義田置祭業，以崇祀典，則後人之有光于前人，而前人之所深望于後人也夫。」〔註389〕如

〔註387〕金門地區宗祠總數共計 169 間。就形制言，以一進式的宗祠為大宗，計有九十九間。二進式宗祠次之，計有六十七間。三進式宗祠僅三間，依序為金城鎮後浦南門的「許氏家廟」，後豐港（俗稱「洪門港」）的「洪氏宗祠」，金湖鎮瓊林村的「十一世宗祠」。

〔註388〕清·許觀海，〈珠浦許氏重興祠堂序〉，載《金門珠浦許氏族譜》，金門許氏宗親會出版，1987 年 4 月，頁 205。

〔註389〕清·許觀海，〈珠浦許氏重興祠堂序〉，載《金門珠浦許氏族譜》，金門許氏宗

今重修後的許氏家廟，仍保有昔日樸拙古風，輪奐皆具，是金門宗祠界的翹楚作。

許氏家廟第二進爲整棟建築主體，亦爲主要祭祀空間，正殿長條型供桌由左至右，供奉普庵佛祖〔註390〕（據傳爲有恩於珠浦許氏的神祇）、感天大帝〔註391〕（許眞人）、關聖帝君。兩側次殿各奉三世至五世許氏祖考妣，暨許氏歷代有功名的祖考妣牌位。這些牌位依序爲：三世祖考許子紹、許子契、許子國、許子周、許坪坷、許坪塽；四世祖考許元亨、許元貞、許元鎭、許六官、許十官、許復祖、許紹祖；五世祖考許與德、許與誠、許與智、許與賢、許與哲、許與忠、許十八官、許三十官、許五十七官、許光祚、許四官、許光尹、許三十三官。此外，尚有先賢許西浦、許南洲、許南峰、許見海、許肖浦、許次浦、許搏翥、許賓明、許淡若、許鍾斗（許獮）、許濟之、許和之、許舜齋、許基浦、許復齋、許瑤洲、許若邨、許蘭浦、許耆亭等〔註392〕四十五尊牌位。這些牌位並不在「出主」〔註393〕行列，祭拜時僅打開這兩個龕門而已。

許氏家廟第三進祖龕主奉始祖五十郎忠輔許公神主、始祖妣恭懿孺人陳氏神主。二世祖東菊圃許府君神主、二世祖妣貞順陳孺人神主；二世祖西菊圃許府君神主、二世祖妣慈勤黃孺人神主等六尊牌位（參見照片 5-6）。冬至祠祭「出主」時，亦僅迎請出此六尊牌位，由長老親自迎請至正殿，並安置於鋪有紅色椅套的特製木椅上。始祖妣居中，考右妣左。二世東西菊圃牌位則爲考左妣右（參見照片 5-7）。

　　親會出版，1987 年 4 月，頁 205。

〔註390〕普庵佛祖，亦稱普庵祖師。俗姓余，名印肅，號普庵，江西省宜春人。世居宜春縣石里鄉太平里。

〔註391〕感天大帝，姓許名遜，字敬之，東晉人。生於魏明帝景初三年（239 年），受祖父許琰、父親許肅修道影響，自小耳濡目染，且好學不倦，對於天文、地理、陰陽、緯纖之學皆有所涉獵。二十歲時，追隨大洞眞君吳猛習修仙道。許遜於晉武帝太康元年（280 年）舉孝廉，旋任四川旌陽縣令。任內廢苛政，愛民如子，常施展「點瓦成金」法術助民脫困，頗獲其子民愛戴。晚年隱居豫章，除妖伏魔，收伏虎精、蛇妖等義行，自此聲名大噪。東晉孝武帝寧康二年（374 年）8 月 1 日，許遜舉家二十四口，暨雞、鴨、犬、牛等皆白日昇天。事雖近似神話傳說，然其生事蹟則成爲後人爭相傳誦美談。

〔註392〕詳見《金門珠浦許氏族譜》第四章〈珠浦許氏春秋二祭（冬至家廟）祝文〉，頁 229～230。

〔註393〕「出主」爲俗稱，秦蕙田《五禮通考》稱爲「捧主就位」。

照片 5-6：　　　　　　　　照片 5-7：許氏家廟冬至祠祭始祖考妣、
許氏族裔捧主就位（出主）　二世東西菊圃考妣牌位及供品陳列情況

　　冬至祭始祖或始遷祖，是禮經的宏觀論述。宋人陳元靚《歲時廣記》有
云：「冬至者，極也。太陰之氣上干於陽，太陽之氣下極於地，寒氣已極，故
曰冬至。」〔註394〕「冬至祭始祖」〔註395〕是《家禮》論述的主軸之一。清儒
秦蕙田（1702～1764）也贊同此說：「後世天下一家，仕宦遷徙，其有子孫繁
衍而成族者，則始至之人，宜爲始遷之祖，與古別子之公子自他國而來者無
異，是亦宜奉爲祖而祭之矣。」〔註396〕職是之故，金門民間大部分姓氏，都
定在陽氣始生的冬至日祭祖。

　　珠浦許氏家廟祭典供桌正殿有三列，始祖妣一列居中，二世東西菊圃考
妣各一列分東西。兩側次殿則各擺供桌一列，總計五列。許氏貴爲金門地區
望族，歷代祖先亦曾在科舉功名寫下亮麗成績。向以簡樸持家的許氏，供品
卻異常簡單，每列供桌僅陳列「三宿」〔註397〕、「五牲」〔註398〕，「八大」、「八

〔註394〕宋·陳元靚，《歲時廣記·冬至》卷三十八，載《歲時習俗資料彙編》，臺北：
　　　　藝文印書館印行，1970 年 12 月初版，頁 1159。
〔註395〕宋·朱熹，《家禮》卷五（南宋淳祐五年（1245 年）五卷本加附錄一卷），收
　　　　入《孔子文化大全》，山東：友誼書社，1992 年 11 月，頁 820。
〔註396〕清·秦樹峰（名蕙田），陳燿輯，載《切問齋文鈔·始祖先祖之祭》卷八，清
　　　　乾隆四十年（1775 年）吳江陸氏家刊本，臺北：國圖影像檢索系統，頁 7a
　　　　～又 7a。
〔註397〕「三宿」爲糖製品，由傳統糕餅店製作，通體呈粉紅色。中爲高聳的中塔，
　　　　兩側爲龍、鳳。若加上外側的雙獅，則稱爲「五宿」。是金門地區廟會祭典，
　　　　或婚禮中不可或缺的供品，象徵吉祥富貴。
〔註398〕「五牲」：品名並不統一，只要湊滿五種牲禮即可，舉凡雞、鴨、魚、肉、豬
　　　　肚、豬心、豬肺等皆可入列。

小」〔註399〕，以及羹、飯、茶、酒而已（詳參圖 4-4：珠浦許氏家廟祭祖空間位置及匾額懸掛平面圖。照片5-6：許氏家廟冬至祠祭始祖考妣、二世東西菊圃考妣牌位及供品陳列情況）。傳統閩南祭典中，「滿漢全席」與「少牢禮」（全豬、全羊）皆屬標準配備。《儀禮・少牢饋食禮・鄭注》：「羊豕曰牢。諸侯之卿大夫祭宗廟之牲。」賈公彥《疏》則云：「牢，羊豕也。是豕亦稱牢也。但非一牲即得牢稱。一牲即不得牢名。」〔註400〕如今以全豬全羊祭祖的情況已不多見，金湖鎮西村呂氏宗祠每年祠祭仍保有「少牢」祭祖儀典，則是少數中的幾個特例。「少牢禮」雖然也是中元普渡常見的牲體，卻非唯一選項。如金寧鄉的湖下村，村民皆以楊姓為大宗，村中普渡大典亦只用「特牲」。湖下村唯一比較特殊之處，則在於「特牲」的豕（全豬）總數竟多達三十幾頭，形成少見的禮文樣貌。案，湖下村係以楊姓為主體的單姓血緣聚落，村民為避開「楊」、「羊」諧音尷尬之故，牲體僅用全豬而不用全羊。是則牲體的有無，並非禮文的唯一窄視。

　　明人管志道（1536～1608）《從先維俗議》針對牲體的有無，即有如是精闢的論述：「古人最重血祭，故有省牲泲殺瘞毛血之禮。自西竺（印度）瑜珈之教來，士乃有知戒殺之義者。祭先雖用犧牲，類不呈殺。即有殺，亦殺小牲，不殺大牲。大牲多取於市。又自梁武帝起麵為犧牲之例，後世效之。有祀先全不用牲殺者，似與古人血食之制有乖，儒者往往非之。愚以為此義當求之於先進之禮樂也。太上民風淳厚，與物相友而無嫉害之心，其時必無宰牲祭先之事。不得已而以犧牲祭先，此中古之聖人，緣人情而起禮者也。」〔註401〕拜梁武帝之賜，麵製牲體，如麵豬代全豬、麵羊代全羊，乃成為金門地區日據時代前後經濟不景氣，或羊隻匱乏〔註402〕之際的替代方案。《左傳・昭公十一年・傳》云：「五牲不相為用。」杜《注》：「五牲，牛、羊、豕、犬、雞。」〔註403〕《勘儀糾謬集・牲牢之名》引《大戴禮・序》云：「五牲之先後

〔註399〕「八大」、「八小」為八大碗和八小碗葷素菜碗，內容可以自由搭配。
〔註400〕《儀禮・少牢饋食禮》卷四十七（重刊宋本），漢・鄭玄注；唐・賈公彥疏，臺北：藝文印書館，1976年5月六版，頁557。
〔註401〕明・管志道，《從先維俗議》卷三（影印明刊本），《叢書集成續編》六十一冊，臺北：新文豐出版社，1989年7月，頁589～590。
〔註402〕民國四、五十年（1951～1960）前後的金門，為因應全面化植樹的需要，官方曾一度禁止居民飼養羊隻，少部分人只能將羊隻圈養在破舊屋舍，造成有錢買不到羊隻的窘境。
〔註403〕《春秋左傳・昭公十一年・傳》卷四十五（重刊宋本），晉・杜預注；唐・孔

貴賤，諸侯之祭牲牛，曰大牢。大夫之祭牲羊，曰少牢。士之祭牲特豕，曰
饋食。無祿者稷饋。牢者，俎也。牛羊豕三牲之俎，謂之大牢。羊豕二牲之
俎，謂之少牢。」〔註404〕該書《犧牲牷》對牲禮的名稱，另有精實的載錄：
「凡牛羊豕雞之屬，色純者謂之犧，全體謂之牷，始養之謂之畜，將用之謂
之牲。」〔註405〕而民間也在「即有殺，亦殺小牲，不殺大牲」原則的奠植，
五牲也僅用小牲，即雞、鴨、魚、肉、豬內臟等，只要湊滿五樣物品即可，
品樣並非一成不變。

　　許氏家廟祭典所使用的祭器，除「囍」字造型的銀製燭臺，與烙印「許
氏家廟」印記的木製「三牲盤」外，其餘率皆常見的塑膠碗，與免洗竹筷等
器皿，卻無損於許氏族眾「奉先思孝」〔註406〕的禮儀實踐。清儒顏元（1635
～1704）在《顏元集‧禮文手鈔‧四時祭》即說：「古禮有省牲、陳器等儀，
今人祭其祖先，未必皆殺牲。司馬公祭用品饌云云共十五品，今先生品饌異
同者，蓋恐一時不能辦集。或貧則隨鄉土所有，雖蔬、果、肉、麵、米食數
器亦可。祭器：簠〔註407〕、簋〔註408〕、籩〔註409〕、豆〔註410〕、鼎〔註411〕、

穎達等正義，臺北：藝文印書館，1976 年 5 月六版，頁 787。

〔註404〕清‧孔繼汾（1721～1786），《肼儀糾謬集‧牲牢之名》卷中（清乾隆刻本），
《四庫未收書輯刊》三輯，北京：北京出版社，2000 年 1 月，頁 290。

〔註405〕同註 404，頁 289。

〔註406〕《尚書‧太甲下》卷八（阮元重刊宋本），漢‧孔安國傳；唐‧孔穎達等正義，
臺北：藝文印書館，1976 年 5 月六版，頁 118。

〔註407〕簠，盛稻粱之器，其形方，容量或同簋。簠、簋或以竹、木、陶為之，亦以
青銅為之。《三禮辭典》，頁 1205、1170。
《周禮‧地官‧舍人》：「凡祭祀，共簠簋，實之，陳之。」鄭《注》：「方曰
簠，圓曰簋。盛黍稷稻粱器。」漢‧鄭玄注；唐‧賈公彥疏，臺北：藝文印
書館，1976 年 5 月六版，頁 252。
又《說文》云：「簠，黍稷圓器也。」東漢‧許慎，清‧段玉裁注，《說文解
字注》，臺北：天工書局，1998 年 8 月，頁 194。案，鄭玄注與說文方圓正好
相反，不知孰是？
另據《三禮圖集注》引《舊圖》云：「外方內圓曰簠，足高二寸，挫其四角，
漆赤中。」宋‧聶崇義，《三禮圖集注》卷十三，《文淵閣四庫全書本‧經部》
一二九冊，臺北：臺灣商務印書館，1986 年 7 月，頁 191。

〔註408〕簋，《左傳‧魯哀公十一年‧傳》卷五十八：「仲尼曰：『胡簋之事，則嘗學之
矣；甲兵之事，未之聞也。』」，杜預《注》：「胡、簋禮器。夏曰胡，周曰簋。」
（阮元重刊宋本），晉‧杜預注；唐‧孔穎達等正義，臺北：藝文印書館，1976
年 5 月六版，頁 1019。
為盛黍稷之器，容量為一斗二升，其形圓。《三禮辭典》，頁 1170。
又《周禮‧秋官‧掌客》卷三十八，鄭《注》云：「簋，稻粱器也。」又「簋，

黍稷器也。」（阮元重刊宋本），漢・鄭玄注；唐・賈公彦疏，臺北：藝文印書館，1976 年 5 月六版，頁 583。

又《禮記・玉藻》卷二十九：「朔月少牢，五俎四簋。」鄭《注》：「朔月四簋，則日食梁稻各一簋而已。」（阮元重刊宋本），漢・鄭玄注；唐・孔穎達等正義，臺北：藝文印書館，1976 年 5 月六版，頁 545。

又《説文》云：「簋，黍稷方器也。」東漢・許慎，清・段玉裁注，《説文解字注》，臺北：天工書局，1998 年 8 月，頁 193。另據《三禮圖集注》引《舊圖》云：「內方外圓曰簋，足高二寸，漆赤中。」宋・聶崇義，《三禮圖集注》卷十三，《文淵閣四庫全書本・經部》一二九冊，臺北：臺灣商務印書館，1986 年 7 月，頁 191。

〔註409〕籩，盛乾物之器，以竹製之。《三禮辭典》，頁 1289。《儀禮・鄉射禮》卷十三：「薦脯用籩。」鄭玄《注》：「脯用籩，籩宜乾物也。」（阮元重刊宋本），漢・鄭玄注；唐・賈公彦疏，臺北：藝文印書館，1976 年 5 月六版，頁 146。

又《儀禮・既夕禮》卷三十九：「東方之饌：四籩：棗、糗、栗、脯。」（阮元重刊宋本），漢・鄭元注；唐・賈公彦疏，臺北：藝文印書館，1976 年 5 月六版，頁 464。又《周禮・天官・籩人》卷五：鄭《注》：「籩，竹器。如豆者，其容實皆四升。」（阮元重刊宋本），漢・鄭玄注；唐・賈公彦疏，臺北：藝文印書館，1976 年 5 月六版，頁 82。

又《爾雅・釋器》卷六：「竹豆謂之籩。」郭璞《注》：「籩亦禮器。」邢昺《疏》：「案鄭《注》籩人，及《士虞禮》云，籩以竹爲之，口有藤緣，形制如豆，亦受四升，盛棗、栗、桃、梅、菱、芡、脯、脩、膴、鮑、糗、餌之屬是也，亦祭祀享燕所用，故云亦禮器也。」（阮元重刊宋本），晉・郭璞注；宋・邢昺疏，臺北：藝文印書館，1976 年 5 月六版，頁 75。

〔註410〕豆，盛菹醢等濡物之器。豆高一尺，徑一尺。容量爲四升。豆之中部曰校，其底部曰鐙。豆以木爲之，或以瓦爲之，或以青銅爲之。豆又爲豆、籩、登之通稱。

又《周禮・天官・醢人》卷六：「掌四豆之實。」（阮元重刊宋本），漢・鄭玄注；唐・賈公彦疏，臺北：藝文印書館，1976 年 5 月六版，頁 89。

又《儀禮・既夕禮》卷三十九：「東方之饌：四豆：脾析蜱醢葵菹蠃醢。」（阮元重刊宋本），漢・鄭玄注；唐・賈公彦疏，臺北：藝文印書館，1976 年 5 月六版，頁 464。

又《詩經・小雅・楚茨》卷十三之二：「爲豆孔庶。」（阮元重刊宋本），漢・毛公傳，鄭玄箋；唐・孔穎達等正義，臺北：藝文印書館，1976 年 5 月六版，頁 456。

又《爾雅・釋器》卷六：「木豆謂之豆。竹豆謂之籩。瓦豆謂之登。」邢昺《疏》：「豆者，以木爲之，高一尺，口足徑一尺。其足名鐙，中央直豎者名校，校徑二寸。總而言之名豆。豆實四升，用薦菹醢。」（阮元重刊宋本），晉・郭璞注；宋・邢昺疏，臺北：藝文印書館，1976 年 5 月六版，頁 75。

又《儀禮・鄉射禮》卷十三：「醢以豆。」鄭玄《注》：「醢以豆，豆宜濡物也。」（阮元重刊宋本），漢・鄭玄注；唐・賈公彦疏，臺北：藝文印書館，1976 年 5 月六版，頁 146。

又《禮記・祭統》卷四十九：「夫人薦豆，執校；執醴，授之執鐙。」鄭《注》：

俎〔註412〕、罍〔註413〕、洗〔註414〕之類，豈私家所有，但用平日飲食之器滌

「校，豆中央直者也。執醴，授醴之人，授夫人以豆，則執鐙。鐙，豆下跗也。」（阮元重刊宋本），漢・鄭玄注；唐・孔穎達等正義，臺北：藝文印書館，1976年5月六版，頁836。

又《詩・大雅・生民》卷十七之一：「于豆于登。」毛《傳》：「木曰豆，瓦曰登。」（阮元重刊宋本），漢・毛公傳，鄭玄箋；唐・孔穎達等正義，臺北：藝文印書館，1976年5月六版，頁596。

〔註411〕鼎，爲盛牲之器。牲亯于鑊（案：鑊，無足鼎，古時煮肉及魚、腊之器。《周禮・天官・亨人》卷四：「亨人掌共鼎鑊以給水火之齊」（阮元重刊宋本），1976年5月六版，頁63；熟乃升于鼎，和其味；食時，從鼎取出牲體，載于俎。其初，鼎或既爲亯器，又兼作盛器，其後乃專爲盛牲之器。又《周禮・天官・亨人》卷四：「掌共鼎鑊。」鄭玄《注》：「鑊所以煮肉及魚腊之器。既孰（熟）乃脀于鼎，齊多少之量。」（阮元重刊宋本），漢・鄭玄注；唐・賈公彥疏，臺北：藝文印書館，1976年5月六版，頁63。

又《周禮・天官・內饔》卷四：「王舉，則陳其鼎俎，以牲體實之。」鄭《注》：「取於鑊以實鼎，取於鼎以實俎。實鼎曰脀（案：脀者，升也。）實俎曰載。」（阮元重刊宋本），頁62。

又《說文》：「鼎，三足兩耳。和五味（案：《左傳・昭公二十年・傳》：五味，辛、酸、鹹、苦、甘。）之寶器也。象析木以炊。貞省聲。」東漢・許愼，清・段玉裁注，《說文解字注》，臺北：天工書局，1998年8月，頁318。

〔註412〕俎，載牲體之器。亦稱大房，房俎。《三禮辭典》，頁527。

《周禮・天官・膳夫》卷四：「王日一舉，鼎十有二物，皆有俎。」（阮元重刊宋本），漢・鄭玄注；唐・賈公彥疏，臺北：藝文印書館，1976年5月六版，頁57。又《天官・內饔》卷四：「王舉，則陳其鼎俎，以牲體實之。」鄭《注》：「取於鑊以實鼎。實鼎曰脀，實俎曰載。」（阮元重刊宋本），頁62。

又《詩經・魯頌・閟宮》卷二十之二：「籩豆大房，萬舞洋洋。」毛《傳》：「大房，半體之俎也。」（阮元重刊宋本），漢・毛公傳，鄭玄箋；唐・孔穎達等正義，臺北：藝文印書館，1976年5月六版，頁778。

又《禮記・明堂位》卷三十一：「俎，有虞氏以梡，夏后氏以嶡，殷以椇，周以房俎。」鄭《注》：「房謂足下跗也，上下兩間，有似於堂房。魯頌曰籩豆大房。」（阮元重刊宋本），漢・鄭玄注；唐・孔穎達等正義，臺北：藝文印書館，1976年5月六版，頁583。

又《說文》：「俎，禮俎也。从半肉在且上。」東漢・許愼，清・段玉裁注，《說文解字注》，臺北：天工書局，1998年8月，頁716。

〔註413〕罍，酒器。卑于尊。《周禮・春官・司尊彝》卷二十：「其朝踐，用兩獻尊。其再獻，用兩象尊。皆有罍，諸臣之所昨也。」鄭玄《注》：「昨讀爲酢，字之誤也。諸臣獻者酌罍以自酢，不敢與王之神靈共尊。」（阮元重刊宋本），漢・鄭玄注；唐・賈公彥疏，臺北：藝文印書館，1976年5月六版，頁305。

又《詩經・小雅・蓼莪》卷十三之一：「缾之罄矣，維罍之恥。」毛《傳》：「缾小而罍大。罄，盡也。」鄭玄《箋》云：「缾小而盡，罍大而盈，言爲罍恥者。刺王不使富分貧，眾恤寡。」（阮元重刊宋本），漢・毛公傳，鄭玄箋；唐・孔穎達等正義，臺北：藝文印書館，1976年5月六版，頁436。

濯嚴潔，竭其孝敬之心足矣。」〔註415〕「夫神，以精明臨人也，所求備物，不求豐大。」〔註416〕元人謝應芳（1296～1392）《辨惑編》也支持此一說法：「但以誠敬爲主，其他儀則隨家豐約，如一羹一飯，皆可自盡其誠。」〔註417〕《左傳·隱公三年》亦有：「苟有明信，澗〔註418〕、溪、沼、沚之毛。蘋、蘩、蘊藻之菜〔註419〕；筐、筥〔註420〕、錡、釜〔註421〕之器。潢、汙、行潦之水〔註422〕，可薦於鬼神，可羞於王公。」〔註423〕

《禮記·郊特牲》曰：「鼎俎奇，而籩豆偶，陰陽之義也。」孔《疏》：

又《詩經·周南·卷耳》卷一之二：「我姑酌彼金罍。」孔穎達《正義》：「《韓詩》說，金罍，大夫器也，天子以玉，諸侯、大夫皆以金，士以梓。《毛詩》說，金罍，酒器也，諸臣之所酢。」（阮元重刊宋本），頁34。

〔註414〕洗，承盥洗棄水之器。《三禮辭典》，頁567。《儀禮·士冠禮》卷一：「夙興，設洗，直于東榮。」鄭玄《注》：「洗，承盥洗者棄水器也。士用鐵。」（阮元重刊宋本），漢·鄭元注：唐·賈公彥疏，臺北：藝文印書館，1976年5月六版，頁8。
又聶崇義《三禮圖集注》引《舊圖》云：「洗高三尺，口徑一尺五寸，足徑三尺，中身小疏。中士以鐵爲之。大夫已上銅爲之，諸侯白金飾，天子黃金飾。」宋·聶崇義撰，《三禮圖集注》卷十三，《文淵閣四庫全書本·經部》一二九冊，臺北：臺灣商務印書館，1986年7月，頁187。

〔註415〕清·顏元，《顏元集·禮文手鈔·四時祭》卷五，北京：中華書局出版，1987年6月第一次印刷，頁384。

〔註416〕唐·韋述，〈宗廟加籩豆議〉。按，依《文粹》卷三十九本文題下署「韋述、張均同議」。載清·董誥等編，《全唐文》卷三○二，山西：教育出版社出版發行，2002年12月山西第一次印刷，頁1822。

〔註417〕元·謝應芳，《辨惑編·淫祀》卷一，《百部叢書集成》，臺北：藝文印書館印行，頁11b～12a。

〔註418〕澗、溪皆是山溝水。沼、沚，皆是池塘之義。凡地所生曰毛。民國·楊伯峻編著，《春秋左傳注》，高雄：復文書局，1991年9月再版，頁27。

〔註419〕蘋，池塘淺水中小草本植物。蘩，白蒿，菊科多年生草本植物。蘊，聚積也；藻，水中隱花植物；蘊藻，藻草之聚積者。楊伯峻，《春秋左傳注》，高雄：復文書局，1991年9月，頁27～28。

〔註420〕筐、筥皆竹器，方者曰筐，圓者曰筥，本以盛飯，此言其用盛蘋藻。民國·楊伯峻編著，《春秋左傳注》，高雄：復文書局，1991年9月再版，頁28。

〔註421〕錡、釜，同爲烹飪之器，有足者曰錡，無足者曰釜。民國·楊伯峻編著，《春秋左傳注》，高雄：復文書局，1991年9月再版，頁28。

〔註422〕潢音黃，汙音烏，皆積水之義。大者曰潢，小者曰汙。行潦，行，道路也，行潦之行，與「行露」、「行葦」之行同義；潦音老，雨水謂之潦；行潦乃大雨水之積於道路者。民國·楊伯峻編著，《春秋左傳注》，高雄：復文書局，1991年9月再版，頁28。

〔註423〕《春秋左傳·隱公三年》卷三（阮元重刊宋本），晉·杜預注：唐·孔穎達等正義，臺北：藝文印書館，1976年5月六版，頁51～52。

「鼎俎奇者，以其盛牲體。牲體動物。動物屬陽，故其數奇；籩豆偶者，其實兼有植物。植物爲陰，故其數偶。故云陰陽之義也。」〔註424〕清儒毛奇齡（1623～1713）《家禮辨說‧祭禮三》亦云：「祭品有鼎俎，定有籩豆。《郊特牲》曰：「鼎俎奇，而籩豆偶」，所以別於陰陽之義也。故鼎俎自三而五而七而九，皆奇數。籩豆自八而加六加四加二，皆偶數。朱禮動輒用五，或至十五，俱非古義。」〔註425〕毛氏認爲當今歲事所實，當以歲果四樣，如棗、脯、榛、胎之類。歲餌亦四樣，如裹、蒸、飴、糝之類。「籩豆簠簋之器，乃古人所用，故當時祭享用之。今則燕器代祭器，常饌代俎肉，楮錢當幣帛，是亦以平生所用，是謂從宜也。」〔註426〕「喪祭械用，皆有等宜」〔註427〕雖是禮家堅持的準則，然朱子「燕器代祭器，常饌代俎肉，楮錢當幣帛」的開明作風，卻廣爲世人所奉行，明代刊行的《性理大全書》就原文照抄：「籩豆簠簋之器，古人所用，故當時祭享皆用之，今以燕器代祭器，常饌代俎肉，楮錢代幣帛，是亦以平生所用，是謂從宜也。」〔註428〕

　　宋儒呂祖謙（1137～1181）即云：「禮俗不可分爲兩事，且如後世雖有籩豆簠簋，百姓且不得而見，安能習以成俗？故禮俗不相干。故制而用之謂之禮，習而安之謂之俗。如春秋祭祀不待上令，而自安而行之。」〔註429〕程頤（伊川先生）也說：「禮之器，出于民之俗，聖人因而節文之耳。聖人復出，必因今之衣服器用而爲節文。」這裏表現了二程亦有托古改制的思想，對歷史上的古制度採取得其「意」（指思想、意圖）而不取其「跡」（指具體的形式）的態度。〔註430〕

〔註424〕《禮記‧郊特牲》卷二十五（阮元重刊宋本），漢‧鄭元注；唐‧孔穎達等正義，臺北：藝文印書館，1976年5月六版，頁484。

〔註425〕清‧毛奇齡，《家禮辨說‧祭禮三》卷十三，《叢書集成續編》六十六冊，臺北：新文豐出版社，1989年7月，頁409。

〔註426〕清‧鄭端輯，《朱子學歸‧家道》卷十三，《叢書集成新編》二十一冊，臺北：新文豐出版社，1985年元月初版，頁363。

〔註427〕周‧荀況原著，清‧王先謙《荀子集解‧王制》卷五，臺北：藝文印書館，2007年3月初版八刷，頁318。

〔註428〕明‧胡廣等，《性理大全書‧墓祭》卷二十一，《四庫全書珍本‧五集》，臺北：臺灣商務印書館，1935年，頁30a。

〔註429〕宋‧呂祖謙，《東來別集‧家範一‧宗法》，《文淵閣四庫全書本‧集部》一一五〇冊，臺北：臺灣商務印書館發行，1986年7月初版，頁166。

〔註430〕宋‧程顥、程頤，民國‧潘富恩導讀，《二程遺書‧伊川先生語十一》卷二十五，上海：古籍出版社，2000年12月，頁41。

　　自宋代以還的碩學鴻儒對祭器與祭品的看法，直可謂有志一同矣。「俎實牲體，鉶〔註431〕實羹，敦〔註432〕實飯，籩實時果餅餌魚腊獸腊之屬，豆實炙胾〔註433〕時蔬之屬」〔註434〕雖是禮經的制約，卻不是唯一的框限，畢竟地有南北，時有古今，且禮俗又有其不同屬性，因此祭器、祭品都應該隨時代脈動而作機動調整。就田野調查所得，目前金門民間社會以燕器代祭器已成主

〔註431〕鉶，盛羹之器。所盛爲牛羊豕之羹，並和以菜者，其器曰鉶，其羹曰鉶羹。所盛僅爲牛羊豕之羹，而不和以菜者，其器曰鐙，其羹曰大羹。烹羹之器別有錡、釜。《三禮辭典》，頁1027。
　　　　又《周禮・秋官・掌客》卷三十八：「鉶四十有二。」鄭《注》：「鉶，羹器也。」（阮元重刊宋本），漢・鄭玄注；唐・賈公彥疏，臺北：藝文印書館，1976年5月六版，頁583。
　　　　又《儀禮・聘禮》卷二十一：「六鉶繼之：牛以西，羊，豕，豕南；牛以東，羊，豕。」鄭《注》云：「鉶，羹器也。」（阮元重刊宋本），漢・鄭玄注；唐・賈公彥疏，臺北：藝文印書館，1976年5月六版，頁256。
　　　　又《儀禮・特牲饋食禮》卷四十五：「祭鉶，嘗之告旨。」鄭玄《注》云：「鉶，肉味之有菜和者。」（阮元重刊宋本），頁531。又《儀禮・公食大夫禮》卷二十五：「大羹湆，不和，實于鐙。」鄭玄《注》：「大羹湆，煮肉汁也。太古之羹不和，無鹽菜。瓦豆謂之鐙。」（阮元重刊宋本），頁303。
　　　　又《詩經・召南・采蘋》卷一之四：「于以湘之，維錡及釜。」毛《傳》云：「錡，釜屬。有足曰錡，無足曰釜。」鄭玄《箋》云：「亨蘋藻者，於魚湆之中，是鉶羹之芼」（阮元重刊宋本），漢・毛公傳，鄭玄箋；唐・孔穎達等正義，臺北：藝文印書館，1976年5月六版，頁52。
〔註432〕敦，盛黍稷之器。有蓋，尊者有飾。有銅製、木製、瓦製。《三禮辭典》，頁811。
　　　　又《儀禮・士昏禮》卷四：「黍稷曰敦。」（阮元重刊宋本），漢・鄭元注；唐・賈公彥疏，臺北：藝文印書館，1976年5月六版，頁43。《儀禮・少牢饋食禮》卷四十八：「主婦自東房，執一金敦黍，有蓋，坐設于羊俎之南。婦贊者執敦稷，以授主婦。……敦皆南首。」鄭玄《注》：「敦有首者，尊者器飾也。飾蓋象龜。周之禮飾器，各以其類。龜有上下甲。」（阮元重刊宋本），頁568。
　　　　又《周禮・天官・玉府》卷六：「若合諸侯，則共珠槃玉敦。」鄭《注》：「敦，槃類。珠玉以爲飾。古者以胖盛血，以敦盛食。」（阮元重刊宋本），漢・鄭玄注；唐・賈公彥疏，臺北：藝文印書館，1976年5月六版，頁97。
　　　　另案，《三禮圖集注》卷十三，引《舊圖》云：「敦受一斗二升，漆赤中，大夫飾口以白金。」宋・聶崇義，《三禮圖集注》，《文淵閣四庫全書本・經部》一二九冊，臺北：臺灣商務印書館，1986年7月，頁192。
〔註433〕胾，切肉。《禮記・曲禮上》卷二：「左殽右胾。」鄭玄《注》云：「殽，骨體也。胾，切肉也。」（阮元重刊宋本），漢・鄭玄注；唐・孔穎達等正義，臺北：藝文印書館，1976年5月六版，頁39。
〔註434〕清・黃本驥，《三禮從今・祭期》卷三（清道光二十四年刻本），《四庫未收書輯刊》三輯，北京：北京出版社出版，2000年1月第一版第一次印刷，頁411。

流思潮，尤其在塑膠器皿普面化的情況，塑膠盤、碗，免洗筷更成爲祭器的
主流。

　　古人「飲食必祭，以示不忘本。」〔註 435〕「移敬鬼之念以敬親，則可爲
孝子；移酬神之費以祀先，則可爲順孫。孝子順孫雖不求福，而福在其中
矣。」〔註 436〕敬先思孝已成爲金門鄉親代代相傳的祖訓，也是人人自我期許
的座右銘。因此「自奉雖薄，而豐于祭祀」〔註 437〕就成爲人人遵循的普世價
值觀。「夫風俗之薄，莫甚於不尊祖、不敬宗，而一本之誼漠如也。今欲萃人
心，莫大於敦本收族。欲敦本收族，莫急於建祠堂。」〔註 438〕建祠堂，祀先
祖已成爲孝子順孫責無旁貸的神聖任務。「凡春秋大聚祭，以昭穆敘，又以齒
敘。」〔註 439〕對祖先的祭祀是宗族重要的也是首要的職能，通過對祖先的祭
祀，即能不斷強化族人的血親觀念，又能加強宗族的內聚力〔註 440〕，清人陳
宏謀即斷言：「祠祭者，合愛同敬之事也。」〔註 441〕

二、金門祠祭的時代意義

　　由宗祠的數目，乃至祭典的規模，即可理解金門地區宗族繁衍的大小、
親族關係網絡的疏密。〔註 442〕金門蕞爾小島，卻能擁有 169 間質精量多的宗
祠，以及各姓氏宗祠年度的春冬祭典，都是金門地區宗族社會最引以爲傲的

〔註 435〕明・張四維輯（1526～1585），《名公書判清明集・勉寓公舉行鄉飲酒禮爲鄉
　　　　閭倡》，中國社會科學院歷史研究所宋遼金元史研究室點校，北京：中華書
　　　　局出版發行，2002 年 6 月第二次印刷，頁 395。
〔註 436〕清・張考夫，陳燿輯，載《切問齋文鈔・祭說》卷八，清乾隆四十年（1775
　　　　年）吳江陸氏家刊本，臺北：國圖影像檢索系統，頁 1a～2a。
〔註 437〕宋・樓鑰（1137～1213），《攻媿集・趙明道墓志銘》卷一○三，《文淵閣四庫
　　　　全書本・集部》一一五三冊，臺北：臺灣商務印書館發行，1986 年 7 月初版，
　　　　頁 582。
〔註 438〕清・張考夫，陳燿輯，載《切問齋文鈔・家堂》卷八，清乾隆四十年（1775
　　　　年）吳江陸氏家刊本，臺北：國圖影像檢索系統，頁 20a～20b。
〔註 439〕明・霍韜（1487～1540），《霍渭臣家訓・喪祭第九》卷一，珍藏臺北國家圖
　　　　書館善本書室，頁 16a～16b。
〔註 440〕鄧河，〈中國近代宗族組織探析〉，載《大同高等專科學校學報》（綜合版），
　　　　1994 年第三期，頁 57～69。
〔註 441〕清・陳宏謀，《培遠堂偶存稿・文檄》（清乾隆間培遠堂刊本）卷十三，珍藏
　　　　臺北國家圖書館善本書室，頁 27a～27b。
〔註 442〕李師豐楙，〈禮生、道士、法師與宗族長老、族人──一個金門宗祠奠安的圖
　　　　像〉，王師秋桂主編，《金門歷史、文化與生態國際學術研討會論文集》，臺北：
　　　　財團法人施合鄭民俗文化基金會，2004 年 12 月，頁 226。

文化資產。藉由宗祠祭典的墾拓，可以凝聚宗親的力量，可以擴大宗族的影響力，也可以教育子姓，使之成爲知書達禮的彬彬君子。

《周禮·天官·大宰》有言：「以八則治都鄙，一曰祭祀以馭其神，二曰澧（法）則以馭其官，三曰廢置以馭其吏，四曰祿位以馭其士，五曰賦貢以馭其用，六曰禮俗以馭其民，七曰刑賞以馭其威，八曰田役以馭其眾。」〔註443〕應是文獻上較早揭櫫「禮俗」的載述，事實上「禮」與「俗」之間是有著明顯的差異，卻又著有著相互滲透浸潤的紐帶關係。從陳、蔡、許三個姓氏祭祖儀軌的展演過程，即不難發現兩者間是有著緊密的互補關係：「禮」可形成禮儀軌跡，訂定禮樂制度，乃至建立理論基礎；「俗」則是緣起於日常生活當中的風俗習慣〔註444〕，它有著強烈的地域性、變易性、多樣性的樣貌〔註445〕，所以《漢書·王吉傳》卷七十二才會有「百里不同風，千里不同俗」；《晏子春秋·問上十八》也才會有「百里而異習，千里而殊俗」的相同基調。據此可見，「俗」應早於「禮」，禮源自於約定的俗，最後卻成爲俗的規範者，二者雖有先後之差，卻無輕重之分。《荀子·正名篇》：「約定俗成，謂之宜」〔註446〕的論述，《禮記·曲禮上》則有「禮從宜，使從俗」〔註447〕的宏觀調控，更有著「君子行禮，不求變俗」〔註448〕的重本原則堅持。〔註449〕

清代朝廷和品官士庶的祭禮，基本上皆採用漢人的禮儀，而且是本於宋代朱熹《家禮》的精神，而予以簡省，這套祭祖禮直沿用迄今。〔註450〕《清史稿·禮志》載：品官士庶家祭禮分三類，歲祭皆以四時仲月諏吉行事，儀節有讀祝，贊禮，執爵，皆由自家子弟爲之。只要年已及冠的子弟，皆須參與行禮。庶士（泛指貢監生員及有頂戴者）家祭，每四時節日，出主以薦，

〔註443〕《周禮·天官·大宰》卷二（阮元重刊宋本），漢·鄭玄注；唐·賈公彥疏，臺北：藝文印書館，1976年5月六版，頁26。

〔註444〕王貴民，《中國禮俗史》，臺北：文津出版社出版，1993年7月初版一刷，頁2。

〔註445〕楊志剛，《中國禮儀制度研究》，上海：華東師範大學出版社，2001年5月，頁560。

〔註446〕周·荀況，清·王先謙《荀子集解》卷十六，臺北：藝文印書館，2007年3月初版八刷，頁682。

〔註447〕《禮記·曲禮上》卷一（阮元重刊宋本），漢·鄭玄注；唐·孔穎達等正義，臺北：藝文印書館，1976年5月六版，頁13。

〔註448〕同註447，《禮記·曲禮下》卷四，頁72。

〔註449〕楊天厚，〈金門瓊林蔡氏宗祠祭典儀式探究〉，《2006民俗暨民間文學學術研討會論文集》，臺北：文津出版社，2006年7月，頁242。

〔註450〕王貴民，《中國禮俗史》，臺北：文津出版社，1983年7月，頁312～313。

粢盛二盤，肉食果蔬四盤，羹二、飯二。主人上香畢，行一跪三拜禮。庶人家祭，儀節略如庶士而稍約。〔註451〕金門後浦《珠浦許氏族譜・遷次鳩祭》載：「子姓數以千，子弟員數以百，歲時廟饗以次行大夫禮不亦彬彬有舉哉！」〔註452〕由珠浦許氏「歲時廟饗以次行大夫禮」的載述以觀，則金門民間宗族祭祖儀典三獻禮，仍依稀可見清代士庶祭禮的禮文樣貌，特別是後浦珠浦許氏，與瓊林濟陽蔡氏的祭典，遵循清代大夫禮祭祖的禮規仍有清楚脈絡可循。

　　「士庶人之家，不得立宗，惟譜牒以識其先而已。」〔註453〕譜牒之用大矣，可以「明世系，序昭穆，而示尊尊親親之道者也。」〔註454〕譜牒亦可聯絡宗誼，且可收教化之功。職是之故，各姓各氏無不極盡可能地將族中重要事蹟載諸譜牒，俾能將族中珍貴史料作妥善保存，又可藉以教育族眾。目前珍藏在民間的族譜亦呈多樣化，有總譜、宗譜、族譜、房譜、支譜，金門族譜學會更曾跨海遠赴南洋一帶蒐羅僑居地纂述的族譜，作深度的巡根之旅。「建立祠宇，所以聚祖宗之精神也。春秋祭尊，所以聚子孫之精神，以通祖宗之精神也。」〔註455〕透過宗祠的肇建，及祠祭的持續展演，是可廣收「敬宗收族」之效。譜牒則可以從而聯絡宗誼，亦有助於旅外族親尋根認祖，從而深化其對宗族的認同度。金門素有「僑鄉」之稱，旅居海外的鄉僑總人數據縣府統計，總數約在四、五十萬人之譜，是目前金門人口數的八至十倍。僑胞返鄉參與祭祖機會畢竟不大，若能透過譜牒千里繫宗誼，必定更能發揮「收族」之奇效。

（一）宗族內部倫理

　　宗族是由父系血緣關係的各個家庭，在祖先崇拜及宗法觀念的規範下所組合而成的社會群體。而敬宗收族則是宗族活動當中一個相當重要的大前

〔註451〕國史館編著，《清史稿・禮志六》卷九十四，臺北：國史館出版發行，1986年7月，頁2797～2799。

〔註452〕清・許雲舉，〈遷次鳩祭〉，《珠浦許氏族譜》，金門：金門縣許氏宗親會，1987年4月，頁202。

〔註453〕明・許福，〈珠浦許氏族譜序〉，《珠浦許氏族譜》，金門：金門縣許氏宗親會，1987年4月，頁199。

〔註454〕明・蔡茂蘭，〈重修蔡氏族譜全書序〉，《澎湖柯蔡族譜》，1975年10月初版，頁134。

〔註455〕清・許觀海，〈珠浦許氏重興祠堂序〉，《珠浦許氏族譜》，金門：金門縣許氏宗親會，1987年4月，頁205。

提。敬宗是對祖先的情感認同，而祭祀祖先與編修譜牒則是這種情感的具體實踐。〔註456〕序昭穆、論輩分是宗族內部定尊卑的不二法則。「論輩不論歲」則是俗諺定宗族倫理的準繩。《顏氏家訓・治家》有云：「笞怒廢於家，則豎子之過立見；刑罰不中，則民無所措手足。治家之寬猛，亦猶國焉。」〔註457〕棒下出孝子是傳統的價值觀。在學校教育尚未普及，及法律意識薄弱的年代，藉由家庭教育與族訓的約束，的確可發揮一定程度的社教功能。

在法律觀念尚未普及的年代，各宗族往往都會透過族訓、族規對族眾發揮管訓的功能，並藉由族長行使至高無上的族權。族內若有違法亂紀等不法勾當，族長甚至可「開祖厝門」，把祭祀祖先的宗祠權充問案的法庭，對觸犯宗規的族裔進行嚴厲懲處。有時甚至還會有宗法凌駕國法情況，而這種情況往往也能被官方所默認。

爲了達到教化族眾的實質功能，許多右姓大族常會在譜牒中明載族訓與族規，如濟陽蔡氏在《澎湖柯蔡族譜》就載有「仁、讓、信」〔註458〕的家訓，以及珠浦許氏族規：「重饗祀、敦孝弟（悌）、尚廉恥、崇文學、勸善良、治土宄、禁賭博、禁破栢木、定編名次序、設名簿、定禮儀、定喪禮、定謁祖、定租期及清帳務」等十四項條目〔註459〕，活像是部「成文法典」。有些家族則直接透過書法墨寶或雕刻等手法，將族訓直書於宗祠左右兩側次殿的牆壁上，如金湖鎮瓊林村蔡氏家廟與金沙鎮西山前村李氏家廟的「忠孝廉節」族訓，與金沙鎮東溪村鄭氏家廟的「忠孝節義」族訓，就是臨摹朱子墨寶以教化族眾的實例。目前新竹鄭氏家廟大殿兩側牆上，仍書有忠、孝、節、義四個大字，據悉是由金門縣金沙鎮大洋村東溪的鄭氏家廟拓印放大，臨摹宋代大儒朱熹墨寶，並以此奉爲鄭氏族裔終身奉行的家訓。〔註460〕也有的家族則選在木雕的「雀替」上，雕刻忠孝廉節等歷史故事，藉由「見賢思齊」的方式，達到實質教化目的，其終極目標則在勸諭族眾應善養「孝悌之風，仁讓之德。」

〔註456〕馮爾康等，《中國宗族史》，上海：人民出版社，2009年2月，頁17～380。

〔註457〕李振興、黃沛榮、賴明德注譯，《新譯顏氏家訓》，臺北：三民書局，2001年2月初版二刷，頁33～34。

〔註458〕澎湖馬公《澎湖柯蔡族譜》，1975年10月初版，頁45。

〔註459〕《珠浦許氏族譜・珠浦許氏族規》，金門：金門縣許氏宗親會，1987年4月，頁259。

〔註460〕曾石南，〈新竹鄭氏家廟冬至祭祖記〉，《民俗曲藝》第四十六期，1987年3月，頁8。

在宗族社會當中，由家戶至房支，由房支至家族，由家族至宗族，純由父系的血緣為聯結的樞紐。家族與宗族有些時候是一而二，二而一。其間的分野，端視族眾的多寡。就金門地區而言，囿限於地狹人寡的瓶頸，家族與宗族間的界限事實上並無法作明顯切割。為了促進族親間高度的凝聚力，更為了擴大宗族在地區的勢力範圍，許多宗族紛紛成立「宗親會」或「族譜修繕小組」等類似的組織，或「聯宗」等途徑，在選舉等重要時刻發揮其影響力，並經由祠祭、墓祭等大型活動展現宗族力量，形塑金門地區濃郁宗族文化色彩。

（二）宗族與金門地方社會

宗族教育主要有兩種形式：一是宗規家訓的宣講教誨，以儒家的倫理道德教育為主軸；一是私塾義學的教育方式，內容則偏重於四書、五經的傳授。〔註461〕此外，透過龐大的僑匯創辦隸屬自己聚落的刊物，既可提供族眾閱讀的便利，又可聯繫海外僑居地的鄉僑，以慰藉遊子思鄉的情懷，如民國初年到日據前後這期間，膾炙人口的金城鎮珠山村所創辦的《顯影》雜誌，和水頭（金水）村的《塔峰》雜誌，就是明顯的例證。金門全島（含大、小金門）共有一百六十八個自然村，其中大部分都屬於傳統的單姓血緣聚落。珠山村就是典型的薛姓血緣聚落，村落與宗族之間的定義是完全相契合的，因此《顯影》雜誌的創辦，對於以汶萊為主要僑居地的薛姓鄉親而言，定期自故鄉捎來的鄉訊，無異是最能紓解鄉愁的安慰劑，從而也促使鄉僑對故鄉金門的高度認同感，這在僑匯的挹注是有其一定程度的貢獻。至於位處金門西南端，扮演金門重要渡口的水頭村，也是鄉僑「落番」（下南洋）必經之地，而使她成為多姓氏聚落，更因經商致富而積累龐大財富的水頭村民，也自辦《塔峰》雜誌。這兩份民間刊行的刊物，曾是民國初年金門地區貢獻卓著的「精神糧食」，之後雖因戰亂烽火而停刊，然聚落型的民間刊物介紹的內容，遍及金門各地重大訊息，其重要性宛如後期發行的《正氣中華報》〔註462〕和《金門日報》，民國五、六十年版刊印的《金門縣志》許多內容

〔註461〕馮爾康等，《中國宗族史》，上海：人民出版社，2009 年 2 月，頁 385。

〔註462〕《正氣中華報》，民國三十七年（1948 年）在江西省南城創刊。隔年（1949年）10 月，該份報刊隨國軍部隊遷移金門，並於同年 11 月 25 日起在金門復刊，社址即設在金城鎮中興路，開啟以四開一張的日報問世，提供金門地區十三萬軍民閱讀。民國四十年（1951 年）10 月報社納入金門防衛司令部編制。民國四十七年（1958 年）1 月因砲戰關係社址遷往金湖鎮成功村。之後

也取材於這兩份刊物，尤其是保存完整的《顯影》雜誌，更成為研究金門議題的重要參考資料。

小　結

受南宋鴻儒朱熹簿化同安〔註463〕影響，文風鼎盛的金門，素有「海濱鄒魯」美稱，尤其是明代的文治，清代的武功，更在中國近代史寫下輝煌史頁。在業儒者眾，且代有才人出的島縣，禮義因之得以風行，習俗亦得以淳厚，數百年來祭奠皆遵用《朱文公家禮》。〔註464〕復加島縣的特殊地理景觀，更使她鮮少受到外在環境的衝擊，而得以保有其歷史原貌。本研究所取材的陳、蔡、許三個家族，雖然僅是金門眾多姓氏的少數個案，卻因科舉業光環的加持，而特別具有代表性。從這三個家族的祭祖科儀中，即可窺見金門民間祭典的特色。金門的祭典乃沿自閩南習風，而閩南風俗又來自中原儒家的大傳統。《論語·季氏篇》云：「不學禮無以立。」〔註465〕《孔子家語》亦云：「失禮不立。」〔註466〕可見儒家對禮重視的程度。就祭祖儀典部分，朱熹的《家禮》遠酌《儀禮》〔註467〕，近取司馬溫公《書儀》，及程頤（伊川先生）的《祭

該社又為擴大服務地區民眾，每天加印一份《金門日報》。民國五十四年（1965年）10月31日，《金門日報始單獨發行。民國八十一年（1992年）11月7日金門地區解除戰地政務，《正氣中華報》改由金門防衛司令部接手，改成以週報方式服務金門地區國軍弟兄。網址：http://webcache.googleusercontent.Com/search。

〔註463〕按，據《朱子年譜》載稱，宋高宗紹興十八年戊辰（1148年）春天，年僅十九歲的朱熹就榮登王佐榜進士。紹興二十一年辛未（1151年）春天，銓試中等，是年夏天，授左迪功郎泉州同安縣主簿，時朱熹年二十二歲。紹興二十三年癸酉（1153年）秋天七月，朱熹抵同安履任。詳見清·王懋竑編，《朱子年譜考異》卷一（清道光光緒間刻本），收入于浩輯，《宋明理學家年譜》套書，北京：北京圖書館出版社，2005年4月，頁51～61。

〔註464〕清·懷蔭布總裁黃任、郭賡武纂修，《泉州府志·風俗》卷二十，泉州志編纂委員會辦公室一九八四年據泉山書社民國十六年（1927年）乾隆版補刻本影印，頁11。另見於不著撰人的《馬巷廳志·風俗》（據清·萬友正纂修，清乾隆四十二年修，光緒十九年補刊本影印），臺北：成文出版社出版，1967年12月臺一版，頁90。

〔註465〕《論語·季氏篇》卷十六（阮元重刊宋本），魏·何晏等注；宋·邢昺疏，臺北：藝文印書館，1976年5月六版，頁150。

〔註466〕魏·王肅註，《孔子家語》卷二（明覆宋刊本），收入《中國子學名著集成──宋元明清善本叢刊》，1978年12月，頁78。

〔註467〕明·楊慎撰，〈朱子家禮序〉，錄自宋·朱熹著，《家禮》（清康熙四十年（1701

禮》〔註 468〕，是儒家禮儀展演的風標。而藉由金門地區祭祖儀典的觀察，卻
是儒家禮儀實踐的新廚窗、活教材，的確不失爲「禮失求諸野」〔註 469〕的具
體寫照。

年）線裝書局。紫陽書院定本，臺北：中央研究院傅斯年圖書館珍藏，頁（楊
序）3a：「（文）公定《家禮》，以補《周官》之未備，是姬公修之於朝，而文
公修之於野。修之於朝者，其類博，而其法嚴；而修之於野者，其制約，而
其義廣。《周禮》、《家禮》二經並重，如日月之代明。」另見宋・朱熹撰。明・
丘濬重編，《文公家禮儀節・家禮儀節序》（明萬曆戊申三十六年，西元 1608
年常州府推官錢時刊本。珍藏國家圖書館四樓善本室），常州府出版，頁序
1a：「成周以禮持世，上自王朝以至于士庶人之家，莫不有其禮。秦火之厄，
所餘無幾。漢魏以來，王朝郡國之禮，雖或有所施行，而民庶之家，則蕩然
無餘矣。士夫之好禮者，在唐有孟詵，在宋有韓琦諸人，雖或有所著述，然
皆略而未備，駁而未純。文公先生因溫公《書儀》，參以程、張二家之說，而
爲《家禮》一書，實萬世人家通行之典也。」

〔註 468〕 錢穆，《朱子新學案》第四冊，臺北：三民書局，1980 年 9 月，頁 168～
　　　　 169：「《家禮》乃修定之書，主要采溫公、伊川兩家，加以增損，求其可
　　　　 行。」又參見：宋・朱熹撰，《朱熹集・答蔡季通書》卷四十四，四川：教育
　　　　 出版社，1997 年 5 月初版二刷，頁 2067 亦載：「祭禮只是於溫公《儀》內少
　　　　 增損之」。

〔註 469〕 漢・班固撰，《漢書・藝文志》卷三十，臺北：鼎文書局，1981 年 2 月四版，
　　　　 頁 1746。

第六章　結　論

　　中國向來就有「禮儀之邦」的雅稱。孔子則有「不學禮無以立」〔註1〕諄
諄毌勉，及「克己復禮，天下歸仁焉」〔註2〕的洞見。禮是人們依據自己在社
會上的身份所訂定的行為準則，儀則是行禮的具體儀式。〔註3〕行禮當如儀的
重要性於此可見一斑。吉禮為五禮〔註4〕之首，而敬天尊祖又是中國固有的倫
理文化〔註5〕，其重要性自不待言。周公制禮，孔子推崇備至，且譽稱之為「郁
郁乎文哉，吾從周！」〔註6〕周禮的核心價值就是「吉禮」中的祭祀禮。「吉
禮以事神祇」〔註7〕，而與祭天、祀地齊稱的享祖禮則是祭禮中最重要位元。
隨著封建制度的被解構，宗廟制度亦已隨之而走進歷史長廊，而今要想一探
「郁郁乎文哉」的周禮，卻只能從民間祭祖禮去窺探其中之堂奧於萬一。要
想瞭解民間祭祖禮，則必須從硬體的宗祠，與軟體的祭祖三獻禮兩方面著手。
金門地區具有高密度的宗祠建築，也有保存古禮的閩南祭典，是觀察祭祖禮
文的不二之選。

〔註1〕《論語・季氏》（阮元重刊宋本），卷十六，魏・何晏等注；宋・邢昺疏，臺
　　　北：藝文印書館，1976 年 5 月六版，頁 150。
〔註2〕同註1，《論語・顏淵》（阮元重刊宋本），卷十二，頁 106。
〔註3〕費成康，《中國家族傳統禮儀》（圖文本），上海：社會科學院出版社，2003
　　　年 1 月，頁 1。
〔註4〕中國古代的禮共可區分為吉、凶、軍、賓、嘉五類，因有「五禮」之稱。
〔註5〕徐福全主編，《臺灣民間祭祀禮儀》，新竹：省立新竹社會教育館，1999 年 6
　　　月初版四刷，頁 187。
〔註6〕同註1，《論語・八佾》（阮元重刊宋本），卷三，頁 28。
〔註7〕唐・中敕，《大唐開元禮》（東京大學東洋文化研究所大木庫本，光緒十二年
　　　（1886 年）氏公善堂校刊本，北京：民族出版社，2000 年 5 月，頁 5。

第一節 《家禮》與金門地區宗祠

清人趙翼（1727～1814）《陔餘叢考》載稱：「王逸序〈天問〉云：屈原見楚先王之廟及公卿祠堂，畫天地山川神靈奇詭之狀，因書壁而呵問之，則戰國末已有祠堂矣。《漢書》〈張安世〉及〈霍光傳〉將作穿復土起冢為祠堂，其時祠堂多在墓地，故司馬溫公謂，漢世公卿貴人，多建祠堂於墓所，在都邑則鮮，如成都外諸葛祠堂，蓋一二而已。……唐以後士大夫各立家廟，祠堂之名遂廢，……近世祠堂之稱，蓋起於有元之世。」〔註8〕是則祠堂之名雖起於戰國時代，然漢代以來的祠堂皆為墓廟，與《家禮》的定義有明顯落差。近世習稱的祠堂應始於宋、元之際。然真正落實於庶民社會的，卻遲至明中葉以後，特別是明世宗嘉靖朝以後。〔註9〕嘉靖年間，金門地區的士子業開始展露頭角，特別是萬曆年間更達巔峰狀態（詳見表 1-1 至 1-14）。若考之金門許多姓氏譜牒，金門地區宗祠始建年代可考的，也都出現在這一時間點前後。則由金門的宗祠溯推中國祠廟變革史，亦不失為可行途徑。

明儒邱濬（1421～1495）在〈莆田柯氏重修祠堂記〉云：「宋儒始殺廟制以為影堂，既而又以祀影非禮而更為祠堂，然其祀止於四代。」〔註10〕邱氏又於〈南海亭崗黃氏祠堂記〉說：「至宋司馬氏，始以意創為影堂。文公先生易影以祠，以伊川程氏所創之主，定為祠堂之制，著於《家禮·通禮》之首，蓋通上下以為制也。自時厥後，士大夫家往往倣其制。而行之者，率閩、浙、江、廣之人。所謂中州人士，蓋鮮也。」〔註11〕《鄭氏家儀·祠堂記》亦載：「至朱子著《家禮》，始有祠堂之制，無貴賤皆祭四世。蓋服窮於四世，世滿則祧，此足為後世之常法矣。」〔註12〕可見後世通行的祠堂乃源自於司馬氏的影堂的概念，且初期僅被閩、浙、江、廣之人所採行，之後才普及於中國各地，甚至影響至韓、日，及南洋各地。《家禮》因朱熹與福建的特殊淵源而

〔註8〕 清·趙翼，《陔餘叢考》卷三十二，北京：中華書局，2006 年 10 月二刷，頁691～692。

〔註9〕 馮寶英，〈浙西宗族祠堂之探析〉，載《東方博物》第十八輯，頁 89～90。

〔註10〕 明·邱濬，〈重編瓊臺藁·莆田柯氏重修祠堂記〉，《欽定四庫全書珍本四集》，頁 26～28。

〔註11〕 同註 10，〈重編瓊臺藁·南海亭崗黃氏祠堂記〉，頁 28～31。

〔註12〕 元·鄭泳，《鄭氏家儀·祠堂記》（上海圖書館藏清刻本），《四庫全書存目叢書·經部》一一四冊，臺北：莊嚴文化事業有限公司出版，1997 年 10 月初版一刷，頁 419。

成為最早接納，並付諸施行的地區。金門位處閩南海疆，閩南文化隨著移民的遷入而深化。朱熹《家禮》因之而成為金門鄉親的生活規範。《家禮》的祠堂制度亦因之而廣植於金門地區。然金門地區的祠堂與《家禮》「其祀止於四代」的規制有明顯不同。

《家禮》云：「古之廟制，不見於經，且今士庶人之賤，亦有所不得為者，故特以祠堂名之，而其制度亦多用俗禮云。」〔註13〕日本學者室直清在《文公家禮通考·祠堂》有如此考述：「祠堂即古之家廟也。但古之家廟，後有寢，前有廟。祠堂有堂無寢。……故《家禮》特用伊川先生所制（製）木主，去影不用，因改影堂曰祠堂云。」〔註14〕清儒毛奇齡（1623～1713）撰《家禮辨說》則有更詳實的考辨：「漢唐以來俱無建廟之文。……於是朱文公熹創為《家禮》一書，間取文潞公、司馬溫公祠堂之制，以為祭典，謂廟不可得，則姑以祠堂代之，而不知祠堂似廟，而實非廟。廟祇一主，而祠堂無限主；廟必有名，而祠堂無可名，其中所祭之主，與主祭之人，俱周章無理，即揆之於今，準之於古，而百不一當。」〔註15〕「家廟」一詞為唐代通行的稱呼，其屬性與後代的祠堂概念並不相吻合。若以之作為「大宗」的代稱，就禮的角度言，較能凸顯其「大宗率小宗」的超然地位。

清儒陳宏謀《培遠堂偶存稿》云：「宗祠者，尊祖敬宗之地也。」〔註16〕陳氏此說純就「尊祖敬宗」所作的概略性論述，無法真正指陳其特色。近人常建華則引用夏言（1482～1548）於奏摺中提及「不得立廟以逾分」〔註17〕的理念，認為當時許多宗族都為了擔心有「逾越分際」之虞，於是「合眾小祠堂為一大祠堂」，稱之為「宗祠」，緣情宜義，起義合禮。所謂「宗祠」，即以始遷祖為「宗」的宗族祠堂，不同于朱熹《家禮》設計的祭祀四代祖的祠

〔註13〕　宋·朱熹，《家禮·通禮·祠堂》，《文淵閣四庫全書本·經部》一四二冊，臺北：臺灣商務印書館發行，1986 年 7 月初版，頁 531。

〔註14〕　（日）室直清，《文公家禮通考·祠堂》，載《叢書集成續編》第六十六冊，臺北：新文豐出版社，1989 年 7 月臺一版，頁 699。

〔註15〕　清·毛奇齡，《家禮辨說·祭禮》卷十一，《叢書集成續編》第六十六冊，臺北：新文豐出版社，1989 年 7 月臺一版，頁 387。

〔註16〕　清·陳宏謀，《培遠堂偶存稿·文檄》（清乾隆間培遠堂刊本）卷十三，臺北：珍藏國家圖書館善本書室，頁 27a～27b。

〔註17〕　明禮官夏言〈乞詔天下臣民冬至日得祀始祖議〉：「伏望皇上擴推因心之孝，詔令天下臣民，許如程子所議，冬至祭厥初生民之始祖，立春祭始祖以下、高祖以上之先祖，皆設兩位於其席，但不許立廟，以踰分庶。」詳見附錄，頁 345～346。

堂，也不同于以《家禮》祠堂之制爲藍圖的家廟。〔註18〕此雖爲不得不爾的變通之計，其質性則較接近今日金門地區各地的習稱的宗祠。事屬見仁見智，也才會出現大宗名稱不一情況。

　　論金門地區宗祠建築格局，自當以始建於明英宗正統五年（1440 年）的青嶼村的張氏家廟（褒忠祠）爲箇中翹楚，特別是廟門前的那對斑駁的蟠龍石鼓，以大、小龍紋爲構圖，寓意「帶子上朝」，象徵明代太監張敏「保育聖嗣（明孝宗），延續明祚」〔註19〕的吉祥圖案，更是金門地區石雕之極品。拜殿八角造型的石柱珠刻以精美的「八駿圖」，又爲她贏得「八馬皇宮」美譽。據傳瓊林濟陽「蔡氏家廟」（大宗）建蓋的藍圖就取樣於張氏家廟，只是格局略小些。然瓊林村的「七宗八祠」高密度而質精的宗祠群，卻能名列國家二級古蹟之林。以一個約兩百住戶，近千人的小型村落，竟能同時擁有八間優質祠廟，從大宗的蔡氏家廟，到六世以後小宗，長房與二房續建的七間宗祠，這種少見的密集式宗祠建築群。及農曆二月初七日（蔡氏五世祖考蔡靜山忌日），與十月初六日（五世祖妣顏氏忌日）春冬兩度的祠祭與墓祭，可都是研究宗族社會不可多得的題材，也是古宗法制度精神的再體現。

　　沿襲自閩南的祠廟建築與春秋祭典，事實上就是儒家禮樂文化的具體展演。遍布於大、小金門的 169 座宗祠，雖有一進、二進、三進〔註20〕等不同款式，及格局廣狹的差異，然皆能謹守「堂飾以黝堊」〔註21〕的禮文規制。金門俗諺有云：「紅宮黑祠堂」（或「紅宮黑祖厝」），即指此而言。通體建築以黑色系列爲主軸，自然襯托出「慎終追遠」〔註22〕的肅穆氛圍。就如同代表喜慶的宮廟，以紅色系爲外顯的建築形式般。宗祠屋脊上方兩側外向的「鴟吻」（鴟尾。金門俗稱「龍穩」），與寺廟「雙龍拜塔」或「雙龍搶珠」龍首朝內構圖有明顯的不同。一般民宅屋脊不擺「鴟吻」。透過色系的不同及「鴟吻」

〔註18〕常建華，《明代宗族研究》，上海：人民出版社出版，2005 年 2 月第一次印刷，頁 82～83。

〔註19〕張榮強，〈鄉先賢張敏家鄉——青嶼社遺蹟〉，《金門青嶼社張氏重恩堂集及族系譜圖等專輯》，1991 年 8 月 20 日，頁 121。

〔註20〕金門宗祠以一進式爲大宗，二進式爲次，三進式僅三座，分別爲金城鎮后豐港村的洪氏宗祠，後浦南門里的許氏家廟，和金湖鎮瓊林村的蔡氏十一世宗祠。

〔註21〕元・脫脫等，《宋史・禮制十二》卷一〇九，臺北：鼎文書局，1980 年 5 月再版，頁 2633。

〔註22〕《論語・學而》卷一，魏・何晏等注；宋・邢昺疏，臺北：藝文印書館，1976 年 5 月六版，頁 7：「曾子曰：：『慎終追遠，民德歸厚矣』。」

的有無，即可爲觀賞者提供辨識閩南聚落群屋舍屬性的便利。案，「鴟吻」爲中國古建築置於屋脊兩端的辟邪與納祥之物，歷史淵源久遠，且各地造型並不一致。〔註 23〕宋人李誠（？～1110）撰《營造法式》載稱：「海中有魚虬，尾似鴟，激浪即降雨，遂作其象於屋，以厭火祥，時人或謂之鴟吻，非也。」〔註 24〕是則「鴟吻」爲訛稱，當作「鴟尾」才是正確的稱號。

　　金門地區祠廟稱號頗不一致。有大宗稱「家廟」者，如後浦南門許氏家廟，瓊林蔡氏家廟，青嶼張氏家廟，古寧頭南山村李氏家廟，前水頭（金水）村黃氏家廟等；有稱大宗爲「宗祠」者，如後浦東門王氏宗祠（閩王祠），沙美張氏宗祠，蓮庵村西村呂氏宗祠，後豐港洪氏宗祠等；有稱大宗爲祠堂者，如後浦西門陳氏祠堂（忠賢祠）；有稱大宗爲祖廟者，如官澳村楊氏祖廟等，名稱不一而足。

　　宗祠硬體建築中，最能凸顯儒家禮文的，當屬巧奪天工的吉祥圖文。山門兩側裙堵象徵祈子的石雕「麒麟堵」，以及遍布在木棟架構的優質木雕作品，如斗栱、通檐、獸座、瓜筒、雀替等，各種不同造型的圖案與文字，其中最常見的構圖如象徵「三多」的佛手柑（多福）、桃子（多壽）、石榴（多男子）。代表祈子的構圖「老鼠咬金瓜（南瓜）」。以四隻蝙蝠構圖的「天官賜福」，和五隻蝙蝠與「壽」字組合而成的「五福捧壽」等，都是宗祠中常見的吉祥圖案；地磚部分，如正殿菱形狀似「人」字形的磚砌圖案，與次殿成「丁」字形鋪磚，兩者間構成「人丁興旺」、瓜瓞綿綿、子孫滿堂之意。每種造型都寓有深沉的內涵，儒家「忠孝節義」的觀念，自然洋溢於各種巧妙造型之中。此外，透過文字的詮釋，亦能表達對族裔高度的期許，甚至藉此凸顯宗族功名不凡成就者，亦所在多有，如金沙鎮陽翟村陳氏宗祠（五恆祠），屋頂前簷繪有「幼童指向前方旗幟」的構圖，寓意宋代「開同進士」陳綱，寫下同安縣第一位考上「進士」榮銜的光榮史頁。祖龕上方最常出現的文字組合，如典出《詩經・大雅》的「詒謀燕翼」〔註 25〕與「繩其祖武」〔註 26〕，以及瓊

〔註 23〕 李乾朗，《臺灣古建築圖解事典》，臺北：遠流出版社，2003 年 11 月 20 日三版一刷，頁 116。

〔註 24〕 宋・李誠，《營造法式・鴟尾》卷二，《文淵閣四庫全書本・史部》六七三冊，臺北：臺灣商務印書館，1986 年 7 月，頁 416。

〔註 25〕 《詩經・大雅・文王有聲》卷十六之五（阮元重刊宋本），漢・毛公傳，鄭玄箋；唐・孔穎達等正義，臺北：藝文印書館，1976 年 5 月六版，頁 584。原文爲：「詒厥孫謀，以燕翼子」。

〔註 26〕 同註 25，《詩經・大雅・下武》卷十六之五，頁 582。原文爲：「昭茲來許，

林蔡氏家廟的「福祿壽全」、「五世登科」、「鈞藻傳爲永家齊」等篆刻透雕;「雀替」(俗稱插角)部分,或以文字,或以人物,或以花卉爲構圖,內容均以詮釋「忠孝廉節」爲主題,冀能藉此廣收教忠教孝之宏效,是則宗祠亦兼有教育族眾的重責大任。

第二節　《家禮》與民間祭祖禮

　　「尙左尙右,諸家之說紛紛」〔註27〕是清儒趙翼(1727~1814)的困擾,也是宋元以後禮家爭論不休的共同議題。司馬氏(1019~1086)《書儀》與朱熹(1130~1200)《家禮》皆力主「尙右說」。清代學者徐珂(1869~1928)《清稗類鈔》亦認同神道尙右看法:「凡祭祀,明堂禮儀皆尙右。神位東嚮者爲尊,其餘昭穆分別。」〔註28〕清儒楊賓實(名名時,1661~1737)〈家廟記〉則云:「唐宋皆以西爲上,溫公謂神道尙右,而朱子以爲亦非古禮。明制許庶人祭及三代,以曾祖居中,左祖右禰。品官家廟得祀四世,左右並列而同一向。」〔註29〕楊氏此說雖亦持相似觀點,但他同時也點出朱子採用俗禮的特性,以及明代以後由「尙右」轉而趨向「左昭右穆」的轉折。

　　明儒丘濬(1421~1495)《家禮儀節》對此變貌有較普化面的洞見:

　　　　祠堂並列四龕,高祖居中東第一龕,曾祖居中西第一龕,祖居近東壁一龕,禰居近西壁一龕。按《大明會典》祠堂圖下云,朱子祠堂神主位次以西爲上,自西遞列而東,豈不知左昭右穆之義哉?然朱子明謂非古禮,特以其時宋太宗皆然,嘗欲獻議而未果,《家禮》之作,姑從前制,故我聖祖太廟之制,出自獨斷,不沿於舊,可謂酌古準今,得人心之正者矣,故今品官士庶祭祀遵用時制,奉高祖居廟中,曾祖而下,則以次而列,故更列立位次於右。〔註30〕

繩其祖武」。

〔註27〕清‧趙翼,《陔餘叢考》卷二十一,北京:中華書局,2006年10月二刷,頁406。

〔註28〕清‧徐珂,《清稗類鈔‧禮制類》卷十七,臺北:臺灣商務印書館,1966年6月,頁45。

〔註29〕清‧楊賓實(名名時),陳燿輯,載《切問齋文鈔‧家廟記》卷八,清乾隆四十年(1775年)吳江陸氏家刊本,臺北:國圖影像檢索系統,頁又7a~又7b。

〔註30〕明‧丘濬,《邱公家禮儀節》,乾隆庚寅三十五年(1770年)重修,板藏寶勅樓,載《丘文莊公叢書》,臺北:丘文莊公叢書輯印委員會,1972年5月,頁5。

《老子‧道經》云：「君子居則貴左，用兵則貴右。」又云：「吉事尙左，凶事尙右。」〔註31〕明儒顧炎武（1613～1682）亦持相同論調：「以西爲上，說者謂鬼神尙右也，但今俗生人以東爲上，死則又以西爲上，于人情有所未安。明初用行唐令胡秉中言，許庶人祭三代，以曾祖居中，祖左襧右。」〔註32〕可見俗禮的「尙右說」實乏理論依據。因爲「宗子宗婦祭則中立，而高祖考妣僻在一隅，亦非對越之義。」〔註33〕清儒徐乾學（1631～1694）對尙右說就大不以爲然。明人宋纁（1522～1591）《四禮初稿》也贊同以昭穆爲序的基調：「祠堂之制，當遵《大明會典》以左爲上，高曾祖襧分左右，以次而列，設四龕。如止一間者，總置一龕，隔爲四代亦可。」〔註34〕考之民間宗祠祖龕牌位的陳列，亦以始祖（或始遷）居中，採左昭右穆，依序由後向前排列（詳參圖 3-3 到 3-5：金門陳氏祠堂（忠賢祠）中龕、東龕、西龕主位排列圖）。

　　就祠祭「出主」（奉主就位）〔註35〕的角度觀察，金門民間宗祠仍嚴守《大明會典》以左爲上的準則。就本文取樣的三間大宗家廟觀察：金城鎭後浦西門陳氏祠堂（忠賢祠）春冬祭典，一如金門大部分宗祠般，只開祖龕門，不行「出主」科儀。位處後浦南門的許氏家廟，與金湖鎭瓊林村的蔡氏家廟，皆採行「出主」儀式。許氏家廟始祖考妣高坐中列席次，祖妣居左，祖考居右；兩側二世祖考妣牌位則祖考居左，祖妣居右。據稱許氏族人爲了凸顯對始祖妣陳孺人的崇高敬意，而禮請祖妣高坐首席，才會出現始祖考妣與二世祖考妣左右不同的排列方式。瓊林蔡氏家廟主桌亦是祖考居左，祖妣居右的排列方式。然金城鎭後浦南門許氏家廟，與金湖鎭瓊林村蔡氏家廟「出主」情形亦不盡相同。許氏只迎請始祖考妣與二世東西菊祖考妣等六尊牌位就坐禮席（參見照片 4-7、4-8）；蔡氏則將家廟祖龕三十五尊牌位全部

〔註31〕周‧老聃，朱謙之撰，《老子校釋‧道經》三十一章，北京：中華書局，2000年 8 月，頁 125～127。

〔註32〕明‧顧炎武，《日知錄‧祭禮》卷十四，臺北：臺灣商務印書館發行，1968年 3 月臺一版，頁 104～105。

〔註33〕清‧徐乾學，《讀禮通考‧廟制下》卷一二○，《文淵閣四庫全書本‧經部》一一四冊，臺北：臺灣商務印書館，1986 年 7 月，頁 726。

〔註34〕明‧宋纁，《四禮初稿》卷四（上海圖書館藏清康熙四十年宋氏刻本），《四庫全書存目叢書‧經部》一一四冊，臺北：莊嚴文化事業有限公司出版，1997年 10 月初版一刷，頁 704。

〔註35〕宋‧朱熹；明‧丘濬重編，《文公家禮儀節‧祭禮‧四時祭》卷七：明‧弘治三年（1490 年），順德知縣吳廷舉刊：嘉靖己亥十八年（1539 年）修補本。臺北：國家圖書館微卷，頁（祭禮）6。

迎請就席，分爲中央拜殿主桌，與東西兩側次殿陪席桌（參見照片 4-4、4-5、4-6）。

　　就目前田調所見，乃至一般人傳統刻板印象，皆堅持婦女不能參與祭祖儀典，自然亦無緣如男眾般，闔族同樣歡聚一堂，於祭祖後與族人共飲福酒，同享祭胙，暢敘宗誼。考之禮經，主人於祠堂東側祭祖考，主婦於祠堂西側祭祖妣，同樣行禮如儀。〔註 36〕《家禮》初獻禮由主人主持，亞獻禮改由主婦主持，終獻禮由兄弟之長，或長男，或親賓爲之。唯一的不同點在於初獻禮尚須由禮生朗讀祝文，亞獻禮、終獻禮則不讀祝。〔註 37〕《毛詩・召南・詩序》云：「采蘋，大夫妻能循法度也。能循法度則可以承先祖、共（供）祭祀矣。」〔註 38〕《禮記・祭統》更直指：「夫祭也者，必夫婦親之，所以備外內之官也。」〔註 39〕《國語・楚語下》：「百姓夫婦擇其令辰，奉其犧牲，敬其粢盛，絜其糞除，愼其采服，禋其酒醴，帥其子姓，從其時享，虔其宗祝，道其順辭，以昭祀其先祖，肅肅濟濟，如或臨之。」〔註 40〕在一切祭祀用品準備齊全後，還要藉由「夫婦齊戒沐浴，奉承而進之」〔註 41〕，才能盡禮。就是金門本地手抄的《梁氏祖譜》亦載記：「凡元旦多至，輪辦祭品，隨多寡，務在嚴潔。族人率族人男婦，皆詣祠堂行祀。禮畢則團拜，拜畢則享胙而退。」〔註 42〕明人汪禔（生卒年不詳，約公元 1666 年前後在世）《檗菴集》亦云：「祭畢餕餘，男位外，女位內，肅肅如也。」〔註 43〕據此以觀，則

〔註 36〕宋・司馬光，《書儀・祭》卷十，《文淵閣四庫全書本・經部》一四二冊，臺北：臺灣商務印書館，1986 年 7 月，頁 522：「主人、主婦盥手帨巾，各奉祠版置于其位，先考妣後。主人率眾丈夫共爲一列，長幼以序，立於東階下，北向、西上：主婦帥眾婦女，如眾丈夫之敘，立于西階下，北向，東上。」

〔註 37〕宋・朱熹，《家禮・四時祭》卷五，《文淵閣四庫全書本・經部》一四二冊，臺北：臺灣商務印書館，1986 年 7 月，頁 573。

〔註 38〕《毛詩・召南》，《詩序》卷一之四（阮元重刊宋本），漢・毛公傳，鄭元箋：唐・孔穎達等正義，臺北：藝文印書館，1976 年 5 月六版，頁 52。

〔註 39〕清・孫希旦，《禮記集解・祭統》卷四十七，臺北：文史哲出版社出版，1990 年 8 月文一版，頁 1238。

〔註 40〕周・左丘明，《國語・楚語下》卷十八（上海師範大學古籍整理研究所校點），上海：上海古籍出版社，1988 年 3 月，頁 567。

〔註 41〕《禮記・祭統》卷四十七（阮元重刊宋本），漢・鄭玄注：唐・孔穎達等正義，臺北：藝文印書館，1976 年 5 月六版，頁 810。

〔註 42〕金門山后村《梁氏族譜》手抄本，騰錄時間爲 1987 年 1 月，頁 19。

〔註 43〕明・汪禔，《檗菴集・檗菴先生行狀》（北京大學圖書館藏清康熙十八年刻汪

自古以來的祭祖禮，皆由主人與主婦共粢盛、同祀先。祭祀後的享胙飲福亦皆男女族眾共同參與，充其量只是男女分坐不同席次。男坐外席，女坐內席，序齒定尊卑之儀則一。從文獻的載記到民間譜牒，皆有主婦參與祭祖儀典的紀錄，如此則排除婦人參與祭典，似乏理論依據。

　　主婦自何時起不得參與祭祖儀典，目前尚乏直接有力證據。唯清儒黃本驥（1781～1856）《三禮從今‧祭儀》這段珍貴載錄，則頗具學術參考價值：

> 司馬《書儀》，朱子《家禮》於家廟奠獻，皆設男女拜位，男東女西，重行異等，凡出主、納主、上食、侑食，皆男女分司其事，《明會典》尚仍其制。《通禮》改主婦率諸婦女次於房中，專主眠饋治具之事，每獻則先出於房，陳饌案上，一叩而退，然後主人率族姓行禮。蓋家廟雖無男女之嫌，然同堂致祭，分班跪起，殊非禮制所宜，況助祭尚有親黨，婦女何能共列，是則《通禮》爲（案：「爲」疑爲「未」字之誤）盡善也。〔註44〕

藉由黃氏此段文獻的爬梳，點出了許多關鍵性議題。即男女可同堂異席而拜，且男東女西。明初尚仍其制，至少在《明會典》問世之前，仍維持男女同堂異席共拜禮文樣貌。直到《大清通禮》刊行後，才更改爲「主婦率諸婦女次於房中，專主眠饋治具之事」的性別差異儀制，此後遂沿成慣習，形成今天祭祖成爲男性專利的禮文框限。黃氏在該書《案》語也提到說：「《書儀》、《家禮》皆云，男餕於外，婦餕於內。《通禮》未及婦人之餕，餕爲神惠，下逮庖僕，不及婦人者，蓋舉外以賅內也。」〔註45〕

　　另考之《大清通禮》庶士（指貢監生員有頂帶者），與庶人寢薦兩個單元所載錄的內容作比對觀察。庶士寢薦前期，「主人及與祭者咸致齋。薦之前夕，主婦盛服治饌於房中。厥明夙興，主人吉服，率子弟設香案於南，然（燃）燭置祭文堂北，設供案二，昭東穆西，均以妣配位，均南向。……主婦率諸婦出房中，薦匕箸醴醬，跪叩如儀。」；庶人寢薦（家祭之禮），「其日夙興，主婦治饌。主人率子弟設案然（燃）鐙啓室，奉神主於案上，以昭穆序。主人立於香案前，家眾序立於主下，以行輩爲先後。主人上香，一跪三叩興。

　　　　氏家集三種本）卷上，《四庫全書存目叢書‧集部》一四六冊，臺北：莊嚴文
　　　　化公司，1997 年 10 月，頁 671～672。
〔註44〕清‧黃本驥，《三禮從今‧祭儀》卷三（清道光二十四年刻本），《四庫未收書
　　　　輯刊》三輯，北京出版社出版，2000 年 1 月第一版第一次印刷，頁 411。
〔註45〕同註44，《三禮從今‧餕》卷三，頁 412。

主婦陳匕箸醯醬，薦羹飯果羞，跪叩如儀。」〔註46〕目前金城鎮後浦「陳氏祠堂」春冬祭典，與金湖鎮「蔡氏家廟」冬至祭祖，仍沿襲《大清通禮》「主婦陳匕箸醯醬，薦羹飯果羞」的慣習，但不參與祭典的傳統作法，可見金門地區祠祭，仍相當程度受到《大清通禮》的制約與規範。

至於婦女與不得參與祭典結束後的「食頭」（族親間餐敘），則亦可藉由《大清通禮》的「庶士寢薦」及「庶人寢薦」見端倪。「（庶士寢薦）日中而餕，春一舉。布席於堂東西北上。陳倚琖匙箸如其人數，傳祭食於燕器，熱酒饌。族姓至，主人肅入序位，以行輩年齒爲等，旅揖即席，進酒饌，酬酢如禮。湯飯畢，長者離席告退，主人送於門外，諸子弟皆隨以出。徹。僕人餕餘食，皆盡。」〔註47〕庶人寢薦餕神食情況亦大同小異，足見《通禮》已無婦女參與族親餐敘的禮文，如今民間只是沿襲《通禮》的規範而已。

祭祀禮儀之豐盛繁簡，常依人丁之興衰與功名之多寡而有著截然不同的禮文樣貌。大率詩禮舊族，祭祀多能謹守朱子《家禮》儀軌，採用傳統三獻禮，以族長主持祭典，迎神讚禮，鼓樂侑食；其次一般姓氏則僅牲體粢盛，序長幼而跪拜而已。〔註48〕本研究取樣的陳姓、蔡姓、許姓皆屬金門地區世家望族。拜朱熹過化金門之賜，島縣金門自此文風鼎盛，因有「海濱鄒魯」之譽。「十三陳」之一的陽翟村族裔陳綱更寫下「同安進士第一人」輝煌史頁，陳氏宗族其他村落族裔亦不遑多讓，有斗門村官拜御史的陳大育，及夏興村有「忠臣」令譽的陳顯……等。瓊林蔡氏有望重士林的「江南夫子」蔡獻臣，有封疆大吏蔡守愚，有「開澎進士」蔡廷蘭……等。後浦許氏有文章泰斗許獬，有御史許福，也有操守廉潔，歸囊如洗的許廷用……等。皆屬人才濟濟的科舉世家。明、清兩代是金門科舉業的巔峰時期，這些鄉彥或爲國之棟樑，或爲封疆大吏。權傾當朝的鄉彥，在朝爲良相、爲忠臣；致仕爲鄉紳、爲孝子。也爲自己的族眾立下良好的學習典範。陳、蔡、許三姓家廟祠祭，雖都依傳統三獻禮行儀，也都擁有自己的禮文特色，簡樸之中又不失莊嚴，卻是三者之間最大共通點，誠爲不可多得的儀軌展演。

〔註46〕 清・來保、李玉鳴等奉敕撰，《欽定大清通禮》卷十六，《文淵閣四庫全書本・史部》六五五冊，臺北：臺灣商務印書館，1986 年 7 月，頁 255～256。

〔註47〕 同註46，頁 256。

〔註48〕 楊仁江，〈金門西山前李氏家廟的歷史與建築〉，收入《2003 閩南文化學術研討會論文集》（二），金門縣政府主辦，2003 年 12 月，頁 7。

　　經常的和完備的宗族祭祀有利於宗族各成員間的團聚，而它最大的意義即在收族。〔註49〕《禮記・大傳》：「人道親親也。親親故尊祖，尊祖故敬宗，敬宗故收族，收族故宗廟嚴。」〔註50〕宋儒黃幹（1152～1221）《勉齋集》即云：「族系之所自出，雖枝分派別，推而上之，皆吾祖宗之一氣耳，可不知愛乎？」〔註51〕宋儒范仲淹（989～1052）就曾告誡其子弟說：「吾吳中宗族甚眾，於吾固有親疏。然以吾祖宗視之，則均是子孫，固無親疏也。吾安得不卹其飢寒哉？且自祖宗來，積德百餘年，而始發於吾，得至大官。若獨享富貴，而不卹宗族，異日何以見祖宗於地下，亦何以入家廟乎？」〔註52〕大儒朱熹（1130～1200）於〈再守泉州勸諭文〉亦云：「族屬雖有親疏，論其源流，皆是骨肉。譬如大木，枝葉分披，本同一根，氣脉未遠，豈宜相視便若路人。」〔註53〕本是同根生的族親，彼此間理應秉於本水源之思，而建立睦族可長可久機制。「睦族者，尊祖之義也。」〔註54〕而睦族之道不該僅囿限於合族以食的一燕之樂，而應秉持「冠昏喪葬必相助，貧窮患難必相恤」〔註55〕的相互體恤關懷，使族親之間「生則有恩以相歡，死則有服以相哀，然後宗族之義重。」〔註56〕

　　夫婦共同主持祭祖儀典的慣習起源甚早。《國語・觀射父論祀牲》即云：「百姓夫婦擇其令辰，奉其犧牲，敬其粢盛，潔其糞除，慎其采服，禋其酒醴，帥其子姓，從其時享，虔其宗祝，道其順辭，以昭祀其先祖，肅肅濟

〔註49〕王善軍，〈宋代的宗族祭祀和祖先崇拜〉，《世界宗教研究》第三期，1999年，頁121。

〔註50〕《禮記・大傳》（阮元重刊宋本），卷三十四，漢・鄭元注：唐・孔穎達等正義，臺北：藝文印書館，1976年5月六版，頁622。

〔註51〕宋・黃幹，《勉齋集・書新淦郭氏敍譜堂記》卷二十二，《文淵閣四庫全書本・集部》一一六八冊，臺北：臺灣商務印書館發行，1986年7月初版，頁241～242。

〔註52〕宋・樓鑰，《范文正公年譜》（四明張氏約園開雕），《叢書集成續編》二六〇冊，臺北：新文豐出版社，1989年7月臺一版，頁446。

〔註53〕宋・朱子，〈再守泉州勸諭文〉，載清・懷蔭布總裁黃任、郭賡武纂修，《泉州府志・歲時》卷二十，泉州志編纂委員會辦公室一九八四年據泉山書社民國十六年（1927年）乾隆版補刻本影印，頁38。

〔註54〕宋・陳耆卿，《嘉定赤城志・天台令鄭至道諭俗七篇・睦宗族》卷三十七，臺北：成文出版社出版，1983年3月臺一版，頁7358～7363。

〔註55〕宋・陳淳，《北溪大全集》卷九，〈食燕堂記〉，收錄於《四庫全書珍本》四集，頁12。

〔註56〕宋・陳耆卿，《嘉定赤城志・天台令鄭至道諭俗七篇・睦宗族》卷三十七，臺北：成文出版社出版，1983年3月臺一版，頁7358～7363。

濟，如或臨之。」〔註57〕朱子《家禮》則有主婦主持亞獻禮，及祭後與眾婦女食餕（俗稱食頭）於內的禮文載述〔註58〕。明儒丘濬（1421～1495）重編《文公家禮儀節》亦有「主人由阼階，主婦及餘人，雖尊長，亦由西階」的論述。〔註59〕可見主人與主婦共同主持祭典是禮經一貫的堅持，至少在明代以前仍沿襲此一傳統。

祭祖成為男性專利，乃至祭後餕神食（食頭）女性不得參與的作法，應起於有清一代。《大清通禮》庶士與庶人家祭之禮，均由主人主祭，主婦則盛服治饌於房中。日中餕神食亦未見主婦出席的禮文。〔註60〕民國以後相沿成習，祭祖遂成為男性族眾責無旁貸的年度大事，就是族親間的餐敘（食頭）亦少見女性參與的情況。這種性別歧視待遇，晚近已有明顯改變趨向，特別是金湖鎮瓊林村濟陽蔡氏，祭祖後全體族人不論老少，齊聚一堂已開啟「食頭」風氣之先（參見照片 4-9）。在少子化及民法修訂後，子女不一定從父姓的重大變革，女姓參與祭典，甚至連祀孔大典都可能出現女性奉祀官主祭的新紀元。〔註61〕由女性主祭，或參與祭祖儀典，已成沛然莫之能擋的時代趨勢，女性族眾出席族親餐敘，亦是未來的流行風尚。

金門社會截至目前為止，仍是宗族意識相當普遍化的區域。《白虎通》云：「宗者，尊也。為先祖主者，宗人之所尊也；族者，湊也，聚也。謂恩愛相流湊也。」〔註62〕宗族的組成基石在家庭。家族是家庭的擴展，而宗族則是家族的再擴展。同一高祖的血緣內族眾稱之為家族，亦稱「五服內親人」，高祖以上同血緣親群體稱之為宗族。〔註63〕以父系社會為基盤的古中國，傳統上就是以父系親屬為交往重心。〔註64〕據學者林瑤棋考證，中國人的宗族制

〔註57〕 周・左丘明，《國語》，臺北：臺灣古籍出版社，2002 年 5 月初版二刷，頁 799。

〔註58〕 宋・朱熹，《家禮・祭禮》卷五，《文淵閣四庫全書本・經部》一四二冊，臺北：臺灣商務印書館，1986 年 7 月，頁 573～574。

〔註59〕 宋・朱熹；明・丘濬重編，《文公家禮儀節・通禮餘註》卷一（共八卷），明萬曆戊申三十六年（1608 年）常州府推官錢時刊本，常州府出版。臺北：國家圖書館掃描列印，頁 14a。

〔註60〕 清・來保、李玉鳴等，《欽定大清通禮・吉禮》卷十六，《文淵閣四庫全書本・史部》六五五冊，臺北：臺灣商務印書館，1986 年 7 月，頁 255～256。

〔註61〕 《聯合報》，2009 年 7 月 23 日報導。

〔註62〕 漢・班固，清・陳立疏證，《白虎通疏證・宗族》卷八（光緒元年（1875 年）春淮南書局刊），臺北：廣文書局，2004 年 10 月再版，頁 466～472。

〔註63〕 林瑤棋，〈臺灣宗教制度瓦解之危機〉，《歷史月刊》第二三七期，頁 46～49。

〔註64〕 莊英章，〈家族結構與生育模式——一個漁村的田野調查分析〉，《中央研究院

度真正推廣到庶民百姓是明朝後期以後的事，也從那個時候開始逐步走向組織化與制度化，這種庶民社會向以祠堂、族產、譜牒為三大特徵，其中更以祠堂及祠祭為外顯圖景。〔註65〕若由制度面作深層推敲，即不難發現中國的家族制度，其實是建立在兩個相矛盾又互補的基盤上。一方面有著分裂的趨勢，表現在分家的過程；但另一方面在分裂之中，藉由濃郁的父系觀念而彼此緊密結合在一起，從而表現在宗族的運作上面〔註66〕，最顯著的現象是表現在選舉期間的動員力道。為展現宗族的勢力，有時甚至不惜「開祖厝門」以強化宗族的影響力。晚近教育普及，宗族對選舉的影響力已有相對減低趨勢，但對其他方面的影響力，則仍不容小覷。許多宗族就常藉由祠祭與墓祭盛大場面，來顯現其高度動員能力，進而體現其族威。

　　隨著農業社會的逐步走向解體，以及人口快速往都市集中的工商業社會，家人團聚一堂的觀念已不若以往濃厚，再加上少子化、高離婚率、雙軌姓氏等多重社會現況的影響，含飴弄孫的畫面或將成為歷史記憶，省親謁祖的觀念也有漸趨淡薄的現象，使得這項傳統文化將有逐漸瓦解的危機。更令人憂心的是，民國九十六年（2007年）5月5日，立法院三讀通過的民法親屬篇修正案，其中姓氏改革部分，或將大幅度顛覆傳統子女姓氏價值觀。〔註67〕兩性平權或許是婦權運動者熱切追求的目標，傳統價值觀的扭曲，則是有識之士該徹底省思的新課題，特別是對整個家族、宗族的衝擊力道。

　　值此社會快速變遷，市場經濟高度繁榮的新時代，如何從制度面去加以改革，應是中國古老的宗族社會能否轉型，並邁向璀璨未來的關鍵時刻。尤以今日少子化問題嚴重，衍化成眾多現代環境因素之餘，宗族轉型的機制，必需藉由宗族互助體系的建立、保險救濟的創設、產業基金的開發，以及透過企業化的管理制度，始能化危機為轉機，讓濃郁的宗族意識得以配合時代潮流，迎向更美好的未來！

　　　　民族所集刊》第五十九期，1985年春季，頁66。
〔註65〕同註139，頁46～49。
〔註66〕王崧興，〈論漢人社會的家戶與家族〉，《中央研究院民族所集刊》第五十九期，1985年春季，頁123～124。
〔註67〕同註63，頁46～49。

附錄一：附圖部分

附圖 1：禮官夏言奏章書影

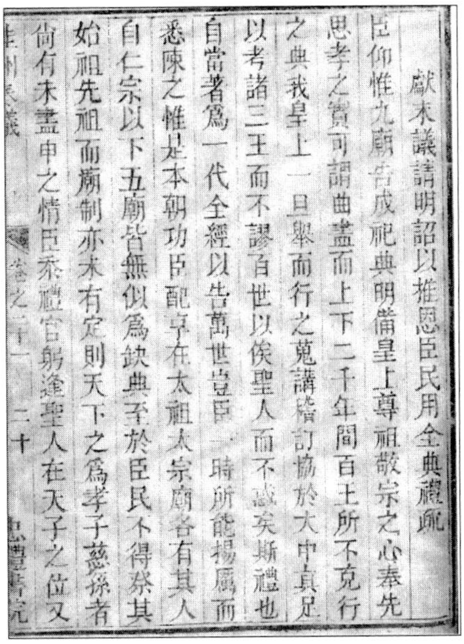

獻末議請明詔以推恩臣民用全典禮疏
臣仰惟九廟告成祀典明備皇上尊祖敬宗之心奉先
思孝之實可謂曲盡而上下二千年間百王所不克行
之典我皇上一旦舉而行之蒐講稽訂協於大中真足
以考諸三王而不謬百世以俟聖人而不惑矣斯禮也
自當著爲一代全經以告萬世豈臣一時所能揚厲而
悉陳之惟是本朝功臣配享在太祖太宗廟各有其人
自仁宗以下五廟皆無似爲缺典至於臣民不得祭其
始祖先祖而廟制亦未有定則天下之爲孝子慈孫者
尚有未盡申之情臣忝禮官躬逢聖人在天子之位又

桂洲奏議　卷之二十一　二十　忠禮書院

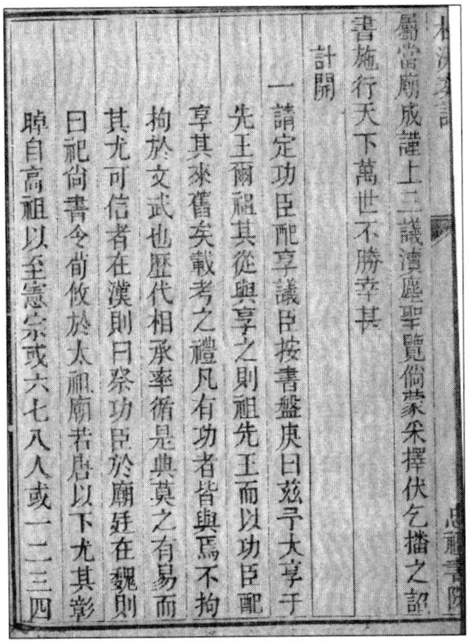

屬當廟成謹上三議瀆塵聖覽倘蒙采擇伏乞播之詔
書施行天下萬世不勝幸甚
計開
一請定功臣配享議臣按書盤庚曰茲予大享于
先王爾祖其從與享之則祖先王而以功臣配
享其來舊矣載考之禮凡有功者皆與焉不拘
拘於文武也歷代相承率循是典莫之有易而
其尤可信者在漢則曰祭功臣於廟廷在魏則
曰祀尙書令荀攸於太祖廟若唐以下尤其彰
明自高祖以至憲宗或六七八人或一二三四

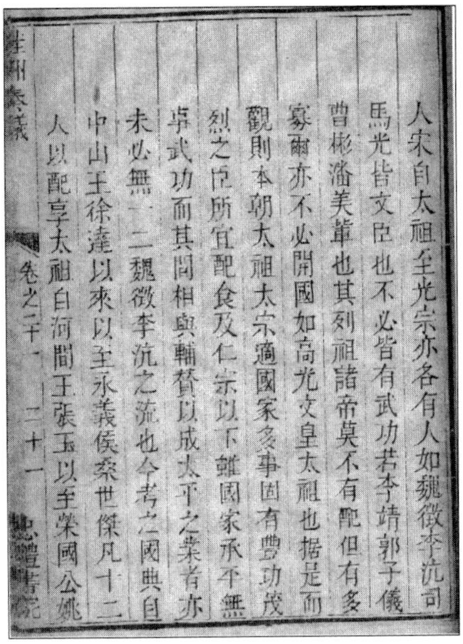

人宋自太祖至光宗亦各有人如魏徵李沆司
馬光皆文臣也不必皆有武功若李靖郭子儀
曹彬潘美輩也其列祖諸帝莫不有配但有多
寡爾亦不必開國如高光文皇太祖也據是而
觀則本朝太祖太宗適國家多事固有豐功茂
烈之臣所宜配食及仁宗以下雖國家承平無
事武功而其間相與輔贊以成太平之業者亦
未必無一二魏徵李沆之流也今考之國典自
中山王徐達以來以至永義侯桑世傑凡十二
人以配享太祖自河間王張玉以至榮國公姚

桂洲奏議　卷之二十一　二十一　忠禮書院

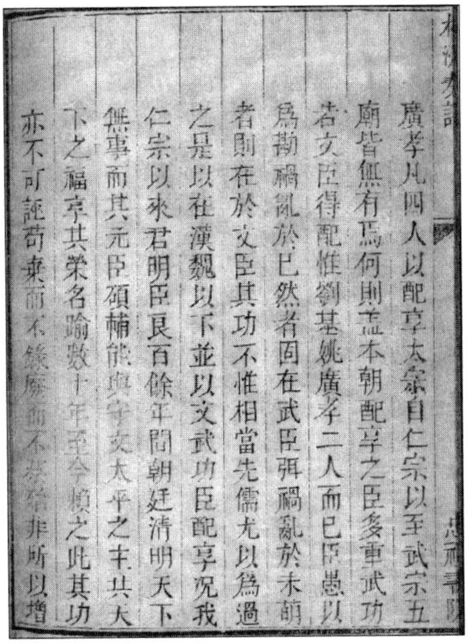

廣孝凡四人以配享太宗自仁宗以至武宗五
廟皆無有焉何則蓋本朝配享之臣多重武功
若文臣得配惟劉基姚廣孝二人而已臣愚以
爲勘禍亂於已然者固在武臣弭禍亂於未萌
者則在於文臣其功不惟相當先儒尤以爲過
之是以在漢魏以下並以文武功臣配享況我
仁宗以來君明臣良百餘年間朝廷清明天下
無事而其元臣碩輔能與守文太平之主共天
下之福享其榮名踰數十年至今頼之此其功
亦不可謂苟爽而不錄廟而不祭殆非所以增

取材自明・夏言撰；明・徐階等編輯，《桂洲夏文愍公奏議二十一卷，補遺一卷》，清乾隆甲申（二十九年；西元 1764 年）忠禮書院重刊本。

附圖 7-1：禮官夏言奏章書影之二

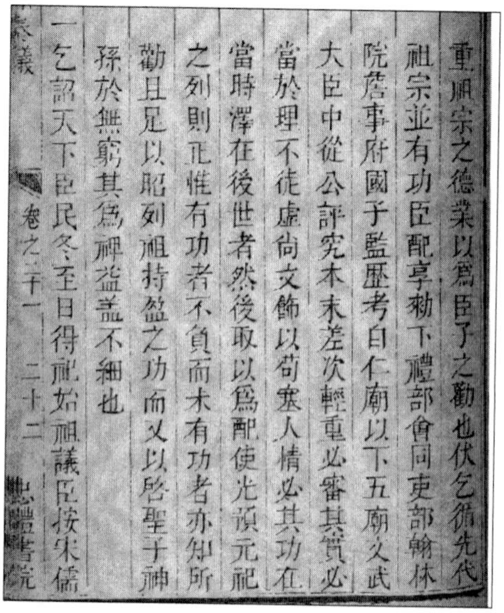
重所宗之德業以爲臣子之勸也伏乞循先代
祖宗並有功臣配享勑下禮部會同吏部翰林
院詹事府國子監歷考自仁廟以下五廟文武
大臣中從公評究本末差次輕重必審其實必
當於理不徒虛尙文飾以苟塞人情必其功在
當時澤在後世者然後取以爲配使光顯元祀
之列則凡惟有功者不負而未有功者亦知所
勸且足以昭列祖持盈之功而又以啓聖子神
孫於無窮其爲裨益蓋不細也
一乞詔天下臣民冬至日得祀始祖議臣按宋儒
奏議　卷之二十一　二十二　忠禮書院

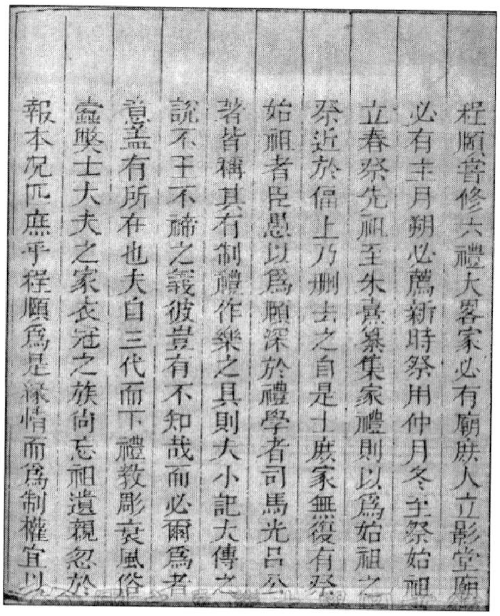
程頤嘗修六禮大畧家必有廟庶人立影堂廟
必有主月朔必薦新時祭用仲月冬至祭始祖
立春祭先祖至朱熹纂集家禮則以爲始祖之
祭近於偪上乃删去之自是士庶家無復有祭
始祖者臣愚以爲頤深於禮學者司馬光呂公
著皆稱其有制禮作樂之具則夫小記大傳之
說不王不禘之義彼豈有不知哉而必爾爲者
意蓋有所在也夫自三代而下禮教彫衰風俗
毁壞士大夫之家衣冠之族尙忘祖遺親忽於
報本况匹庶乎程頤爲是緣情而爲制權宜以

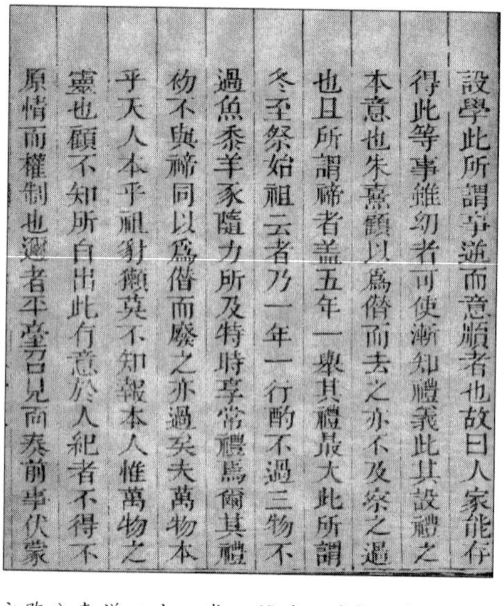
設學此所謂事逆而意順者也故曰人家能存
得此等事雖幼者可使漸知禮義此其設禮之
本意也朱熹顧以爲僭而去之亦不及察之過
也且所謂禘者蓋五年一舉其禮最大此所謂
冬至祭始祖云者乃一年一行酌不過三物不
過魚黍羊豕隨力所及特時享常禮焉爾其禮
物不與禘同以爲僭而廢之亦過矣夫萬物本
乎天人本乎祖豺獺莫不知報本人惟萬物之
靈也顧不知所自出此有意於人紀者不得不
原情而權制也邇者平臺召見而奏前事伏蒙

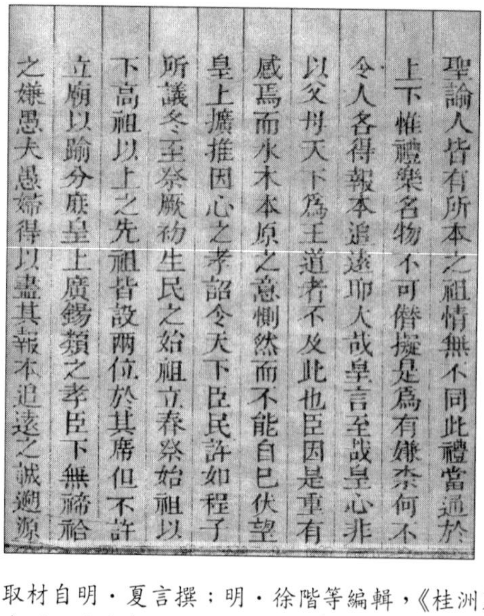
聖諭人皆有所本之祖情無不同此禮當通於
上下惟禮樂名物不可僭擬是爲有嫌柰何不
令人各得報本追遠耶大哉皇言至哉皇心非
以父母天下爲王道者不及此也臣因是重有
感焉而水木本原之意惻然而不能自已伏望
皇上擴推因心之孝詔令天下臣民許如程子
所議冬至祭厥初生民之始祖立春祭始祖以
下高祖以上之先祖皆設兩位於其席但不許
立廟以踰分庶皇上廣錫類之孝臣下無禘祫
之嫌愚夫愚婦得以盡其報本追遠之誠遡源

取材自明・夏言撰；明・徐階等編輯，《桂洲夏文愍公奏議二十一卷，補遺一卷》，清乾隆甲申（二十九年；西元1764年）忠禮書院重刊本。

附圖 7-1：禮官夏言奏章書影之三

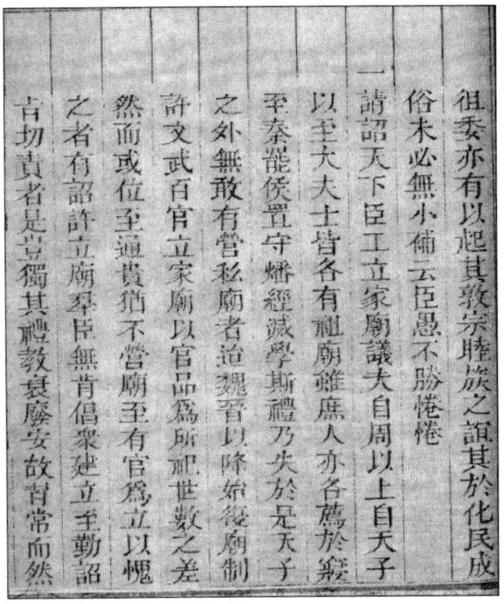

五廟曾為安昌公立六代後魏為胡珍立五廟
至比齊以下不以從二品以上祀五代五品以上
祀三代七品以上祀二代或五廟四廟三廟二
廟一廟彼皆過於泥古而不可行者也至宋大
儒程頤者出乃始約之而歸於四世雖止自公
卿下及士庶以莫不然其言曰自天子至於庶
人五服未嘗異也皆至高祖服既如此則祭祀
須如此其疏數之節未有可考但其禮必如此
七廟五廟亦只是祭及高祖若止祭禰是為以
母而不知父也非人道也朱熹以為其為得祭祀

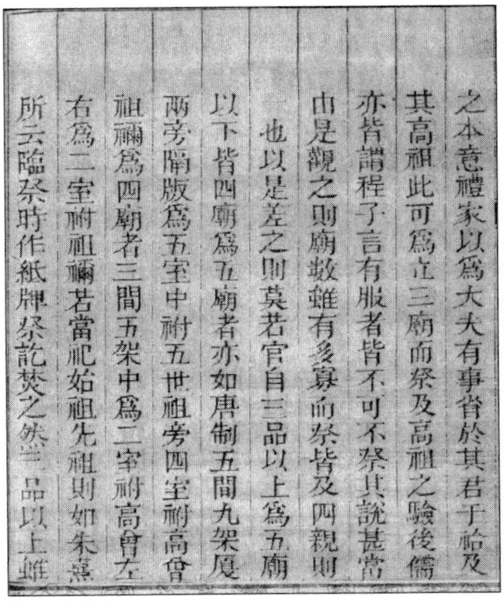

祖委亦有以起其敬宗睦族之誼其於化民成
俗未必無小補云臣愚不勝惓惓
一詩詔天下臣工立家廟以上自天子
以至大夫士皆各有祖廟雖庶人亦各薦於寢
至秦罷侯置守燔經藏學斯禮乃失於是天子
之外無敢有營私廟者道魏晉以降始復制
許文武百官立家廟以官品為所祀世數之差
然而或位至通貴猶不營廟至於官為立以愧
之者有詔許立廟釁臣無肯倡衆建立至勤詔
古切貴者是豈獨其禮教衰慶安故嘗常而然

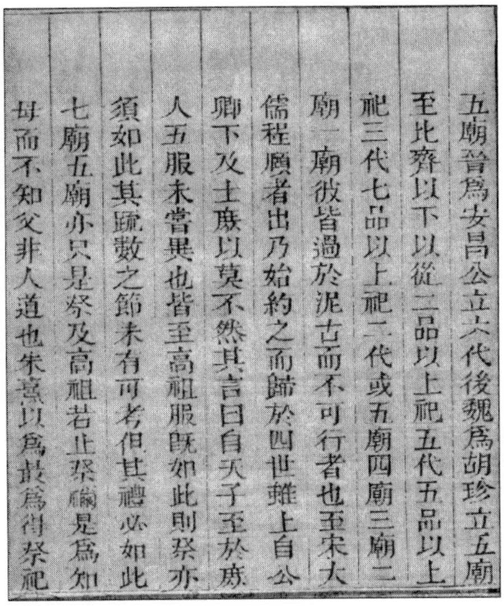

之本意禮家以祭大夫有事省於其君于祫及
其高祖此可為立三廟而祭及高祖之驗後儒
亦皆謂程子言有服者皆不可不祭其說甚當
由是觀之則廟數雖有多寡而祭皆及四親則
也以是差之則莫若官自三品以上為五廟
以下皆為四廟為五廟者亦如唐制五間九架廈
兩旁隔版為五室中祀五世祖旁四室祀高曾
祖禰為四廟三間五架中祀二室祀高曾左
右為二室祔祖禰若當祀始祖先祖則如朱熹
所云臨祭時作紙牌祭訖焚之然三品以上雖

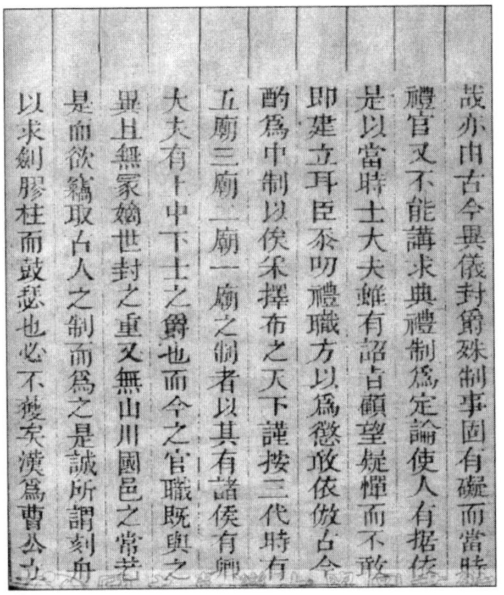

哉亦由古今異儀封爵殊制事固有礙而當時
禮官又不能講求典禮制為定論使人有據依
是以當時士大夫雖有詔旨顧望疑憚而不敢
即建立耳臣恐叨禮職方以為懲敢依倣古今
酌為中制以俟采擇布之天下謹按三代時有
五廟三廟一廟之制者以其有諸侯有卿
大夫有士中下士之爵也而今之官職既與之
異且無家嫡世封又無山川國邑之常若
是而欲竊取古人之制而為之是誠所謂刻舟
以求劍膠柱而鼓瑟也必不獲矣漢為曹公立

取材自明・夏言撰：明・徐階等編輯，《桂洲夏文愍公奏議二十一卷，補遺一卷》，清乾隆甲
申（二十九年：西元1764年）忠禮書院重刊本。
附圖7-1：禮官夏言奏章書影之四

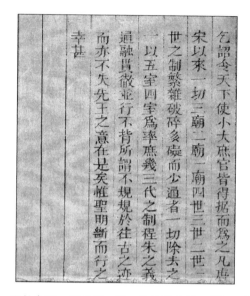

取材自明‧夏言撰；明‧徐階等編輯，《桂洲夏文愍公奏議二十一卷，補遺一卷》，清乾隆甲申（二十九年：西元1764年）忠禮書院重刊本。珍藏台大圖書館五樓。索書號：313p.89.v.1-v.10（本文在該書第十冊）其他書名：《夏桂洲奏議》、《桂洲奏議》。叢書名：《烏石山房文庫》。

〈獻末議請明詔以推恩臣民用全典禮疏〉（原文抄錄）

臣仰惟九廟告成，祀典明備，皇上尊祖敬宗之心，奉先思孝之實，可謂曲盡而上下二千年間，百王所不克行之典，我皇上一旦舉而行之，蒐講稽訂，協於大中，眞足以考諸三王而不謬，百世以俟聖人而不惑矣！斯禮也，自當著爲一代全經，以告萬世，豈臣一時所能揚厲而悉陳之？惟是本朝功臣配享在太祖、太宗廟，各有其人。自仁宗以下，五廟皆無，似爲缺典。至於臣民不得祭其始祖、先祖，而廟制亦未有定則，天下之爲孝子慈孫者，尚有未盡申之情。臣忝禮官，躬逢聖人在天子之位，又屬當廟成，謹上三議，瀆塵聖覽。倘蒙采擇，伏乞播之詔書，施行天下，萬世不勝幸甚！

計開

請定功臣配享議

臣按《書‧盤庚》曰：「茲予大享于先王，爾祖其從與享之。」則祖先王，而以功臣配享，其來舊矣。載考之禮，凡有功者皆與焉，不拘拘於文武也。歷代相承，率循是典，莫之有易。而其尤可信者，在漢則曰，祭功臣於廟廷。在魏則曰，祀尚書令荀攸於太祖廟。若唐以下，尤其彰晰。自高祖以至憲宗，或六七八人，或一二三四人。宋自太祖至光宗，亦各有人，如魏徵、李沆、

司馬光皆文臣也，不必皆有武功。若李靖、郭子儀、曹彬、潘美輩也，其列
祖，諸帝莫不有配，但有多寡爾，亦不必開國，如高光，文皇太祖也。據是
而觀，則本朝太祖、太宗適國家多事，固有豐功茂烈之臣，所宜配食。及仁
宗以下，雖國家承平無事武功，而其間相與輔贊（贊），以成太平之業者，亦
未必無一二魏徵、李沆之流也。今考之國典，自中山王徐達以來，以至永義
侯桑世傑，凡十二人，以配享太祖。自河間王張玉，以至榮國公姚廣孝，凡
四人以配享太宗。自仁宗以至武宗，五廟皆無有焉。何則？蓋本朝配享之臣，
多重武功。若文臣得配，惟劉基、姚廣孝二人而已。臣愚以爲，勘禍亂於已
然者，固在武臣；弭禍亂於未萌者，則在於文臣。其功不惟相當，先儒尤以
爲過之。是以在漢、魏以下，並以文武功臣配享。況我仁宗以來，君明臣良，
百餘年間，朝廷清明，天下無事，而其元臣碩輔，能與守文太平之主，共天
下之福，享其榮名踰數十年，至今賴之，此其功亦不可誣。苟棄而不錄，廢
而不祭，殆非所以增重祖宗之德業，以爲臣子之勸也。伏乞循先代祖宗並有
功臣配享，勅下禮部，會同吏部、翰林院、詹事府、國子監，歷考自仁廟以
下五廟，文武大臣中，從公評究，本末差次，輕重必審其實，必當於理，不
徒虛尙文飾，以苟塞人情，必其功在當時，澤在後世者，然後取以爲配，使
光預元祀之列，則正惟有功者不負，而未有功者，亦知所勸，且足以昭列祖
持盈之功，而又以啓聖子神孫於無窮。其爲裨益，蓋不細也。

乞詔天下臣民冬至日得祀始祖議

　　臣按宋儒程頤嘗修六禮，大署家必有廟，庶人立影堂。廟必有主，月朔
必薦新，時祭用仲月，冬至祭始祖，立春祭先祖。至朱熹纂集《家禮》，則以
爲始祖之祭近於偪，上乃刪去之。自是士庶家無復有祭始祖者。臣愚以爲，
頤深於禮學者，司馬光、呂公著皆稱其有制禮作樂之具，則夫《小記》、《大
傳》之說，不王不禘之義，彼豈有不知哉？而必爾爲者，意蓋有所在也。夫
自三代而下，禮教彫衰，風俗蠹獘。士大夫之家，衣冠之族，尙忘祖遺親，
忽於報本，況匹庶乎！程頤爲是緣情而爲制權宜以設學，此所謂事逆而意順
者也。故曰，人家能存得此等事，雖幼者可使漸知禮義，此其設禮之本意也。
朱熹顧以爲僭而去之，亦不及察之過也。且所謂禘者，蓋五年一舉，其禮最
大。此所謂冬至祭始祖云者，乃一年一行。酌不過三，物不過魚黍羊豕。隨
力所及，特時享常禮焉爾。其禮初不與禘同，以爲僭而廢之，亦過矣。夫萬
物本乎天，人本乎祖。豺獺莫不知報本。人惟萬物之靈也，顧不知所自出，

此有意於人紀者，不得不原情而權制也。邇者平臺召見，面奏前事，伏蒙聖諭，人皆有所本之祖，情無不同，此禮當通於上下，惟禮樂名物，不可僭擬，是爲有嫌，奈何不令人各得報本追遠耶！大哉皇言，至哉皇心。非以父母天下爲王道者，不及此也。臣因是重有感焉。而水木本原之意，惻然而不能自已。伏望皇上擴推因心之孝，詔令天下臣民，許如程子所議，多至祭厥初生民之始祖，立春祭始祖以下、高祖以上之先祖，皆設兩位於其席，但不許立廟，以踰分庶。皇上廣錫類之孝，臣下無禘祫之嫌，愚夫愚婦，得以盡其報本追遠之誠，遡源徂委，亦有以起其敦宗睦族之誼，其於化民成俗，未必無小補云，臣愚不勝悾悾。

請詔天下臣工立家廟議

夫自周以上，自天子以至大夫士，皆各有祖廟，雖庶人亦各薦於寢。至秦罷侯置守，燔經滅學，斯禮乃失。於是天子之外，無敢有營私廟者。迨魏、晉以降，始復廟制，許文武百官立家廟，以官品爲所祀世數之差。然而或位至通貴，猶不營廟，至有官爲立以愧之者，有詔許立廟，群臣無肯倡眾建立，至勤詔旨切責者，是豈獨其禮教衰廢，安故習常而然哉？亦由古今異儀，封爵殊制，事固有礙，而當時禮官，又不能講求典禮，制爲定論，使人有據依。是以當時士大夫，雖有詔旨，顧望疑憚，而不敢即建立耳。臣忝叨禮職，方以爲懲，敢依倣古今，酌爲中制，以俟采擇，布之天下。謹按三代時，有五廟三廟二廟一廟之制者，以其有諸侯，有卿大夫，有上中下士之爵也，而今之官職既與之異，且無家嫡世封之重，又無山川國邑之常，若是而欲竊取古人之制而爲之，是誠所謂刻舟以求劍，膠柱而鼓瑟也，必不獲矣。漢爲曹公立五廟，晉爲安昌公立六代，後魏爲胡珍立五廟。至北齊以下，以從二品以上祀五代，五品以上祀三代，七品以上祀二代。或五廟、四廟、三廟、二廟、一廟。彼皆過於泥古而不可行者也。至宋大儒程頤者出，乃始約之而歸於四世。雖上自公卿，下及士庶，以莫不然。其言曰，自天子至於庶人，五服未嘗異也，皆至高祖。服既如此，則祭亦須如此，其疏數之節，未有可考，但其禮必如此。七廟、五廟，亦只是祭及高祖。若止祭禰，是爲知母而不知父，非人道也。朱熹以爲最爲得祭祀之本意。禮家以爲大夫有事省於其君，于祫及其高祖，此可爲立三廟，而祭及高祖之驗。後儒亦皆謂，程子言有服者，皆不可不祭，其說甚當。由是觀之，則廟數雖有多寡，而祭皆及四親則一也。以是差之，則莫若官自三品以上爲五廟，以下皆四廟。爲五廟者亦如唐制，

五間九架廈，兩旁隔版為五室，中祔五世祖，旁四室祔高曾祖禰。為四廟者，三間五架，中為二室，祔高曾，左右為二室，祔祖禰。若當祀始祖、先祖，則如朱熹所云，臨祭時作紙牌，祭訖焚之。然三品以上，雖得為五廟，若上無應立廟之祖，不得為世祀不遷之祖，惟以第五世之祖，湊為五世，只名曰五世祖，必待世窮數盡，則以今之得立廟者，為世世祀之之祖，而不遷焉。四品以下無此祖矣，惟四世遞遷而已。至於牲宰俎豆等物，惟依官品而設，不得同也。蓋古者四親之廟，有日祭、月祀、時享，疏數之不同，而今皆不可考，不敢妄為之說，然而皆在祭中，不可缺廢，則貴賤一也。是以因其可知，而缺其所不可知，是亦厚於孝養而不為過也。若夫庶人祭於寢，已無可說矣。伏乞詔令天下，使小大庶官，皆得據而為之。凡唐、宋以來，一切三廟、二廟、一廟，四世、三世、二世、一世之制，繁雜破碎，多礙而少通者，一切除去之。一以五室、四室為率。庶幾三代之制，程朱之義，通融貫徹，並行不背，所謂不規規於往古之迹，而亦不失先王之意在是矣。惟聖明斷而行之。幸甚！〔註1〕

附錄二：附表部分

附表1：歷代相關文獻載錄各種祠廟情形一覽表

起建年代	名稱	肇建者	肇　建　沿　革	文獻出處
戰國時代	祠堂	楚之公卿	「楚先王之廟及公卿祠堂。」為「祠堂」一詞見首見於文獻的載述。	王逸著，《楚辭章句・天問》
戰國時代	生祠	庚桑楚	「畏壘之民相與言曰：『庚桑子之始來，吾洒然異之。今吾日計之而不足，歲計之而有餘。庶幾其聖人乎！子胡不相與尸而祝之，社而祭之乎？』庚桑子聞之，南面而不釋然。」趙翼著，《陔餘叢考》卷三十二：「此蓋已開生祠之端。」	《莊子・庚桑楚》
漢代初年	祠堂	城陽王劉章	朱虛侯劉章，齊悼惠王子，漢高祖孫。嘗與周勃平定諸呂之亂，亂平獲封「城陽王」，賜黃金千斤，立二年薨。琅琊、青州六郡及渤海都邑鄉亭聚落，皆為立祠。（頁394）	漢・應劭撰，《風俗通義卷九・怪神・城陽景王祠》

〔註1〕 明・夏言撰，《夏桂洲先生文集》卷十一（北京大學圖書館藏明崇禎十一年（1638年）吳一璘刻本），《四庫全書存目叢書・集部》七十五冊，1997年6月初版一刷，頁526～530。

漢文帝時（西元前 179 年～西元前 157 年間）	生祠	欒布	（欒布）復爲燕相，燕、齊之間皆爲欒布立社，號曰欒公社。《陔餘叢考》卷三十二：「此是生祠之始。」	《史記・季布、欒布列傳》卷一○○
漢武帝元狩元年(西元前 122 年左右)	生祠	石慶	（石慶）爲齊相，舉齊國皆慕其家行，不言而齊國大治，爲立石相祠。《陔餘叢考》卷三十二：「此是生祠之始。」	《史記・萬石、張叔列傳》卷一○三
漢武帝時（西元前 140 年～西元前 87 年）	祠堂	文翁	文翁終於蜀，吏民爲立祠堂，歲時祭祀不絕。至今巴蜀好文雅，文翁之化也。	《漢書・循吏傳》第五十九，頁 1557
漢宣帝地節二年癸丑（西元前 68 年）	祠堂	霍光	霍光薨，諡曰宣成侯，發三河卒穿復土，起冢祠堂，置園邑三百家，長丞奉守如舊法。至霍光子霍禹時，更起三出闕，築神道，北臨昭靈，南出承恩，盛飾祠堂。	《漢書・霍光傳》第三十八，頁 2948
漢宣帝神爵元年庚申（西元前 61 年）	祠堂	朱邑	朱邑，字仲卿，廬江舒人也。少時爲舒桐鄉嗇夫。……以治行第一入爲大司農。……初，邑病且死，屬其子曰：「我故爲桐鄉吏，其民愛我，必葬我桐鄉。後世子孫奉嘗我，不如桐鄉民。」及死，其子葬之桐鄉西郭外，民果然共爲邑起冢立祠。	《漢書・循吏傳》第五十九，頁 1560
王莽篡漢前後	祠堂	龔勝	（龔）勝因敕以棺斂喪事：衣周於身，棺周於衣。勿隨俗動吾家，種柏、作祠堂。	《漢書・龔勝傳》，頁 1372
東漢光武帝起兵時	祠堂	鄧晨	鄧晨，南陽人，與上（東漢光武帝劉秀）起兵新野，吏乃燒晨先祖祠堂，污池室宅，焚其冢墓，宗族皆怒，曰：「家自富足，何故隨婦家入湯鑊中？」晨終無恨色。	《太平御覽・怒》卷四八三，頁 2340
東漢光武帝建武初年	生祠	任延	任延，字長孫，南陽宛人也。……延視事四年，徵詣洛陽，以病稽留，左轉睢陽令，九眞吏人生爲立祠。	《後漢書・循吏列傳》，頁 2462
東漢光武帝建武十七年辛丑（西元 41 年）	祠堂	光武帝爲春陵宗室立	（光武帝）乃悉爲春陵宗室起祠堂。	《後漢書》卷一下
東漢光武帝建武年間（西元 25～57 年間）	祠堂	祭肜	（祭肜）拜遼東太守。……卒，烏桓、鮮卑追思肜無已，每朝賀京師，常過冢拜謁，仰天號泣乃去。遼東吏人爲立祠，四時奉祭焉。	《後漢書・銚期王霸祭遵列傳》，頁 746
東漢光武帝建武年間（西元 25～57 年間）	生祠	李憲	李憲者，穎川許昌人也。……廬江人陳衆爲從事，白歆請得喻降臨；於是乘單車，駕白馬，往說而降之。灊山人共生爲立祠，號「白馬陳從事」云。	《後漢書・王劉張李彭盧列傳》，頁 500～501
東漢明帝永平十七年甲戌（西元 74 年）	祠堂	馬援夫人	（永平）十七年，援夫人卒，乃更脩封樹，起祠堂。	《後漢書・馬援列傳》第二十四，頁 852

東漢和帝永元年間（西元89～105年間）	生祠	韋義	韋義爲廣都長，甘陵、陳二縣令，政甚有績，官曹無事，牢獄空虛。……廣都爲生立廟。及卒，三縣吏民爲義舉哀，若喪考妣。	《後漢書・伏侯宋蔡馮趙牟韋列傳》，頁921
東漢和帝永元年間（西元89～105年間）	祠堂	許荊	荊少爲郡吏。……和帝時，稍遷桂陽太守。……在事十二年，父老稱歌。以病自上，徵拜諫議大夫，卒於官。桂陽人爲立廟樹碑。	《後漢書・循吏列傳》，頁2472
東漢安帝永初二年戊申（西元108年）	祠堂	周嘉	周嘉，字惠文，汝南安城人也。……稍遷零陵太守，視事七年，卒，零陵頌其遺愛，吏民爲立祠焉。	《後漢書・獨行列傳》，頁2676
東漢安帝永初二年戊申（西元108年）	祠堂	王渙	故洛陽令王渙，秉清脩之節，蹈羔羊之義，盡心奉公，務在惠民，功業未遂，不幸早世，百姓追思，爲之立祠。自非忠愛之至，孰能若斯者乎？……延熹中，桓帝事黃老道，悉毀諸房祀，唯特詔密縣存故太傅卓茂廟，洛陽留王渙祠焉。	《後漢書・循吏列傳》，頁2470
東漢和帝永元元年己丑（西元89年）	祠堂	巴郡太守張翕	後太守巴郡張翕，政化清平，得夷人和。在郡十七年，卒，夷人愛慕，如喪父母。蘇祈叟二百餘人，齎牛羊送喪，至翕本縣安溪，起墳祭祀。詔書嘉美，爲立祠堂。	《後漢書・南蠻西南夷列傳》，頁2853
東漢和帝永元四年壬辰（西元92年）	祠堂	清河孝王慶	常以貴人葬禮有闕，每竊感恨，至四節伏臘，輒祭於私室。竇氏誅後，始使乳母於城北遙祠。及竇太后崩，慶求上冢致哀，帝許之，詔太官四時給祭具。慶垂涕曰：「生雖不獲供養，終得奉祭祀，私願足矣。」欲求作「祠堂」，恐有自同恭懷梁后之嫌，遂不敢言。	《後漢書・章帝八王傳》第四十五，頁1801
東漢和帝永元十六年甲辰（西元104年）	祠堂	張酺	張酺薨。帝乘輿縞素臨弔，賜冢塋地，賵贈恩寵異於他相。酺病臨危，勑其子曰：「顯節陵埽地露祭，欲率天下以儉。吾爲三公，既不能宣揚王化，令吏人從制，豈可不務節約乎？其無起祠堂，可作槀蓋廡，施祭其下而已。」（顯節，明帝陵也。明帝遺詔無起寢廟，故言埽地而祭也。）	《後漢書・張酺傳》第三十五，頁1533～1534
東漢安帝永初年間（西元107～113年間）	生祠	王堂	王堂，字伯敬，廣漢郪人也。……永初中，拜巴郡太守。堂馳兵赴賊，斬虜千餘級，巴庸清靜，吏民生爲立祠。	《後漢書・郭杜孔張廉王蘇羊賈陸列傳》，頁1105
東漢	祠堂	京師貴戚，郡縣豪家	古之葬者，厚衣之以薪，葬之中野，不封不樹，喪期無數。……今京師貴戚，郡縣豪家，生不極養，死乃崇喪。或至金縷玉匣，檽梓楩柟，多埋珍寶偶人車馬，造起大冢，廣種松柏，廬舍祠堂，務崇華侈。	《後漢書・王充王符仲長統列傳》，頁1636～1637

漢安帝元初六年己未（西元119年）	宗祠	漢安帝	漢安帝元初六年，立六宗祠於國西北戌亥地，祠儀比泰社。	《宋書·禮志》第一，頁350
漢獻帝建安十八年（西元213年）七月	宗廟	魏公曹操	始建宗廟於鄴，且自以諸侯禮立五廟。曹氏首開肇起建宗廟之風。	《宋書·禮志》，頁443。《通典》卷四十八，頁1340
甘露二年丁丑（西元257年）	祠堂	賈逵	《校勘記》引《魏略》云：「甘露二年，車駕東征，屯項，復入賈逵祠下，詔曰：『夫禮賢之義，或掃其墳墓，或脩其門閭，所以崇敬也。其掃除祠堂，有穿漏者補治之。』」另《陔餘叢考》卷三十二，也有類似載記。	《三國志·魏書·劉司馬梁張溫賈傳》第十五，頁484
蜀漢後主景耀六年癸未（西元263年）	祠堂	諸葛武侯	後主景耀六年詔立丞相諸葛廟於沔陽。（頁88057）	《古今圖書集成·禮儀典》第二四八卷
晉惠帝年間（西元290～306年）	祠堂	范隆	范隆字玄嵩，雁門人。父方，魏雁門太守。隆在孕十五月，生而父亡。年四歲，又喪母，哀號之聲，感慟行路。單孤無緦功之親，疏族范廣愍而養之，迎歸教書，爲立祠堂。隆好學修謹，奉廣如父。	《晉書·列傳》第六十一，頁2352
宋文帝元嘉年間（西元424～453年）	祠堂	郭原平	父喪既終，自起兩間小屋，以爲祠堂。每至節歲烝嘗，於此數日中，哀思，絕飲粥。《南史·列傳》第六十三，頁1801，載記內容相同。	《宋書·列傳》第五十一，頁2244
南朝宋（西元420～479年）	宗廟	宋王劉裕	建宗廟於彭城，從諸侯禮五廟之禮。	《通典》卷四十八，頁1342
齊武帝永明九年辛未（西元491年）	宗祠	王莽	八月，壬辰，又詔議養老及禋于六宗之禮。〔尚書：禋于六宗。而諸儒互說不同〕王莽以易六子，遂立六宗祠。《晉書·志》第九，頁596，內容相近似。	《資治通鑑·齊紀三·世祖武皇帝中》，頁4310
北魏節閔帝普泰元年辛亥（西元531年）	家廟		莊帝立，尒朱榮遣人徵之。紹以爲必死，哭辭家廟。另《北史·穆崇列傳》第八，頁744也有雷同記載。	《魏書·穆崇列傳）第十五，頁672
梁武帝年間（西元502～548年）	祠堂	任昉	出爲新安太守，在郡不事邊幅，率然曳杖，徒行邑郭。卒於官，唯有桃花米二十石，無以爲斂。遺言不許以新安一物還都，雜木爲棺，浣衣爲斂。闔境痛惜，百姓共立祠堂於城南，歲時祠之。	《南史·列傳》第四十九，頁1454
東魏孝靜帝時人（西元538～549年間）	祠堂	韋珍	淮源舊有祠堂，蠻俗恆用人祭之。韋珍乃曉告曰：「天地明靈，即是民之父母，豈有父母甘子肉味！自今已後，悉宜以酒脯代用。」群蠻從約，至今行之。另外，《北史·列傳》第十四，頁958也有相同的記載。	《魏書·列傳》第三十三，頁1013

北周武帝天和年間（西元 566～571 年）	祠堂	崔士謙	士謙外禦強敵，內撫軍人，風化大行，號稱良牧。士謙隨賀拔勝之在荊州也，雖被親遇，而名位未顯；及踐其位，朝野以爲榮。卒於州，闔境痛惜之，立祠堂，四時祭饗。《周書·列傳》第二十七，頁 613，也有相同載述。	《北史·崔士謙傳》，頁 1166
北周武帝天和六年辛卯（西元 571 年）	祠堂	司馬裔	（司馬裔）性清約，不事生業，所得俸祿，竝散之親戚，身死之日，家無餘財。宅宇卑陋，喪庭無所，有詔爲起祠堂焉。	《周書·列傳》第二十八，頁 646
隋煬帝大業二年丙寅（西元 606 年）	祠堂		詔自古來，賢人君子有能樹聲立德，佐世匡時，博利殊功，有益於人者，並宜立祠宇，以時致祭。墳壟之處，不得侵踐。（頁 88058）	《古今圖書集成·禮儀典》卷二四八
隋代（西元 581～618 年間）	家廟	蘇州刺史孔禎僑	據清代諸紹禹撰，《孔宅志六卷》（兩江總督採進本）載，青浦縣治之北，地名孔宅。舊有孔子廟，相傳隋末孔子三十四代裔孫蘇州刺史禎僑寓於吳，乃立家廟，並葬先聖衣冠於此。	《欽定四庫全書總目·史部 33·孔宅志》六卷
唐太宗貞觀十二年（638 年）	家廟	禮部尚書永寧懿公王珪	珪性寬裕，自奉養甚薄。於令，三品已上皆立家廟，〔唐制：三品已上得立廟，祭三代〕珪通貴已久，獨祭於寢。爲法司所劾，上不問，命有司爲之立廟以愧之。另《新唐書·王珪傳》也載記：「（珪）薄於自奉。獨不作家廟，四時祭于寢，爲有司所劾，帝爲立廟媿之，不罪也。世以珪儉不中禮，少之。」	《資治通鑑·唐紀》第一九五卷唐紀十一，頁 1309。《新唐書·王珪傳》，頁 3889
唐太宗貞觀十九年乙巳（645 年）	祠堂	殷太師比干	贈殷比干爲太師，諡曰忠烈，命所司封墓，葺祠堂，春秋祠以少牢，上自爲文以祭之。	《舊唐書·本紀·太宗下》，頁 57
周武則天萬歲通天元年丙申（西元 696 年）	生祠	狄仁傑	初，（狄）仁傑爲魏州刺史，有惠政，百姓爲之立生祠。《太平廣記》第三一三卷，神二十三，頁 8，〈狄仁傑祠〉：「魏州南郭狄仁傑廟，即生祠堂也。」《舊唐書·狄仁傑傳》，《宋史·狄仁傑傳》也都有相關載述。	《資治通鑑·唐紀》第二十三，頁 6552
唐高宗咸亨初（西元 670～674 年間）	家廟	長孫无忌	咸亨初。長孫无忌以讒死，家廟毀頓，齊聃言於帝曰：「齊獻公，陛下外祖，雖後嗣有罪，不宜毀及先廟。	《新唐書·儒學中列傳》第一二四，頁 5661
唐玄宗開元二十九年辛巳（西元 741 年）	家廟	王晙	晙氣貌雄壯，時人謂之有戶部郎中，陽伯城上疏，請晙等墳特乙增修封域，量加表異，降使饗祭，優其子孫。玄宗乃遣使就其家廟祭，仍加其子官秩。熊虎之狀。	《舊唐書·王晙傳》第四十三，頁 2989

唐玄宗開元年間（西元 742～756 年間）	家廟	李靖	璘久將邊將，屬西蕃寇擾，國家倚爲屛翰。前後賜與無算，積聚家財，不知紀極。在京師治第舍，尤爲宏侈。天寶中，貴戚勳家，已務奢靡，而垣屋猶存制度。然衛公李靖家廟，已爲蠻臣楊氏馬廏矣。	《舊唐書・馬璘傳》第一〇二，頁 4066
唐玄宗天寶七年戊子（西元 748 年）五月	祠堂		詔曰，式閭表墓，追賢紀善，事有勸於當時，義無隔於異代。其忠臣義士，史籍所載，德行彌高者，所在置一祠宇，量時致祭。（頁 88059）	《古今圖書集成・禮儀典》卷二四八
唐玄宗天寶十年辛丑（西元 751 年）	家廟	玄琰	詔爲玄琰立家廟，帝自書其碑。	《新唐書・后妃列傳》第一，頁 3495
唐玄宗天寶十年辛丑（西元 751 年）	家廟	貴妃父祖	貴妃父祖立私廟，玄宗御製家廟碑文幷書。	《舊唐書・后妃列傳上》第一，頁 2180
唐肅宗上元元年庚子（西元 760 年）	祠堂	呂諲	呂諲在台司無異稱，及理江陵三年，號爲良守。初郡人立祠，諲歿後歲餘，江陵將吏合錢數十萬，於府西爽塏地大立祠宇。	《舊唐書・良吏傳下》第一三五下，頁 4825
唐肅宗乾元年間（西元 758～760 年）	家廟	顏眞卿	眞卿每與諸子書，但戒嚴奉家廟，恤諸孤，訖無它語。《舊唐書・顏眞卿傳》第七十八，頁 3595，有相同的記載。	《新唐書・顏眞卿傳》，頁 4859
唐代宗永泰初（西元 765～766 年間）	生祠	晉卿	晉卿寬厚，所至以惠化稱。魏人爲營生祠，立石頌美。	《新唐書・列傳》第六十五，頁 4643
唐代宗大曆四年己酉（西元 769 年）	家廟	元戴	八月己卯，虎入長壽坊元載家廟，射生將周皓引弩斃之。《新唐書・志》第二十五，頁 923，也有相同載記。	《舊唐書・本紀》第十，頁 294
唐德宗建中年間（西元 780～783 年）	家廟	楊炎	初，炎將立家廟，先有私第在東都，令河南尹趙惠伯貨之，惠伯爲炎市爲官廨。	《舊唐書・楊炎傳》第六十八，頁 3425
唐德宗貞元年間（西元 785～805 年）	家廟	張弘靖	無何，德陽公主下嫁，治第將侵弘靖家廟。弘靖拜表陳情，具述祖考之德，德宗慰撫之，不令毀廟。	《舊唐書・張延賞傳》第七十九，頁 3610
唐德宗貞元年間（西元 785～805 年）	家廟	趙璟	趙憬性清約，位台宰，而第室童獲猶儒先生家也。得稟入，先建家廟，而竟不營產。	《新唐書・趙璟傳》第七十五，頁 4812
唐順宗永貞元年乙酉（西元 805 年）	祠堂	諸葛亮	但吟杜甫題諸葛亮祠堂詩曰：「出師未捷身先死，長使英雄淚滿襟。」聞者哂之。	《資治通鑑・唐紀》第五十二，頁 7614

唐憲宗元和年間（西元 806～820 年間）	家廟	權德輿	權德輿爲相，立家廟。至元和十二年，復贈太子太保。	《舊唐書‧權德輿傳》第九十八，頁 4002
唐憲宗元和七年壬辰（西元 812 年）	祠堂	永昌公主；義陽、義章二公主	七年，京兆尹元義方奏：「永昌公主準禮令起祠堂，請其制度。」初貞元中，義陽、義章二公主咸於墓所造祠堂一百二十間，費錢數萬；及永昌之制，上令義方減舊制之半。《新唐書‧列傳》列傳第七十一，頁 4741，也有相同載錄。	《舊唐書‧列傳》第九十八，頁 3994
唐武宗會昌六年丙寅（西元 846 年）	家廟	武后	《校勘記》：「東都太廟者，本武后家廟，神龍中中宗反正，廢武氏廟主，立太祖已下神主祔之。」	《舊唐書‧唐宣宗本紀》第十八下，頁 614
唐僖宗中和四年甲辰（西元 884 年）六月	生祠	唐僖宗	六月，陳人感解圍之惠，爲帝建生祠堂於其郡。	《舊五代史‧本紀一‧梁書一》，頁 5
唐昭宗時（西元 889～904 年）	家廟	蕭頃	蕭頃，字子澄，京兆萬年人。時國步艱難，連帥倔強，率多奏請，欲立家廟於本鎮，頃上章論奏，乃止。	《舊五代史‧蕭頃傳》第三十四，頁 786
後梁太祖開平元年丁卯（西元 907 年）	家廟	梁太祖	二月戊申，帝之家廟棟間有五色芝生焉，狀若芙蓉，紫煙蒙護，數日不散。又，是月，家廟第一室神主上，有五色衣自然而生，識者知梁運之興矣。《永樂大典》卷一七一六七，也有是項載錄。	《舊五代史‧本紀三‧梁書三》，頁 45
後周世宗顯德五年戊午（西元 958 年）	生祠	李穀	李穀，字惟珍，穎川汝陰人。……故開國之初，倚以爲相。是歲，淮陰吏民數千詣闕請立生祠，許之，穀懇讓得止。	《宋史‧李穀傳》，頁 9053
宋太宗雍熙八年辛卯（西元 991 年）	家廟		宗景事母孝，居喪如不能勝。居第火冒，急赴家廟，不恤其他，火亦不爲害。	《宋史‧宗室列傳》第四，頁 8703
遼聖宗統和十六年戊戌（西元 998 年）	祠堂	耶律休哥	遼聖宗統和十六年，以耶律休哥留守南京，禦宋有功，詔立祠於南京以祀之（頁 88060）。另王圻纂輯《續文獻通考》卷一一五，也載錄此事（頁 226）。	《古今圖書集成‧禮儀典》第二四八卷
宋眞宗咸平四年辛丑（西元 1001 年）	祠堂	張全義	《文獻通考》云：「咸平四年，詔西京修後唐河南尹張全義祠堂。遣使葺益州諸葛量廟」。（頁 88060）	《古今圖書集成‧禮儀典》第二四八卷
宋仁宗時（西元 1023～1063 年間）	家廟	文潞公	文潞公立家廟於西京。	《家禮‧通禮‧祠堂》
遼道宗清寧年間（西元 1055～1057 年）	祠堂	耶律曷魯	以耶律曷魯佐太祖創業有功，詔立祠于上京（頁 226）。	明‧王圻纂輯《續文獻通考》卷一一五

北宋	祠堂	王競	莊子蒙人也，嘗爲蒙漆園吏，沒千餘歲，而蒙未有祀之者。縣令祕書丞王競始作祠堂。（頁1173）	《宋文鑑卷八十二，蘇軾撰〈莊子祠堂記〉
宋神宗熙寧八年乙卯（西元1075年）	祠堂	閔子騫	天章閣待制、右諫議大夫濮陽李公守濟陽時，「庀工爲（閔子）祠堂，且使春秋修其常事。堂成，具三獻焉。籩豆有列，儐相有位。（頁1179～1180）	《宋文鑑卷八十二，蘇轍撰〈齊州閔子祠堂記〉
宋哲宗元符三年庚辰（西元1100年）	祠堂	顏魯公	元符三年，余友強叔來尹是邑，始爲（顏魯）公作祠堂於其側，而求文以爲記。（頁1202～1203）	《宋文鑑卷八十二，蘇轍撰〈齊州閔子祠堂記〉
宋代	祠堂	相國萊公	相國萊公以讒死南方，有詔歸葬雒陽。道出江陵，江陵之人德公之相天下，又哀其死，遂私作祠堂以爲公歸。	宋·劉敞撰，《公是集·萊公祠堂碑辭》卷四十九
宋仁宗時（1023～1063年間）	家廟	王曙	（王曙）「又請三品以上立家廟，復唐舊制（頁9633）。」「曙辨奸斷獄，爲時良吏，在位又多薦拔名臣，若請群臣立家廟以復古禮，皆知爲政之本焉。」（頁9640）	《宋史·王曙傳》第四十五
宋代	家廟		古命士得立家廟。家廟之制，內立寢廟，中立正廟，外立門，四面牆圍之。非命士止祭於堂上，只祭考妣。	《朱子語類》卷九十
宋代	祠堂	司馬溫公	于是度地作堂，畫公像而禮祀焉。	宋·張耒撰《柯山集·司馬溫公祠堂記》
宋仁宗時（西元1023～1063年間）	生祠塑像並建祠堂	張全義、張亢	張亢，字公壽。其祖張全義守洛四十年，洛人德之，爲立生祠。亢好施輕財，以此人樂爲之用。馭軍嚴明，所至有風跡，民圖像祠之。	《宋史·張亢傳》第八十三，頁10490
宋仁宗天聖四年丙寅（西元1026年）	生祠	張綸	民爲（張）綸立生祠。	《續通鑑·北宋紀》第三十七卷，頁837
宋代	祠堂	相國萊公	相國萊公以讒死南方，有詔歸葬雒陽。道出江陵，江陵之人德公之相天下，又哀其死，相率迎柩。……遂私作「祠堂」以爲公歸。	宋·劉敞撰，《公是集》卷四十九
宋代	生祠	范仲淹	仲淹內剛外和，性至孝，以母在時方貧，其後雖貴，非賓客不重肉。妻子衣食，僅能自充。而好施與，置義莊里中，以贍族人。……爲政尚忠厚，所至有恩，邠、慶二州之民與屬羌，皆畫像立生祠事之。	《宋史·范仲淹傳》第七十三，頁10276

宋仁宗天聖九年辛未（西元1031年）	生祠	王曾	庚午，以吏部尚書、知天雄軍王曾爲彰德節度使，仍知天雄軍遼使者往還，斂車徒而後過，無敢譁者。人樂其政，爲畫像而生祠之。	《續通鑑・北宋紀》第三十八卷，頁878
宋仁宗慶曆元年辛巳（西元1041年）	家廟		自今功臣不限品數，賜私門立戟，文武臣僚許立家廟，已賜門戟者仍給官地修建，令有司檢詳制度以聞。《宋史・本紀》第十一，頁212〜213：「臣僚許立家廟，功臣不限品數賜戟。」	《續通鑑・北宋紀》第四十三卷，頁208
宋仁宗皇祐二年庚寅（西元1050年）	家廟		十二月，甲申朔，詔班三品以上家廟之制。……初，宰臣宋庠請令諸臣建立家廟，下兩制與禮官詳定審度。	《續通鑑・北宋紀》第五十一卷，頁254
元仁宗皇祐年間（西元1049〜1054）	家廟	宋庠	皇祐中，拜兵部侍郎、同中書門下平章事、集賢殿大學士。宋庠嘗請復群臣家廟，而議者不一，卒不果復。	《宋史・宋庠傳》，頁9592
宋仁宗至和年間（西元1054〜1056年間）	家廟	文彥博	至和中，文彥博爲相，請建家廟，事下太常。蘇頌議以爲：「禮，大夫士有田則祭，無田則薦，是有土者乃爲廟也。有田則有爵，無土無爵，則子孫無以繼承宗祀，是有廟者止於其躬，子孫無爵，祭乃廢也。」	《宋史・蘇頌傳》第九十九，頁10859
宋高宗紹興中（西元1131〜1162年間）	祠堂	顏魯公	立顏魯公祠于溫州，以魯公爲唐室忠臣，悉官其後，爲天下臣子勸，令塑像而祀之（頁236）。	明・王圻纂輯《續文獻通考》卷一一五
宋高宗紹興七年丁巳（西元1137年）	家廟	秦檜	嘗會賓客觀秦檜家廟記，口誦「君子之澤，五世而斬」之句。	《宋史・宗室列傳》第三，頁8684
金熙宗天眷中（西元1138〜1140年間）	生祠	劉徽柔	洪洞令劉徽柔斷叔殺姪事，小民驚服，爲立生祠（頁226）。	明・王圻纂輯《續文獻通考》卷一一五
宋高宗紹興十六年壬戌（西元1142年）	家廟	太后	先是，以梓宮未還，詔中外輟樂。至是，慶太后壽節，始用樂。謁家廟，親屬遷官幾二千人。《校勘記》：「謁家廟，親屬遷官幾二千人。」「二千」當爲「二十」之誤。」（頁8662）	《宋史・后妃列傳下》第二，頁8642
宋高宗紹興十六年丙寅（西元1146年）	家廟	太師、左僕射、魏國公秦檜等	紹興十六年二月癸丑，詔太師、左僕射、魏國公秦檜合建家廟，命臨安守營之。太常請建於其私第中門之左，一堂五室，五世祖居中，東二昭，西二穆。堂飾以黝堊。神板長一尺，博四寸五分，厚五寸八分，大書某官某大夫之神坐，貯以帛囊，藏以漆函。歲四享用孟月柔日行之，具三獻。有司言時享用常器常饌，帝倣政和故事，命製祭器賜之。其後，太傅昭慶節度平樂郡王韋淵、太尉保慶節度吳益、少傅寧遠節度楊存中並請建家廟，賜以祭器。	《宋史・志》第六十二，頁2633

宋代	祠堂肖像		太傅與楚公祠堂、肖像具存。	陸游撰，《渭南文集‧法雲寺觀音殿記》卷十九，頁16
金世宗大定間（西元1161～1163年間）	生祠	張萬公	長社令張萬公論土寇數萬人，使不爲鄉里親戚害，眾感悟，相率而去，邑人賴之，爲立生祠。	明‧王圻纂輯《續文獻通考》卷一一五
宋孝宗隆興二年甲申（西元1164年）	家廟	吳璘	少師、四川宣撫使吳璘請建家廟，並賜以祭器。	《宋史‧禮志》第六十二，頁2634
宋孝宗乾道元年乙酉（西元1165年）	家廟	皇后	五月庚戌，以璘爲太傅，封新安郡王。丙辰，詔有司治皇后家廟。	《宋史‧本紀》第三十三，頁631
宋孝宗乾道二年丙戌（西元1166年）	家廟	皇后	乾道二年，謁家廟，親屬推恩十一人。	《宋史‧后妃列傳下》第二，頁8651
宋孝宗乾道四年戊子（西元1168年）	家廟	皇后	后益驕奢，封三代爲王，家廟逾制，衛兵多於太廟。后歸謁家廟，推恩親屬二十六人、使臣一百七十二人，下至李氏門客，亦奏補官。中興以來未有也。	《宋史‧后妃列傳下》第二，頁8654
宋孝宗乾道八年壬辰（西元1172年）	家廟	虞允文	九月戊寅，以虞允文爲少保、武安軍節度使、四川宣撫使，封雍國公。己丑，賜允文家廟祭器。另《續資治通鑑‧南宋紀》第一四三卷，頁788；《宋史‧禮志》第六十二，頁2634，也都有相同的載錄。	《宋史‧本紀》第三十四，頁654
宋孝宗淳熙五年戊戌（西元1178年）七月	家廟	韓世忠	戶部尚書韓彥古請以賜第建父世忠家廟如存中。十二月，少傅保寧節度衛國公史浩請建家廟，量賜祭器。	《宋史‧禮志》第六十二，頁2634
宋光宗紹熙二年辛亥（西元1191年）	家廟	皇后	（宋光宗二年）二月庚辰朔，大雨雪。……乙酉，詔以陰陽失時，雷雪交作，令侍從、臺諫、兩省、卿監、郎官、館職，各具時政闕失以聞。出米五萬石賑京城貧民。權罷修皇后家廟。	《宋史‧本紀》第三十六，頁700
宋寧宗嘉泰元年辛酉（西元1201年）	家廟	韓琦、張俊、劉光世等相繼建廟	太傅、永興節度、平原郡王韓侂胄奏：「曾祖琦效忠先朝，奕世侑食，家廟猶闕，請下禮官攷其制建之。」二年，循忠烈王張俊，開禧三年，鄜武僖王劉光世，子孫相繼有請，皆從之。	《宋史‧禮志》第六十二，頁2634
宋寧宗嘉泰年間（西元1201～1204年間）	家廟	韓侂胄、文彥博	爲秦檜、韓侂胄立廟，而制終未定。考宋‧龔鼎臣《東原錄》，稱文彥博家廟不作七間，乃用唐杜岐公家舊式。	清‧毛奇齡撰，《辨定祭禮通俗譜五卷》

金宣宗至寧三年乙亥（西元1215年）	家廟	承暉	承暉起，辭謁家廟，召左右司郎中趙思文與之飲酒，謂之曰：「事勢至此，惟有一死以報國家。」	《金史·承暉傳》第三十九，頁2226
宋寧宗嘉定十四年辛巳（西元1221年）八月	家廟	史彌遠	詔右丞相史彌遠賜第，遵淳熙故事賜家廟，命臨安守臣營之，禮官討論祭器，並如佑胄之制。另《宋史·本紀》第四十，及《續資治通鑑·南宋紀》第一六二卷，頁902，也載錄此事。	《宋史·禮志》第六十二，頁2634
金哀宗期間（西元1224～1232年間）	生祠	王浩	王浩，由吏起身，初辟涇陽令，廉白為關、輔第一。所在有善政，民絲毫無所犯，秦人為立生祠，歲時思之。	《金史·列傳》第六十六，頁2774
宋理宗寶慶三年（西元1227年）	祠堂	林沖之父子	理宗寶慶三年，即莆田林氏所居立忠義祠，祀林沖之父子。	明·王圻纂輯《續文獻通考》卷一一五
宋理宗景定三年壬戌（西元1262年）	家廟	丞相賈似道	給緡錢百萬，建第于「集芳園」，就置家廟。另《宋史·本紀》第四十五，頁879也記載：「（宋理宗）三年春正月庚午，賜賈似道第宅于集芳園，給緡錢百萬，就建家廟。」《宋史·志》第六十二則記：「景定三年，詔丞相賈似道賜家廟，命臨安守、漕營度，禮官討論賜祭器，並如儀。」	《續資治通鑑·南宋紀》第一七六卷，頁985
宋度宗咸淳三年丁卯（西元1267年）	家廟	皇后	度宗立，咸淳三年正月，冊為皇后。追贈三代，賜家廟、第宅。	《宋史·后妃列傳》第二，頁8661
宋代	家廟		公為參知政事時，告諸子曰：吾貧時與汝母養吾親，汝母躬執爨，而吾親甘旨未嘗充也。今而得厚祿，欲以養親，親不在矣，汝母亦已早世，吾所最恨者，忍令若曹享富貴之樂也？吾吳中宗族甚眾，于吾固有親疏，然吾祖宗視之，則均是子孫，固無親疏也。苟祖宗之意無親疏，則饑寒者吾安得不恤也？自祖宗來，積德百餘年而始發于吾，得至大官。若獨享富貴而不恤宗族，異日何以見祖宗于地下，今何顏入家廟乎？于是恩例俸賜，常均于族人，并置義田宅云。	黃宗羲撰，《宋元學案·高平學案·小學外篇》卷三，頁8
宋代	家廟		〈附錄〉：「東坡盛時，李公麟至為畫家廟像。及南遷，遇其子弟，障面過之。以道以此薄其為人，盡棄其畫。」	黃宗羲撰，《宋元學案·景迂學案》卷二十二，頁105
宋代	家廟	朱熹	黃勉齋狀其行曰：其閒居也，未明而起，深衣幅巾方履，拜于家廟，以及先聖。……其祭祀者，事無纖鉅，必誠必敬。小不如儀，則終日不樂。已祭無違禮，則油然而喜。死喪之禮，哀戚備至；飲食衰絰，各稱其情。	黃宗羲撰，《宋元學案·晦翁學案下》卷四十九，頁83～86

宋代	家廟	黃敬齋	〈錄參黃敬齋先生樵仲〉:「黃樵仲,字道夫,龍溪人,御史預之孫,號敬齋。登淳熙第。居家每旦率子弟衣冠見家廟,退則默坐終日,飲食衣服不求鮮美。居喪三年,人未嘗見其有笑容。」	黃宗羲撰,《宋元學案・晦翁學案下》卷四十九,頁94
宋代	家廟	姚樞	蒙古伊囉斡齊在燕,唯事貨賂,以樞為幕官長,分及之,樞一切拒絕,因辭職去。攜家往輝州蘇門山,作家廟,別為室奉孔子及宋儒周、程、張、邵、司馬六君子像,刊《小學》、《四書》并諸經傳注以惠後學,讀書鳴琴,若將終身。	黃宗羲撰,《宋元學案・魯齋學案》卷九十,頁134
宋代	家廟	王存	〈尚書王先生存〉:「王存,字正仲,丹陽人。……先生嘗悼近世學者,貴為公卿,而祭祀其先,但備庶人之制。及歸老築居,首營家廟。」	黃宗羲撰,《宋元學案・元祐學案》卷九十六,頁121～122
南宋	祠堂	濂溪、明道、伊川、朱熹	朱熹為漳州守,建三先生祠以祀濂溪、明道、伊川,而繼守趙汝讜并塑文公像,為四先生祠。(頁88070)	《古今圖書集成・禮儀典》卷二四八
元世祖時人(西元1271～1294年間)	家廟	姚樞	姚樞字公茂,柳城人,後遷洛陽。……樞攜家來輝州,作家廟,別為室奉孔子及宋儒周惇頤等象(像),刊諸經,惠學者,讀書鳴琴,若將終身。	《元史・姚樞傳》第四十五,頁3711
元世宗時	祠堂	耶律楚材	元世宗時,中書令耶律楚材卒,建祠於河南輝縣祀之(頁237)。	明・王圻纂輯《續文獻通考》卷一一五
元武宗至大四年辛亥(西元1311年)	祠堂	伯顏	武宗至大四年二月庚子,仁宗即位,立淮安忠武王伯顏祠於杭州,仍給田以供祀事。春秋祀以少牢。(頁88063)	《古今圖書集成・禮儀典》卷二四八
元仁宗皇慶元年壬子(西元1312年)	祠堂	丞相阿珠(舊作阿朮)	乙丑,命河南省建故丞相阿珠(舊作阿朮。)祠堂。《宋史・仁宗本紀》,頁551作:「乙丑,命河南省建故丞相阿朮祠堂。」《古今圖書集成・禮儀典》卷二四八,頁88063則載:「仁宗皇慶元年,三月乙丑,命河南省建故丞相阿朮祠堂。」	《續通鑑・元紀》第一九八卷,頁5386。王圻纂輯《續文獻通考》卷一一五
元英宗至治年間(西元1321～1323年間)	家廟	張珪	比奉明詔,還給元業,子孫奉祀家廟,修葺苟完,未及寧處,復以其家財仍賜舊人,止酬以直,即與再籍斷沒無異。	《元史・張珪傳》第六十二,頁4078
元英宗至治年間(西元1321～1323年間)	家廟	右丞相拜住	大臣家廟,惟至治初右丞相拜住得立五廟,同堂異室,而牲器儀式未聞。	《元史・志》第二十七,頁1905

元英宗至治二年壬戌（西元1322年）	祠堂	木華黎	（二年三月己丑）命有司建木華黎祠於東平，仍樹碑。明·王圻纂輯《續文獻通考》卷一一五，頁237，也載記此事。	《元史·英宗本紀二》，頁621
元英宗至治二年壬戌（西元1322年）	祠堂	淮安忠武王伯顏	（三年十二月丙戌）賜淮安忠武王伯顏祠祭田二十頃。	《元史·英宗本紀二》，頁6263
元順帝至元六年庚辰（西元1340年）	家廟	朱文公	順帝至元六年，徽州知州宇文傳復建朱氏家廟，以祀朱文公父子，又撥田以供祀事。又婺源縣建鄉賢祠，亦祀文公（頁237）。	明·王圻纂輯《續文獻通考》卷一一五
明洪武二年己酉（西元1369年）	家廟	郭子興	太祖洪武二年，立滁陽王廟以祀郭子興。至是又立廟墓次祀之，以其鄰家宥氏世爲奉祀，守王墳十六年。	明·王圻纂輯《續文獻通考》卷一一五
明世宗嘉靖二年癸未（西元1523年）	家廟	黎貫	嘉靖二年，帝從玉田伯蔣輪請，於承天立興獻帝家廟，以輪子榮奉祀。貫言：「陛下信一諛臣之說，委祀事於外戚。神不歆非類，獻帝必將吐之。」	《明史·黎貫傳》第九十六，頁5501
明代	宗祠	董緒	倪美玉，年十八歸董緒。緒居喪過毀得疾，謂妻曰：「吾無兄弟，又無子。吾死，父母祀絕矣。當以吾屋爲小宗祠，置祀田數畝，小宗人遞主之，春秋享祀，吾父母獲與焉，吾無憾矣。汝必以此意告我叔父而行之。」	《明史·列傳》第一九一，頁7741
明毅宗崇禎年間（西元1628～1644）	家廟	蕭漢	漢，字雲濤，南豐人。崇禎十年進士。秩滿將行，賊薄城，即辭家廟，授帨於妾滕曰：「男忠女烈，努力自盡。」遂出登陴，拒守五晝夜。	《明史·蕭漢傳》第一五一，頁6797
明毅宗崇禎七年戊寅（西元1634年）	家廟	侯峒曾	大清兵來攻，峒曾乞師於吳淞總兵官吳志葵。志葵遣遊擊蔡祥以七百人來赴，一戰失利，束甲遁，外援遂絕，城中矢石俱盡。七月三日大雨，城隅崩，架巨木支之。明日雨益甚，城大崩，大清兵入。峒曾拜家廟，挈二子元演、元潔並沈於池。	《明史·侯峒曾傳》第一六五，頁7100
明毅宗崇禎十一年戊寅（西元1638年）	家廟	王瑞栴	福王時，召爲太僕少卿，極陳有司虐民之狀，旋告歸。唐王召赴福建，仍故官，未幾復歸。及閩地盡失，溫州亦不守，避之山中。有欲薦令出者，乃拜辭家廟，從容入室自經死。	《明史·王瑞栴傳》第一六四，頁7074
明代	家廟		《明儒學案·南中王門學案一·薛芳山記述》：「古諸侯多天子繼別之支子，故不得犯天子以祭始祖；大夫多諸侯繼禰之支子，故不得犯諸侯以祭先祖。漢、唐以來，則無是矣。禮以義起，報宜從厚，今士大夫之家廟，雖推以祭始祖亦可也。」	明·黃宗羲撰，《明儒學案》卷二十五，頁68

明代	祠堂		明‧羅欽順撰，《整菴存稿》：「今吾鄉大族，往往皆有祠堂。」	明‧羅欽順撰，《整菴存稿》，頁27
清順治四年丁亥（西元1647年）	家廟	霍子衡	霍子衡援筆大書「忠孝節烈之家」六字，懸中堂，易朝服，北向拜。又易緋袍，謁家廟，先赴井死。妾從之，應蘭偕妻梁氏及一女繼之，應荃、應芷偕其妻徐氏、區氏又繼之。惟三孫得存。有小婢見之，亦投井死。	《明史‧而炫傳》第一六六，頁7131
清順治四年丁亥（西元1647年）	家廟	張家玉	覺斯怨家玉甚，發其先壟，毀及家廟，盡滅家玉族，村市爲墟。家玉過故里，號哭而去。道得眾數千，取龍門、博羅、連平、長寧，遂攻惠州，克歸善，還屯博羅。	《明史‧張家玉傳》第一六六，頁7133
清康熙十七年戊午（西元1678年）	家廟	遏必隆	十七年，孝昭皇后崩，遏必隆爲后父，降旨推恩所生，敕立家廟，賜御書榜額。	《清史稿‧列傳》第三十六，頁8362
清康熙四十六年丁亥（西元1707年）	家廟		二月戊戌，次臺莊，百姓來獻食物。召耆老前，詳詢農事生計，良久乃發。癸卯，上閱淄淮套，由清口登陸，如曹家廟，見地勢毗連山嶺，不可疏鑿，而河道所經，直民廬舍墳墓，悉當毀壞。另該書《列傳》第六十五，頁8699也有相似的載述。	《清史稿‧本紀》卷八，頁260
清乾隆十四年己巳（西元1749年）	宗祠	大學士傅恆	十四年，以李榮保子大學士傅恆經略金川功，敕建宗祠，祀哈什屯、米思翰、李榮保。	《清史稿‧列傳》第五十五，頁8600
清代	宗祠	方苞	方苞爲學宗程、朱，尤究心春秋、三禮，篤於倫紀。既家居，建宗祠，定祭禮，設義田。	《清史稿‧列傳》第七十七，頁8861
清代	宗祠		這年賈政又點了學差，擇於八月二十日起身。是日拜過宗祠及賈母，便起身而去，寶玉諸子弟等送至洒淚亭。（頁298）	《紅樓夢》第37回〈秋爽齋偶結海棠社，蘅蕪院夜擬菊花題〉
清代	祠堂		劉老老道：「因爲老爺太太痛的心肝兒似的，蓋了那祠堂，塑了個像兒，派了人燒香兒撥火的。如今年深日久了，人也沒了，廟也爛了，那泥胎兒可就成了精咧。」（頁324）	《紅樓夢》第39回〈村老老是信口開河，情哥哥偏尋根究底〉
清代	宗祠		且說賈珍那邊，開了宗祠，著人打掃，收拾供器，請神主，又打掃上房，以備懸供遺影像。此時榮寧二府內外上下，皆是忙忙碌碌。（頁444）	《紅樓夢》第53回〈寧國府除夕祭宗祠，榮國府元宵開夜宴〉

清代	宗祠		已到了臘月二十九日了，各色齊備，兩府中都換了門神、對聯、掛牌，新油了桃符，煥然一新。寧國府從大門、儀門、大廳、暖閣、內廳、內三門、內儀門並內塞門，直到正堂，一路正門大開，兩邊階下一色朱紅大高燭，點的兩條金龍一般。次日，由賈母有誥封者，皆按品級著朝服，先坐八人大轎，帶領著眾人進宮朝賀行禮，領宴畢回來，便到寧府暖閣下轎。諸子弟有未隨入朝者，皆在寧府門前排班伺侯，然後引入宗祠。且說寶琴是初次，一面細細留神打諒這宗祠，原來寧府西邊另一個院子，黑油柵欄內五間大門，上懸一塊匾，寫著是「賈氏宗祠」四個字。（頁448）	《紅樓夢》第53回〈寧國府除夕祭宗祠，榮國府元宵開夜宴〉
清代	宗祠		十七日一早，又過寧府行禮，伺候掩了宗祠，收過影像，方回來。此日便是薛姨媽家請吃年酒。（頁463）	《紅樓夢》第54回〈史太君破陳腐舊套，王熙鳳效戲彩斑衣〉
清代	宗祠		這日寶玉清晨起來，梳洗已畢，便冠帶了，來至前廳院中，已有李貴等四五個人在那裏設下天地香燭，寶玉炷了香，行了禮，奠茶焚紙後，便至寧府中宗祠祖先堂兩處行畢了禮。出至月台上，又朝上遙拜過賈母，賈政、王夫人等。（頁529）	《紅樓夢》第62回〈憨湘雲醉眠芍藥裀，獃香菱情解石榴裙〉
清代	家廟		話說賈璉自在梨香院伴宿七日夜，天天僧道不斷做佛事。賈母喚了他去，吩咐不許送往家廟中，賈璉無法，只得又和時覺說了，就在尤三姐之上點了一個穴，破土埋葬。（頁611）	《紅樓夢》第七十〈林黛玉重建桃花社，史湘雲偶填柳絮詞〉
清代	祠堂		次日一早起來，乃是十五日，帶領眾子姪開祠行朔望之禮。細察祠內，都仍是照舊好好的，並無怪異之跡。賈珍自以爲醉後自怪，也不提此事。禮畢，仍舊閉上門，看著鎖禁起來。（頁666）	《紅樓夢》第75回〈開夜宴異兆發悲音，賞中秋新詞得佳讖〉
清代	宗祠		次早，賈政辭了宗祠，過來拜別賈母，稟稱：「不孝遠離，惟願老太太順時頤養。兒子一到任所，即修稟請安，不必挂念。」（頁866）	《紅樓夢》第97回〈林黛玉焚稿斷痴情，薛寶釵出閨成大禮〉
清代	祠堂宗祠		「然後弟兄相見，眾子姪拜見，定了明日清晨拜祠堂」「命眾家人不必伺候，待明早拜過宗祠，然後進見。」（頁918）「次日一早，至宗祠行禮，眾子姪都隨往。」（頁919）	《紅樓夢》第104回〈醉金剛小鰍生大浪，痴公子餘痛觸前情〉

| 清代 | 家廟 | 孔禎僑 | 青浦縣治之北，地名孔宅。舊有孔子廟，相傳隋末孔子三十四代裔孫蘇州刺史禎僑寓於吳，乃立家廟，並葬先聖衣冠於此。 | 《四庫總目・史部・孔宅志六卷》 |

資料來源：歷代各種相關文獻。

附表2：歷代相關文獻載錄各種祠廟統計表

朝 代	宗 廟	祠 堂	生 祠	家 廟	宗 祠	合 計	百分比
戰 國	0	1	1	0	0	2	1.36%
漢 代	1	17	6	0	0	24	16.33%
魏 晉	1	9	0	1	0	11	7.48%
隋 代	0	1	0	1	0	2	1.36%
唐 代	0	5	3	14	0	22	14.97%
五 代	0	0	1	1	0	2	1.36%
宋遼金	0	13	7	30	0	50	34.02%
元 代	0	5	0	4	0	9	6.12%
明 代	0	2	0	6	0	8	5.44%
清 代	0	2	0	6	9	17	11.56%
祠廟總數	2	55	18	63	9	147	100%
百分比	1.36%	37.40%	12.23%	42.89%	6.12%	100%	

資料來源：本論文統計所得。

附表3：歷代墓祭一覽表

時 間	人 物	墓 祭 情 況	文 獻 出 處
漢代	原 涉	（原涉）欲上冢，不欲會賓客，密獨與故人期會。……會涉所與期上冢者車數十乘到，皆諸豪也，共說尹公。	《漢書・游俠傳》卷第六十二，頁3717
漢代	朱買臣	朱買臣，字翁子，吳人也。……其後，買臣獨行歌道中，負薪墓間。故妻與夫家俱上冢，見買臣饑寒，呼飯飲之。	《漢書・朱買臣傳》卷第三十四上，頁2791
東漢	雷 義	（雷）義歸，舉茂才，讓於陳重，刺史不聽，義遂陽狂被髮走，不應命。……義遂爲守灌謁者。《校勘記》：「謁者灌桓，疑本作『灌神』。墓祭非吉祭，朝夕上食，不灌也。」	《後漢書・獨行列傳》卷第七十一，頁2688～2701

漢光武帝	宋　均	光武嘉其功，迎賜以金帛，令過家上冢。	《後漢書・列傳》卷第三十一，頁 1412
光武建武二年丙戌（26 年）	馮　異	建武二年春。……詔（馮）異歸家上冢，使太中大夫齎牛酒，令二百里內太守、都尉已下及宗族會焉。	《後漢書・列傳》卷第七，頁 645
光武建武六年庚寅（33 年）	王　常	六年春，徵（王常）還洛陽，令夫人迎常於舞陽，歸家上冢。	《後漢書・列傳》卷第五，頁 581
光武建武六年庚寅（33 年）	岑　彭	六年冬，徵彭詣京師，數召讌見，厚加賞賜。復南還津鄉，有詔過家上冢，大長秋以朔望問太夫人起居。	《後漢書・列傳》卷第七，頁 659
光武建武十三年丁酉（37 年）	吳　漢	正月，吳漢振旅浮江而下。至宛，詔令過家上冢，賜穀二萬斛。	《後漢書・列傳》卷第八，頁 682
光武建武十三年丁酉（37 年）	伏　湛	（伏湛）十三年夏病卒。賜祕器，帝親弔祠，遣使者送喪脩冢。	《後漢書・列傳卷》卷第十六，頁 897
漢明帝永平元年戊午（58 年）		永平元年，（明）帝率公卿已下朝於原陵，如元會儀。《校勘記》引《漢官儀》曰：「古不墓祭。秦始皇起寢於墓側，漢因而不改。諸陵寢皆以晦、望、二十四氣、社、臘及四時上飯。」	《後漢書・顯宗孝明帝紀》第二，頁 99
漢章帝建初七年壬午（82 年）	韋　彪	乃厚賜彪錢珍羞食物，使歸平陵上冢。	《後漢書・列傳》卷第十六，頁 917
漢和帝時（89～105）	韓　棱	遷南陽太守，特聽（韓）棱得過家上冢，鄉里以爲榮	《後漢書・列傳》卷第三十五，頁 1536
宋文帝元嘉二十六年己丑（449 年）	何無忌	宋文帝天嘉（按，應爲元嘉之誤）二十六年三月，遣使祭晉故司空忠肅公何無忌之墓。	《古今圖書集成・名宦鄉賢祀典部》卷二四八，頁 88058
北魏孝文帝太和十八年甲戌（494 年）	比　干	北魏孝文帝太和十有八年春正月癸亥車駕南巡，戊辰經比干之墓，祭以太牢。	《古今圖書集成・名宦鄉賢祀典部》卷二四八，頁 88058
唐太宗貞觀四年庚寅（630 年）	杜如晦等	《舊唐書・太宗本紀》：「貞觀四年九月壬午勅，自古賢臣烈士墳墓無得芻牧，令春秋致祭。」「貞觀七年癸巳（633 年）詔以少牢祭杜如晦等之墓。」	《古今圖書集成・名宦鄉賢祀典部》卷二四八，頁 88058
宋太祖開寶三年庚午（970 年）		開寶三年詔，前代功臣烈士勳業，置守冢，禁樵采各有差。	《古今圖書集成・名宦鄉賢祀典部》卷二四八，頁 88060

資料來源：歷代各種相關文獻。

附錄三：碑文部分

碑文 1：〈浯江陳氏祠堂記〉，後浦陳氏祠堂門楣內側木質匾

我陳氏之占籍浯江也，肇自盛唐。五季以來，子姓繁衍有人。聞其源胥出自漢太傅公之後，至季屢遭兵燹，譜牒或不全，然沿流溯源其蹟可緬而探也。顧各鄉雖有小宗，而後浦爲官商所聚，尤宜立一總祠，崇祀太傅公，春秋享報，俾族眾以時聚首，亦親親睦族之意歟！維是擇地難、籌費難，以及圖於始而底於成尤難乎其難，請略陳之：查同治間，以金右營駐移湄江，而衙署遂廢。據堪輿家稱，是地山水凝聚，堪以建造祠堂。乃前人極意營謀，訖難就緒者，則時猶有待也。才不敏，竊思官廨雖廢，容有主者。適提軍朱公蒞任協憲，雅相過從，爲陳下情藩憲周公，幸蒙議准，遂命在地文武會同踏勘丈量估價覆，藩憲特命才等繳納公款紋銀貳仟兩，即飭令將右府舊廨及所屬地段交給才等掌管，任令自行拆卸，改造屋宇，創建祠堂，永爲陳氏之業。光緒貳拾捌年拾月立案炳據，才因兩度晉省與司事諸君妥談，承接完竣。凡往來酬應，費亦不貲，才是以先行挪借支應，一切事既成矣。而起蓋之費尤鉅，才又兩赴南洋，幸宗親諸君，力爲招呼，訂議進主中央一位貳佰伍拾元，東一位壹佰柒拾元，西一位壹佰伍拾元，合內地、外洋宗親共題銀參萬捌仟零捌拾肆元伍角零壹，才由是鳩工庀材，召匠興建，監敝峨然煥然，甚盛舉也。是役也，計土木磚石彩畫工料等費，凡貳萬柒仟零參拾玖元肆角捌占，合從前春祭祀業、繳價應酬、往來伸謝、旅費慶成，及祠內一切物器，共費銀參萬柒仟捌佰零柒角貳占參有奇，載在簿據，可覆核也。嗟呼！煌煌祀典，所有購地籌款，經始圖終，以留貽累業者，其艱鉅爲何如，豈偶然哉？是必我祖冥漠之中實默相之，又得旅中諸君贊成之力耳，豈才一人區區綿薄所能及此？才又何敢畏其煩難，而弗始終任勞任怨，以竭蹶從事哉！繼今我族姓之登斯堂者，尚念前人締造之難，相與護持而擴充之，繼長增高而勿替之，是又才與譜諸君之所厚望也。役既成矣，援識其顛末於此。

二品封職鸞井派裔孫佐才皎如識

大清宣統二年歲在庚戌初冬之吉

碑文 2：〈陸（祿）位廳由來〉，左側翼廊壁石刻碑

本潁川堂建祠時，面臨多重困難，幸芳微、卓生、啓鳳、芳高、佐才、廷篆六位先賢，運籌帷幄，於是順利完成建祠工作，爲感念前人締造之難，

特在東廂房設陸（祿）位廳，予以供奉。

碑文3：〈潁川堂東廂改建誌略〉，左側翼廊壁石刻碑

　　崇隆俎豆，所以追思。祖遠綿嬗，無盡孝思。肇建宗祠，蓋欲昭示子孫，步繩祖武，豈徒囿於一族之昌隆，實有裨於社會之風尚。我潁川陳氏宗祠肇建於遜清光緒之季，俞奐啓祥，蒸嘗承緒，蓋逾六十年矣，其所啓迪於族眾者，邈能筆述，歲次癸卯之夏，為應縣區擴建，集議以祠之東廂改建市樓，卓凡等受命董其事，經營逾月，樂觀厥成，於是有祠堂以祀元祖列宗，有孳息以營千秋簠簋，援誌涯略，共勉來茲。

　　潁川堂宗祠　主任委員：卓凡

　　改 建 委 員 會 委 員：篤樹、天賜、德輝、永思、德馨、安慈、
　　　　　　　　　　　　　　景賀、勝文

　　潁川堂湖籍子嗣國柱敬撰並書

　　中華民國五十二年歲次癸卯孟秋穀旦

碑文4：〈金門陳氏大宗祠修建誌〉，左側翼廊壁石刻碑

　　本宗祠創建於民前八年，迨民國六十三年重修，距時七十餘載。全部重修工程，仍保持原有構造加以修葺，惟有大廳堂大方紅磚無法修補，改用水泥石子磨光。支付工料費用，籌措來源，以本宗祠店屋租金、主位收入，暨宗親自動捐獻等，故捐新台幣壹佰參拾餘萬元。茲值重修既畢，展望今後。為團結宗親力量，促進情感，益增鞏固，發揚互助、孝悌、忠信、友愛傳統美德，維護吾祖吾宗開創之基業，此乃吾宗十三鄉代表參與其盛事者，所共同願望也。

　　謹銘石為記，碑藉吾族世代綿延，知所遵循，本宗祠歷代文武官職表，書在木版上，時日已久，稍有湮沒。此次宗祠重修，乃改刻石以誌永久並識。

　　金門陳氏大宗祠修建委員會

　　主 任 委 員：卓凡

　　副主任委員：篤樹

　　委　　　　員：期勅、天賜、德輝、永思、德馨、期從、清霖、永安、
　　　　　　　　　安茨、老全、文編、朝石、春喜、清樂、康熙、永果、
　　　　　　　　　勝文、景賀、六一、忠信、海龍、炳水、水琛、榮泰、

再權、澤安、寶鐵、佳和、清海、維雄、台和、春元、
天賜、清川、錫琛、依煌、加東、坤爵、金土、媽答、
清南、加文、水木、詩泉、慶耀、宗元

中華民國六十八年元月

參考文獻

一、傳世文獻（按年代、姓氏筆劃排列）

（一）經　部

1. 周・左丘明傳，晉・杜預注，唐・孔穎達疏，民國・楊伯峻編著，《春秋左傳注》，高雄：復文書局，1991 年 9 月再版。

2. 漢・董仲舒，《春秋繁露》（據宋嘉定四年江右計臺刻本影印），《北京圖書館古籍珍本叢刊》，北京：書目文獻出版社。

3. 漢・董仲舒，民國・賴炎元註譯，《春秋繁露今註今譯》，臺北：臺灣商務印書館，2003 年 6 月初版第五刷。

4. 漢・劉熙，《釋名》（上海涵芬樓《古今逸史》叢書本），李學勤主編，《中華漢語工具書書庫》五十一冊，安徽：教育出版社，2002 年 1 月。

5. 漢・鄭玄，《駁五經異義》，《文淵閣四庫全書本・經部》，臺北：臺灣商務印書館，1986 年 7 月。

6. 漢・戴德，清・王聘珍撰，《大戴禮記解詁》，臺北：世界書局，1974 年 5 月三版。

7. 東漢・崔寔，唐鴻學校輯，《四民月令》（民國大關唐氏成都刊怡蘭堂叢書本），《歲時習俗資料彙編》，臺北：藝文印書館，1970 年 12 月。

8. 東漢・許慎，清・段玉裁注，《說文解字注》，臺北：天工書局，1998 年 8 月。

9. 晉・郭璞注，宋・邢昺疏，民國・李傳書整理，《爾雅注疏》，臺北：臺灣古籍出版社，2001 年 11 月。

10. 唐・陸德明，《經典釋文》，《文淵閣四庫全書本・經部》，臺北：臺灣商務印書館，1986 年 7 月。

11. 宋・司馬光,《書儀》,《文淵閣四庫全書本・經部》一四二冊,臺北:臺灣商務印書館,1986 年 7 月。

12. 宋・司馬光,《溫公書儀》(據清嘉慶張海鵬輯刊學津討原本影印),臺北:藝文印書館,1966 年。

13. 宋・朱熹,民國・楊亮功、宋天正、毛子水註譯,《四書今註今譯》,臺北:臺灣商務印書館,1984 年 7 月修訂一版。

14. 宋・朱熹,《家禮》(南宋淳祐五年(1245 年)五卷本加附錄一卷),收入《孔子文化大全》,山東:友誼書社,1992 年 11 月。

15. 宋・朱熹,丘濬輯,《重刻朱子家禮》(紫陽書院定本),臺北:中央研究院民族所圖書館。

16. 宋・朱熹,《家禮》(日本慶安元年(1648 年)風月宗知刊本),臺北:國家圖書館四樓善本室。

17. 宋・朱熹,《家禮》(清康熙四十年(1701 年)線裝書,紫陽書院定本),臺北:中央研究院傅斯年圖書館。

18. 宋・朱熹,《家禮》,《文淵閣四庫全書本・經部》一四二冊,臺北:臺灣商務印書館,1986 年 7 月。

19. 宋・朱熹,《家禮》(載錄《性理大全書》),《四庫全書珍本》五集,臺北:臺灣商務印書館,1935 年。

20. 宋・朱熹,《家禮》(清光緒六年(1880 年)刊本,共三冊),臺北:國立故宮博物院珍藏善本書。

21. 宋・朱熹;明・丘濬重編,《文公家禮儀節》(共八卷),明萬曆戊申三十六年(1608 年)常州府推官錢時刊本,常州府出版,臺北:國家圖書館。

22. 宋・朱熹;明・丘濬重編,《文公家禮儀節》;明・弘治三年(1490 年),順德知縣吳廷舉刊;嘉靖己亥十八年(1539 年)修補本,臺北:國家圖書館微卷。

23. 宋・朱熹,《儀禮經傳通解》,《文淵閣四庫全書本・經部》,臺北:臺灣商務印書館,1986 年 7 月。

24. 宋・張虙,《月令解》,《四庫全書珍本》初集,臺北:臺灣商務印書館,1935 年。

25. 宋・陳祥道,《禮書》,《文淵閣四庫全書本・經部》一三〇冊,臺北:臺灣商務印書館,1986 年 7 月。

26. 宋・楊復,《儀禮經傳通解續》,《文淵閣四庫全書本・經部》一三二冊,臺北:臺灣商務印書館,1986 年 7 月。

27. 宋・歐陽修等編,《太常因革禮》,載《叢書集成新編》三十五冊,臺北:新文豐出版社,1985 年元月。

28. 宋‧聶崇義，《三禮圖集注》，《文淵閣四庫全書本‧經部》一二九冊，臺北：臺灣商務印書館，1986 年 7 月。

29. 元‧吳澄，《三禮考註》（據明成化九年（1473 年），謝士元刻本縮印），《北京圖書館古籍珍本叢書》，北京：書目文獻出版社。

30. 元‧吳澄，《禮記纂言》，《四庫全書珍本》五集，臺北：臺灣商務印書館，1935 年。

31. 元‧鄭泳，《鄭氏家儀》（上海圖書館藏清刻本），《四庫全書存目叢書‧經部》一一四冊，臺北：莊嚴文化公司，1997 年 10 月。

32. 明‧丘濬，《邱公家禮儀節》，乾隆庚寅三十五年（1770 年）重修，板藏寶勒樓，載《丘文莊公叢書》，臺北：丘文莊公叢書輯印委員會，1972 年 5 月。

33. 明‧丘濬，《文公家禮儀節》，北京大學圖書館藏明正德十三年（1518 年）常州府刻本，《四庫全書總目‧經部》一一四冊，臺北：莊嚴文化公司，1997 年 2 月。

34. 明‧呂坤，《四禮疑》（北京大學圖書館藏明萬曆刻清同治光緒間補修呂新吾全集本），《四庫全書存目叢書‧經部》一一五冊，臺北：莊嚴出版社，1995 年 9 月。

35. 明‧呂坤，《呂坤全集‧四禮疑》，北京：中華書局，2008 年 5 月。

36. 明‧呂坤，《四禮翼》（北京大學圖書館藏明萬曆刻清同治光緒間補修呂新吾全集本），《四庫全書存目叢書‧經部》一一五冊，臺北：莊嚴出版社，1995 年 9 月。

37. 明‧呂坤，《四禮翼》，北京：中華書局，2008 年 5 月。

38. 明‧呂柟，《涇野先生禮問》（北京圖書館藏明嘉靖三十二年謝少南涇野先生五經說本），《四庫全書存目叢書‧經部》一一四冊，臺北：莊嚴文化公司，1997 年 10 月。

39. 明‧呂維祺，《四禮約言》，中國科學院圖書館藏清刻本，《四庫全書存目叢書‧經部》一一五冊，臺北：莊嚴出版社，1995 年 9 月。

40. 明‧宋纁，《四禮初稿四卷》（上海圖書館藏清康熙四十年宋氏刻本），《四庫全書存目叢書‧經部》一一四冊，臺北：莊嚴文化公司，1997 年 10 月。

41. 明‧俞汝楫編，《禮部志稿》，《四庫全書珍本》初集，臺北：臺灣商務印書館，1935 年。

42. 明‧馮善編集，《家禮集說》，明成化己亥（十五年，公元 1479 年）刊本，臺北：國家圖書館善本書室珍藏微卷。

43. 明‧黃佐，《泰泉鄉禮》，《文淵閣四庫全書本‧經部》，臺北：臺灣商務印書館，1986 年 7 月。

44. 明・黃佐，《泰泉鄉禮》，《四庫全書珍本》，臺北：臺灣商務印書館，1935年。

45. 明・程登吉原本；清・鄒聖脈增補，胡遐之點校；民國・簡美玲註譯，《幼學瓊林》，臺南：文國書局，1998年5月。

46. 明・彭濱編，明・余良相刊本，《重刻申閣老校正朱文公家禮正衡八卷》（珍善本資料），臺大圖書館珍藏。

47. 明・楊愼輯，《文公家禮儀節》，明啓禎間（1621～1644年間）刻本，美國：國會圖書館珍藏。

48. 明・劉績，《三禮圖》，《文淵閣四庫全書本・經部》，臺北：臺灣商務印書館，1986年7月。

49. 清・毛奇齡，《大小宗通繹》，清華大學圖書館藏清康熙刻西河合集本，《四庫全書存目叢書・經部》一○八冊，臺北：莊嚴文化公司，1995年9月。

50. 清・毛奇齡，《家禮辨說》，《叢書集成續編》六十六冊，臺北：新文豐出版社，1989年7月。

51. 清・毛奇齡，《廟制折衷》，清華大學圖書館藏清康熙刻西河合集本，《四庫全書存目叢書・經部》一○八冊，臺北：莊嚴文化公司，1995年9月。

52. 清・毛奇齡，《辨定祭禮通俗譜》，《文淵閣四庫全書本・經部》一四二冊，臺北：臺灣商務印書館，1986年7月。

53. 清・牛兆濂輯，《家禮》（清光緒刊本。西安省城重刊，馬雜貨鋪藏板），臺北：國家圖書館。

54. 清・王心敬，《四禮寧儉編》（不分卷），清華大學圖書館藏民國陝西通志館排印關中叢書本，《四庫全書存目叢書・經部》一一五冊，臺北：莊嚴文化公司，1997年2月。

55. 清・王復禮，《家禮辨定》，南京圖書館藏清康熙刻本，《四庫全書存目叢書・經部》一一五冊，臺北：莊嚴文化公司，1997年2月。

56. 清・王聘珍，王文錦點校，《大戴禮記解詁》，北京：中華書局，1983年3月。

57. 清・王謨，《夏小正傳戔四卷附大戴禮公符篇考一卷》，《四庫未收書輯刊》，清・乾隆刻本，北京：北京出版社，2000年1月。

58. 清・朱彬，饒欽農點校，《禮記訓纂》，北京：中華書局，1998年12月二刷。

59. 清・李光地，《朱子禮纂》，《文淵閣四庫全書本・經部》，臺北：臺灣商務印書館，1986年7月。

60. 清・李塨，《學禮》，北京大學圖書館藏清光緒五年定州王氏謙德堂刻畿

輔叢書本，《四庫全書存目叢書・經部》——五冊，臺北：莊嚴文化公司，1995 年 9 月。

61. 清・汪紱，《三禮志疑》，《四庫全書珍本》，臺北：臺灣商務印書館，1935 年。

62. 清・汪紱，《六禮或問》，《叢書集成三編》二十三冊，臺北：新文豐出版社，1996 年。

63. 清・汪紱，《禮記或問》，《叢書集成三編》二十三冊，臺北：新文豐出版社，1996 年。

64. 清・阮元校勘，《十三經注疏──毛詩》（重刊宋本），漢・毛公傳，鄭元箋；唐・孔穎達等正義，臺北：藝文印書館，1976 年 5 月六版。

65. 清・阮元校勘，《十三經注疏──孝經》（重刊宋本），唐元宗明皇帝御注；宋・邢昺疏，臺北：藝文印書館，1976 年 5 月六版。

66. 清・阮元校勘，《十三經注疏──周易》（重刊宋本），魏・王弼、韓康伯注；唐・孔穎達等正義，臺北：藝文印書館，1976 年 5 月六版。

67. 清・阮元校勘，《十三經注疏──周禮》（重刊宋本），漢・鄭玄注；唐・賈公彥疏，臺北：藝文印書館，1976 年 5 月六版。

68. 清・阮元校勘，《十三經注疏──孟子》（重刊宋本），漢・趙岐注；宋・孫奭疏，臺北：藝文印書館，1976 年 5 月六版。

69. 清・阮元校勘，《十三經注疏──尚書》（重刊宋本），漢・孔安國傳；唐・孔穎達等正義，臺北：藝文印書館，1976 年 5 月六版。

70. 清・阮元校勘，《十三經注疏──春秋公羊傳》（重刊宋本），漢・何休注；唐・徐彥疏，臺北：藝文印書館，1976 年 5 月六版。

71. 清・阮元校勘，《十三經注疏──春秋左傳》（重刊宋本），晉・杜預注；唐・孔穎達等正義，臺北：藝文印書館，1976 年 5 月六版。

72. 清・阮元校勘，《十三經注疏──春秋穀梁傳》（重刊宋本），晉・范甯注；唐・楊士勛疏，臺北：藝文印書館，1976 年 5 月六版。

73. 清・阮元校勘，《十三經注疏──爾雅》（重刊宋本），晉・郭璞注；宋・邢昺疏，臺北：藝文印書館，1976 年 5 月六版。

74. 清・阮元校勘，《十三經注疏──儀禮》（重刊宋本），漢・鄭玄注；唐・賈公彥疏，臺北：藝文印書館，1976 年 5 月六版。

75. 清・阮元校勘，《十三經注疏──論語》（重刊宋本），魏・何晏等注；宋・邢昺疏，臺北：藝文印書館，1976 年 5 月六版。

76. 清・阮元校勘，《十三經注疏──禮記》（重刊宋本），漢・鄭玄注；唐・孔穎達等正義，臺北：藝文印書館，1976 年 5 月六版。

77. 清・阮元輯，《皇清經解》，臺北：復興書局，1961 年 5 月。

78. 清‧杭世駿,《續方言》,《中華漢語工具書書庫》,安徽:安徽教育出版社,2002 年 1 月。

79. 清‧林伯桐,《人家冠婚喪祭考》(簡稱《冠婚喪祭考》),《叢書集成三編》二十五冊,臺北:新文豐出版社,1996 年。

80. 清‧姚際恒,《儀禮通論》,《續修四庫全書‧經部‧禮類》第八十六冊,上海:古籍出版社,2002 年 3 月。

81. 清‧夏炘,《學禮管釋》,《叢書集成三編》二十五冊,臺北:新文豐出版社,1996 年。

82. 清‧孫希旦,《禮記集解》,臺北:文史哲出版社,1990 年 8 月。

83. 清‧孫詒讓,王文錦、陳玉霞點校,《周禮正義》(全十四冊),北京:中華書局,2008 年 11 月初版三刷。

84. 清‧徐天有,《家禮大成》(合訂本),臺灣:竹林書局,1980 年 4 月第九版。

85. 清‧徐乾學,《讀禮通考》,《文淵閣四庫全書本‧經部》一一四冊,臺北:臺灣商務印書館,1986 年 7 月。

86. 清‧秦蕙田,《五禮通考》,桃園:聖環圖書公司,1994 年 5 月。

87. 清‧乾隆十三年敕撰,《欽定周官義疏》,《四庫全書珍本》,臺北:臺灣商務印書館,1935 年。

88. 清‧張大翎,《時俗喪祭便覽》,《四庫未收書輯刊》,清鈔本,北京:北京出版社,2000 年 1 月。

89. 清‧張文嘉,《重定齊家寶要》(北京圖書館分館藏清康熙刻本),《四庫全書存目叢書‧經部》一一五冊,臺北:莊嚴文化公司,1997 年 2 月。

90. 清‧許三禮,《讀禮偶見》(北京圖書館藏清康熙刻本),《四庫全書存目叢書‧經部》一一五冊,臺北:莊嚴出版社,1995 年 9 月。

91. 清‧陸世儀,《家祭禮》,《叢書集成三編》二十五冊,臺北:新文豐出版社,1996 年。

92. 清‧凌廷堪,《禮經釋例》,臺北:中央研究院中國文哲研究所發行,2002 年 12 月初版。

93. 清‧凌廷堪,《禮經釋例》,臺北:中研院中國文哲所,2002 年 12 月。

94. 清‧曾釗,《周禮注疏小箋》,《叢書集成三編》二十五冊,臺北:新文豐出版社,1996 年。

95. 清‧程川編,《朱子五經語類》,《四庫全書珍本》三集,臺北:臺灣商務印書館,1935 年。

96. 清‧黃以周,《禮書通故》,北京:中華書局,2007 年 4 月。

97. 清‧黃本驥,《三禮從今》,《四庫未收書輯刊》,清道光二十四年刻本,

北京：北京出版社，2000 年 1 月。

98. 清・萬斯大，《宗法論》，臺北：廣文書局，1968 年 1 月。

99. 清・萬斯同，《廟制圖考》（四明張氏約園開雕），《叢書集成續編》六十七冊，臺北：新文豐出版社，1989 年 7 月。

100. 清・趙執信，《禮俗權衡》，《四庫未收書輯刊》，清康熙刻本，北京：北京出版社，2000 年 1 月。

101. 清・蔡德晉，《禮經本義》，《四庫全書珍本》，臺北：臺灣商務印書館，1935 年。

102. 清・戴翊清，張汝誠輯，《家禮會通》，雍正甲寅（1734 年）序刊本，臺北：大立出版社，1985 年 7 月。

103. 清・顧問，《夏小正集解》，《四庫未收書輯刊》，清乾隆五十七年敬業堂刻本，北京：北京出版社，2000 年 1 月。

104. 清・顧鳳藻，《夏小正經傳集解》，臺北：世界書局，1974 年 5 月三版。

105. 民國・王靜芝，《詩經通釋》，新莊：輔仁大學文學院，1976 年 7 月五版。

106. 民國・呂子振輯，楊鑑重校，《家禮大成》，臺灣：竹林書局，1971 年 5 月五版。

107. 民國・法主堂山人，《家禮大全》，臺北：世一書局，2002 年修訂二版。

108. 民國・姜義華注譯，《新譯禮記讀本》，臺北：三民書局，1997 年 10 月。

109. 民國・南懷瑾述著，蔡策紀錄，《論語別裁》，臺北：老古文化公司，1985 年 10 月增訂注音十五版。

110. 民國・黃耀德，《家禮通書》，臺北：世一書局，2002 年修訂二版。

111. 民國・南懷瑾述著，蔡策紀錄，《論語別裁》，臺北：考古文化公司，1985 年 10 月增訂注音十五版。

112. 民國・廣陵書社編，何慶先等整理，《中國歷代禮儀典》，揚州：廣陵書社，2003 年 11 月。

113. 民國・國立編譯館主編，《周禮正義》，臺北：新文豐出版公司，2001 年 6 月。

114. 民國・國立編譯館主編，《儀禮注疏》，臺北：新文豐出版公司，2001 年 6 月。

115. 民國・國立編譯館主編，《禮記注疏》，臺北：新文豐出版公司，2001 年 6 月。

116. （日）室直清著，《文公家禮通考》，《叢書集成續編》六十六冊，臺北：新文豐出版社，1989 年 7 月臺一版。

（二）史　部

【史書類】

1. 周‧左丘明，《國語》，臺北：臺灣古籍出版社，2002 年 5 月初版二刷。
2. 漢‧司馬遷，《史記》，宋‧裴駰集解，臺北：藝文印書館，2005 年 2 月。
3. 漢‧司馬遷，日‧瀧川龜太郎編著，《史記會注考證》，臺北：宏業書局，1973 年 6 月再版。
4. 漢‧班固，《漢書》，臺北：鼎文書局，1981 年 2 月四版。
5. 漢‧班固，清‧王先謙補注，《漢書補注》，臺北：藝文印書館，1996 年 8 月初版四刷。
6. 漢‧劉向，民國‧王守謙等譯注，《戰國策》，臺北：古籍出版社，2001 年 5 月。
7. 晉‧陳壽，《三國志》，臺北：鼎文書局出版，1980 年 9 月四版。
8. 後晉‧劉昫等，《舊唐書》，臺北：鼎文書局，1981 年元月三版。
9. 南朝宋‧范曄，《後漢書》，臺北：鼎文書局，1981 年 4 月四版。
10. 南朝宋‧范曄，唐‧李賢注，《新校後漢書注》，臺北：世界書局編，1974 年 5 月三版。
11. 金‧張瑋等，《大金集禮》，《叢書集成新編》三十三冊，臺北：新文豐出版社，1985 年元月。
12. 北齊‧魏收，《魏書》，臺北：鼎文書局，1980 年 6 月三版。
13. 梁‧沈約，《宋書》，臺北：鼎文書局，1979 年 2 月二版。
14. 梁‧蕭子顯，《南齊書》，臺北：鼎文書局，1980 年 3 月三版。
15. 唐‧王涇，《大唐郊祀錄》，《叢書集成續編》六十七冊，臺北：新文豐出版社，1989 年 7 月。
16. 唐‧令狐德棻等奉敕撰，《周書》，臺北：鼎文書局，1980 年 3 月三版。
17. 唐‧李百藥，《北齊書》，臺北：鼎文書局，1980 年 3 月三版。
18. 唐‧李延壽，《北史》，臺北：鼎文書局，1980 年 12 月三版。
19. 唐‧李延壽，《南史》，臺北：鼎文書局，1981 年元月三版。
20. 唐‧杜佑，《通典》，北京：中華書局，2003 年 5 月。
21. 唐‧房玄齡等，《晉書》，臺北：鼎文書局，1980 年 8 月三版。
22. 唐‧長孫無忌等，《唐律疏義》，《文淵閣四庫全書本‧史部》，臺北：臺灣商務印書館，1986 年 7 月。
23. 唐‧姚思廉，《梁書》，臺北：鼎文書局，1980 年 3 月三版。
24. 唐‧姚思廉，《陳書》，臺北：鼎文書局，1980 年 3 月三版。

25. 唐‧蕭嵩等,《大唐開元禮》(東京大學東洋文化研究所大木庫本,光緒十二年(1886年)氏公善堂校刊本,北京:民族出版社,2000年5月。

26. 唐‧魏徵等,《隋書》,臺北:鼎文書局,1980年6月三版。

27. 宋‧不著撰人,《咸淳遺事》,《文淵閣四庫全書本‧史部》,臺北:臺灣商務印書館,1986年7月。

28. 宋‧王得臣,《麈史》,《宋元筆記小說大觀》,上海:古籍出版社,2007年10月。

29. 宋‧王溥,《五代會要》,臺北:臺灣商務印書館,1968年3月。

30. 宋‧王溥,《唐會要》,《文淵閣四庫全書本‧史部》六〇六冊,臺北:臺灣商務印書館,1986年7月。

31. 宋‧王溥,《唐會要》,臺北:臺灣商務印書館,1968年3月。

32. 宋‧王應麟,《漢制攷》,《文淵閣四庫全書本‧史部》,臺北:臺灣商務印書館,1986年7月。

33. 宋‧司馬光,《資治通鑑》,臺北:文化圖書公司,1976年11月1日再版。

34. 宋‧朱熹,《三朝名臣言行錄》,《四部叢刊‧史部》(上海涵芬樓借海鹽張氏涉園藏宋刊本景印)。

35. 宋‧吳自牧,《夢梁錄》,知不足齋叢書本重印,學津討原本校勘。

36. 宋‧李誡,《營造法式》,《文淵閣四庫全書本‧史部》六七三冊,臺北:臺灣商務印書館,1986年7月。

37. 宋‧李燾,《續資治通鑑長編》,《文淵閣四庫全書本‧史部》三一五冊,臺北:臺灣商務印書館,1986年7月。

38. 宋‧周密,《武林舊事》,知不足齋叢書本重印。

39. 宋‧孟元老,《東京夢華錄》,日本靜嘉堂文庫影印黃丕烈舊藏元刊明印本重印。

40. 宋‧徐天麟,《西漢會要》,臺北:臺灣商務印書館,1968年3月。

41. 宋‧徐天麟,《東漢會要》,《文淵閣四庫全書本‧史部》,臺北:臺灣商務印書館,1986年7月。

42. 宋‧梁克家,《淳熙三山志》,《文淵閣四庫全書本‧史部》四八四冊,臺北:臺灣商務印書館,1986年7月。

43. 宋‧陳元靚,《歲時廣記》,《文淵閣四庫全書本‧史部》,臺北:臺灣臺灣商務印書館,1986年7月。

44. 宋‧陳振孫,《直齋書錄解題》(清光緒九年(1883年)江蘇書局刊本),載李學勤主編,《中華漢語工具書書庫》,安徽:教育出版社,2002年1月。

45. 宋・歐陽修，《新五代史》，臺北：鼎文書局，1980 年 11 月三版。

46. 宋・歐陽修、宋祁等，《新唐書》，臺北：鼎文書局，1979 年 2 月二版。

47. 宋・鄭居中等，《政和五禮新儀》，《四庫全書珍本初集》，臺北：臺灣商務印書館，1935 年。

48. 宋・鄭樵，《通志》，浙江：古籍出版社，2000 年 1 月。

49. 宋・薛居正等，《舊五代史》，臺北：鼎文書局，1981 年 2 月三版。

50. 元・脫脫等，《宋史》，臺北：鼎文書局，1980 年 5 月再版。

51. 元・脫脫等，《金史》，臺北：鼎文書局，1980 年 12 月三版。

52. 元・脫脫等，《遼史》，臺北：鼎文書局，1980 年 9 月二版。

53. 明・朱國楨，《皇明史概》（明崇禎間原刻本），臺北：文海出版社。

54. 明・胡廣等，《明太祖實錄》，臺北：中央研究院史語所據國立北平圖書館紅格鈔本之 ozaphane 微卷放大影印。

55. 明・夏言；明・徐階等編輯，《桂洲夏文愍公奏議二十一卷，補遺一卷》，清乾隆甲申（1764 年）忠禮書院重刊本，珍藏臺大圖書館。

56. 明・李東陽等，申明行等奉敕重修，《大明會典》（明神宗萬曆十五年司禮監刊本），1964 年 3 月再版。

57. 明・宋濂、王禕等，《元史》，臺北：鼎文書局，1981 年 3 月三版。

58. 明・徐一夔等，《大明集禮》，《文淵閣四庫全書本・史部》，臺北：臺灣商務印書館，1986 年 7 月。

59. 明・徐溥等、李東陽等重修，《大明會典》，《文淵閣四庫全書本・史部》，臺北：臺灣商務印書館，1986 年 7 月。

60. 明・楊士奇等，《歷代名臣奏議》，《文淵閣四庫全書本・史部》四三三冊，臺北：臺灣商務印書館，1986 年 7 月。

61. 清・三泰等，劉統勳等續纂，《大清律例》，《文淵閣四庫全書本・史部》，臺北：臺灣商務印書館，1986 年 7 月。

62. 清・允祹等，《欽定大清會典》，《文淵閣四庫全書本・史部》，臺北：臺灣商務印書館，1986 年 7 月。

63. 清・王梓材、馮雲濠輯，《宋元學案補遺》，《叢書集成續編》第二四九冊，臺北：新文豐出版社，1989 年 7 月。

64. 清・托津等，《欽定大清會典事例》，《近代中國史料叢刊三編》，臺北：文海出版社，1992 年 4 月。

65. 清・崑岡等，《欽定大清會典事例》（據清光緒二十五年刻本景印），臺北：新文豐出版公司，1899 年。

66. 清・李清馥，《閩中理學淵源考》，《文淵閣四庫全書本・史部》四六〇冊，臺北：臺灣商務印書館，1986 年 7 月。

67. 清‧來保、李玉鳴等，《欽定大清通禮》，《文淵閣四庫全書本‧史部》六五五冊，臺北：臺灣商務印書館，1986 年 7 月。

68. 清‧徐松輯，《宋會要輯稿》，上海：中華書局，1957 年 11 月。

69. 清‧郝玉麟等，魯曾煜等編纂，《廣東通志》，《文淵閣四庫全書本‧史部》，臺北：臺灣商務印書館，1986 年 7 月。

70. 清‧郝玉麟等，《福建通志》，《文淵閣四庫全書本‧史部》五二七冊，臺北：臺灣商務印書館，1986 年 7 月。

71. 清‧郝玉麟等監修，《福建通志》，臺北：華文書局，1968 年 10 月。

72. 清‧乾隆官修，《清朝通志》，浙江：古籍出版社，2000 年 1 月。

73. 清‧乾隆官修，《清朝通典》，浙江：古籍出版社，2000 年 1 月。

74. 清‧乾隆官修，《續通志》，浙江：古籍出版社，2000 年 1 月。

75. 清‧乾隆官修，《續通典》，浙江：古籍出版社，2000 年 1 月。

76. 清‧張廷玉等，《明史》，臺北：鼎文書局，1980 年 1 月三版。

77. 清‧畢沅，《續資治通鑑》，臺北：文化圖書公司，1971 年 4 月。

78. 清‧黃本驥編，《歷代職官表》，上海：古籍出版社，2006 年 3 月第二次印刷。

79. 清‧琴川編，《皇清奏議》（都城國史館琴川居士排字本）卷三十三，臺北：文海出版社，1967 年。

80. 清‧龍文彬纂，《明會要》，楊家駱主編《中國學術名著》第二輯，歷代會要第一期書第九冊。臺北：世界書局，1972 年 10 月第三版。

81. 民國‧國史館編著，《清史稿校注》，臺北：國史館出版發行，1986 年 7 月。

82. 民國‧郭齊、李文澤主編，《歷代學案》，四川：四川大學出版社，2005 年 5 月。

83. 民國‧劉海年、楊一凡總主編，《大明令》，《中國珍稀法律典籍集成乙編——洪武法律典籍》，北京：科學出版社，1994 年 8 月。

84. 民國‧劉海年、楊一凡總主編，《大明律》，《中國珍稀法律典籍集成乙編——洪武法律典籍》，北京：科學出版社，1994 年 8 月。

85. 民國‧劉海年、楊一凡總主編，《御製大誥》，《中國珍稀法律典籍集成乙編——洪武法律典籍》，北京：科學出版社，1994 年 8 月。

86. 民國‧劉海年、楊一凡總主編，《教民榜文》，《中國珍稀法律典籍集成乙編——洪武法律典籍》，北京：科學出版社，1994 年 8 月。

87. 民國‧臨時臺灣舊慣調查會編，《臺灣私法》，臺北：天書局出版，1995 年 10 月臺北刷。

88. 民國‧（朝鮮）鄭麟趾，《高麗史》（雲南大學圖書館藏明藏明景泰二年

（1451 年）朝鮮活字本），《四庫全書存目叢書・史部》，臺北：莊嚴文化公司，1995 年 9 月。

89. 民國・（朝鮮）鄭麟趾，《高麗史》，臺北：文史哲出版社，1972 年 2 月。

【方志類】

1. 宋・陳耆卿，《浙江省嘉定赤城志》，編入《中國方志叢書・華中地方》第五六〇號，版權頁題名《嘉定赤城志》，臺北：成文出版社，1983 年 3 月。

2. 明・何喬遠編撰，《閩書》，福建：人民出版社，1994 年 6 月。

3. 明・洪受，《滄海紀遺》，金門：縣文獻委員會，1970 年 6 月再版。

4. 明・洪受，清・黃鍫補錄，民國・郭哲銘譯釋，《滄海紀遺譯釋》，金門：金門縣文化局，2008 年 12 月。

5. 明・黃仲昭，《八閩通志》，福建：人民出版社，1996 年 5 月。

6. 清・方鼎等修；清・朱升元等纂，《晉江縣志》，編入《中國方志叢書・華南地方・福建省》第八十二號，臺北：成文出版社，1967 年。

7. 清・王澤椿纂、張閩仙修，《惠安縣志》，臺灣省立圖書館藏清雍正八年庚戌九月修本影印，臺北：臺北市惠安同鄉會，1973 年。

8. 清・沈士秀修；清・梁奇等纂，江西省《東鄉縣志》，編入《稀見中國地方志彙刊》二十九冊，1992 年。

9. 清・李士棻等修；清・胡業恆等纂，《江西省東鄉縣志》，臺北：成文出版社，1989 年 3 月。

10. 清・余文儀主修；清・黃佾等纂輯，《續修臺灣府志》，編入《中國方志叢書・臺灣地區》第五號，臺北：成文出版社，1984 年 3 月臺一版。

11. 清・吳宜燮修；清・黃惠、李田壽同纂，《龍溪縣志》，據清乾隆二十七年修清光緒五年補刊本影印，編入《中國方志叢書》第九十號，臺北：成文出版社，1967 年 12 月。

12. 清・林焜熿，《金門志》，南投：臺灣省文獻會，1993 年 9 月。

13. 清・林焜熿，《金門志十六卷》，光緒壬午年（1882）10 月開雕，版藏浯江書院。

14. 清・林豪，《澎湖廳志》，據民國五十二年臺灣銀行臺灣文獻叢刊本第一六四種影印，南投：臺灣省文獻會，1993 年 6 月。

15. 清・周學曾等，《晉江縣志》，福建：人民出版社，1990 年 7 月。

16. 清・胡建偉，《澎湖紀略》，南投：臺灣省文獻會，1993 年 6 月。

17. 清・蔣鏞，《澎湖續編》，南投：臺灣省文獻會，1993 年 6 月。

18. 清・徐景熹等修；清・魯曾煜等纂，《福州府志》，據清乾隆十九年刊本影印，編入《中國方志叢書・華南地方》第七十二號，臺北：成文出版

社，1967 年 12 月。

19. 清·清光緒癸巳年校補，《泉州府馬巷廳志》，臺北：福建省同安縣同鄉會，1986 年 10 月重印。

20. 清·陳文達，《臺灣縣志》，據民國五十三年臺灣銀行臺灣文獻叢刊本第一○三種影印，南投：臺灣省文獻會，1993 年 6 月。

21. 清·陳炎宗總輯，《佛山忠義鄉志》，乾隆十七年（1752 年）壬申 9 月。

22. 清·黃佐、郭賡武纂修，《泉州府志》，泉州：編纂委員會辦公室 1984 年據泉山書社民國十六年乾隆版補刻本影印。

23. 清·鄭祖庚纂修，《閩縣鄉土志》，據清刊本影印，編入《中國方志叢書·華南地方·福建省》第二二六號，臺北：成文出版社，1974 年 6 月。

24. 清·孫爾準等修，陳壽祺等纂，《重纂福建通志》，清同治十年（1871）重刊本，臺北：華文書局，1968 年 10 月。

25. 清·屠繼善，《恆春縣志》，據民國四十九年臺灣銀行臺灣文獻叢刊本第七十五種影印，南投：臺灣省文獻會，1993 年 6 月。

26. 清·劉佑督修，《南安縣志》，康熙十一年（1672 年），臺北：市南安同鄉會，1973 年 10 月景印。

27. 清·萬友正纂修，《馬巷廳志》，據清乾隆四十一年（1776）修，清光緒十九年（1893）補刊本影印，編入《中國方志叢書》第九十八號，臺北：成文出版社，1967 年 12 月。

28. 民國·同安縣地方志編纂委員會編，《同安縣志》，編入《中華人民共和國地方志·福建省》北京：中華書局，2000 年 10 月。

29. 民國·吳栻修；蔡建賢纂，《南平縣志》，據民國十年鉛印本影印，編入《中國方志叢書·華南地方·福建省》第二一七號，臺北：成文出版社，1974 年 6 月。

30. 民國·永春地方志編纂辦公室整理，《永春州志》，清乾隆二十二年（1757）版，廈門：廈門出版社，1994 年 12 月。

31. 民國·林學增等修，吳錫璜纂，《同安縣志》，據民國十八年鉛印本影印，編入《中國方志叢書》第八十三號，臺北：成文出版社，1967 年。

32. 民國·周益民主編，仙游縣地方志編纂委員會編《仙游縣志》，編入《中華人民共和國地方志·福建省》北京：方志出版社，1995 年 12 月。

33. 民國·周凱，《廈門志》，編入《臺灣歷史文獻叢刊·方志類》南投：臺灣省文獻會，1993 年 9 月。

34. 民國·金門縣文獻委員會，《金門縣志》，金門：金門縣政府，1922 年 2 月。

35. 民國·金門縣文獻委員會，《金門縣志》，金門：金門縣政府，1968 年 2 月。

36. 民國・金門縣文獻委員會，《金門縣志》，金門：金門縣政府，1979 年 6 月。

37. 民國・金門縣政府，《金門縣志》，金門：金門縣政府，1999 年初版二刷。

38. 民國・金門縣政府，《金門縣志——96 年續修》，金門：金門縣政府，2009 年 12 月。

39. 民國・馬龢鳴修；杜翰生等纂，《龍巖州志》，據民國九年鉛印本影印，編入《中國方志叢書》第八十六號，臺北：成文出版社，1967 年 12 月。

40. 民國・馬龢鳴修，杜翰生纂，《龍巖縣志》，民國九年（1920）排印本，臺北：成文出版社，1967 年 12 月。

41. 民國・泉州市地方志編纂委員會編，《泉州市志》，編入《中華人民共和國地方志・福建省》北京：中國社會科學出版社，2000 年 5 月。

42. 民國・晉江市地方志編纂委員會編，《晉江市志》，編入《中華人民共和國地方志・福建省》，上海：生活、讀書、新知三聯書店上海分店，1994 年 3 月。

43. 民國・連雅堂著，《臺灣通史》，編入《認識臺灣系列》，臺北：黎明文化公司，2001 年 4 月。

44. 民國・財團法人金門縣史蹟維護基金會編，《金寧鄉志》，金門：金寧鄉公所，2005 年 10 月。

45. 民國・許如中編著，《金門民俗志》，編入《國立北京大學中國民俗學會民俗叢書》第二輯，臺北：東方文化書局，1971 年春季，頁 29。

46. 民國・許如中編；陳槃審閱，《新金門志》，金門縣：金門縣政府，1959 年 3 月。

47. 民國・許雪姬總編輯，《續修澎湖縣志》，澎湖：澎湖縣政府，2005 年 7 月。

48. 民國・曹剛等修，邱景雍等纂，《連江縣志》，據民國十六年鉛印本影印，編入《中國方志叢書・華南地方》第七十六號，臺北：成文出版社，1967 年 12 月。

49. 民國・陳光貽，《中國方志學史》，編入周一良主編《大學歷史叢書》，福州：福建人民出版社，1998 年 9 月。

50. 民國・陳嘉平等，《廈門地志》，廈門：鷺江出版社，1999 年 8 月二刷。

51. 民國・惠安縣地方志編纂委員會編，《惠安縣志》，北京：方志出版社，1998 年 7 月。

52. 民國・廈門市地方志編纂委員會編，《廈門市志》，北京：方志出版社，2004 年 1 月。

53. 民國・福建：莆田地方志編纂委員會編，《福建省莆田縣志》，北京：新華書店，1994 年 10 月。

54. 民國・福建省晉江市地方志編纂委員會編，《晉江市志》，北京：方志出版社，2001 年 11 月。

55. 民國・楊天厚、林麗寬總編纂，《金門縣金沙鎮志》，金門：金沙鎮公所，2007 年 12 月。

56. 民國・楊天厚、林麗寬總編纂，《金門縣金湖鎮志》，金門：金湖鎮公所，2009 年 5 月。

57. 民國・劉家國、邱新福，《東引鄉志》，連江：東引鄉公所，2002 年 3 月。

58. 民國・臺灣中西文化事業中心影印，《泉州府志》，1964 年。

59. 民國・蔡才厚主編，泉州市鯉城區地方志編纂委員會編《鯉城區志》，《中華人民共和國地方志・福建省》，北京：中國社會科學出版社，1999 年 12 月。

60. 民國・謝重光、楊彥杰、汪毅夫等，《金門史稿》，廈門：鷺江出版社，1999 年 8 月。

【譜牒類】

1. 《尚義黃氏家譜》，金門縣尚義黃氏宗親會編印，1985 年。

2. 《瓊林蔡氏春秋大宗祭祖儀註》（手抄影印本）。

3. 水頭村《黃氏大宗祭祖儀式本》（手抄影印本）。

4. 水頭村《瓊林蔡氏前水頭支派族譜》，蔡祖求老師贈送原書。

5. 金門山后村《梁氏族譜》手抄本，謄錄時間爲 1987 年 1 月。

6. 金門青嶼村《金門青嶼社張氏重恩堂集及族系譜圖等專輯》，1991 年 8 月 20 日。

7. 金門許氏宗親會出版，《金門珠浦許氏族譜》，1987 年 4 月。

8. 金門盤山翁氏宗親會編，《金門翁氏族譜》，2000 年 9 月。

9. 金門縣金沙鎮東溪村《浯江鄭氏族譜》。

10. 埔後《上學陳氏世系族譜》（手抄。八開影印本）。

11. 許岱玲提供，〈烈嶼湖井頭許氏家譜〉（單張影印）。

12. 陳爲學編，《金門陳氏志略》，2003 年 11 月。

13. 澎湖馬公《澎湖柯蔡族譜》，1975 年 10 月初版。

14. 蔡厝村《蔡氏族譜》（青陽派）手抄影印本。

15. 蔡鴻略（字尚溫）脩，瓊林村《浯江瓊林蔡氏族譜》，清道光元年（1821 年）。

16. 潁川堂金門陳氏宗祠奠安委員會發行，《金門陳氏宗祠潁川堂建祠八十

週念奠安紀念特刊》，1985 年正月。

（三）子　部

1. 周・老子，朱謙之撰，《老子校釋》，北京：中華書局，2006 年 2 月第六次印刷。

2. 周・荀況，《荀子》，《文淵閣四庫全書本・子部》六九五冊，臺北：臺灣商務印書館，1986 年 7 月。

3. 周・荀況，清・王先謙《荀子集解》，臺北：藝文印書館，2007 年 3 月初版八刷。

4. 周・莊周，《莊子》，民國・黃錦鋐註譯，《新譯莊子讀本》，臺北：三民書局，1999 年 4 月十五刷。

5. 周・莊周，《莊子集釋》，臺南：唯一書業中心，1975 年 9 月。

6. 周・管仲，民國・謝浩範、朱迎平譯注，《管子》，臺北：臺灣古籍出版社，2000 年 4 月。

7. 周・墨翟，民國・周才珠、齊瑞端譯注，《墨子》，臺北：臺灣古籍出版社，2000 年 4 月。

8. 周・韓非，民國・陳奇猷校註，《韓非子集釋》，臺北：平平出版社，1974 年 9 月。

9. 漢・王充，《論衡》，臺北：漢學研究中心，1990 年。

10. 漢・王符，清・汪繼培箋，《潛夫論箋》，臺北：漢京文化公司，2004 年 3 月。

11. 漢・王符，龔祖培校點，《潛夫論》，瀋陽：遼寧教育出版社，2001 年 2 月。

12. 漢・桓寬，王利器校注，《鹽鐵論校注》，北京：中華書局，1992 年 7 月。

13. 漢・班固，清・陳立疏證，《白虎通疏證》（光緒元年（1875 年）淮南書局刊），臺北：廣文書局，2004 年 10 月再版。

14. 漢・賈誼，《新書》，《文淵閣四庫全書本・子部》六九五冊，臺北：臺灣商務印書館，1986 年 7 月。

15. 漢・蔡邕，《獨斷》（上海涵芬樓影印常熟瞿氏鐵琴銅劍樓藏明弘治癸亥刊本），《四部叢刊・三編》，臺北：商務印書館，1966 年。

16. 漢・鄭安等，何寧撰，《淮南子集釋》，北京：中華書局，2006 年 4 月。

17. 漢・應劭，民國・王利器注，《風俗通義校注》，臺北：漢京文化公司，1983 年 9 月。

18. 漢・應劭，《漢官儀》，載《叢書集成新編》，臺北：新文豐出版社，1985 年元月。

19. 魏・王肅註，《孔子家語》（明覆宋刊本），收入《中國子學名著集成——

宋元明清善本叢刊》，1978 年 12 月。

20. 晉・崔豹，《古今注》（上海涵芬樓影印宋刊本），《四部叢刊・三編》，臺北：臺灣商務印書館，1966 年。

21. 晉・張華、范寧校證，《博物志校證》，臺北：明文書局，1981 年 9 月。

22. 東晉郭璞、清・郝懿行注，民國・袁珂譯注，《山海經》，臺北：臺灣古籍出版社，2001 年 6 月初版二刷。

23. 南朝宋・劉義慶，民國・楊勇著，《世說新語校箋》，臺北：平平出版社，1974 年 9 月。

24. 梁・宗懍，《荊楚歲時記》，《叢書集成新編》九十一冊，臺北：新文豐出版社，1985 年元月。

25. 梁・劉勰，民國・王師更生注譯，《文心雕龍讀本》，臺北：文史哲出版社，1986 年 11 月再版。

26. 北齊・顏之推，莊輝明、章義和，《顏氏家訓譯注》，上海：古籍出版社，2006 年 6 月。

27. 北齊・顏之推，《顏氏家訓》，《叢書集成新編》三十三冊，臺北：新文豐出版社，1985 年元月。

28. 唐・段成式，《酉陽雜俎》，《文淵閣四庫全書本・子部》，臺北：臺灣商務印書館，1986 年 7 月。

29. 唐・段成式，《酉陽雜俎續集》，《四庫全書薈要》，臺北：世界書局，1988 年 2 月。

30. 宋・王堯臣等，《崇文總目》，《百部叢書集成》（原刻景印），臺北：藝文印書館，1966 年。

31. 宋・王欽若、楊億等，《冊府元龜》，臺北：中華書局，1967 年 5 月。

32. 宋・王應麟，清・翁元圻等注，《困學紀聞》，上海：古籍出版社，2008 年 12 月。

33. 宋・王闢之，呂友仁點校，《澠水燕談錄》，北京：中華書局，1981 年 3 月。

34. 宋・王栐，誠剛點校，《燕翼詒謀錄》，北京：中華書局，1997 年 12 月。

35. 宋・司馬光，《家範》，《文淵閣四庫全書本・子部》六九六冊，臺北：臺灣商務印書館，1986 年 7 月。

36. 宋・朱熹，《白鹿書院教規》，《叢書集成新編》三十三冊，臺北：新文豐出版社，1985 年元月。

37. 宋・朱熹，《朱子大全》，《四部備要・子部》（據明胡氏刻本校刊），上海：中華書局，1936 年。

38. 宋・朱熹，《朱子全書》，上海：古籍出版社，2002 年 12 月。

39. 宋・朱熹，《延平答問》，《文淵閣四庫全書本・子部》六九八冊，臺北：臺灣商務印書館，1986 年 7 月。

40. 宋・朱熹，朱傑人、嚴佐之、劉永翔主編，《朱子全書》（共二十七冊），上海：古籍出版社，2002 年 12 月。

41. 宋・朱熹，清・李光地、熊賜履等編，《御纂朱子全書》，《文淵閣四庫全書本・子部》，臺北：臺灣商務印書館，1986 年 7 月。

42. 宋・朱熹、呂祖謙同編，葉采集解，《近思錄》（正誼堂全書），《文淵閣四庫全書本・子部》，臺北：臺灣商務印書館，1986 年 7 月。

43. 宋・朱熹編，《河南程氏遺書》，載《叢書集成三編》十四冊，臺北：新文豐出版社，1989 年 7 月臺一版。

44. 宋・朱熹編輯，《二程語錄》，《叢書集成新編》第二十一冊，臺北：新文豐出版社，1985 年元月。

45. 宋・朱熹輯，張伯行集解，《近思錄》（百部叢書集成原刻影印），臺北：藝文印書館，1986 年 7 月。

46. 宋・呂大鈞，《呂氏鄉約》，《叢書集成續編》五十九冊，臺北：新文豐出版社，1989 年 7 月。

47. 宋・呂大臨，陳俊民輯校，《藍田呂氏遺著輯校》，北京：中華書局，1993 年 11 月。

48. 宋・李昉等，《太平御覽》，《四部叢刊三編本》（上海涵芬樓影印宋刊本），臺北：臺灣商務印書館，1968 年 1 月。

49. 宋・周密，《癸辛雜識》，《宋元筆記小說大觀》，上海：古籍出版社，2007 年 3 月。

50. 宋・周密，《齊東野語》，北京：中華書局，1997 年 12 月。

51. 宋・邵伯溫，《邵氏聞見錄》，《宋元筆記小說大觀》，上海：古籍出版社，2007 年。

52. 宋・洪邁，何卓點校，《夷堅志》，北京：中華書局，2006 年 10 月初版二刷。

53. 宋・范仲淹，《范文正公文集》，《叢書集成新編》七十三冊，臺北：新文豐出版社，1985 年元月。

54. 宋・范仲淹，《范氏義莊規矩》，《叢書集成續編》五十九冊，臺北：新文豐出版社，1989 年 7 月。

55. 宋・范仲淹，清・范能濬輯，《范文正集補編》，《文淵閣四庫全書本・子部》，臺北：臺灣商務印書館，1986 年 7 月。

56. 宋・范致明，《岳陽風土記》，《叢書集成新編》九十五冊，臺北：新文豐出版社，1985 年元月。

57. 宋‧眞德秀，《西山讀書記》，《文淵閣四庫全書本‧子部》七〇六冊，臺北：臺灣商務印書館，1986 年 7 月。

58. 宋‧袁采，《袁氏世範》，據中國國家圖書館藏宋刻本影印，北京：北京圖書館出版社，2003 年 5 月。

59. 宋‧陳元靚，《歲時廣記》，《歲時習俗資料彙編》，臺北：藝文印書館，1970 年 12 月。

60. 宋‧陳振孫，《直齋書錄解題》，清光緒九年（1883 年）江蘇書局刊本，李學勤主編《中華漢語工具書書庫》，安徽：教育出版社，2002 年 1 月。

61. 宋‧陸游，《放翁家訓》（據清乾隆鮑廷博校刊知不足齋叢書本影印），《百部叢書集成》，臺北：藝文印書館，1967 年。

62. 宋‧程顥、程頤，《二程集》，臺北：漢京文化事業公司，1983 年 9 月 16 日。

63. 宋‧程顥、程頤，朱子編，《二程外書》，《文淵閣四庫全書本‧子部》，臺北：臺灣商務印書館，1986 年 7 月。

64. 宋‧程顥、程頤，潘富恩導讀，《二程遺書》，上海：古籍出版社，2000 年 12 月。

65. 宋‧項安世，《項氏家說》，《文淵閣四庫全書本‧子部》，臺北：臺灣商務印書館，1986 年 7 月。

66. 宋‧黃榦，《朱文公（熹）行狀》（一名《宋侍講朱文公行狀》），《叢書集成續編》二六〇冊，臺北：新文豐出版社，1989 年 7 月。

67. 宋‧楊時編輯，《二程粹言》，《叢書集成新編》二十一冊，臺北：新文豐出版社，1985 年元月。

68. 宋‧葉夢得，《石林家訓》，《叢書集成續編》六十冊，臺北：新文豐出版社，1989 年 7 月。

69. 宋‧葉夢得，《石林燕語》，《宋元筆記小說大觀》，上海：古籍出版社，2007 年 3 月。

70. 宋‧葉夢得，《避暑錄話》，上海：古籍出版社，2007 年。

71. 宋‧趙括著，胡道靜校證，《夢溪筆談校證》，上海：古籍出版社，1987 年 9 月。

72. 宋‧趙鼎，《家訓筆錄》，《叢書集成新編》三十三冊，臺北：新文豐出版社，1985 年元月。

73. 宋‧趙與旹，《賓退錄》，《文淵閣四庫全書本‧子部》，臺北：臺灣商務印書館，1986 年 7 月。

74. 宋‧劉清之，《戒子通錄》，《文淵閣四庫全書本‧子部》七〇三冊，臺北：臺灣商務印書館，1986 年 7 月。

75. 宋・劉敞，《公是弟子記》，《文淵閣四庫全書本・子部》，臺北：臺灣商務印書館，1986 年 7 月。

76. 宋・劉敞，《公是集》，《文淵閣四庫全書本・子部》，臺北：臺灣商務印書館，1986 年 7 月。

77. 宋・樓鑰，《范文正公年譜》（四明張氏約園開雕），《叢書集成續編》二六○冊，臺北：新文豐出版社，1989 年 7 月。

78. 宋・歐陽修，《歸田錄》，北京：中華書局，1981 年。

79. 宋・鄭太和，《鄭氏規範》，《叢書集成新編》第三十三冊，臺北：新文豐出版社，1985 年元月。

80. 宋・鄭至道，《琴堂諭俗編》，《文淵閣四庫全書本・子部》八六五冊，臺北：臺灣商務印書館，1986 年 7 月。

81. 宋・黎靖德編，《朱子語類》，《文淵閣四庫全書本・子部》七○一冊，臺北：臺灣商務印書館，1986 年 7 月。

82. 宋・謝維新，《古今合璧事類備要》（明・嘉靖丙辰年 1556 年摹宋刻本），臺北：新興書局，1971 年 3 月。

83. 宋・韓琦，李之亮、徐正英校箋，《安陽集編年箋注》，四川：巴蜀書社，2000 年 10 月。

84. 宋・釋惠洪，《林間錄》（後集），《文淵閣四庫全書本・子部》，臺北：臺灣商務印書館，1986 年 7 月。

85. 元・黃端節編，《朱子成書》（明景泰元年（1450 年）善敬書堂刊本），國立故宮博物院珍藏（微片）。

86. 元・鄭太和撰，《鄭氏規範》（據清曹溶輯，陶越增訂《學海類編》本影印），《百部叢書集成》，臺北：藝文印書館，1967 年。

87. 元・鄭濤，《旌義編二卷附四庫提要》，《叢書集成新編》三十三冊，臺北：新文豐出版社，1985 年元月。

88. 元・龔端禮，《五服圖解》（宛委別藏影鈔元至治本），臺北：故宮博物院委託商務印書館景印原書。

89. 明・王夫之，《思問錄》，臺北：世界書局，1974 年 7 月三版。

90. 明・王圻，《續文獻通考》，《四庫全書存目叢書・子部》一八七冊，臺北：莊嚴文化公司，1995 年 9 月。

91. 明・王省曾，《吳風錄》，《叢書集成新編》九十一冊，臺北：新文豐出版社，1985 年元月。

92. 明・丘濬，《大學衍義補》，《文淵閣四庫全書本・子部》七一二冊，臺北：臺灣商務印書館，1986 年 7 月。

93. 明・丘濬編輯，《朱子學的》，《叢書集成新編》二十一冊，臺北：新文豐

出版社，1985 年元月。

94. 明·田汝成，《熙朝樂事》（據明萬曆孫幼安校刊稗乘本景印），《歲時習俗資料彙編》，臺北：藝文印書館，1970 年 12 月。

95. 明·田藝蘅輯，《留青日札》，上海：古籍出版社，1985 年 9 月。

96. 明·呂坤撰，《呂公實政錄》（清嘉慶丁巳年（1797 年）重刊本），臺北：文史哲出版社，1971 年 8 月。

97. 明·呂柟，《二程子抄釋》，《文淵閣四庫全書本·子部》，臺北：臺灣商務印書館，1986 年 7 月。

98. 明·呂柟，《張子抄釋》，《文淵閣四庫全書本·子部》，臺北：臺灣商務印書館，1986 年 7 月。

99. 明·胡廣等，《性理大全書》，《四庫全書珍本·五集》，臺北：臺灣商務印書館，1935 年。

100. 明·郎瑛，《七修類稿》，上海：中華書局，1961 年 9 月初版三刷。

101. 明·張四維，《名公書判清明集》（中國社會科學院歷史研究所宋遼金元史研究室點校），北京：中華書局，2002 年 6 月初版二刷。

102. 明·張鼐，《孔子家語雋》（明萬曆間書林蕭世熙刊本），《中國子學名著集成——宋元明清善本叢刊》，1978 年 12 月。

103. 明·陳懋仁，《泉南雜志》，《叢書集成新編》九十五冊，臺北：新文豐出版社，1985 年元月。

104. 明·陶晉英，《楚書》，《叢書集成新編》九十五冊，臺北：新文豐出版社，1985 年元月。

105. 明·章潢，《圖書編》，《文淵閣四庫全書本·子部》九七二冊，臺北：臺灣商務印書館，1986 年 7 月。

106. 明·黃宗羲，《宋元學案》，臺北：臺灣商務印書館，1968 年 3 月。

107. 明·黃宗羲，《明文海》（涵芬樓藏鈔本影印），北京：中華書局，1987 年 2 月。

108. 明·黃宗羲，《明夷待訪錄》，臺北：世界書局，1974 年 7 月初版三版。

109. 明·黃宗羲，《明儒學案》，臺北：世界書局，2009 年 6 月初版七刷。

110. 明·楊繼盛，《楊忠愍公遺筆》，《叢書集成新編》三十三冊，臺北：新文豐出版社，1985 年元月。

111. 明·楊繼盛，《楊忠愍傳家寶訓》，《叢書集成續編》六十冊，臺北：新文豐出版社，1989 年 7 月。

112. 明·溫以介述，《溫氏母訓》，《叢書集成新編》三十三冊，臺北：新文豐出版社，1985 年元月。

113. 明·管志道，《從先維俗議》（影印明刊本），《叢書集成續編》六十一冊，

臺北：新文豐出版社，1989 年 7 月。

114. 明・霍韜，《霍渭臣家訓》，珍藏國家圖書館善本書室善本書。

115. 明・謝肇淛，《五雜俎》，上海：上海書店，2001 年 8 月。

116. 明・龐尚鵬，《龐氏家訓》，《叢書集成新編》三十三冊，臺北：新文豐出版社，1985 年元月。

117. 明・顧炎武，《日知錄》，臺北：臺灣商務印書館，1968 年 3 月。

118. 清・孔繼汾，《孔氏家儀》，臺北：中央研究院傅斯年圖書館珍藏善本書。

119. 清・孔繼汾，《勔儀糾謬集》（清乾隆刻本），《四庫未收書輯刊》三輯，北京：北京出版社，2000 年 1 月。

120. 清・王士俊輯，《閑家編》（浙江圖書館藏清雍正十二年（1734 年）養拙堂刻本），《四庫全書存目叢書・子部》一五八冊，臺北：莊嚴出版社，1995 年 9 月。

121. 清・王述菴編，《金石萃編》，臺北：國風出版社，1964 年 7 月。

122. 清・王懋竑，《白田雜著》，《文淵閣四庫全書本・子部》八五九冊，臺北：臺灣商務印書館，1986 年 7 月。

123. 清・王懋竑編，《朱子年譜》（清道光光緒間刻本），于浩輯，《宋明理學家年譜》，北京：北京圖書館出版社，2005 年 4 月。

124. 清・江永，《近思錄集註》，《文淵閣四庫全書本・子部》，臺北：臺灣商務印書館，1986 年 7 月。

125. 清・李清馥，《閩中理學淵源考》，《文淵閣四庫全書本・子部》，臺北：臺灣商務印書館，1986 年 7 月。

126. 清・林伯桐，《士人家儀考》，《叢書集成三編》二十五冊，臺北：新文豐出版社，1996 年。

127. 清・林伯桐，《品官家儀考》，《叢書集成三編》二十五冊，臺北：新文豐出版社，1996 年。

128. 清・津門佟氏輯，《士庶備覽》（清光緒十八年刻本），《四庫未收書輯刊・參輯》十九冊，北京：北京出版社，2000 年 1 月。

129. 清・范祖述，杭縣洪如嵩補輯，《杭俗遺風》，上海：文藝出版社，1989 年 9 月。

130. 清・茅星來，《近思錄集註》，《文淵閣四庫全書本・子部》，臺北：臺灣商務印書館，1986 年 7 月。

131. 清・倪濤，《六藝之一錄》，《四庫全書珍本》初集，臺北：臺灣商務印書館，1935 年。

132. 清・夏炘，《述朱質疑》，咸豐壬子新鐫，景紫山房藏板，《續修閣四庫全

書》，上海：古籍出版社，2003 年 5 月。

133. 清‧孫奇逢，《孝友堂家訓》，《叢書集成新編》三十三冊，臺北：新文豐出版社，1985 年元月。

134. 清‧孫奇逢，《孝友堂家規》，《叢書集成新編》三十三冊，臺北：新文豐出版社，1985 年元月。

135. 清‧徐珂，《清稗類鈔》，臺北：臺灣商務印書館，1966 年 6 月。

136. 清‧乾隆官修，《清朝文獻通考》，浙江：古籍出版社，2000 年 1 月。

137. 清‧乾隆官修，《續文獻通考》，浙江：古籍出版社，2000 年 1 月。

138. 清‧張師載輯，《課子隨筆鈔》，《叢書集成續編》六十冊，臺北：新文豐出版社，1989 年 7 月。

139. 清‧張習孔，《家訓》，《叢書集成續編》六十冊，臺北：新文豐出版社，1989 年 7 月。

140. 清‧張爾岐，《蒿庵閒話》，《筆記小說大觀續編》十九冊（《四部集要‧子部》），臺北：新興書局。

141. 清‧清世宗，《聖祖仁皇帝庭訓格言》（一名《庭訓格言》），《叢書集成續編》六十冊，臺北：新文豐出版社，1989 年 7 月。

142. 清‧清世祖、呂宮等人纂，《御定資政要覽》，《文淵閣四庫全書本‧子部》，臺北：臺灣商務印書館，1986 年 7 月。

143. 清‧清聖祖，《淵鑑類函》，《四部集要‧子部》（殿版），臺北：新興書局，1960 年 9 月。

144. 清‧陳宏謀，《培遠堂偶存稿》（清乾隆間培遠堂刊本），臺北：珍藏國家圖書館善本書室。

145. 清‧陳盛韶，《問俗錄》，武陵出版社，1991 年 10 月。

146. 清‧陳夢雷主纂，《古今圖書集成》（原書雍正四年（1726 年）告成，殿本無考證），上海：中華書局。

147. 清‧萬斯大，《宗法論》，臺北：廣文書局，1968 年 1 月。

148. 清‧萬斯同，《廟制圖考》，《叢書集成續編》，臺北：新文豐出版社，1989 年 7 月。

149. 清‧聖祖頒諭、清世宗繹釋，《聖諭廣訓》，《文淵閣四庫全書本‧子部》七一七冊，臺北：臺灣商務印書館，1986 年 7 月。

150. 清‧趙執信，《禮俗權衡》（清康熙刻本），《四庫未收書輯刊》三輯，北京：北京出版社，2000 年 1 月。

151. 清‧趙翼，《陔餘叢考》，河北：人民出版社，2003 年 12 月。

152. 清‧蔣伊，《蔣氏家訓》（據《借月山房彙鈔》本影印），《百部叢書集成》，臺北：藝文印書館，1967 年。

153. 清·鄭士範編，《朱子年譜》（清光緒六年（1880 年）刻本），丁浩輯《宋明理學家年譜》，北京：北京圖書館，2005 年 4 月。

154. 清·鄭端輯，《朱子學歸》，《叢書集成新編》二十一冊，臺北：新文豐出版社，1985 年元月。

155. 清·戴翊清，《治家格言繹義》，《叢書集成續編》六十冊，臺北：新文豐出版社，1989 年 7 月。

156. 清·鍾于序，《宗規》，載《叢書集成續編》第六十冊，臺北：新文豐出版社，1989 年 7 月。

157. 清·鍾錂纂，《顏習齋先生闢異錄》，《叢書集成新編》三十三冊，臺北：新文豐出版社，1985 年元月。

158. 清·顧祿，來新夏點校，《清嘉錄》，北京：中華書局，2008 年 6 月。

159. 不著撰者，《居家必用事類乙集》（清華大學圖書館藏明刻本），《四庫全書存目叢書·子部》一一七冊，1995 年 9 月。

（四）集 部

1. 周·屈原，宋·洪興祖撰，《楚辭補注》，臺北：藝文印書館，1977 年 9 月五版。

2. 梁·蕭統，唐·李善註，《文選》，臺北：藝文書局，1972 年 6 月六版。

3. 唐·元稹，《元稹集》，《四部刊要·集部》，臺北：漢京文化公司，2004 年 3 月。

4. 唐·白居易，《白居易集》，《四部刊要·集部》，臺北：漢京文化公司，2004 年 3 月。

5. 唐·杜牧，《樊川文集》，《四部刊要·集部》，臺北：漢京文化公司，2004 年 3 月。

6. 唐·杜甫，《杜詩鏡銓》，臺北：華正書局，1975 年 6 月。

7. 唐·柳宗元，《柳河東集》，香港：中華書局（分局），1972 年 1 月。

8. 唐·張籍，《張司業集》，《文淵閣四庫全書本·集部》，臺北：臺灣商務印書館，1986 年 7 月。

9. 唐·黃滔，《黃御史集》，《文淵閣四庫全書本·集部》，臺北：臺灣商務印書館，1986 年 7 月。

10. 唐·劉長卿，《劉隨州集》，《文淵閣四庫全書本·集部》，臺北：臺灣商務印書館，1986 年 7 月。

11. 唐·顏眞卿，《顏魯公集》，《文淵閣四庫全書本·集部》，臺北：臺灣商務印書館，1986 年 7 月。

12. 宋·方岳，《秋崖集》，《四庫全書珍本》三集，臺北：臺灣商務印書館，1935 年。

13. 宋・方逢辰，《蛟峰文集》，《四庫全書珍本》四集，臺北：臺灣商務印書館，1935 年。

14. 宋・王十朋，《梅溪後集》，《文淵閣四庫全書本・集部》，臺北：臺灣商務印書館，1986 年 7 月。

15. 宋・王安石，《臨川先生文集》（宋紹興辛未二十一年（1151 年）提舉兩浙西路常平茶鹽王刊宋元明初遞修本），臺北：國家圖書館四樓善本書室。

16. 宋・王質，《雪山集》，《文淵閣四庫全書本・集部》，臺北：臺灣商務印書館，1986 年 7 月。

17. 宋・司馬光，《傳家集》，《文淵閣四庫全書本・集部》一○九四冊，臺北：臺灣商務印書館，1986 年 7 月。

18. 宋・司馬光，《溫國文正司馬公文集》（上海涵芬樓借常熟瞿氏鐵琴銅劍樓藏宋紹熙刊本景印），《四部叢刊集部》，臺北：臺灣商務印書館，1979 年 11 月。

19. 宋・石介，《徂徠集》，《文淵閣四庫全書・集部》一○九○冊，臺北：臺灣商務印書館，1986 年 7 月。

20. 宋・朱熹，《朱熹集》，四川：教育出版社，1997 年 5 月初版二刷。

21. 宋・朱熹，《晦庵集》，《文淵閣四庫全書本・集部》一一四六冊，臺北：臺灣商務印書館，1986 年 7 月。

22. 宋・朱熹，《晦菴先生文集》，《宋集珍本叢刊》五十六冊，四川：四川大學古籍整理研究所編，北京：線裝書局，2004 年。

23. 宋・朱熹，民國・陳俊民校編，《朱子文集》，臺北：財團法人德富文教基金會，2000 年 2 月。

24. 宋・余靖，余仲荀編，《武溪集》，《四庫全書薈要・集部》二十二冊，臺北：世界書局，1988 年 2 月。

25. 宋・吳泳，《鶴林集》，《文淵閣四庫全書本・集部》，臺北：臺灣商務印書館，1986 年 7 月。

26. 宋・吳處厚，《青箱雜記》，《歷代筆記小說大觀》，上海：古籍出版社，2007 年 10 月。

27. 宋・呂祖謙，《東萊別集》，《文淵閣四庫全書本・集部》一一五○冊，臺北：臺灣商務印書館，1986 年 7 月。

28. 宋・呂祖謙，《東萊集》，《文淵閣四庫全書本・集部》，臺北：臺灣商務印書館，1986 年 7 月。

29. 宋・李之儀，《姑溪居士集》，《文淵閣四庫全書本・集部》一一二○冊，臺北：臺灣商務印書館，1986 年 7 月。

30. 宋・李石，《方舟集》，《文淵閣四庫全書本・集部》，臺北：臺灣商務印

書館，1986 年 7 月。

31. 宋・李覯，《李覯集》，《四部刊要・集部》，臺北：漢京文化事業公司，1983 年 10 月。

32. 宋・李覯，《盱江集》，《文淵閣四庫全書本・集部》，臺北：臺灣商務印書館，1986 年 7 月。

33. 宋・李覯，《直講李先生集》（上海涵芬樓借江南圖書館藏明代刊本景印），《四部叢刊・集部》。

34. 宋・沈括，《長興集》，《文淵閣四庫全書本・集部》，臺北：臺灣商務印書館，1986 年 7 月。

35. 宋・汪應辰，《文定集》，上海：世紀出版社，2009 年 2 月。

36. 宋・周必大，《文忠集》，《文淵閣四庫全書本・集部》一一四七冊，臺北：臺灣商務印書館，1986 年 7 月。

37. 宋・周惇頤，清・周沈珂編，《周元公集》，《文淵閣四庫全書本・集部》，臺北：臺灣商務印書館，1986 年 7 月。

38. 宋・周紫芝，《太倉稊米集》，臺北：國家圖書館「古籍影像檢索系統」。

39. 宋・邱葵，民國・楊天厚、林麗寬譯注，《釣磯詩集譯注》，金門：金門縣文化局，2007 年 3 月。

40. 宋・姚勉，《雪坡集》，《文淵閣四庫全書本・集部》一一八四冊，臺北：臺灣商務印書館，1986 年 7 月。

41. 宋・胡寅，《斐然集》，《四庫全書珍本》初集，臺北：臺灣臺灣商務印書館，1935 年。

42. 宋・胡宿，《文恭集》，《文淵閣四庫全書本・集部》，臺北：臺灣商務印書館，1986 年 7 月。

43. 宋・范仲淹，《范文正公文集》（北宋刻本，古逸叢書三編之五），北京：中華書局影印。

44. 宋・范仲淹，《范文正集補編》，《文淵閣四庫全書本・集部》，臺北：臺灣商務印書館，1986 年 7 月。

45. 宋・范祖禹，《范太史集》，《文淵閣四庫全書本・集部》，臺北：臺灣商務印書館，1986 年 7 月。

46. 宋・家鉉翁，《則堂集》，《文淵閣四庫全書本・集部》，臺北：臺灣商務印書館，1986 年 7 月。

47. 宋・徐元杰，《楳埜集》，《宋集珍本叢刊》，四川大學古籍所編，北京：線裝書局，2004 年 6 月。

48. 宋・徐鉉，《徐騎省集》，臺北：臺灣商務印書館，2004 年 3 月。

49. 宋・徐鉉，《騎省集》，《文淵閣四庫全書本・集部》，臺北：臺灣商務印

書館，1986 年 7 月。

50. 宋・晁補之，《雞肋集》，《四庫全書薈要》，臺北：世界書局，1988 年 2月。

51. 宋・眞德秀，《西山先生眞文忠公文集》，《宋集珍本叢刊》七十六冊，四川大學古籍整理研究所編，北京：線裝書局，2004 年。

52. 宋・馬永卿，《嬾眞子》，《叢書集成續編》，臺北：新文豐出版社，1989年 7 月。

53. 宋・張方平，《樂全集》，《文淵閣四庫全書本・集部》一一〇四冊，臺北：臺灣商務印書館，1986 年 7 月。

54. 宋・張耒，《柯山集》，《四庫全書珍本》四集，臺北：臺灣商務印書館，1935 年。

55. 宋・張栻，《南軒集》，《文淵閣四庫全書本・集部》一一六七冊，臺北：臺灣商務印書館，1986 年 7 月。

56. 宋・陳淳，《北溪大全集》，《四庫全書珍本》四集，臺北：臺灣臺灣商務印書館，1935 年。

57. 宋・陳著，《本堂集》，《文淵閣四庫全書本・集部》，臺北：臺灣商務印書館，1986 年 7 月。

58. 宋・陳藻，《樂軒集》，《文淵閣四庫全書本・集部》一一五二冊，臺北：臺灣商務印書館，1986 年 7 月。

59. 宋・陸九淵、陸持之編，《象山集》，《文淵閣四庫全書本・集部》，臺北：臺灣商務印書館，1986 年 7 月。

60. 宋・游九言，《默齋遺稿》（傅增湘校宜秋館刻本），《四庫全書存目叢書・集部》六十四冊，臺北：莊嚴文化公司，1997 年 6 月。

61. 宋・陸游，《渭南文集》（上海涵芬樓借江南圖書館藏明華氏活字本景印），《四部叢刊・集部》。

62. 宋・陽枋，《字溪集》，《文淵閣四庫全書本・集部》，臺北：臺灣商務印書館，1986 年 7 月。

63. 宋・黃仲元，《四如集》，《文淵閣四庫全書本・集部》一一八八冊，臺北：臺灣商務印書館，1986 年 7 月。

64. 宋・黃幹，《勉齋集》，《四庫全書珍本》，臺北：臺灣商務印書館，1935年。

65. 宋・楊時，《龜山集》，《四庫全書珍本》四集，臺北：臺灣商務印書館，1935 年。

66. 宋・楊傑，《無爲集》，《古逸書》（線裝書，三編之三十六），北京：中華書局影印。

67. 宋·楊萬里著，楊長孺編，《誠齋集》，《文淵閣四庫全書本·集部》，臺北：臺灣商務印書館，1986 年 7 月。

68. 宋·葛勝仲，《丹陽集》，《文淵閣四庫全書本·集部》一一二七冊，臺北：臺灣商務印書館，1986 年 7 月。

69. 宋·熊禾，《勿軒集》，《文淵閣四庫全書本·集部》，臺北：臺灣商務印書館，1986 年 7 月。

70. 宋·趙鼎，《忠正德文集》，臺北：國家圖書館「古籍影像檢索系統」。

71. 宋·劉才邵，《檆溪居士集》，《文淵閣四庫全書本·集部》一一三〇冊，臺北：臺灣商務印書館，1986 年 7 月。

72. 宋·劉克莊，《後村先生大全集》，舒大剛主編，《宋集珍本叢刊》，北京：線裝書局，2004 年 6 月。

73. 宋·劉辰翁，《須溪集》，《四庫全書珍本》四集，臺北：臺灣商務印書館，1935 年。

74. 宋·劉攽，《彭城集》，上海：商務印書館，1937 年 4 月再版。

75. 宋·劉宰，《漫塘文集》，舒大剛主編，《宋集珍本叢刊》，北京：線裝書局，2004 年 6 月。

76. 宋·劉敞，《公是集》，《文淵閣四庫全書本·集部》，臺北：臺灣商務印書館，1986 年 7 月。

77. 宋·劉摯，《忠肅集》，《文淵閣四庫全書本·集部》一〇九九冊，臺北：臺灣商務印書館，1986 年 7 月。

78. 宋·樓鑰，《攻媿集》，《文淵閣四庫全書本·集部》一一五三冊，臺北：臺灣商務印書館，1986 年 7 月。

79. 宋·歐陽守道，《巽齋文集》，《文淵閣四庫全書本·集部》一一八三冊，臺北：臺灣商務印書館，1986 年 7 月。

80. 宋·歐陽修，《文忠集》，《文淵閣四庫全書本·集部》，臺北：臺灣商務印書館，1986 年 7 月。

81. 宋·穆修，《穆參軍集》，《文淵閣四庫全書本·集部》一〇八七冊，臺北：臺灣商務印書館，1986 年 7 月。

82. 宋·戴表元，《剡源文集》，《文淵閣四庫全書本·集部》一一九四冊，臺北：臺灣商務印書館，1986 年 7 月。

83. 宋·韓元吉，《桐陰舊話》（清道光刻《古今說海》本），《宋代傳記資料叢刊》第三十一冊，北京：北京圖書館出版社。

84. 宋·韓琦，《安陽集》，《文淵閣四庫全書本·集部》一〇八九冊，臺北：臺灣商務印書館，1986 年 7 月。

85. 宋·韓琦，《韓魏公集》（據清康熙張伯行輯編同治左宗棠增刊正誼堂全

書本影印），《百部叢書集成・集部》，臺北：藝文印書館，1968 年。

86. 宋・韓琦，李之亮、徐正英校箋，《安陽集編年箋注》，四川：巴蜀書社，2000 年 10 月。

87. 宋・韓維，《南陽集》，《文淵閣四庫全書本・集部》一一〇一冊，臺北：臺灣商務印書館，1986 年 7 月。

88. 宋・魏了翁，《重校鶴山先生大全文集》，《四部叢刊電子版・初編》（原文及全文檢索版），北京：書同文數字技術有限公司。臺北：國家圖書館電子書，列印時間：04/03/2010。

89. 宋・羅點，《聞見錄》，臺北：國家圖書館微卷。

90. 宋・蘇洵，《嘉祐新集》，載《宋集珍本叢刊》，四川大學古籍所編，北京：線裝書局，2004 年 6 月。

91. 宋・蘇軾，《東坡全集》，《文淵閣四庫全書本・集部》，臺北：臺灣商務印書館，1986 年 7 月。

92. 宋・蘇頌、蘇攜編，《蘇魏公文集》，《文淵閣四庫全書本・集部》，臺北：臺灣商務印書館，1986 年 7 月。

93. 宋・蘇轍，《欒城集》，《文淵閣四庫全書本・集部》，臺北：臺灣商務印書館，1986 年 7 月。

94. 宋・蘇轍，《欒城應詔集》，《文淵閣四庫全書本・集部》，臺北：臺灣商務印書館，1986 年 7 月。

95. 元・王惲，《秋澗集》，《文淵閣四庫全書本・集部》一二一〇冊，臺北：臺灣商務印書館，1986 年 7 月。

96. 元・方回，《桐江續集》，《四庫全書珍本》初集，臺北：臺灣商務印書館，1935 年。

97. 元・同恕，《榘菴集》，《文淵閣四庫全書本・集部》一二〇六冊，臺北：臺灣商務印書館，1986 年 7 月。

98. 元・安熙，《默庵集》，《文淵閣四庫全書本・集部》一一九九冊，臺北：臺灣商務印書館發行，1986 年 7 月初版。

99. 元・牟巘，《牟氏陵陽集》，《文淵閣四庫全書本・集部》，臺北：臺灣商務印書館，1986 年 7 月。

100. 元・李存，《俟菴集》，《文淵閣四庫全書本・集部》一二一三冊，臺北：臺灣商務印書館，1986 年 7 月。

101. 元・李祁，《雲陽集》，《文淵閣四庫全書本・集部》，臺北：臺灣商務印書館，1986 年 7 月。

102. 元・吳海，《聞過齋集》，《文淵閣四庫全書本・集部》一二一七冊，臺北：臺灣商務印書館，1986 年 7 月。

103. 元‧吳澄,《吳文正集》,《文淵閣四庫全書本‧集部》一一九七冊,臺北:
臺灣商務印書館,1986 年 7 月。

104. 元‧柳貫,《待制集》,《文淵閣四庫全書本‧集部》一二一〇冊,臺北:
臺灣商務印書館,1986 年 7 月。

105. 元‧胡祗遹,《紫山大全集》,《四庫全書珍本》四集,臺北:臺灣商務印
書館,1935 年。

106. 元‧貢師泰,《玩齋集》,《四庫全書珍本》三集,臺北:臺灣商務印書館,
1935 年。

107. 元‧郝經,《陵川集》,《四庫全書珍本》四集,臺北:臺灣商務印書館,
1935 年。

108. 元‧許有壬,《至正集》,《文淵閣四庫全書本‧集部》一二一一冊,臺北:
臺灣商務印書館,1986 年 7 月。

109. 元‧張養浩,《歸田類稿》,《四庫全書珍本》三集,臺北:臺灣商務印書
館,1935 年。

110. 元‧陳旅,《安雅堂集》,《文淵閣四庫全書本‧集部》一二一三冊,臺北:
臺灣商務印書館,1986 年 7 月。

111. 元‧陳櫟,《定宇集》,《文淵閣四庫全書本‧集部》一二〇五冊,臺北:
臺灣商務印書館,1986 年 7 月。

112. 元‧歐陽玄,《圭齋文集》,《文淵閣四庫全書本‧集部》一二一〇冊,臺
北:臺灣商務印書館,1986 年 7 月。

113. 元‧劉將孫撰,《養吾齋集》,《文淵閣四庫全書本‧集部》一一九九冊,
臺北:臺灣商務印書館,1986 年 7 月。

114. 元‧劉壎,《水雲村稿》,《四庫全書珍本》四集,臺北:臺灣商務印書館,
1935 年。

115. 元‧劉鶚,《惟實集》,《四庫全書珍本》四集,臺北:臺灣商務印書館,
1935 年。

116. 元‧謝應芳,《辨惑編》,《百部叢書集成》,臺北:藝文印書館,1967
年。

117. 明‧尹臺,《洞麓堂記》,《文淵閣四庫全書本‧集部》一二七七冊,臺北:
臺灣商務印書館,1986 年 7 月。

118. 明‧文林,《文溫州集》(北京圖書館藏明刻本),《四庫全書存目叢書‧
集部》四十冊,臺北:莊嚴文化公司,1997 年 10 月。

119. 明‧方孝儒,《遜志齋集》(上海涵芬樓景印明嘉靖辛酉王可大台州刊本),
《四部叢刊‧集部》,臺北:臺灣商務印書館,1979 年 11 月。

120. 明‧毛伯溫,《毛襄懋先生文集》(清華大學圖書館藏清乾隆三十七年毛
仲愈等刻毛襄懋先生文集),《四庫全書存目叢書‧集部》六十三冊,臺

北：莊嚴文化公司，1997 年 10 月。

121. 明・王行，《半軒集》，《四庫全書珍本》三集，臺北：臺灣商務印書館，1935 年。

122. 明・王艮，《王心齋全集》。取材自 http://guji.artx.cn 網站。

123. 明・王紳，《繼志齋集》，《文淵閣四庫全書本・集部》一二三四冊，臺北：臺灣商務印書館，1986 年 7 月。

124. 明・王慎中，《遵巖集》，《文淵閣四庫全書本・集部》一二七四冊，臺北：臺灣商務印書館，1986 年 7 月。

125. 明・丘濬，《重編瓊臺薈》，《文淵閣四庫全書本・集部》一二四八冊，臺北：臺灣商務印書館，1986 年 7 月。

126. 明・朱升，《朱楓林集》（明萬曆四十四年（1616 年）歙邑朱時新等刊本），臺北：國家圖書館善本書室微卷。

127. 明・何瑭，《柏齋集》，《文淵閣四庫全書本・集部》一二六六冊，臺北：臺灣商務印書館，1986 年 7 月。

128. 明・余懋衡，《余氏宗祠約》（明天啓四年（1624 年）婺源余氏刊本），臺北：國家圖書館善本書室微卷。

129. 明・吳子玉，《大鄣山人集》（吉林省圖書館藏明萬曆十六年黃正蒙刻本），《四庫全書存目叢書・集部》一四一冊，臺北：莊嚴文化公司，1997 年 10 月。

130. 明・呂坤，王國軒、王秀梅整理，《呂坤全集》，北京：中華書局，2008 年 5 月。

131. 明・呂柟，《涇野先生文集》，《四庫全書存目叢書・集部》六十一冊（湖南圖書館藏明嘉靖三十四年于德昌刻本），臺北：莊嚴文化公司，1997 年 10 月。

132. 明・宋訥，《西隱集》，《四庫全書珍本》三集，臺北：臺灣商務印書館，1935 年。

133. 明・宋濂，《文憲集》，《文淵閣四庫全書本・集部》一二二三冊，臺北：臺灣商務印書館，1986 年 7 月。

134. 明・宋濂，《宋文憲公全集》，民國二十五年（1936），上海：中華書局排印本，臺北：國家圖書館珍藏善本書。

135. 明・李時勉，《古廉文集》，《四庫全書珍本》三集，臺北：臺灣商務印書館，1935 年。

136. 明・李維楨，《大泌山房集》（北京師範大學圖書館藏明萬曆三十九年刻本），《四庫全書存目叢書・集部》，臺北：莊嚴文化公司，1997 年 10 月。

137. 明・汪循，《汪仁峰先生文集》（中國社會科學院文學研究所藏清康熙刻

本),《四庫全書存目叢書‧集部》四十七冊,臺北:莊嚴文化公司,1997年10月。

138. 明‧汪舜民,《靜軒先生文集》(據上海圖書館藏明正德六年張鵬刻本影印),《續修四庫全書‧集部》一三三一冊,上海:古籍出版社,2003年5月。

139. 明‧汪道昆,《太函集》(北京大學圖書館藏明萬曆刻本),《四庫全書存目叢書‧集部》,臺北:莊嚴文化公司,1997年10月。

140. 明‧汪禔,《槃菴集》(北京大學圖書館藏清康熙十八年刻汪氏家集三種本),《四庫全書存目叢書‧集部》一四六冊,臺北:莊嚴文化公司,1997年10月。

141. 明‧金瑤,《金栗齋先生文集》,據上海圖書館藏明萬曆四十一年(1613年)瀛山書院刻本。

142. 明‧周敍,《石溪周先生文集》,《四庫全書總目‧經部》三十一冊(武英殿版),臺北:藝文印書館,1997年9月初版七刷。

143. 明‧岳正,《類博稿》,《四庫全書珍本》三集,臺北:臺灣商務印書館,1935年。

144. 明‧林文俊,《方齋存稿》,《四庫全書珍本》四集,臺北:臺灣商務印書館,1935年。

145. 明‧林希元,《同安林次崖先生文集》(遼寧省圖書館藏清乾隆十八年陳臚聲詒燕堂刻本),《四庫全書存目叢書‧集部》七十五冊,臺北:莊嚴文化公司,1997年10月。

146. 明‧林俊,《見素集》,《文淵閣四庫全書本‧集部》,臺北:臺灣商務印書館,1986年7月。

147. 明‧邱濬,《丘文莊公叢書》,臺北:丘文莊公叢書輯印委員會輯印,1972年2月。

148. 明‧邱濬,《重編瓊臺藁》,《四庫全書珍本》四集,臺北:臺灣商務印書館,1935年。

149. 明‧姜寶,《姜鳳阿文集》(北京大學圖書館藏明萬曆刻本),《四庫全書存目叢書‧集部》一二七冊,臺北:莊嚴文化公司,1997年10月。

150. 明‧胡直,《衡廬精舍藏稿》,《四庫全書珍本》四集,臺北:臺灣商務印書館,1935年。

151. 明‧姚廣孝、解縉等奉敕編纂,《永樂大典》,臺北:世界書局,1962年2月。

152. 明‧夏言,《夏桂洲先生文集》(北京大學圖書館藏明崇禎十一年(1638年)吳一璘刻本),《四庫全書存目叢書‧集部》,臺北:莊嚴文化公司,1997年10月。

153. 明‧唐桂芳,《白雲集》,《四庫全書珍本》四集,臺北:臺灣商務印書館,1935 年。

154. 明‧唐錦,《龍江集》(據明嘉靖刻崇禎補修本影印),《續修四庫全書‧集部》,上海:古籍出版社,2003 年 5 月。

155. 明‧徐有貞,《武功集》,《四庫全書珍本》四集,臺北:臺灣商務印書館,1935 年。

156. 明‧徐溥,《謙齋文錄》,《四庫全書珍本》四集,臺北:臺灣商務印書館,1935 年。

157. 明‧崔銑,《洹詞》,《文淵閣四庫全書本‧集部》一二六七冊,臺北:臺灣商務印書館,1986 年 7 月。

158. 明‧康海,《對山集》,《四庫全書珍本》四集,臺北:臺灣商務印書館,1935 年。

159. 明‧張四維,《條麓堂集》(據明萬曆三十一年吳士良、馬攀龍刻本影印),《續修四庫全書‧集部》一三五一冊。

160. 明‧張旭,《梅巖小稿》(北京大學圖書館藏明正德元年刻本),《四庫全書存目叢書‧集部》四十一冊,臺北:莊嚴文化公司,1997 年 10 月。

161. 明‧張寧,《方洲集》,《四庫全書珍本》三集,臺北:臺灣商務印書館,1935 年。

162. 明‧郭子章,《蠙衣生傳草》(傳草許昌市圖書館藏明萬曆刻本),《四庫全書存目叢書‧集部》一五五冊,臺北:莊嚴文化公司,1997 年 10 月。

163. 明‧郭子章,《蠙衣生蜀草》,《四庫全書總目‧集部》一五四冊(武英殿版),臺北:藝文印書館,1997 年 9 月初版七刷。

164. 明‧彭韶,《彭惠安集》,《四庫全書珍本》三集,臺北:臺灣商務印書館,1935 年。

165. 明‧程敏政,《篁墩集》,《文淵閣四庫全書本‧集部》一二五二冊,臺北:臺灣商務印書館,1986 年 7 月。

166. 明‧楊士奇,《東里文集》,《文淵閣四庫全書本‧集部》一二三八冊,臺北:臺灣商務印書館,1986 年 7 月。

167. 明‧楊士奇,《東里續集》,《文淵閣四庫全書本‧集部》一二三八冊,臺北:臺灣商務印書館,1986 年 7 月。

168. 明‧楊榮,《文敏集》,《四庫全書珍本》四集,臺北:臺灣商務印書館,1935 年。

169. 明‧蔡復一,民國‧郭哲銘校釋,《遯庵蔡先生文集校釋》,金門:金門縣政府,2007 年 3 月。

170. 明‧蔡清,《蔡文莊公集》(武漢大學圖書館藏清乾隆七年遜免敏齋刻

本），《四庫全書存目叢書・集部》四十二冊，臺北：莊嚴文化公司，1997
年 2 月。

171. 明・蔡獻臣，《清白堂稿》，金門：金門縣政府，1999 年 11 月。

172. 明・劉元卿，《劉聘君全集》（南開大學圖書館藏清咸豐二年重刊本），《四庫全書存目叢書・集部》一五四冊，臺北：莊嚴文化公司，1997 年 10月。

173. 明・劉宗周，《劉蕺山集》《文淵閣四庫全書本・集部》一二九四冊，臺北：臺灣商務印書館，1986 年 7 月。

174. 明・潘希曾，《竹澗集》，《四庫全書珍本》四集，臺北：臺灣商務印書館，1935 年。

175. 明・鄭岳，《山齋文集》，《四庫全書珍本》四集，臺北：臺灣商務印書館，1935 年。

176. 明・鄭紀，《東園文集》，《四庫全書珍本》三集，臺北：臺灣商務印書館，1935 年。

177. 明・薛蕙，《考功集》，《四庫全書珍本》四集，臺北：臺灣商務印書館，1935 年。

178. 明・韓邦奇，《苑洛集》，《四庫全書珍本》四集，臺北：臺灣商務印書館，1935 年。

179. 明・歸有光，《震川集》，《文淵閣四庫全書本・集部》一二八九冊，臺北：臺灣商務印書館，1986 年 7 月。

180. 明・羅洪先，《念菴文集》，《文淵閣四庫全書本・集部》一二七五冊，臺北：臺灣商務印書館，1986 年 7 月。

181. 明・羅欽順，《整菴存稿》，《文淵閣四庫全書本・集部》一二六一冊，臺北：臺灣商務印書館，1986 年 7 月。

182. 明・羅虞臣，《羅司勳文集》（浙江圖書館藏清康熙五十年羅氏刻本），《四庫全書存目叢書・集部》第九十四冊，臺北：莊嚴文化公司，1997 年 10月。

183. 明・嚴嵩，《鈐山堂集》（北京大學圖書館藏明嘉靖二十四年刻增修本），《四庫全書存目叢書・集部》第五十六冊，臺北：莊嚴文化公司，1997 年 10 月。

184. 明・蘇伯衡，《蘇平仲文集》，《文淵閣四庫全書本・集部》，臺北：臺灣商務印書館，1986 年 7 月。

185. 明・顧亭林，《亭林文集》，《續修四庫全書・集部》一四〇二冊，上海：古籍出版社，2003 年 5 月。

186. 清・方苞，《望溪先生文集》，《叢書集成三編》第五十四冊，臺北：新文豐出版社，1996 年。

187. 清・全祖望,《鮚埼亭集》(上海涵芬樓景印姚江借樹山房刊本),《四部叢刊集部》,臺北:臺灣商務印書館,1979 年 11 月。

188. 清・李光地,《榕村集》,《文淵閣四庫全書本・集部》一三二四冊,臺北:臺灣商務印書館,1986 年 7 月。

189. 清・沈彤,《果堂集》,《四庫全書珍本》四集,臺北:臺灣商務印書館,1935 年。

190. 清・紀昀纂,《欽定四庫全書總目》(武英殿版),臺北:藝文印書館,1997 年 9 月初版七刷。

191. 清・胡培翬,黃智明點校,《胡培翬集》,臺北:中研院文哲所,2005 年 11 月。

192. 清・曹雪芹,《紅樓夢》,臺北:三民書局,1973 年 2 月再版。

193. 清・陳燿輯,《切問齋文鈔》,清乾隆四十年(1775 年)吳江陸氏家刊本。

194. 清・賀長齡、魏源等編,《清經世文編》,北京:中華書局,1992 年 4 月。

195. 清・黃宗羲編,《明文海》(涵芬樓藏鈔本影印),北京:中華書局,1987 年 2 月。

196. 清・董誥等編,孫映逵等點校,《全唐文》,山西:教育出版社,2002 年 12 月。

197. 清・趙翼,曹光甫校點,《簷曝雜記》,《清代筆記小說大觀》,上海:古籍出版社,2007 年 10 月。

198. 清・錢大昕,《十駕齋養新錄》,《筆記小說大觀》三十九編八冊。

199. 清・錢大昕,《潛研堂文集》(上海涵芬樓景印潛研堂全書本),《四部叢刊・集部》,上海:臺灣商務印書館,1929 年。

200. 清・錢泳,孟斐校點,《履園叢話》,《清代筆記小說大觀》,上海:古籍出版社,2007 年 10 月。

201. 清・顏元,王星賢、張芥塵、郭征點校,《顏元集》,北京:中華書局,1987 年 6 月。

202. 清・魏裔介,《兼濟堂文集》,《四庫全書珍本》四集,臺北:臺灣商務印書館,1935 年。

203. 清・顧炎武,《亭林文集》,《續修四庫全書・集部》一四〇二冊,上海:古籍出版社出版,2003 年 5 月。

204. 清・顧祿,《清嘉錄》,北京:中華書局,2008 年 6 月。

205. 清・顧祿,王稼句點校,《桐橋倚棹錄》,北京:中華書局,2008 年 6 月。

206. 《宋集珍本叢刊》七十六冊,四川大學古籍整理研究所編,北京:線裝

書局，2004 年。

207. 《四部叢刊集部》，臺北：臺灣商務印書館，1979 年 11 月。

208. 民國・王國維，《定本觀堂集林》，臺北：世界書局出版，1961 年 3 月。

209. 廣東文徵編印委員會編，《廣東文徵》，廣東：文徵編印委員會，藝印刷有限公司，1973 年。

二、現代著作

（一）宗族與宗祠

1. （日）井上徹，錢杭譯，錢聖音校，《中國的宗族與國家體制──從宗法主義角度所作的分析》，上海：上海書店，2008 年 6 月。

2. （日）田仲一成，《中國的宗族與戲劇》，上海：古籍出版社，1992 年 8 月。

3. （日）清水盛光，宋念慈譯，《中國族產制度考》，臺北：中國文化大學出版部，1986 年 8 月。

4. 《金門傳統建築的裝飾藝術調查研究》，內政部營建署金門國家公園管理處委託研究報告，2007 年 12 月。

5. 《金門傳統祠廟建築之比較研究》，內政部營建署金門國家公園管理處委託研究報告，2007 年 12 月。

6. 尹文，《江南祠堂》，上海：上海書店，2004 年 1 月。

7. 王善軍，《宋代宗族和宗族制度研究》，河北：教育出版社，2000 年 1 月。

8. 王鐵，《中國東南的宗族與宗譜》，上海：世紀出版集團，2002 年 9 月。

9. 甘懷眞，《唐代家廟禮制研究》，臺北：臺灣商務印書館，1991 年 11 月。

10. 田松清，《中華姓氏叢書・楊・清白世家・楊姓堂號》，香港：中華書局，2002 年。

11. 朱鳳瀚，《商周家族形態研究》，天津：古籍出版社，1990 年 8 月。

12. 余師光宏、蔣俊、趙紅梅合編，《閩西庵垻人的社會與文化》，廈門：廈門大學出版社，2008 年 9 月。

13. 吳江安，《明清江南望族與社會經濟文化》，上海：人民出版社，2001 年 12 月。

14. 吳俊德，《殷墟第四期祭祀卜辭研究》，臺北：國立臺灣大學出版委員會，2005 年 10 月。

15. 李文治、江太新，《中國宗法宗族制和族田義莊》，北京：社會科學文獻出版社，2000 年 4 月。

16. 李師增德，《金門宗祠之美》，金門：財團法人金門縣史蹟維護基金會，

1995 年 6 月。

17. 李錫回主編，《古寧頭李氏族誌──李氏家廟整建落成奠安慶典紀實》，金門縣古寧頭李氏宗親會發行，1996 年 10 月。

18. 徐正光編，《第四屆國際客家學術研討會論文集：聚落、宗族與族群關係》，臺北：中央研究院民族學研究所，2000 年 12 月。

19. 徐揚杰，《宋明家族制度史論》，北京：中華書局，1995 年 6 月。

20. 常建華，《明代宗族研究》，上海：上海人民出版社，2005 年 2 月。

21. 常建華，《清代的國家與社會研究》，北京：人民出版社，2006 年 7 月。

22. 張一兵，《明堂制度源流考》，北京：人民出版社，2007 年 2 月。

23. 張榮明，《殷周政治與宗教》，臺北：五南圖書公司，1997 年 5 月。

24. 梁煌儀，《周代宗廟祭禮之研究》，臺北：中外語文出版社，1989 年 7 月。

25. 莫里斯‧弗里德曼著，劉曉春譯，《中國東南的宗族組織》，上海：人民出版社，2000 年 3 月。

26. 許在全、吳幼雄、蔡湘江主編，《泉州名祠》，福州：人民出版社，2003 年 4 月。

27. 郭志超、林瑤棋主編，《閩南宗族社會》，福州：福建人民出版社，2008 年 8 月。

28. 陳支平，《民間文書與明清東南族商研究》，北京：中華書局，2009 年 7 月。

29. 陳支平，《福建族譜》，福建：人民出版社，1998 年 8 月初版二刷。

30. 陳志華，《宗祠》，北京：三聯書店，2006 年 9 月。

31. 陳捷先，《中國的族譜》，臺北：文建會，1999 年 6 月增訂一版。

32. 陳啓鍾，《明清閩南宗族意識的建構與強化》，廈門：廈門大學出版社，2009 年 1 月。

33. 陸炳文，《金門宗祠大觀》，金門：金門縣政府，1991 年 7 月。

34. 陶晉生，《北宋士族家族、婚姻、生活》，臺北：中央研究院歷史語言研究所，2003 年 6 月。

35. 章景明，《殷周廟制論稿》，臺北：學海出版社，1979 年 4 月。

36. 曾玲、莊英章，《新加坡華人的祖先崇拜與宗鄉社群組合：以戰後三十年廣惠肇碧山亭為例》，臺北：唐山出版社，2000 年 8 月。

37. 馮爾康，《十八世紀以來中國家族的現代轉向》，上海：人民出版社，2006 年 3 月。

38. 馮爾康，《中國古代宗族與祠堂》，臺北：臺灣商務印書館，1998 年 9 月。

39. 馮爾康等，《中國宗族史》，上海：人民出版社，2009 年 2 月。

40. 董建輝，《明清鄉約：理論演進與實踐發展》，廈門：廈門大學出版社，2008 年 12 月。

41. 廖慶六，《浯洲問禮——金門家廟文化景觀》，金門：金門縣文化局，2008 年 12 月。

42. 廖慶六，《族譜文獻學》，臺北：南天書局，2003 年 5 月。

43. 福建省政協文史委員會編，《福建名祠》，北京：台海出版社，1998 年 2 月。

44. 劉正，《金文廟制研究》，北京：中國社會科學出版社，2004 年 1 月。

45. 鄭振滿，《明清福建家族組織與社會變遷》，河南：教育出版社，1992 年 6 月。

46. 錢杭，《中國宗族史研究入門》，上海：復旦大學出版社，2009 年 5 月。

47. 羅哲文等，《中國名祠》，天津：百花文藝出版社，2006 年 1 月。

48. 蘇黎明，《泉州家族文化》，北京：中國言實出版社，2000 年 6 月。

（二）祭禮與《家禮》

1. （日）宇野精一主編，洪順隆譯，《中國思想之研究·禮論》，臺北：幼獅文化事業公司，1983 年 3 月三版。

2. （日）鹿又光雄氏、鳥居敬造氏共同撰寫，《日據時期金門調查實錄》，南洋協會臺灣支部發行，昭和十三年（1938 年）。

3. （韓）盧仁淑，《朱子家禮與韓國之禮學》，北京：人民文學出版社，2008 年 8 月。

4. 方光華，《俎豆馨香——中國祭祀禮俗探索》，陝西：人民教育出版社，2000 年 2 月。

5. 方俊吉，《禮記之天地鬼神觀探究》，臺北：文史哲出版社，1985 年 3 月。

6. 王貴民，《中國禮俗史》，臺北：文津出版社，1983 年 7 月。

7. 甘懷真，《皇權、禮儀與經典詮釋：中國古代政治史研究》，臺北：國立臺灣大學出版中心，2004 年 6 月。

8. 朱筱新，《中國古代禮儀制度》，臺北：臺灣商務印書館，2002 年 3 月初版三刷。

9. 朱鷹主編，《禮儀》，北京：中國社會出版社，2005 年 6 月。

10. 何聯奎，《中國禮俗研究》，臺北：中華書局，1973 年 1 月。

11. 吳安安，《《儀禮》飲食品物研究》，林慶彰主編，《中國學術思想研究輯刊》（七編），臺北：花木蘭文化出版社，2010 年 3 月。

12. 吳俊德，《殷墟第四期祭祀卜辭研究》，臺北：國立臺灣大學出版委員會，2005 年 10 月。

13. 吳萬居，《宋代三禮學研究》，臺北：國立編譯館，1999 年 5 月。

14. 吳達芸，《儀禮特牲少牢有司徹祭品研究》，臺北：中華書局，1973 年 5 月。

15. 李曰剛等，《三禮論文集》，臺北：黎明文化公司，1982 年 10 月再版。

16. 李師豐楙，《慶典禮俗》，國立空中大學 www.nou.edu.tw，2010 年 8 月。

17. 李曉東，《中國封建家禮》，陝西：人民出版社，2002 年 9 月。

18. 杜希宙、黃濤，《中國歷代祭禮》，北京：北京圖書出版社，1998 年 9 月。

19. 周何，《禮學概論》，臺北：三民書局，1998 年 1 月。

20. 周長耀，《敬天探源》，周長耀發行，1980 年 6 月。

21. 周銳、張璘，《中國民間婚喪禮俗通書》，湖南：三環出版社，1991 年。

22. 東方望編，《家禮集成》，滿庭芳出版社，1992 年 8 月。

23. 林存陽，《清初三禮學》，北京：社會科學文獻出版社，2002 年 12 月。

24. 林春梅，《宋代家禮家訓的研究》，臺北：花木蘭文化出版社，2010 年 3 月。

25. 林素玟，《《禮記》人文美學探究》，臺北：文津出版社，2001 年 10 月。

26. 林素英，《古代生命禮儀中的生死觀——以《禮記》爲主的現代詮釋》，臺北：文津出版社，1997 年 8 月。

27. 林素英，《古代祭禮中之政教觀——以《禮記》成書前爲論》，臺北：文津出版社，1997 年 9 月。

28. 林素英，《從古代的生命禮儀透視其生死觀：以《禮記》爲主的現代詮釋》，林慶彰主編，《中國學術思想研究輯刊》（四編），臺北：花木蘭文化出版社，2009 年 3 月。

29. 林素英，《禮學思想與應用》，臺北：文津出版社，2003 年 9 月。

30. 林雲、轟達編，《祭拜趣談》，上海：古籍出版社，2005 年 7 月。

31. 林碧玲，《王船山之《禮》學》，林慶彰主編，《中國學術思想研究輯刊》（初編），臺北：花木蘭文化出版社，2008 年 9 月。

32. 邱衍文，《中國上古禮制考辨》，臺北：文津出版社，1990 年 6 月。

33. 洪文郎，《《禮記·禮運》研究》，林慶彰主編，《中國學術思想研究輯刊》（初編），臺北：花木蘭文化出版社，2008 年 9 月。

34. 姬秀珠，《儀禮飲食禮器研究》，臺北：里仁書局，2005 年 7 月 15 日初版二刷。

35. 徐福全主稿，賴世烈發行，《臺灣民間祭祀禮儀》，新竹：社會教育館，1995 年 6 月 30 日再版。

36. 徐福全主編，《臺灣民間祭祀禮儀》，臺灣：省立新竹社會教育館，1999 年 6 月初版四刷。

37. 高明，《禮學新探》，臺北：臺灣學生書局，1978 年 9 月三版。

38. 商璉，《一代禮宗淩廷堪之禮學研究》，臺北：萬卷樓出版社，2004 年 2 月。

39. 婁子匡主編，《國立北京大學中國民俗學會民俗叢書·家範篇》，臺北：東方文化書局，1979 年春季。

40. 常金倉，《周代禮俗研究》，黑龍江：人民出版社，2005 年 1 月。

41. 張春生主編，《中國傳統禮俗》，天津：百花文藝出版社，2002 年 9 月。

42. 張崑振，《金門縣官祀建築調查研究》，金門：金門縣文化局，2007 年 3 月。

43. 張壽安，《十八世紀禮學考證的思想活力——禮教論爭與禮秩重省》，臺北：中研院近代史研究所，2001 年 12 月。

44. 張壽安，《以禮代理：淩廷堪與清代中葉儒學思想之轉變》，河北：教育出版社，2001 年 11 月。

45. 張鶴泉，《周代祭祀研究》，臺北：文津出版社，1993 年 5 月。

46. 梁煌儀，《周代宗廟祭禮之研究》，臺北：中外語文出版社，1989 年 7 月。

47. 許嘉璐、梅季坤，《儀禮譯注》，臺北：建安出版社，2002 年 2 月。

48. 陳烈，《中國祭天文化》，北京：宗教文化出版社，2000 年 12 月。

49. 陳榮捷，《朱子新探索》，上海：華東師範大學，2007 年 7 月。

50. 陸益龍，《中國歷代家禮》，北京：圖書出版社，1998 年 9 月。

51. 章群，《唐代祠祭論稿》，臺北：學海出版社，1996 年 6 月。

52. 傅才武，《中國人的信仰與崇拜》，湖北：教育出版社，1999 年 8 月。

53. 喬繼堂，《中國人生禮俗》，天津：人民出版社，1992 年 2 月初版二刷。

54. 彭林，《禮樂人生——成就你的君子風範》，北京：中華書局，2006 年 4 月。

55. 彭林編著，《中國古代禮儀文明》，北京：中華書局，2004 年 1 月。

56. 彭美玲計畫主持，《家禮源流群書述略考異》（簡易版），執行單位：國立臺灣大學中國文學系，2001 年 10 月。

57. 曾錦華，《《呂氏春秋·十二紀》紀首、《淮南子·時則訓》及《禮記·月令》之比較研究》，林慶彰主編，《中國學術思想研究輯刊》（七編），臺北：花木蘭文化出版社，2010 年 3 月。

58. 費成康，《中國家族傳統禮儀》（圖文本），上海：社會科學院出版社，2003 年 1 月。

59. 黃有興、甘村吉，《澎湖民間祭典儀式與應用文書》，澎湖：澎湖縣文化局，2003 年 2 月。

60. 黃強，《神人之間——中國民間祭祀儀禮與信仰研究》，廣西：民族出版社，1996 年 7 月。

61. 黃然偉，《殷禮考實》，臺北：臺灣大學文學院，1967 年 7 月。

62. 黃耀德編著，《家禮通書》，臺北：世一出版社，2002 年修訂二版。

63. 楊天宇，《儀禮譯注》，上海：古籍出版社，1994 年 7 月。

64. 楊天厚、林麗寬，《金門的民間慶典》，臺北：臺原出版社，1993 年 6 月。

65. 楊志剛，《中國禮儀制度研究》，上海：華東師範大學出版社，2001 年 5 月。

66. 楊樹達，《漢代婚喪禮俗考》，臺北：臺灣商務印書館，1933 年 10 月。

67. 鄒昌林，《中國古禮研究》，臺北：文津出版社，2000 年 12 月初版二刷。

68. 鄒昌林，《中國禮文化》，北京：社會科學文獻出版社，2002 年 6 月初版二刷。

69. 鄒濬智，《西漢以前家宅五祀及其相關信仰研究——以楚地簡帛文獻資料為討論焦點》（上下冊），林慶彰主編，《中國學術思想研究輯刊》（二編），臺北：花木蘭文化出版社，2008 年 9 月。

70. 劉守松編著，《家禮常識》，新竹：先登出版社出版，1994 年元月六版。

71. 劉源，《商周祭祖禮研究》，北京：商務印書館出版，2004 年 10 月。

72. 劉曄原、鄭惠堅，《中國古代祭祀》，臺北：臺灣商務印書館，2001 年 6 月初版二刷。

73. 劉還月，《臺灣人的祀神與祭禮》，臺北：常民文化公司，2000 年元月。

74. 錢玄，《三禮通論》，南京：師範大學出版社，1996 年 10 月。

75. 錢玄、錢興奇，《三禮辭典》，江蘇：古籍出版社，1998 年 3 月初版二刷。

76. 錢穆，《朱子新學案》，臺北：三民書局，1980 年 9 月。

77. 鍾敬文主編，《中國禮儀全書》，安徽：科學技術出版社，2004 年 7 月初版八刷。

78. 顧希佳，《禮儀與中國文化》，北京：人民出版社，2001 年 8 月。

（三）其　他

1. （中）鄭振滿、（美）丁荷生編纂，《福建宗教碑銘彙編·重修朱文公祠

記》（上），福建人民出版社出版發行，2003 年 12 月第一次印刷，頁 220。

2. 《中國歷代官制》，濟南：齊魯書社，2003 年 3 月第三次印刷。

3. 中國社會科學院點校，《明公書判清明集》，北京：中華書局，2002 年 6 月初版二刷。

4. 午榮編著，《魯班經》，中州：古籍出版社，2006 年 4 月。

5. 方寶璋，《源與緣：閩台民間風俗比較》，福州：海風出版社，2008 年 7 月。

6. 王玉波，《中國古代的家》，臺北：臺灣商務印書館，1998 年 9 月。

7. 王爾敏，《明清時代庶民文化生活》，長沙：岳麓書社，2002 年 10 月。

8. 王維堤，《中國服飾文化》，上海：古籍出版社，2001 年 11 月。

9. 王鐵，《中國東南的宗族與宗譜》，上海：漢語大詞典出版社，2002 年 9 月。

10. 田漢云、陳仁芳、薛瑞庭整理，《中國歷代經籍典》，揚州：江蘇廣陵古籍刻印社，1993 年。

11. 申士堯、傅美琳主編，《中國風俗大辭典》，臺北：國家出版社，1999 年 10 月。

12. 吳玉貴，《中國風俗通史》，上海：文藝出版社，2001 年 11 月。

13. 束景南，《朱熹佚文輯考》，江蘇：古籍出版社，1991 年 12 月。

14. 李成華編著，《中國古代職官辭典》，臺北：常春樹書坊，1988 年 5 月。

15. 李振興、黃沛榮、賴明德注譯，《新譯顏氏家訓》，臺北：三民書局，2001 年 2 月初版二刷。

16. 李乾朗，《臺灣古建築圖解事典》，臺北：遠流出版社，2003 年 11 月 20 日三版一刷。

17. 李學勤主編，《爾雅注疏》，臺北：古籍出版社，2001 年 11 月。

18. 李錫回主編，《金門史蹟源流》，金門：金門縣政府，1987 年 11 月修訂再版。

19. 沈從文編著，《中國古代服飾研究》，上海：書店出版社，2005 年 4 月。

20. 阮昌銳，《植物動物與民俗》，臺灣：省立博物館出版部，1999 年 9 月。

21. 阮昌銳，《歲時與神誕》，臺北：榮民印刷廠，1991 年 6 月。

22. 周一良、趙和平，《唐五代書儀研究》，北京：中國社會科學出版社，1995 年 12 月。

23. 周耀明，《明代、清代前期漢族風俗》，徐杰舜主編《漢族風俗史》（第四卷），上海：學林出版社，2004 年 12 月。

24. 尚秉和，《歷代社會風俗事務考》，臺北：臺灣商務印館，1985 年 12 月臺六版。

25. 林仁川、黃福才，《閩台文化交融史》，福建：教育出版社，1997 年 11 月。

26. 林金水主編，《福建對外文化交流史》，福建：教育出版社，1997 年 12 月。

27. 林振禮，《朱熹與泉州文化》，福建：人民出版社，1999 年 12 月。

28. 林會承，《(臺灣) 傳統建築手冊──形式與作法篇》，臺北：藝術家出版社，1990 年 11 月。

29. 金門縣文獻委員會發行，《金門先賢錄》，1970 年 5 月出版。

30. 長孫無忌，《唐律疏議》，臺北：臺灣商務印書館，2005 年 4 月初版九刷。

31. 孫振聲編著，《白話易經》，臺北：星光出版社，1981 年 9 月。

32. 高令印、陳其芳，《福建朱子學》，福建：人民出版社，1999 年 7 月初版二刷。

33. 高春明，《中國古代平民服裝》，臺北：臺灣商務印書館，2003 年 4 月。

34. 張亮采，《中國風俗史》，北京：團結出版社，2005 年 1 月。

35. 莊輝明、章義和，《顏氏家訓譯注》，上海：古籍出版社，2006 年 6 月。

36. 許維民，《金門傳統美食》，金門：金門縣政府指導贊助出版，1999 年 11 月。

37. 許維民，《後浦歷史之旅》，臺北：設計家出版社，1996 年 9 月。

38. 郭泮溪，《中國古代飲酒習俗》，陝西：人民出版社，2002 年 9 月。

39. 郭堯齡編纂，《朱子與金門》，金門：金門縣政府出版，2003 年 9 月。

40. 陳支平，《福建六大民系》，福建：人民出版社，2001 年 6 月初版二刷。

41. 陳支平，《福建族譜》，福建：人民出版社，1998 年 8 月初版二刷。

42. 陳正之，《臺灣歲時記──二十四節氣與常民文化》，臺北：行政院新聞局，2001 年 12 月二版。

43. 陳茂同，《中國歷代衣冠服飾制》，天津：百花文藝出版社，2005 年 8 月。

44. 陳桂炳，《泉州民間風俗》，北京：中國文聯出版社，2001 年 1 月。

45. 陳捷先，《中國的族譜》，臺北：文建會，1999 年 6 月增訂一版。

46. 陳紹棣，《中國風俗通史》，上海：文藝出版社，2003 年 6 月。

47. 陳篤彬、蘇黎明，《泉州古代科舉》，濟南：齊魯書社，2004 年 9 月。

48. 陳篤彬、蘇黎明，《泉州古代書院》，濟南：齊魯書社，2004 年 8 月第二

次印刷。

49. 游彪、尚衍斌、吳曉亮等，鍾敬文主編《中國民俗史》（宋遼金元卷），北京：人民出版社出版發行，2008 年 2 月。

50. 項楚、鄭阿財主編，《新世紀敦煌學論集》，四川：巴蜀書社，2003 年 3 月。

51. 黃少萍主編，《閩南文化研究》，北京：中央文獻出版社，2003 年 9 月。

52. 黃健、翁志實編著，《節日大觀》，福建：科學技術出版社出版，2004 年 8 月。

53. 黃清連，《酒與中國文化》，臺北：文建會，1999 年 6 月。

54. 楊仁江，《金門縣的古蹟旅遊手冊》，金門：金門縣政府，1991 年 8 月。

55. 楊天厚、林麗寬，《金門寺廟楹聯碑文》，臺北：稻田出版社，1998 年 11 月。

56. 楊天厚、林麗寬，《金門采風──寬厚文史工作室作品選集》，金門：寬厚文史工作室，2004 年 6 月。

57. 楊天厚、林麗寬，《金門高粱酒鄉》，臺北：稻田出版社，2001 年 5 月。

58. 楊天厚、林麗寬，《金門匾額人物》，金門：金門縣文化局，2005 年 3 月。

59. 楊亮功、宋天正等註譯，《四書今註今譯》，臺北：臺灣商務印書館，1984 年 7 月修訂一版。

60. 葉師國良，《經學側論》，新竹：清華大學出版社，2005 年 11 月。

61. 萬承雍，《中國傳統風俗與現代化》，陝西：人民出版社，1989 年 12 月。

62. 萬晨虹，《中國古代的風俗禮儀》，臺北：文津出版社，2001 年 4 月。

63. 董新林，《中國古代陵墓考古研究》，福建：人民出版社，2005 年 6 月。

64. 廖慶六，《族譜文獻學》，臺北：南天書局，2003 年 5 月。

65. 漢寶德主持，計劃單位：漢光建築師事務所，《金門縣古蹟瓊林蔡氏祠堂修護研究計畫》，金門縣政府委託，1992 年 7 月。

66. 劉浩然，《泉州民俗集成》，香港：閩南人出版公司，1998 年。

67. 劉浩然，《晉江民俗掌故》，廈門：廈門大學出版社，2002 年 5 月。

68. 劉樹勛主編，《閩學源流》，福建：教育出版社，1993 年 12 月。

69. 蔡主賓編著，《蔡獻臣年譜》，金門：金門縣文化局指導贊助，2005 年 5 月。

70. 蔡希勤，《中國墓葬文化》，北京：中國城市出版社，1995 年 8 月。

71. 諸葛計、銀玉珍編著，《閩國史事編年》，福建：人民出版社，1997 年 8 月。

72. 盧正言主編，《中國歷代家訓觀止》，上海：世紀出版集團，2004 年 8 月初版二刷。

73. 蕭乾主編，《民俗風情》，臺北：臺灣商務印書館，1992 年 9 月初版二刷。

74. 蕭達雄，《臺澎地區禮俗禁忌論説——臺語説禁忌》，高雄：復文圖書出版社，2005 年 3 月初版二刷。

75. 薛明揚主編，《中國傳統文化概論》，上海：復旦大學出版社，2004 年 5 月初版二刷。

76. 謝嘉梁，《問俗錄》，南投：臺灣省文獻會，1997 年 11 月 30 日。

77. 韓振武、郭林濤編著，《中國民間吉祥物》，北京：中國旅遊出版社，1999 年 11 月初版三刷。

78. 韓養民、張來斌，《秦漢風俗》，陝西：人民出版社，1987 年 10 月。

79. 瞿宣穎纂輯，《中國社會史料叢鈔》（甲集），臺北：臺灣商務印書館，1965 年 8 月。

80. 顏立水，《金同集》，北京：中國文聯出版社，2005 年 2 月。

81. 釋淨空，《百孝圖説》，臺灣：新竹市佛教淨宗學會出版，2006 年 3 月。

三、期刊論文

1. （日）井上徹，錢杭譯，〈明代的祖先祭祀與家廟〉，《中國的宗族與國家體制——從宗法主義角度所作的分析》，上海：上海書店，2008 年 6 月，頁 87～110。

2. （日）池田溫，〈《文公家禮》管見〉，高明士編《東亞傳統家禮、教育與國法（一）：家族、家禮與教育》論文集，臺北：國立臺灣大學出版中心，2005 年 9 月。

3. （日）谷川道雄，〈六朝士族與家禮〉，高明士編《東亞傳統家禮、教育與國法（一）：家族、家禮與教育》論文集，臺北：國立臺灣大學出版中心，2005 年 9 月。

4. （日）遠藤隆俊，〈宋元宗族的墳墓和祠堂〉，《中國社會歷史評論》第九卷，2006 年。

5. （日）上山春平，〈朱子の「家禮」と「儀禮經傳通解」〉，載《東方學報》。

6. （日）山根三芳，〈二程子禮説考〉，《吉岡義豐博士還曆記念論集》，昭和 52 年 6 月。

7. （日）山根三芳，〈司馬光の「居家雜儀」について〉，《中國哲學史研究論集》，昭和 56 年 12 月。

8. （日）牧野巽，〈宗祠とその發達〉，《東方學報》東京第九冊。

9. （美）田浩，《朱熹的鬼神觀與道統觀》，鍾彩鈞主編，《朱子學的開展——學術篇》，臺北：漢學研究中心，2002 年 6 月。

10. （英）科大衛，〈祠堂與家廟——從宋末到明中葉宗族禮儀的演變〉，《歷史人類學學刊》第一卷第二期，2003 年 10 月，頁 1～20。

11. （英）科大衛，〈祠堂與家廟——從宋末到明中葉宗族禮儀的演變〉，《歷史人類學學刊》第一卷第二期，2003 年 10 月。

12. （英）科大衛、劉志偉，〈宗族與地方社會的國家認同——明清華南地區宗族發展的意識形態基礎〉，《歷史研究》，2000 年第三期。

13. （英）科大衛、劉志偉合撰，〈宗族與地方社會的國家認同——明清華南地區宗族發展的意識形態基礎〉，載《歷史研究》，2000 年第三期。

14. （韓）元廷植，〈明中期福建的新縣設置及宗族發展〉，《中國社會歷史評論》第十卷，2009 年。

15. （韓）高英津，〈朝鮮時代的國法與家禮〉，高明士編《東亞傳統家禮、教育與國法（一）：家族、家禮與教育》論文集，臺北：國立臺灣大學出版中心，2005 年 9 月。

16. （韓）韓基宗，〈從法制的觀點淺談韓國傳統社會的家禮〉，高明士編《東亞傳統家禮、教育與國法（一）：家族、家禮與教育》論文集，臺北：國立臺灣大學出版中心，2005 年 9 月。

17. Karl. K. Popper 原著，黃柏棋譯，〈有關「傳統」的合理理論之探討〉，《鵝湖月刊》第四十八期，1979 年 6 月。

18. James Watson, "The Structure of Chinese Funerary Rites: Elementary Forms, Ritual Sequence, and the Primacy of Performance," in James L. Watson and Evelyn S. Rawski eds., Death Ritual in Late Imperial and Modern China, Berkeley: UC Press 1988, pp. 3~19. （中譯：華琛，〈中國喪葬儀事的結構——基本型態、儀式次序、動作〉，《歷史人類學》一卷二期，頁 99）

19. Patricia Buckley Ebrey. *Chu His's. Family Rituals.* Princeton University Press (1991).

20. Patricia Buckley Ebrey. *Confucianism and Family Rituals in Imperial China.* Princeton University Press (1991).

21. 華琛(James Watson), "Standardizing the Gods: The Promotion of T'ien Hou（「Empress of Heaven」）Along the South China Coast," in David Johnson et al. (eds.), Popular Culture in Late Imperial China (Berkeley University of California Press.1985), pp. 292~324. （中譯：呂宇俊、鄧寶山，〈神祇標準化——華南沿岸天后地位的提昇〉，頁 163～197）

22. 于秀萍，〈晚清民國以來的河北宗族述略——以河北宗族族譜爲中心〉，《中國社會歷史評論》，2008 年。

23. 中華文化復興運動推行委員會編，《傳統文化與現代生活研討會論文

集》，臺灣：中華文化復興運動推行委員會，1982 年 12 月。

24. 尹建中，〈民間傳統在變遷社會中的角色〉，《中央研究院第二屆國際漢學會議論文集》，臺北：中央研究院，1989 年 6 月。

25. 卞利，〈明清時期徽州的宗族公約研究〉，《中國農史》，2009 年 3 月。

26. 孔德成，〈三禮解題〉，《孔孟月刊》第二十二卷第十二期，1984 年 8 月。

27. 孔德成，〈荀子的禮學〉，《孔孟月刊》第二十四卷第十二期，1986 年 8 月。

28. 孔德成，〈儀禮十七篇之淵源及傳授〉，《東海大學文學院學報》第八卷第一期，1967 年 1 月。

29. 孔德成，〈論儒家之「禮」〉，《中央研究院國際漢學會議論文集》，臺北：中央研究院，1981 年 10 月。

30. 孔德成，〈禮記成書時代及其在經典中之性質〉，《孔孟月刊》第十八卷第十一期，1980 年 7 月。

31. 孔德成，〈禮與現代〉，《孔孟月刊》第二十三卷第十二期，1985 年 8 月。

32. 方向東，〈《大戴禮記》的形成與流傳〉，中央研究院主題研究計畫「儒家經典之形成」第二十一次專題演講，臺北：中研院中國文哲所，2008 年 8 月。

33. 方述鑫，〈殷墟卜辭中所見的「尸」〉，《考古與文物》第一二一期，2000 年 5 月。

34. 牛志平，〈中國傳統家庭教育——「家訓」與家內秩序〉，高明士編《東亞傳統家禮、教育與國法（一）：家族、家禮與教育》論文集，臺北：國立臺灣大學出版中心，2005 年 9 月。

35. 王日根、張先勇，〈從墓地、族譜到祠堂：明清山東棲霞宗族凝聚紐帶的變遷〉，《歷史研究》，2008 年第二期。

36. 王世光，〈清代中期「以禮代理」說芻議〉，《孔子研究》第二期，2004 年，頁 92～99。

37. 王立軍，〈宋代的民間家禮建設〉，《河南社會科學》十卷二期，2002 年 3 月。

38. 王立軍，〈試論司馬光禮學思想的基本特徵〉，《唐都學刊》第十七卷第三期，2001 年 3 月。

39. 王宇清，〈臺灣孔廟祭孔服飾的規制及其文史淵源〉，《臺灣文獻》第五十三卷第一期，2002 年 3 月。

40. 王廷信，〈四時祭祖及蜡祭中的尸與扮演〉，《文學遺產》，2002 年 3 月。

41. 王保雲，〈孔子對祭祀的態度〉，《孔孟月刊》第二十四卷第九期，1986 年 5 月。

42. 王柏中，〈漢代廟制問題探討〉，《史學月刊》第六期，2003 年，頁 21～26。

43. 王玲莉，〈《顏氏家訓》的人生智慧及其現代價值〉，《廣西社會科學》第十期，2005 年。

44. 王美華，〈官方禮制的庶民化傾向與唐宋禮制下移〉，《濟南大學學報》第十六卷第一期，2006 年。

45. 王崧興，〈漢人的家族制——試論「有關係、無組織」的社會〉，《中央研究院第二屆國際漢學會議論文集》，臺北：中央研究院，1989 年 6 月。

46. 王崧興，〈漢學與中國人類學——以家族與聚落型態之研究爲例〉，《中央研究院國際漢學會議論文集》，臺北：中央研究院，1981 年 10 月。

47. 王崧興，〈論漢人社會的家戶與家族〉，《中央研究院民族所集刊》第五十九期，1985 年春季。

48. 王猛，〈從盂蘭盆節看日本人的祖先信仰〉，《貴州民族學院學報》，2008 年第一期（總第一○七期）。

49. 王祥齡，〈中國古代祖先崇拜的起源與進展——從原始到人文的樞紐〉，《鵝湖月刊》第十六卷第十一期（總號第一九一），1991 年 5 月。

50. 王祥齡，〈儒家的祭祀禮儀理論〉，《孔孟學報》第六十三期，1992 年 3 月。

51. 王甦，〈孔子之樂教〉，《淡江學報》第十二期，1974 年 3 月。

52. 王甦，〈孔子的禮教〉，《淡江學報》第十期，1971 年 11 月。

53. 王善軍，〈宋代的宗族祭祀和祖先崇拜〉，《世界宗教研究》第三期，1999 年。

54. 王斌，〈學界泰斗與朱熹宗祠〉，《中華文化論壇》，2004 年 1 月。

55. 王夢鷗，〈「曲禮」校釋〉，《國立政治大學學報》第十一期，1965 年 5 月。

56. 王夢鷗，〈小戴禮記考源〉，《國立政治大學學報》第三期，1961 年 5 月。

57. 王夢鷗，〈中國古代家族之形成及其流變〉，《國立政治大學學報》第五期，1962 年 5 月。

58. 王夢鷗，〈禮記思想體系試探〉，《國立政治大學學報》第四期，1961 年 12 月。

59. 王夢鷗，〈禮運考——禮運禮器郊特牲校讀志疑〉，《國立政治大學學報》第八期，1963 年 12 月。

60. 王夢鷗，〈讀「月令」〉，《國立政治大學學報》第二十一期，1970 年 5 月。

61. 王維先、宮雲維，〈朱子《家禮》對日本近世喪葬禮俗的影響〉，《浙江大

學學報》第三十三卷第六期，2003 年 11 月。

62. 王聰明，〈左傳之人文思想研究〉，《國立臺灣師範大學國文研究所集刊》第三十二號，1988 年 6 月。

63. 王鍔，〈《禮記》的形成及其流傳〉，中央研究院主題研究計畫「儒家經典之形成」第二十一次專題演講，臺北：中研院中國文哲所，2008 年 8 月。

64. 王關仕，〈八佾篇「祭如在」章釋義管見〉，《孔孟月刊》第十八卷第五期，1980 年元月。

65. 王關仕，〈儀禮漢簡本考證〉，《國立臺灣師範大學國文研究所集刊》第十一號（上冊），1967 年 6 月。

66. 古國順，〈章學誠之族譜學〉，《北市師專學報》第十三期，1981 年 6 月。

67. 左雲鵬，〈祠堂族長族權的形成及其作用說明〉，《歷史研究》，1964 年第五～六期。

68. 甘懷眞，〈略論唐代百官家廟〉，《史原》第十六期，1987 年 11 月。

69. 石磊，〈從《爾雅》到《禮記》〉，《中央研究院第二屆國際漢學會議論文集》，臺北：中央研究院，1989 年 6 月。

70. 安國樓，〈朱熹的禮儀觀與《朱子家禮》〉，《鄭州大學學報》第三十八卷第一期，2005 年 1 月。

71. 成玲，〈春秋公羊傳稱謂例釋〉，《國立臺灣師範大學國文研究所集刊》第三十五號，1991 年 6 月。

72. 朴元熇，〈明清時代徽州商人與宗族組織——以歙縣柳山方氏爲中心〉，《安徽師範大學學報》第二十七卷第三期，1999 年 8 月。

73. 朱孟庭，〈儀禮燕禮用樂考〉（下），《孔孟月刊》第三十七卷第九期，1999 年 5 月。

74. 朱孟庭，〈儀禮燕禮用樂考〉（上），《孔孟月刊》第三十七卷第八期，1999 年 4 月。

75. 朱歧祥，〈論殷商銅器中的圖騰族徽〉，《靜宜人文學報》第十八期，2003 年 7 月。

76. 朱崇先，〈彝族氏族祭祖禮俗及其文化內涵〉，《中央民族大學學報》第三十五卷第二期，2008 年。

77. 朱崇先、楊麗瓊，〈地方性的民俗認同——彝族祭祖大典儀式過程分析〉，《楚雄師範學院學報》第二十三卷第二期，2008 年 2 月。

78. 朱嵐，〈傳統孝道生發的文化生態根源探析〉（下），《孔孟月刊》第三十九卷第八期，2000 年 4 月。

79. 朱嵐，〈傳統孝道生發的文化生態根源探析〉（上），《孔孟月刊》第三十

九卷第七期，2000 年 3 月。

80. 朱鳳玉，〈太公家教研究〉，《漢學研究》第四卷第二期，1986 年 12 月。

81. 江桂珍，〈試論金門地區歷史考古之意義〉，《史博館學報》第二十三期，2002 年 12 月。

82. 江乾益，〈從儀禮看周代宮室制度〉，《孔孟月刊》第二十三卷第四期，1984 年 12 月。

83. 何聯奎，〈中國禮俗研究導言〉，《中央研究院民族學研究所集刊》第二十九期，1970 年春季。

84. 余師光弘，〈沒有祖產就沒有祖宗牌位？——E. Ahern 溪南資料的再分析〉，《中央研究院民族學研究所集刊》第六十二期，1986 年秋季。

85. 吳小平，〈從禮器到日常用器——論兩漢時期青銅器的變化〉，《廈門大學學報》總第一七五期，2006 年第三期。

86. 吳羽，〈論中晚唐國家禮書編撰的新動向對宋代的影響——以《元和曲台新禮》、《中興禮書》為中心〉，《學術研究》第六期，2008 年，頁 102～107。

87. 吳秀英，〈荀子「禮」之研究〉，《孔孟月刊》第十八卷第七期，1980 年 3 月。

88. 吳車，〈左傳論禮之重要性〉，《靜宜人文學報》第三期，1991 年 6 月。

89. 吳恆忠，〈論孔子的「禮孝」思想〉，《吉首大學學報》第二十三卷第四期，2002 年 12 月。

90. 吳培暉、徐明福，〈金門與澎湖洋樓式民宅的營建體系〉，《國立成功大學學報》第二十九卷，1994 年 11 月。

91. 吳培暉、張銘益，〈金門宗祠建築形式之探討——以金寧鄉為例〉，《2003 閩南文化學術研討會論文集》，金門：金門文化中心、國立金門技術學院，2003 年 12 月。

92. 吳清淋，〈荀子禮分思想之研究〉，《國立臺灣師範大學國文研究所集刊》第二十一號，1977 年 6 月。

93. 吳燕和，〈中國宗族之發展與其儀式興衰的條件〉，《中央研究院民族學研究所集刊》第五十九期，1985 年春季。

94. 呂元禮，〈禮治的闡釋及其對法治的補充〉，《鵝湖月刊》第三七七期，2006 年 11 月。

95. 呂光華，〈張載之禮學〉，《孔孟月刊》第二十二卷第二期，1983 年 10 月。

96. 呂作民，〈原上的禮俗，宗族的血脈——簡析《白鹿原》的地域文化特色〉，《長春工業大學學報》（社會科學版）第十九卷第四期，2007 年 12 月。

97. 呂妙芬，〈顏元生命思想中的家禮實踐與「家庭」的意涵〉，高明士編《東亞傳統家禮、教育與國法（一）：家族、家禮與教育》論文集，臺北：國立臺灣大學出版中心，2005 年 9 月。

98. 呂欣怡，〈孟子禮學研究〉，《國立臺灣師範大學國文研究所集刊》第四十五號，2001 年 6 月。

99. 呂理政，〈鬼的信仰及其相關儀式〉，《民俗曲藝》第九十期，1994 年 7 月。

100. 呂敦華，〈官澳的宗族組織〉，《金門暑期人類學田野工作教室論文集》，臺北：中研院民族所，1994 年 6 月。

101. 宋光宇，〈試論明清家訓所蘊含的成就評價與經濟倫理〉，《漢學研究》第七卷第一期，1989 年 6 月。

102. 束景南，〈朱熹《家禮》眞偽考辨（從《祭儀》到《家禮》）〉，束景南編著，《朱熹佚文輯考》，江蘇：古籍出版社，1991 年 12 月。

103. 束景南，〈朱熹《家禮》眞偽考辨〉，《朱子學刊》（總第五輯），合肥：黃山書社，1993 年 5 月。

104. 李仕德，〈金門與早期臺灣開發的關係〉，《臺北文獻》第一○二期，1992 年 12 月。

105. 李亦園，〈中國家族與其儀式：若干觀念的檢討〉，《中央研究院民族學研究所集刊》第五十九期，1985 年春季。

106. 李亦園，〈臺灣傳統的社會結構〉，《臺灣史蹟源流》，南投：臺灣省文獻委員會，1981 年 11 月。

107. 李志鴻，〈遠可追，流可溯，木有本，水有源——臺灣的祠堂側記〉，《福建鄉土》，2002 年 4 月。

108. 李怡來，〈金門民間傳統建築漫談〉，《臺灣文獻》第三十三卷第二期，1982 年 6 月。

109. 李易書，〈從客家祭祖儀式分析祭祀品的遠古類詞〉，苗栗：國立聯合大學第二屆「客家祭典與文化」苗栗學學術研討會，2006 年 10 月。

110. 李建，〈論儒家生死鬼神觀的非宗教性特徵〉，《孔孟月刊》第四十卷第三期，2001 年 11 月。

111. 李建軍，〈《詩經》與周代宗法性傳統宗教的嬗變〉，《廣西師範學院學報》第二十六卷第一期，2005 年 1 月。

112. 李珊珊，〈試論漳台宗族文化的同根性〉，《福建省社會主義學院學報》，2009 年第二期（總第七十一期）。

113. 李珍明，〈雲龍諾鄧中元祭祖的習俗調查〉，《大理學院學報》第七卷第九期，2008 年 9 月。

114. 李禹階，〈朱熹的家族禮儀論與鄉村控制思想〉，《重慶師範大學學報》第

四期，2004 年。

115. 李禹階，〈理學與經學〉，《重慶師院學報》第一期，1995 年。

116. 李哲賢，〈荀子「禮義之統」思想之理論依據〉（下），《鵝湖月刊》第二三六期，1995 年 2 月。

117. 李哲賢，〈荀子「禮義之統」思想之理論依據〉（上），《鵝湖月刊》第二三五期，1995 年 1 月。

118. 李師增德，〈金門古寧頭聚落營造的探討〉，王師秋桂主編《金門歷史、文化與生態國際學術研討會論文集》，臺北：財團法人施合鄭民俗文化基金會，2004 年 12 月。

119. 李師豐楙，〈臺灣民間禮俗中的生死關懷——一個中國式結構意義的考察〉，《哲學雜誌》第八期，1994 年 4 月。

120. 李師豐楙，〈由常入非常：中國節日慶典中的狂文化〉，《中外文學》第二十二卷第三期，1993 年 8 月。

121. 李師豐楙，〈先秦變化神話的結構性意義——一個「常與非常」觀點的考察〉，《中國文哲研究集刊》第四期，1994 年 3 月。

122. 李師豐楙，〈朱子家禮與閩臺家禮〉，「朱子學與東亞文明研討會——紀念朱子逝世八百週年朱子學會議」，臺北：漢學研究中心、中研院中國文哲所、清華大學中國文學系共同主辦，2000 年 11 月。

123. 李師豐楙，〈服飾與禮儀：〈離騷〉的服飾中心說〉，《中國文哲研究集刊》第十四期，1999 年 3 月。

124. 李師豐楙，〈金門閭山派奠安儀式及其功能——以金湖鎮復國墩關氏家廟爲例〉，《民俗曲藝》第九十一期，1994 年 9 月。

125. 李師豐楙，〈節慶祭典的供物與中國飲食文化——一個「常與非常」觀節慶文化〉，林慶弧主編，《第四屆中國飲食文化學術研討會論文集》，臺北：中國飲食文化基金會，1996 年。

126. 李師豐楙，〈道教喪葬禮俗複合的魂魄觀〉，《泉南文化》，2001 年 7 月。

127. 李師豐楙，〈道教與中國人的生命禮俗〉，臺北：第四屆宗教與文化研討會，内政部主辦，1993 年 10 月。

128. 李師豐楙，〈禮生、道士、法師與宗族長老、族人——一個金門宗祠奠安的圖像〉，王師秋桂主編，《金門歷史、文化與生態國際學術研討會論文集》，臺北：財團法人施合鄭民俗文化基金會，2004 年 12 月。

129. 李師豐楙，〈禮生與道士：臺灣民間社會中禮儀實踐的兩個面向〉，《社會、民族與文化展演國際研討會論文集》，臺北：漢學研究中心，2001 年。

130. 李師豐楙，〈嚴肅與遊戲：從蜡祭到迎王祭的「非常」觀察〉，《中央研究院民族學研究所集刊》第八十八期，臺北：南港，1999 年秋季。

131. 李師豐楙,〈爐下弟子:木柵張家在祠廟信仰中的認同與識別〉,《華人宗教:歷史與主題》(未刊稿),頁 357～385。

132. 李樹軍,〈試論《詩經‧周頌》中的祖先崇拜〉,《中共桂林市委黨校學報》第四卷第四期,2004 年 12 月。

133. 李獻璋、李柏如譯,〈中國的祭典──Alpha 大世界百科二二九「祭典專號」〉,《民俗曲藝》第七十二期,1991 年 7、9 月。

134. 李耀宗,〈論「黃帝」界說與黃帝精神──兼論陝西黃陵甲申「中華大祭祖」〉,《中央民族大學學報》第三十二卷第二期,2005 年。

135. 杜正勝,〈周禮身分的象徵〉,《中央研究院第二屆國際漢學會議論文集》,臺北:中央研究院,1989 年 6 月。

136. 杜松柏,〈從禮記看禮的精神和作用〉,《孔孟月刊》第二十一卷第五期,1983 年元月。

137. 沈文倬,〈宗周歲時祭考實──從祀典上的殷周異制說到喪奠(祭)與吉祭的聯繫與區分〉,《孔孟學報》第六十六期,1993 年 9 月。

138. 沈恆春,〈宗法制度研究〉,《國立臺灣師範大學國文研究所集刊》第二十七號,1983 年 6 月。

139. 汪毅夫,〈鄉約、習慣法與閩南鄉土社會〉,陳益源主編《2009 閩南文化國際學術研討會論文集》,2009 年 12 月。

140. 肖文禮,〈非物質文化遺產視域下的客家祭祖音樂〉,《贛南師範學院學報》,2008 年第一期。

141. 卓秀巖,〈子夏禮學〉,《國立成功大學學報》第二十八卷,1993 年 11 月。

142. 卓秀巖,〈子游禮學〉,《國立成功大學學報》第二十四卷,1990 年 2 月。

143. 卓秀巖,〈子路禮學〉,《國立成功大學學報》第三十卷,1995 年 11 月。

144. 卓秀巖,〈曾子論孝〉,《國立成功大學學報》第三十卷,1987 年 10 月。

145. 卓秀巖,〈禮記學禮義述〉,《國立成功大學學報》第三十卷,1977 年 5 月。

146. 卓雯雯、邱上嘉,〈傳統家廟建築空間演變之初探──以台中市西屯區張廖宗族家廟為例〉,《2003 閩南文化學術研討會論文集》,金門:金門縣文化中心、國立金門技術學院,2003 年 12 月。

147. 周休根,〈孔子與禮教〉,《孔孟學報》第四期,1962 年 9 月。

148. 周何,〈何以「不學禮無以立」?〉,《孔孟月刊》第九卷第七期,1971 年 3 月。

149. 周宗賢,〈臺灣的血緣組織〉,《淡江學報》第二十期,1983 年 5 月。

150. 周昌龍,〈傳統禮教秩序與五四反禮教思潮──以周作人為例之研究〉,

《漢學研究》第九卷第一期，1991 年 6 月。

151. 周紹賢，〈荀子之禮論〉，《輔仁學誌》，1979 年 6 月。

152. 周凱模、李衛才、鄧啓耀，〈怒蘇祭祀〉，《民俗曲藝》第一一六期，1998年 11 月。

153. 周富美，〈論墨子節葬説〉，《臺大中文學報》第三期，1989 年 12 月。

154. 周群振，〈荀子隆禮思想之分疏〉（一），《鵝湖月刊》第一一三期，1984年 11 月。

155. 周群振，〈荀子隆禮思想之分疏〉（二），《鵝湖月刊》第一一四期，1984年 11 月。

156. 周群振，〈荀子隆禮思想之分疏〉（三），《鵝湖月刊》第一一五期，1984年 11 月。

157. 周蒙，〈《詩經》中之「尸」與祭禮〉，《大慶高等專科學校學報》第二十卷第一期，2000 年第 1 月。

158. 季旭昇，〈詩經吉禮研究〉，《國立臺灣師範大學國文研究所集刊》第二十八號，臺北：國立臺灣師範大學國文研究所，1984 年 6 月。

159. 尚秉和，《歷代社會風俗事務考》，臺北：臺灣商務印館，1985 年 12 月臺六版。

160. 林少雄，〈天人合一：中國祭祀禮儀的文化意蘊〉，《社會科學》，1996 年2 月。

161. 林文，〈從《詩經》中的祖先崇拜文學看西周王權與族權〉，《南昌職業技術師範學院學報》，1995 年第四期。

162. 林秀幸，〈以社群概念探討祭祀組織與文化──以大湖鄉北六村的臺灣客家聚落爲例〉，《民俗曲藝》第一四二期，2003 年 12 月。

163. 林振禮，〈朱熹泉州事蹟考〉，《鵝湖月刊》第二五七期，1996 年 11 月。

164. 林素英，〈〈禮運〉大同思想探微〉，《國立臺灣師範大學國文學報》第三十四期，2003 年 12 月。

165. 林素英，〈《周禮》的禮教思想──以大司徒爲討論主軸〉，《國立臺灣師範大學國文學報》第三十六期，2004 年 12 月。

166. 林素英，〈研讀《禮記》的重要入門書〉，《國文天地》第十八卷第十一期，2003 年 4 月。

167. 林素英，〈從古代的生命禮儀透視其生死觀──以《禮記》爲主的現代詮釋〉，《國立臺灣師範大學國文研究所集刊》第三十八號，1994 年 6 月。

168. 林淑貞，〈生死關懷與生命美典的書寫──以方苞傳、祭文、哀辭、墓表、墓誌銘爲視域〉，《東海大學文學院學報》第四十四卷，2003 年 7月。

169. 林瑤棋,〈臺灣宗教制度瓦解之危機〉,《歷史月刊》第二三七期,2007年10月。

170. 林翠玫,〈《儀禮‧鄭注》的護衛──《儀禮管見》〉,《孔孟月刊》第三十四卷第十期,1996年6月。

171. 林曉平,〈客家祠堂與客家文化〉,《贛南師範學院學報》,1997年第四期。

172. 林曉平,〈贛南客家宗族制度的形成與特色〉,《贛南師範學院學報》第一期,2003年2月。

173. 林衡道,〈臺灣的生命禮俗〉,《生命禮俗研討會論文集》,1986年9月再版。

174. 林衡道,〈臺灣與大陸的血緣關係〉,《臺灣文獻》第二十九卷第二期,1978年6月。

175. 林聰舜,〈「禮」世界的建立──賈誼對禮法秩序的追求〉,《清華學報》第二十三卷第二期,1993年6月。

176. 林麗真,〈魏晉人對傳統禮制與道德之反省〉,《臺大中文學報》第四期,1991年6月。

177. 林麗寬,〈金門新市里禮生的基礎調查〉,載楊天厚、林麗寬合著,《金門采風──寬厚文史工作室作品選集》,金門:寬厚文史工作室出版,2004年6月POD一版。

178. 武迎新,〈中國宗法制度對徽商的影響〉,《皖西學院學報》第二十卷第三期,2004年6月。

179. 侯瑞琪,〈從宗法制度看臺灣漢人宗族社會〉,《國立臺灣師範大學國文研究所集刊》第四十二號,1998年6月。

180. 侯錦郎、許麗玲摘譯,〈從考古、歷史及文學看祭祀用紙錢的源流與遞變〉,《民俗曲藝》第七十二期,1991年7、9月。

181. 俞乃畢,〈從徽州譜牒中的族規家訓看其社會教化效應〉,《黃州學院學報》第十一卷第四期,2009年8月。

182. 俞志慧,〈說禮〉,《孔孟月刊》第三十四卷第五期,1996年1月。

183. 俞秀玲,〈儒家禮治思想的合理內涵及其現代義蘊〉,《孔孟月刊》第四十卷第十一期,2002年7月。

184. 姜伯勤,〈唐禮與敦煌發現的書儀──《大唐開元禮》與開元時期的書儀〉,《敦煌文藪》,臺北:新文豐公司,1999年4月。

185. 姚邦藻、每文,〈徽州古祠堂特色初探〉,《黃山學院學報》第七卷第一期,2005年2月。

186. 姚興富,〈上帝崇拜與祖先崇拜〉,《中國社會科學院研究生學報》第六期,2003年。

187. 施宣圓，〈閩南・閩南人・閩南學〉，福建省炎黃文化研究會編，《第二屆閩南文化研討會論文選編》，2003 年 9 月。

188. 柳熙星，〈試論荀子「禮」的價值根源問題〉，《鵝湖月刊》第二六一期，1997 年 3 月。

189. 洪燦楠，〈臺灣地區聚落發展之研究〉，《臺灣文獻》第二十九卷第二期，1978 年 6 月。

190. 洪櫻芬，〈儒家的價值教育——由孔子、荀子的學說思想談起〉，《鵝湖月刊》第三四二期，2003 年 12 月。

191. 紀良才，〈古代家族法的歷史脈絡及其重要特徵〉，《忻州師範學院學報》第二十五卷第一期，2009 年 2 月。

192. 胡天成，〈豐富多彩的重慶民間祭祀儀式〉，《民俗曲藝》第一二六期，2000 年 7 月。

193. 胡紅波，〈西漢之宗廟樂舞〉，《國立成功大學學報》第二十四卷，1990 年 2 月。

194. 范正義，〈清末中西祭祖糾紛與中國教民〉，《廈門大學學報》，2002 年第五期（總第一五三期）。

195. 倉修良，〈家譜概述〉，《淮陰師範學院學報》第三十一卷，2009 年 1 月。

196. 唐美君，〈臺灣傳統的社會結構〉，《臺灣史蹟源流》，南投：臺灣省文獻委員會，1981 年 11 月。

197. 夏長樸，〈李覯的重禮思想及其與荀子的關係〉，《臺大中文學報》第二期，1988 年 11 月。

198. 徐文珊，〈從衣服看中國文化〉，《東海大學中文學報》第三期，1982 年 6 月。

199. 徐泓，〈明代社會風氣的變遷——以江、浙地區為例〉，《中央研究院第二屆國際漢學會議論文集》，臺北：中央研究院，1989 年 6 月。

200. 徐雨薇，〈從客家諺語看客家祭儀禮俗精神〉，苗栗：國立聯大第二屆「客家祭典與文化」苗栗學學術研討會，2006 年 10 月。

201. 徐師漢昌，〈《管子》論「禮」初探〉，《中山人文學報》第一期，1993 年 4 月。

202. 徐福全，〈儀禮士喪禮、既夕禮儀節研究〉，《國立臺灣師範大學國文研究所集刊》第二十四號（上冊），1980 年 6 月。

203. 殷劍、吳娜，〈試論樂安流坑祠堂祭祖風俗中的宗法問題〉，《江西教育學院學報》第二十四卷第四期，2003 年 8 月。

204. 耿元驪，〈五代祀天祭祖考述〉，《古籍整理研究學刊》第三期，2006 年 5 月。

205. 耿玉儒，〈徐世昌祖塋與宗祠考略〉，《河南師範大學學報》第二十四卷第六期，1997 年。

206. 袁紅軍，〈章學誠創新譜牒學理論之功〉，《敦煌學輯刊》（總第五十三期），2006 年第三期。

207. 袁紅軍，〈章學誠對譜牒學理論的創新〉，《四川檔案》（總第一三○期），2006 年第二期。

208. 袁紅麗，〈清代宗族組織調處的社會效力〉，《歷史教學》，2009 年第六期。

209. 馬健鷹，〈「禮之初始諸飲食」質疑——兼論禮制的起源問題〉，《江漢大學學報》第十五卷第一期，1998 年 2 月。

210. 馬漢寶，〈儒家思想法律化與中國家庭關係的發展〉，《中央研究院國際漢學會議論文集》，臺北：中央研究院，1981 年 10 月。

211. 高令印，〈朱熹與福建文化〉，鍾彩鈞主編《國際朱子學會議論文集》，臺北：中央研究院中國文哲研究所籌備處，1993 年 5 月。

212. 高明，〈孔子的禮論〉，《孔孟月刊》第三卷第一期，1964 年 9 月。

213. 高明，〈朱子的禮學〉，《輔仁學誌》總第十八期，1982 年 6 月。

214. 高明士，〈皇帝制度下的廟制系統——以秦漢至隋唐作爲考察中心〉，《國立臺灣大學文史哲學報》第四十期，1993 年 6 月。

215. 高明士，〈禮法意義下的宗廟——以中國中古爲主〉，高明士編《東亞傳統家禮、教育與國法（一）：家族、家禮與教育》論文集，臺北：國立臺灣大學出版中心，2005 年 9 月。

216. 高桂惠，〈由孔子所說「郁郁乎文哉吾從周！」談周代學術文化之根——宗法制度〉，《孔孟月刊》第十八卷第二期，1979 年 10 月。

217. 高葆光，〈從詩經觀察周代社會的主要情形〉，《東海學報》第四卷第一期，1962 年 6 月。

218. 崔根德，金聖基譯，〈《朱子家禮》在韓國之受容與展開〉，《國際朱子學會議論文集》，1993 年 5 月。

219. 常建華，〈中國族譜學研究的最新進展〉，《河北學刊》第二十九卷第六期，2009 年 11 月。

220. 常建華，〈元代族譜研究〉，《譜牒學研究》第三輯，1992 年。

221. 常建華，〈明代宗族祠廟祭祖禮制及其演變〉，《南開學報》，2001 年第三期。

222. 常建華，〈明代墓祠祭祖述論〉，《天津師範大學學報》，2003 年第四期。

223. 常建華，〈近十年晚清民國以來宗族研究綜述〉，《安徽史學》，2009 年第三期。

224. 張才興，〈荀子的禮義之治與法治〉，《逢甲中文學報》第二期，1994 年 4 月。

225. 張中秋，〈家禮與國法的關係和原理及其意義〉，高明士編《東亞傳統家禮、教育與國法（二）：家內秩序與國法》論文集，臺北：國立臺灣大學出版中心，2005 年 9 月。

226. 張少筠，〈近代蘇南宗族族田保護措施研究〉，《中國農史》，2009 年 3 月。

227. 張光裕，〈儀禮與周代禮制研究的關係舉隅〉，《臺大中文學報》第十期，1998 年 5 月。

228. 張光裕，〈儀禮盥洗説〉，《孔孟月刊》第九卷第三期，1970 年 11 月。

229. 張宇彤、徐明福，〈金門傳統民宅之營建儀式〉，《中央研究院民族學研究所資料彙編》第十四期，1999 年 6 月。

230. 張亨，〈荀子的禮法思想試論〉，《臺大中文學報》第二期，1988 年 11 月。

231. 張育閩、涂志偉撰，〈漳台宗祠傳承對接〉，《漳臺族譜對接成果展──譜牒中的漳台緣》第九期，2008 年。

232. 張昀，〈人生儀禮與習俗探源〉，《新疆大學學報》第二十九卷第三期，2001 年 9 月。

233. 張崑振，〈清代閩南地區官祀建築的類型與構成：以福建省臺灣府爲例〉，《2003 閩南文化學術研討會論文集》，金門：金門縣文化中心、國立金門技術學院，2003 年 12 月。

234. 張清榮，〈由「子入太廟，每事問。」談孔子之謹言慎行〉，《孔孟月刊》第十八卷第九期，1980 年 5 月。

235. 張連舉，〈論元雜劇中的掃墓祭祖習俗〉，《重慶大學學報》（社會科學版），2007 年第十三卷第一期。

236. 張琪亞，〈民間祭祀的「交感魔力」〉，《貴州師範大學學報》，1998 年第二期（總第九十八期）。

237. 張琪亞，〈民間祭祀的「移情」論略〉，《貴州民族學院學報》，2000 年第四期（總第六十六期）。

238. 張衛中，〈春秋時期的祭祀與政治傳播〉，《浙江大學學報》（人文社會科學版）第三十三卷第五期，2003 年 9 月。

239. 曹硯農，〈試析宗祠建築文物的功能與價值〉，《中國文物科學研究》，2008 年三期。

240. 梅新林，〈《詩經》中的祭祖樂歌與周代宗廟文化〉，《浙江師大學報》，1999 年第五期。

241. 畢民智，〈從社會的發展看譜牒文化功能的變遷〉，《黃山學院學報》第十

卷第六期，2008 年 12 月。

242. 盛清沂，〈臺灣家譜編纂之研究〉，《臺灣文獻》第十四卷第三期，1963 年 9 月。

243. 莊英章，〈家族結構與生育模式——一個漁村的田野調查分析〉，《中央研究院民族所集刊》第五十九期，1985 年春季。

244. 莊雅州，〈荀子禮學初探〉，《孔孟月刊》第九卷第一期，1970 年 9 月。

245. 許司東，〈從仁禮起源論孔子的仁禮關係〉，《渭南師專學報》，1996 年第四期。

246. 許秀霞，〈美濃鎮之雙姓祠堂及三姓祠堂〉，《臺灣文獻》第五十五卷第三期，2004 年 9 月。

247. 許哲娜，〈南宋時期理學家在閩南地區的勸俗活動〉，《南昌大學學報》第三十五卷第三期，2004 年 5 月。

248. 許師清雲，〈儀禮概述〉（下），《孔孟月刊》第十四卷第九期，1976 年 5 月。

249. 許師清雲，〈儀禮概述〉（上），《孔孟月刊》第十四卷第八期，1976 年 4 月。

250. 許雅惠、邱上嘉，〈金門家廟尺度規劃之研究〉，《2003 閩南文化學術研討會論文集》，金門：金門縣文化中心、國立金門技術學院，2003 年 12 月。

251. 郭長華，〈傳統家訓的治家之道及其現實價值〉，《北方交通大學學報》第二卷第三期，2003 年 9 月。

252. 缸苣灼，〈中古家訓的社會價值分析〉，《古籍整理研究學刊》第一期，2006 年 1 月。

253. 陳大絡，〈宗法、宗譜、宗族的遡源〉，《譜系與宗親組織》，中國地方文獻學會發行，1985 年。

254. 陳大絡，〈陳氏根源、祀典與宗法、修譜之探微〉，《臺北文獻》第六十期，1982 年 6 月。

255. 陳壬癸，〈民間祭祖、拜神儀式之檢討〉，《臺灣文獻》第四十一卷第一期，1990 年 3 月。

256. 陳玉台，〈白虎通義引禮考述〉，《國立臺灣師範大學國文研究所集刊》第十九號，1975 年 6 月，頁 1～90。

257. 陳名實、陳暉莉，〈福建譜牒文化調查研究〉，《泉州師範學院學報》第二十七卷第一期，2009 年 1 月。

258. 陳來，〈朱子《家禮》真偽考議〉，林慶彰編，《中國經學史論文選集》，臺北：文史哲出版社，1992 年 10 月。

259. 陳來,〈論朱熹淳熙初年的心說之辯〉,《國際朱子學會議論文集》,1993年5月。

260. 陳其南,〈房與傳統中國家族制度──兼論西方人類學的中國家族研究〉,《漢學研究》第三卷第一期,1985年6月。

261. 陳其南、邱淑如,〈方志「氏族志」體例的演變與中國宗族發展的研究──附清光緒「鄉土志」總目錄〉,《漢學研究》第三卷第二期,1985年12月。

262. 陳延斌、張琳,〈宗規族訓的敦族睦鄰教化與中國傳統社會的治理〉,《齊魯學刊》總第二一三期,2009年第六期。

263. 陳忠華,〈閩人移殖臺灣史略〉,《臺北文獻》直字第五期,1968年7月1日,頁69~81。

264. 陳怡如,〈從《儀禮》、《禮記》推論古人方位尊卑〉,《國文天地》十七卷九期,2002年2月,頁49~53。

265. 陳政揚,〈張載哲學中的「理」與「禮」〉,《高雄師範大學學報》第十八期,2005年6月。

266. 陳飛龍,〈孔子之禮論〉,《孔孟學報》第四十五期,1983年4月20日。

267. 陳飛龍,〈淺談孔子禮教〉,《孔孟月刊》第十五卷第十一期,1977年7月。

268. 陳飛龍,〈釋禮〉,《國立政治大學學報》第四十五期,1982年5月。

269. 陳彩雲,〈朱子《家禮》中的禁奢思想及對後世的影想〉,《孔子研究》第四期,2008年。

270. 陳紹馨,〈姓氏‧族譜‧宗親會〉(下),《臺灣文獻》第十卷第四期,1959年12月。

271. 陳紹馨,〈姓氏‧族譜‧宗親會〉(上),《臺灣文獻》第九卷第三期,1958年9月。

272. 陳章錫,〈從〈禮運〉篇探索孔子思想〉,《鵝湖月刊》第三〇四期,2000年10月,頁32~39。

273. 陳剩勇,〈禮的起源──兼論良渚文化與文明起源〉,《漢學研究》第十七卷第一期,1999年6月。

274. 陳富志,〈《詩經》中周王祭祖初探〉,《平頂山師專學報》第十三卷第五期,1998年第十期。

275. 陳富志、張蘭雲,〈《詩經》中周王祭祖心理初探〉,《平頂山師專學報》第十七卷第四期,2002年8月。

276. 陳惠馨,〈《唐律》中家庭與個人的關係──透過教育與法制建構「家內秩序」〉,高明士編《東亞傳統家禮、教育與國法(一):家族、家禮與教育》論文集,臺北:國立臺灣大學出版中心,2005年9月。

277. 陳進傳，〈宜蘭漢人族規初探〉，《臺北文獻》直字第一一○期，1994 年 12 月。

278. 陳進傳，〈宜蘭縣漢人族譜的蒐藏與修撰〉，《臺灣文獻》第四十七卷第三期，2003 年 9 月。

279. 陳進傳，〈清代宜蘭家族的發展〉，《臺北文獻》直字第一○三期，1993 年 3 月。

280. 陳進傳，〈清代宜蘭漢人的移動〉，《臺北文獻》直字第九十八期，1991 年 12 月。

281. 陳鼓應，〈先秦道家之禮觀〉，《漢學研究》第十八卷第一期，2000 年 6 月。

282. 陳滿銘，〈論《論語》中的「禮」〉，《孔孟月刊》第四十卷第十二期，2002 年 8 月。

283. 陸建華，〈以道觀禮——老子禮學思想研究〉，《鵝湖月刊》第三五九期，2005 年 5 月。

284. 陸建華，〈荀子禮以解「弊」的諸子批判論〉，《鵝湖月刊》第三二八期，2002 年 10 月。

285. 陶晉生，〈北宋士人的起家〉，《第二屆宋史學術研討會論文集》，臺北：中國文化大學，1996 年 3 月。

286. 章景明，〈祭、喪之禮吉凶觀念之分別〉，《孔孟月刊》十四卷十期，1976 年 6 月。

287. 章景明，〈禴祠烝嘗考辨〉，《國立中央大學人文學報》，1987 年 6 月。

288. 傅光宇，〈嘗新簡論〉，《民俗曲藝》第一一一期，1998 年 1 月。

289. 傅錫壬，〈楚辭九歌中諸神之圖騰形貌初探〉，《淡江學報》第三十一期，1992 年元月，頁 1～11。

290. 彭妙卿，〈《儀禮·有司徹》儀節研究〉，《逢甲中文學報》，1991 年 11 月 15 日，頁 159～174。

291. 彭妙卿，〈儀禮有司徹儀節研究〉，《逢甲中文學報》第三期，1995 年 4 月。

292. 彭林，〈金沙溪《喪禮備要》與《朱子家禮》的朝鮮化〉，《中國文化研究》，1998 年夏之卷。

293. 彭林，〈詩禮傳家：家禮〉，《文史知識》，2003 年第十一期。

294. 彭春芳，〈略論明清中國家族組織的性質及影響〉，《商丘職業技術學院學報》，2009 年第四期第八卷（總第四十三期）。

295. 彭美玲，〈君子與容禮——儒家容禮述義〉，《臺大中文學報》第十六期，2002 年 6 月。

296. 彭華，〈和諧的社會離不開禮與法——以儒家爲考察中心〉，《宜賓學院學報》第二期，2008 年 2 月。

297. 曾石南，〈新竹鄭氏家廟冬至祭祖記〉，《民俗曲藝》第四十六期，1987 年 3 月。

298. 曾春海，〈荀學禮文化的知識理論〉，《輔仁學誌》第二十七期，2000 年 12 月。

299. 曾昭旭，〈儒家義理與生命禮俗〉，《鵝湖月刊》第二二一期，1993 年 11 月。

300. 曾錦坤，〈禮樂與禮樂教化〉，《孔孟月刊》第二十八卷第二期，1984 年 10 月。

301. 游彪，〈宋代的宗族祠堂，祭祀及其它〉，《安徽師範大學學報》第三十四卷第三期，2006 年 5 月。

302. 程光裕，〈朱熹知南康軍時之治績〉，《第二屆宋史學術研討會論文集》，臺北：中國文化大學》，1996 年 3 月。

303. 程克雅，〈《春秋》三《傳》「逆祀」經解禮義釋論〉，《國立中央大學人文學報》第二十三期，2001 年 6 月，頁 1～39。

304. 粟品孝，〈文本與行爲：朱熹《家禮》與其家禮活動〉，《安徽師範大學學報》第三十二卷第一期，2004 年 1 月。

305. 馮友蘭，〈儒家對于婚喪祭禮之理論〉，《燕京學報》第三期，1997 年 8 月。

306. 馮爾康，〈宗族不斷編修族譜的特點及其原因〉，《淮陰師範學院學報》第三十一卷，2009 年 5 月。

307. 馮爾康，〈清代宗族祖墳述略〉，《安徽史學》，2009 年第一期。

308. 馮爾康，〈清代宗族祭禮中反映的宗族制特點〉，《歷史教學》，2009 年第八期，總第五七三期。

309. 馮爾康，〈略述清代人「家譜猶國史」說——釋放出「民間有史書」的信息〉，《南開學報》第四期，2009 年。

310. 馮寶英，〈浙西宗族祠堂之探析〉，《東方博物》，2006 年第一期。

311. 黃永川，〈台閩與中原文化〉，《史博館學報》第十期，臺北：國立歷史博物館，1998 年 9 月。

312. 黃俊郎，〈從《禮記》談祭禮的意義〉，《孔孟月刊》第二十一卷第十二期，1983 年 8 月。

313. 黃俊郎，〈祭神如神在〉，《孔孟月刊》第十七卷第三期，1978 年 11 月。

314. 黃娜，〈朱熹禮學的經世傾向〉，《四川教育學院學報》第二十四卷第十二期，2008 年 12 月。

315. 黃娜,〈朱熹禮學的經世傾向〉,《四川教育學院學報》第二十四卷第十二期,2008 年 12 月。

316. 黃師樵,〈臺灣陳氏世系源流〉,《臺灣文獻》第二十四卷第二期,1973年 6 月 27 日,頁 71～105。

317. 黃清榮,〈儒家禮學的時代意義〉,《孔孟月刊》第二十七卷第五期,1989年 1 月。

318. 黃紹祖,〈重建中國家庭制度的重要〉(一),《孔孟月刊》第十九卷第六期,1981 年 2 月。

319. 黃紹祖,〈重建中國家庭制度的重要〉(二),《孔孟月刊》第十九卷第七期,1981 年 3 月。

320. 黃敦敬,〈大村鄉賴姓宗族組織之調查研究〉,《臺灣文獻》第五十六卷第四期,2005 年 12 月 31 日,頁 176～204。

321. 黃琦琨,〈族譜文獻價值解析〉,《圖書館論壇》第二十九卷第五期,2009年 10 月。

322. 黃新憲,〈閩南家族文化的社會教育功能〉,《2007 閩南文化學術研討會論文集》,2007 年 12 月。

323. 黃寬重,〈科舉、經濟與家族興衰:以宋代德興張氏家族爲例〉,《第二屆宋史學術研討會論文集》,臺北:中國文化大學出版,1996 年 3 月,頁95～126。

324. 黃樹民,〈閩南的風俗與文化〉,陳益源主編《2009 閩南文化國際學術研討會論文集》,2009 年 12 月。

325. 黃麗香,〈張載之禮學〉,《孔孟月刊》第二十五卷第七期,1987 年 3 月。

326. 楊仁江,〈金門西山前李氏家廟的歷史與建築〉,《2003 閩南文化學術研討會論文集》(二),金門縣政府、國立金門技術學院主辦,2003 年 12月 6～8 日。

327. 楊天宇,〈周人祭天以祖配天考〉,《史學月刊》第五期,2005 年。

328. 楊天宇,〈論鄭玄《三禮注》〉,林慶彰編,《中國經學史論文選集》(上冊),臺北:文史哲出版社,1992 年 10 月。

329. 楊天厚,〈「揀桌」在普渡儀節中的角色觀察〉,《國立金門技術學院學報》(第三期),2008 年 3 月。

330. 楊天厚,〈金門瓊林村「七座八祠」研究〉,《2003 閩南文化學術研討會論文集》(二),金門縣政府主辦,國立金門技術學院承辦,2003 年 12月 6～8 日。

331. 楊天厚,〈金門瓊林蔡氏宗祠祭典儀式探究〉,《2006 民俗暨民間文學學術研討會論文集》,臺北:文津出版社,2006 年 7 月。

332. 楊志剛,〈《司馬氏書儀》和《朱子家禮》研究〉,《浙江學刊》,1993 年

第一輯，總第七十八期。

333. 楊志剛，〈《朱子家禮》：民間通用禮〉，《傳統文化與現代化》，1994 年第四期。

334. 楊志剛，〈論《朱子家禮》及其影響〉，《朱子學刊》（總第六輯），1994 年 12 月。

335. 楊明鍔，〈民間節令祭祀與演戲〉，《民俗曲藝》第三十九期，1986 年 1 月。

336. 楊知勇，〈神鬼觀念的二重性與儺及喪葬祭儀的實質〉，《民俗曲藝》第八十二期，1993 年 3 月。

337. 楊亮功，〈中國家族制度與倫理思想〉，《譜系與宗親組織》，臺北：中國地方文獻學會，1985 年。

338. 楊亮功，〈中國家族制度與儒家倫理思想〉，《中央研究院國際漢學會議論文集》，臺北：中央研究院，1981 年 10 月。

339. 楊亮功，〈周代封建制度與文化發展〉，《孔孟月刊》第十八卷第十二期，1980 年 8 月。

340. 楊俊，〈弘揚朱子理學，發展地方文化——「中國朱熹與龍泉文化發展論壇」綜述〉，《成都大學學報》，2004 年第三期。

341. 楊彥杰，〈閩西東山蕭氏的宗族文化及其特質〉，蔣斌、何翠萍主編，《國家、市場與脈絡化的族群》，2003 年 6 月。

342. 楊素珍，〈荀子「禮」論與其政治思想的關聯〉（下），《孔孟月刊》第三十四卷第三期，1995 年 11 月。

343. 楊素珍，〈荀子「禮」論與其政治思想的關聯〉（上），《孔孟月刊》第三十四卷第二期，1995 年 10 月。

344. 楊連生，〈荀子禮論之研究〉，《國立臺灣師範大學國文研究所集刊》第十七號，1973 年 6 月。

345. 葉師國良，〈唐宋哀祭文的發展〉，《臺大中文學報》第十八期，2003 年 6 月。

346. 董金裕，〈朱子與金門的教化〉，《孔孟月刊》第二十九卷第六期，1991 年 2 月。

347. 董建輝，〈「禮治」與傳統農村社會秩序〉，《廈門大學學報》（哲學社會科學版）總第一七〇期，2005 年第四期，頁 93～100。

348. 解光宇、解立，〈論朱熹與田愚的宗法思想〉，《合肥學院學報》（社會科學版）第二十五卷第四期，2008 年 7 月。

349. 寧新昌，〈和諧社會，由禮做起——讀龔建平的《意義的生成與實現——〈禮記〉哲學思想》〉，《鵝湖月刊》第三七五期，2006 年 9 月，頁 59～63。

350. 廖慶六,〈試論金門家廟文化景觀〉,《2007 閩南文化學術研討會論文集》,2007 年 12 月。

351. 熊鐵基,〈以敦煌資料證傳統家庭〉,《敦煌研究》,1993 年第三期。

352. 趙克生,〈明代士人對宗祠主祭權多元化的思考〉,《東北師大學報》,2010 年第二期,總第二四四期。

353. 趙華富,〈徽州宗族祠堂三論〉,《安徽大學學報》第四期,1998 年。

354. 劉月珠,〈《詩經》中禮樂觀之探討〉,《孔孟月刊》第四十三卷第四期,2004 年 12 月。

355. 劉正浩,〈氏族制度考源〉,《國立臺灣師範大學學報》第十一期,1982 年 6 月。

356. 劉兆祐,〈中國方志中的文學資料及其運用〉,《漢學研究》第三卷第二期,1985 年 12 月。

357. 劉江翔、林坤,〈中國祭祖文化的社會功能及現代化〉,《龍岩學院學報》第二十六卷第四期,2008 年 8 月。

358. 劉沛林,〈論中國歷史文化村落的「精神空間」〉,《北京大學學報》第一期,1996 年。

359. 劉宗棠,〈論清代宗族法規的文化內涵和社會功能〉,《福建論壇》(人文社會科學版),2009 年第六期。

360. 劉欣,〈宋代「家禮」──文化整合的一個範式〉,《河南理工大學學報》第七卷第四期,2006 年 11 月。

361. 劉雨,〈西周金文中的「周禮」〉,《燕京學報》第三期,1997 年 8 月。

362. 劉雨,〈西周金文中的祭祖禮〉,《考古學報》(總第九十五期),1989 年第四期。

363. 劉冠生,〈荀子的禮治思想〉,《管子學刊》,2002 年第三期。

364. 劉美容、楊聰榮,〈從客家祭儀展演論文化保存──以苗栗通宵李氏公廳祭祖活動為例〉,苗栗:國立聯合大學第二屆「客家祭典與文化」苗栗學學術研討會,2006 年 10 月。

365. 劉師文起,〈荀子成聖成治思想研究〉,《國立臺灣師範大學國文研究所集刊》第十八號,1974 年 6 月。

366. 劉眞倫,〈論荀禮論的道德屬性〉,《孔孟月刊》第三十四卷第四期,1995 年 12 月。

367. 劉國芳,〈周人「祭祖禮」與《詩經》宴飲詩探析〉,《湖北教育學院學報》第二十四卷第九期,2007 年 9 月。

368. 劉雅萍,〈以朱熹的構想為基礎的宋代祠堂〉,《黑龍江史志》,2009 年 6 月(總第一九九期)。

369. 劉源，〈商代後期祭祖儀式類型〉，《歷史研究》，2002 年 6 月。

370. 劉煥雲，〈客家「公廳」與「阿公婆牌」之研究〉，「國立聯合大學第二屆『客家祭典與文化』苗栗學學術研討會」，2006 年 10 月 13 日。

371. 劉瑞箏，〈穀梁禮證述評〉，《國立臺灣師範大學學報》第二十四期，1995 年 6 月，頁 51〜77。

372. 劉喆，〈近代新洲黃氏宗族的祭祖活動〉，《湖北大學學報》第三十三卷第一期，2006 年 1 月。

373. 潘英，〈臺灣地區同籍聚落及同姓聚落探索〉，《臺北文獻》直字第八十四期，1988 年 6 月 25 日，頁 11〜55。

374. 蔣炳釗，〈漳浦地區鬼靈及祖先崇拜──民間信仰和文化的考察〉，《臺灣與福建社會文化研究論文集》，臺北：中央研究院民族學研究所，1994 年 6 月。

375. 蔣偉，〈從族譜資料看江蘇宗族關于祭田祭祀的記錄〉，《社會學研究》總第二八二期，2010 年 3 月。

376. 蔣義斌，〈朱熹對宗教禮俗的探討──以塑像、畫像爲例〉，《第二屆宋史學術研討會論文集》，臺北：中國文化大學》，1996 年 3 月。

377. 蔡仁厚，〈「繼別爲宗」與「別子爲宗」〉，《鵝湖月刊》第三〇六期，2000 年 12 月。

378. 蔡方鹿，〈朱熹之禮學〉，《朱子學刊》（總第八輯），1996 年第一輯。

379. 鄭元龍，〈論中國古代家族法的發展脈絡及其重要内容〉，《長春大學學報》第十八卷第六期，2008 年 11 月。

380. 鄭志明，〈從《說文解字》談漢字的鬼神信仰〉，《鵝湖月刊》第二十六卷第七期（總號第三〇七），2001 年。

381. 鄭志明，〈莊子的鬼神觀〉，《鵝湖月刊》第二十卷第五期（總號第二三三），1994 年 11 月。

382. 鄭阿財，〈「祭」和「季」有何區別〉，《國文天地》第十三卷第三期，1997 年 8 月。

383. 鄭振滿，〈國際化與地方化：近代閩南僑鄉的社會文化變遷〉，陳益源主編《2009 閩南文化國際學術研討會論文集》，2009 年 12 月。

384. 鄭基良，〈喪禮與祭祀研究〉，《空大人文學報》第十期，2001 年 12 月。

385. 鄭憲仁，〈古代祭祖立尸制度淺探〉，《孔孟月刊》第三十三卷第七期，1995 年 3 月。

386. 鄧河，〈中國近代宗族組織探析〉，《大同高等專科學校學報》，1994 年第三期。

387. 蕭登福，〈先秦冥界思想探述〉（下），《鵝湖月刊》第一三八期，1986 年 12 月。

388. 蕭登福，〈先秦冥界思想探述〉（上），《鵝湖月刊》第一三七期，1986 年 11 月。

389. 蕭靜怡，〈從《周禮》〈天官〉及〈地官〉二篇看周代祭祀問題〉，《孔孟月刊》第三十五卷第九期，1997 年 5 月。

390. 錢杭，〈關於同姓聯宗組織的地緣性質〉，《史林》，1998 年第三期。

391. 錢國旗，〈在禮與情之間——《顏氏家訓》對禮俗風尚的論述和辨正〉，《孔子研究》，2004 年第五期。

392. 戴東雄，〈論中國家制的現代化〉，《中央研究院國際漢學會議論文集》（民俗文化組），1981 年 10 月。

393. 戴炎輝，〈清代臺灣之家制及家產〉，《臺灣文獻》第十四卷第三期，1963 年 9 月。

394. 謝長法，〈祠堂及其社會教化〉，《孔孟月刊》第三十四卷第十一期，1996 年 7 月。

395. 謝康，〈西周與法國封建制度的初步比較研究〉，《東海學報》第九卷一期，1968 年 1 月。

396. 謝德瑩，〈禮記孝親之禮研究〉（下），《北市師專學報》第十二期，1980 年 6 月，頁 1～57。

397. 謝德瑩，〈禮記孝親之禮研究〉（上），《女師專學報》第十一期，1979 年 6 月，頁 1～51。

398. 鍾競生，〈儒家禮、法思想對社會建設之功能〉，《孔孟月刊》第二十七卷第五期，1989 年 1 月。

399. 韓國鐄，〈臺灣一場家祭的北管演出報導〉，《民俗曲藝》第五十二期，1988 年 3 月。

400. 韓碧琴，〈《儀禮》所見士、大夫祭禮之禮器比較研究〉，《國立中興大學中文學報》第十一期，1998 年 6 月。

401. 韓碧琴，〈儀禮張氏學〉（下），《國立中興大學中文學報》第九期，1995 年元月。

402. 韓碧琴，〈儀禮張氏學〉（上），《國立中興大學中文學報》第八期，1995 年元月。

403. 韓碧琴，〈儀禮鄭註句讀校記——公食大夫禮第九〉，《國立中興大學中文學報》第十期，1993 年元月。

404. 簡炯仁，〈南臺灣屏東平原的開發與族群關係〉，《臺灣文獻》第四十七卷第三期，1996 年 9 月 30 日，頁 17～39。

405. 顏立水，〈同安的沿革〉，《同安文史資料》（精選本），福建省同安文史資料精選本編委會編，1996 年 11 月。

406. 顏芳姿，〈泉州三邑人的祖佛信仰——與宗族發展有關的地域守護神〉，

《民俗曲藝》第八十八期，1994 年 3 月，頁 3～28。

407. 龐銘輝，〈魏晉南北朝時期譜牒檔案興盛的原因——從制度方面進行分析〉，《天中學刊》第二十四卷第一期，2009 年 2 月。

408. 羅彤華，〈漢代分家原因初探〉，《漢學研究》第十一卷第一期，1993 年 6 月。

409. 羅宗濤，〈談禮〉，《孔孟月刊》第十三卷第二期，1974 年 10 月。

410. 羅秉祥，〈儒禮之宗教意涵——以朱子《家禮》爲中心〉，《蘭州大學學報》第三十六卷第二期，2008 年 3 月。

411. 羅肇錦，〈「漳泉鬥」的閩客情節初探〉，《臺灣文獻》第四十九卷第四期，1998 年 12 月 31 日，頁 173～185。

412. 羅肇錦，〈漳泉鬥的閩客情節再探〉，《臺灣文獻》第五十四卷第一期，2003 年 3 月 31 日，頁 105～132。

413. 嚴定暹，〈周禮春官禮樂思想之研究〉，《國立臺灣師範大學國文研究所集刊》第二十一號，1997 年 6 月。

414. 蘇黎明，〈閩南村落家族文化與閩南文化〉，《閩南文化研究》，海峽文藝出版社出版發行，2004 年 11 月。

415. 饒彬，〈荀子對於禮學的重要建設〉，《國立臺灣師範大學學報》第十九期，1974 年 6 月。

416. 饒彬，〈荀子禮學之淵源〉，《國立臺灣師範大學學報》創刊號，1972 年 6 月。

417. 顧樂眞，〈廣西師公祭祀神像畫初探〉，《民俗曲藝》第九十二期，1994 年 11 月。

418. 顧關元，〈漫話古代的祭文〉，《國文天地》十五卷十二期，2000 年 5 月。

419. 龔亞珍，〈商周以犬爲牲的祭祀〉，《國立中央大學人文學報》第十三期，1995 年 8 月。

420. 龔建平，〈從儒家的宇宙觀看禮的內在根據〉，《鵝湖月刊》第二八四期，1999 年 2 月，頁 31～38。

421. 龔義龍，〈維繫宗族共同體的硬權力：族譜記憶、祠墓祭拜與宗族通財——對清代民國期間成都及周邊地區宗族的研究〉，《中華文化論壇》，2009 年第一期。

422. 龔樂羣，〈告朔之餼羊章〉，《孔孟月刊》第十六卷第二期，1977 年 10 月。

423. 龔鵬程，〈宗廟制度論略〉（下），《孔孟學報》第四十四期，1982 年 9 月。

424. 龔鵬程，〈宗廟制度論略〉（上），《孔孟學報》第四十三期，1982 年 4 月。

425. 龔鵬程，〈酒食貞吉：儒家的飲饌政治學〉，《鵝湖月刊》第二七三期，1998 年 3 月。

四、學位論文

（一）臺灣地區碩博士論文

1. 孔志明，《朱子《家禮》對臺灣婚禮、喪禮之影響》，高雄師範大學國文研究所碩士論文，2008 年。

2. 尤淑君，《名分禮秩與皇權重塑——大禮議與明嘉靖朝政治文化》，國立政治大學歷史學系研究所碩士論文，2001 年 12 月。

3. 王一樵，《從「吾閩有學」到「吾學在閩」：十五至十八世紀福建朱子學思想系譜的形成及實踐》，國立臺灣師範大學歷史學系碩士論文，2006 年 6 月。

4. 王乃俐，《《左傳》論禮》，中興大學中國文學系所碩士論文，95 學年度。

5. 王志文，《臺閩同源宗族空間組織差異研究——以臺北淡水河岸與廈門環西北海域地區爲例》，中國文化大學地學研究所博士論文，2003 年。

6. 王鈞正，《宗族與當代地方社會——以湖口陳四源爲例》，國立交通大學客家文化學院客家社會與文化碩士在職專班碩士論文。

7. 史甄陶，《元代前期徽州朱子學——以胡一桂、胡炳文和陳櫟爲中心》，國立清華大學中國文學系博士論文，2008 年。

8. 甘懷眞，《唐代家廟制度研究》，國立臺灣大學歷史學系研究所碩士論文，1988 年 6 月。

9. 朱禹潔，《金門祠堂空間組織研究》，國立臺北藝術大學建築與古蹟保存研究所碩士論文，2008 年。

10. 江柏煒，《宗族移民聚落空間變遷的社會歷史分析——金門瓊林與澎湖興仁的比較研究》，臺灣大學建築與城鄉研究所碩士論文，1994 年 6 月。

11. 江錦財，《金門傳統民宅營建計劃之研究——空間形式及其尺寸之計劃》，1992 年 6 月。

12. 何淑宜，《士人與儒禮：元明時期祖先祭禮之研究》，臺北：國立臺灣師範大學歷史研究所博士論文，2007 年。

13. 何燿章，《台南地區「開閩王祖」的宗族記憶：以台南縣安定鄉六嘉村王姓宗族祭祖爲分析場域》，國立臺南大學文化與自然資源學系社會科教學碩士班論文，2009 年。

14. 吳培暉，《金門聚落的變遷與空間意義的再界定》，私立淡江大學研究所

碩士論文，1992 年 6 月。

15. 吳婷蕙，《六堆客家伙房文化之研究——以美和村利氏河南堂爲例》，國立屏東教育大學客家文化研究所碩士論文，2009 年。

16. 李永興，《儒家「禮」、法家「法」與唐律之關係研究》，臺北市立師範學院應用語言文學研究所語文教學碩士論文，2005 年 4 月。

17. 李宜眞，《李氏宗族與近代台南甲地區之發展》，國立臺灣師範大學歷史學系碩士論文，2009 年。

18. 李師增德，《金門古寧頭聚落營造的探討》，銘傳大學應用中國文學研究所碩士論文，2002 年 6 月。

19. 李錫祥，《金門地區血源聚落的社會空間組織》，臺灣師大地理所碩士論文，1997 年 6 月。

20. 杜明德，《毛西河及其《周禮》學研究》，國立高雄師範大學國文研究所碩士論文，1994 年 6 月。

21. 杜明德，《毛西河及其昏禮、喪禮學研究》，國立高雄師範大學國文研究所博士論文，1999 年 6 月。

22. 沈宗憲，《宋代的鬼與死後世界傳說》，台大歷史所碩士論文，1991 年 6 月。

23. 沈宗憲，《國家祀典與左道妖異——宋代信仰與政治關係之研究》，國立臺灣師大歷史所博士論文，1999 年。

24. 周英戀，《金門民居「花杆博古圖」研究——以金門國家公園區內傳統聚落前水頭 63 號爲例》，國立臺北藝術大學傳統藝術研究所碩士論文，2005 年 7 月。

25. 林文炳，《金門民居形式及意義變遷之研究》，私立淡江大學建築研究所碩士論文，1994 年 6 月。

26. 林明毅，《金門傳統建築保存之研究》，私立淡江大學研究所碩士論文，1991 年元月。

27. 林建育，《金門傳統漢人聚落領域的空間界定：一個五營信仰的考察》，數德科技大學建築與古蹟維護系碩士論文，2006 年 8 月。

28. 林春梅，《宋代家禮、家訓的研究》，輔大中文所碩士論文，1990 學年度。

29. 林美惠，《朱子學禮研究》，國立高雄師範大學中國文學研究所碩士論文，74 學年度。

30. 林美惠，《朱子學禮研究》，國立高雄師範學院國文研究所碩士論文，1986 年 5 月。

31. 金相範，《唐代禮制對於民間信仰觀形成的制約與作用——以祠廟信仰爲考察中心》，國立臺灣師範大學歷史研究所博士論文，2001 年 3 月。

32. 侯瑞琪，《從宗法制度看臺灣漢人宗族社會》，國立臺灣師範大學國研所碩士論文，1997 年 1 月。

33. 姜閔仁，《新竹沿山地區家族之發展》，逢甲大學歷史與文物管理所碩士論文，2009 年。

34. 洪千惠，《金門傳統民宅營造法之研究》，國立成功大學建築研究所文化與建築研究小組碩士論文，1992 年。

35. 洪銀娥，《朱熹在金門之意象及其影響研究》，銘傳大學應用中國文學研究所碩士論文，2006 年 5 月。

36. 洪曉聰，《烈嶼傳統聚落之研究──村落領域關係、擇址和空間組織之探討》，國立成功大學碩士論文，1994 年 1 月。

37. 孫致文，《朱熹《儀禮經傳通解》研究》，國立中央大學中國文學研究所博士論文，2003 年 7 月。

38. 師瓊珮，《朱子《家禮》對家的理解──以祠堂爲探討中心》，中國文化大學史學研究所碩士論文，2002 年 6 月。

39. 徐雨村，《國家力量、人口流動與鄉民經濟變遷──以金門官澳爲例》，臺大人類學研究所碩士論文，1996 年 6 月。

40. 高怡萍，《徘徊於聚族與離散之間──粵東客家的族群論述與歷史記憶》，國立清華大學人類學研究所博士論文，2004 年。

41. 張文昌，《唐宋禮書研究──從公禮到家禮》，國立臺灣大學歷史研究所博士論文，2006 年 7 月。

42. 張建騰，《金門蔡獻臣研究》，銘傳大學應用中國文學研究所碩士論文，2004 年 1 月。

43. 張富秦，《東漢時期的宗廟與政權正當性》，國立成功大學歷史學系碩士論文，2009 年 7 月。

44. 張經科，《儀禮經傳通解之家禮研究》，國立政治大學中國文學研究所碩士論文，77 學年度。

45. 郭文涓，《家廟祭祖研究──以臺中市張廖家廟爲例》，國立中興大學國文研究所碩士論文，2004 年 6 月。

46. 陳依婷，《明代的宴享制度》，國立暨南大學歷史系碩士論文，2007 年 8 月。

47. 陳炳容，《金門宗祠祭祖研究──以陳氏大宗潁川堂等六宗祠爲例》，銘傳大學應用中國文學研究所碩士論文，2008 年 5 月。

48. 陳美玲，《從古典小說的鬼觀察鬼信仰的心理與文化現象》，國立高雄師大國文系博士論文，2001 年 6 月。

49. 陳重成，《一個新封建主義的歷史範疇：中國宗教社會與村落的持續與變遷：1900～1999》，國立政治大學東亞研究所博士論文，1999 年。

50. 陳靜宜，《老年喪偶女性的家族網絡類型變化與憂鬱傾向之研究》，國立臺灣師範大學人類發展與家庭學系博士論文，2009 年。

51. 黃明理，《范氏義莊與范仲淹——關於范仲淹的儒學史地位的討論》，國立臺灣師範大學國文學系博士論文，1997 年。

52. 黃美華，《司馬光《書儀》研究》，國立中興大學中國文學研究所碩士論文，2000 年 7 月。

53. 葉玫芳，《臺灣民間祭祖習俗之研究——以北部地區陳林二姓爲例》，國立臺北大學人文學院民俗藝術研究所碩士論文，2007 年 1 月。

54. 廖經庭，《家族記憶與族群邊界：以臺灣彭姓祭祖儀式爲例》，國立中央大學客家社會文化研究所碩士論文，2007 年 7 月。

55. 劉兆書，《台南楠西地區江姓宗族發展歷程研究》，國立高雄師範大學客家文化研究所碩士論文，2008 年。

56. 劉宜長，《金門李、蔡、陳氏宗祠之探討》，中國文化大學史學研究所碩士論文，2001 年 12 月。

57. 蔡宛眞，《《朱子家禮》對金門喪葬文化之影響》，銘傳大學應用中國文學研究所碩士論文，2005 年 12 月。

58. 蔡珮君，《從傳統聚落到「戰鬥村」：以金門瓊林爲例》，國立金門技術學院閩南文化研究所碩士論文，2008 年。

59. 鄭嵐薰，《兩漢宗族與國家社會關係之研究》，國立嘉義大學史地學系研究所碩士論文，2009 年。

60. 鄭碧英，《臺灣傳統寺廟宗祠供桌之研究》，中原大學建築學系碩士論文，2005 年 1 月。

61. 盧仁淑，《文公家禮及其對韓國禮學之影響》，國立臺灣師範大學國文研究所博士論文，1983 年 6 月。

62. 蘇博威，《宗祠於府城變遷中再發展之定位探討——以全台吳氏大宗祠爲例》，國立成功大學都市計劃研究所碩士論文，2000 年 6 月。

（二）大陸地區碩博士論文

1. 孔德凌，《《詩經》宴飲詩與周代禮樂文化的變遷》，曲阜師範大學中國古代文學系碩士論文，2004 年 4 月。

2. 水汶，《《詩經》祭祖詩與祭祖禮》，四川師範大學中國古代文學研究所碩士論文，2007 年 4 月。

3. 王玉強，《近世日本朱子學的確立》，吉林大學世界史（日本史）博士論文，2009 年 5 月 31 日。

4. 王玉強，《近世日本朱子學的確立》，吉林大學世界史博士論文，2009 年。

5. 王蕾,《村落生活與家族傳統的重構——萊陽小姚格庄衣氏家族研究》,山東大學中國民間文學碩士論文,2009 年 4 月 10 日。

6. 仲兆宏,《晚清常州宗族與社會事業》,蘇州大學中國近現代史博士論文,2010 年 3 月。

7. 成舒宇,《兩漢皇家祭祖考述》,西北大學歷史文獻學碩士論文,2010 年。

8. 衣淑艷,《先秦詩歌中的祭禮》,東北師範大學古代文學系碩士論文,2006 年 5 月。

9. 何仁美,《明清以來贛北地區宗族的社會變遷——以何灣村何氏宗族的社會變遷爲例》,廈門大學人類學碩士論文,2002 年。

10. 何巧云,《清代徽州祭祖研究》,安徽大學歷史文獻學博士論文,2010 年。

11. 李文放,《廣西賀州客家人祖先崇拜》,廣西師範大學民俗學研究所碩士論文,2006 年 6 月。

12. 李文娟,《《儀禮》倫理思想研究》,中央民族大學碩士論文,2006 年 5 月。

13. 李卿,《秦漢魏晉南北朝時期家族、宗族關係研究》,廈門大學中國古代史博士論文,2002 年。

14. 李瑾華,《《詩經·周頌》考論——周代的祭祀儀式與歌詩關係研究》,首都師範大學博士論文,2005 年 4 月 1 日。

15. 沙瑩,《《禮記》婚、喪二禮文化詞語語義系統研究》,山東大學碩士學位論文,2006 年 4 月。

16. 尚娜,《宗族性祭禮——婺源鬼舞的儺文化研究》,江西師範大學音樂學碩士論文,2009 年 4 月。

17. 姜虹,《國家禮制與禮制中國——以明清北鎮祭祀爲中心》,北京師範大學歷史學(明清社會史)研究所碩士論文,2007 年 5 月。

18. 胡正訪,《《詩經》祭祖詩研究》,首都師範大學中國古代文學系碩士論文,2009 年 5 月 26 日。

19. 唐仲春,《明清至近代土家族宗法制度初探》,廣西師範大學中國近現代史學系碩士論文,2000 年 1 月。

20. 夏循祥,《宗族弱化與村民自治關係研究——以武漢市屏風村爲例》,武漢大學社會學系碩士論文,2004 年 5 月。

21. 孫華,《朱熹《家禮》研究》,浙江大學中國古典文獻學碩士論文,2009 年 5 月。

22. 徐秀麗,《江西的宗族勢力與乾隆朝的治理》,東北師範大學中國古代史碩士論文,2009 年。

23. 張先剛，《明清時期山東棲霞宗族變遷》，廈門大學專門史碩士論文，2007 年。

24. 張金俊，《清代徽州宗族與鄉村社會控制》，安徽師範大學社會學（中國社會史）碩士論文，2007 年 5 月。

25. 張艷，《我國古代農村宗族問題研究》，西北農林科技大學科學技術史碩士論文，2006 年。

26. 許明堂，《《朱子家禮》研究──以近世家族禮俗生活爲中心的考察》，北京師範大學民俗學研究所碩士論文，2007 年 6 月。

27. 郭善兵，《漢唐皇帝宗廟制度研究》，華東師範大學中國古代史研究所博士論文，2005 年 4 月。

28. 覃華瑞，《明清徽州的家族人口與生計變遷》，廈門大學中國近現代史博士論文，2009 年。

29. 楊亦花，《白地和志本東巴家祭祖儀式和祭祖經典研究》，西南大學中國少數民族語言文學》碩士論文，2010 年。

30. 翟瑞芳，《宋代家禮的立制與實踐》，上海師範大學專門史研究所碩士論文，2007 年 4 月。

31. 劉萍，《黑衣壯族群祭祖儀式的審美人類學考察》，廣西師範大學美學碩士論文，2005 年。

32. 劉雅萍，《宋代家廟制度與祭祖禮法研究》，北京師範大學中國古代史研究所碩士論文，2006 年 5 月。

33. 劉麗，《式微中的更生：民國時期宗族法研究──以鄂東爲中心的地域性分析》，華中師範大學中國近現代史碩士論文，2008 年。

34. 鄭翔，《「宗祠殯葬」問題研究──浙江溫州永嘉地區農村殯葬改革的思考》，同濟大學經濟與管理學院研究所碩士論文，2007 年 5 月。

35. 鄧小娟，《甘肅秦安羊皮鼓祭禮舞蹈的文化解讀》，中國藝術研究院碩士論文，2005 年 5 月。

36. 魯淵，《客家祖先崇拜之研究──以粵東梅縣張氏宗族爲重點考察》，山東大學中國古代史碩士論文，2008 年 10 月 15 日。

37. 韓琳琳，《《禮記》與西漢社會──以「孝」爲中心的考察》，南京師範大學碩士論文，2004 年 4 月。

38. 羅小紅，《唐代家禮研究》，廣西師範大學中國古代史研究所博士論文，2006 年 4 月。